Werner Becker · Die Freiheit, die wir meinen

Werner Becker

Die Freiheit, die wir meinen

Entscheidung für die liberale Demokratie

R. Piper & Co. Verlag
München · Zürich

ISBN 3-492-02761-x

Gesetzt aus der Baskerville-Antiqua
Umschlag: Design Team, München
Gesamtherstellung: Clausen & Bosse, Leck
Printed in Germany

Meinen Söhnen Ulrich und Georg gewidmet

Inhaltsverzeichnis

I. Vorwort

In der Bundesrepublik Deutschland hat man allen Grund, auf die bisherige Geschichte des Staates stolz zu sein. Es ist die – wenn auch noch kurze – Geschichte der erfolgreichen Verwirklichung einer Staatsform: der liberalen, parlamentarisch verfaßten Demokratie. Die Hauptkennzeichen dieser Staatsform sind: 1. eine pluralistische Struktur des Staatsaufbaus und der Gesellschaft, die zugleich die reale Garantie der liberalen Individualfreiheiten darstellt, und 2. die demokratischen Verfahren des friedlichen Regierungs- und Machtwechsels.

Im weltumspannenden Vergleich ist es eine Minderheit von Staaten, die sich als liberale Demokratien verstehen. Es sind neben der Bundesrepublik die Staaten Westeuropas, die USA, Kanada, Australien, Japan (unbeschadet seiner Deklarierung als Monarchie), Israel und ein paar andere. Das Staatsprinzip der Diktatur hat in der Welt von heute entschieden mehr Anhänger. Die gesamte kommunistische Sphäre von der DDR über die Sowjetunion bis China, Vietnam und Kuba untersteht der diktatorischen Herrschaftsform. Gleiches gilt für die von Generalsjunten regierten Länder Südamerikas und die meisten Staaten Afrikas. Unter dem numerischen Gesichtspunkt gibt es also wenig Grund, an eine weltweite Überlegenheit der Prinzipien unserer Staatsform zu glauben. Nach qualitativen Maßstäben sieht es jedoch anders aus. Das weltpolitische Gewicht der liberalen Demokratien läßt sich nur noch mit dem des kommunistischen Staatenblocks vergleichen, der von der Sowjetunion angeführt wird. Es kommt darum nicht von ungefähr, daß der Weltmächtegegensatz in der Gegenwart zwischen den kommunistischen Staaten und den Staaten mit liberaler Demokratie besteht. Die westlichen Demokratien beziehen ihr Gewicht in erster Linie aus dem Umstand, daß sie die Träger einer Zivilisation sind, die seit langem auf dem Weg ist, zur Weltzivilisation zu werden. Die westliche Zivilisation, die durch Wirtschaft, Technik und Wissenschaft geprägt ist, hat sich als die überlegene herausgestellt. Nur im Westen selber kokettiert man mit ihren Defekten.

Es sieht nicht so aus, als würde sich an diesem Siegeszug trotz religiöser

›Fundamentalismen‹ (etwa in den arabischen Ländern) in der übersehbaren Zukunft viel ändern. Die wirtschaftliche, technische und wissenschaftliche Produktivität des Westens hängt nun ohne Frage mit Prinzipien unserer Staatsform zusammen, z. B. mit dem Wettbewerbsprinzip, welches Prämien auf individuelle und gesellschaftliche Kreativitäten aussetzt. Von den Produktivitätserfolgen des Wettbewerbs profitiert selbst der weltpolitische Gegner, der Sowjetblock. Dieser nämlich wäre ohne den Ansporn, wissenschaftlich und militärtechnisch mit dem Westen mithalten zu müssen, längst in der dumpfen Unbeweglichkeit erstarrt, zu der ihn das kommunistische Diktaturprinzip von Haus aus verurteilt.

Diese Einschätzung der westlichen Demokratien klingt positiver als ihre Bewertung durch unsere Öffentlichkeit. Dort erfahren wir entschieden mehr über die Probleme, mit denen unsere Staaten zu kämpfen haben: von den außenpolitischen Uneinigkeiten bis zu den innenpolitischen Streitigkeiten der Parteien und offensichtlich schwer lösbaren Problemen wie der Arbeitslosigkeit und der Inflation. Darin spiegelt sich eine systembedingte Eigentümlichkeit liberaler Demokratien: Gerade weil die Grundregeln dieser Staatsform Prämien für das nichtvorhersehbar Neue – und damit auf den gesellschaftlichen Wandel – ausgeben, erzeugen sie Ängste und Befürchtungen mit einem zwiefachen Erscheinungsbild in der Öffentlichkeit. Einmal halten Ängste – und nicht Sicherheitsgefühle – die Menschen wach und aufmerksam, mit anderen Worten: die Beteiligung der Menschen am politischen und wirtschaftlichen Schicksal wird in erster Linie durch die Mobilisierung von Befürchtungen hergestellt; zum andern entsteht ein Eindruck überzeichnender Kritik, weil unsere gesellschaftliche Zukunft in der Tat ungewiß ist, ein Umstand, der uns verständlicherweise stärker peinigt als eine mit der Rückschau auf das Erreichte verbundene Sicherheit. Unter dem Strich kommt allemal zum Vorschein, daß Unzufriedenheit, Streit und Kritik das Bild unseres Staates stärker bestimmen als Selbstgewißheit und Zufriedenheit mit ihm.

Die systembedingten Mängel der Selbstdarstellung liberaler Demokratien werden bei uns in der Bundesrepublik nun noch deutlicher empfunden als anderwärts. Zum einen ist unsere Erfahrung mit dieser Staatsform nicht so lang und intensiv wie die der US-Amerikaner, der Briten und der Franzosen. Wir konnten deshalb noch nicht das erforderliche Maß an Gelassenheit im Umgang mit ihren Schwächen entwickeln. Zum anderen hat der Staatsbegriff der liberalen Demokratie in der Bundesrepublik nach 1948 einen Identifikationswert bekommen, der einen Ersatz für die verlorengegangene Einheit der deutschen Nation liefern soll. Das erzeugt hinsichtlich der Staatsform naturgemäß eine Neigung zu überspannten Erwartungen. Wenn es mir gelingt, durch einen realistischen Einblick in die Grundlagen der Demokratie und des Liberalismus die gesellschaftliche und ideologiepolitische Leistungsfähigkeit unseres staatlichen Systems zu verdeutlichen, wird viel von meiner Absicht verwirklicht.

Zu danken habe ich in erster Linie Dr. Hartmut Kliemt, der das Buch durch seine Kritik und seine Anregungen wesentlich mitgeprägt hat. Meine Frankfurter Kollegen Professor Dr. Arend Kulenkampff und Professor Dr. Helmut Laux haben mir wichtige Hinweise gegeben. Dem Verlag, insbesondere den zuständigen Lektoren Dr. Klaus Stadler und Dr. Heidi Bohnet, danke ich für die Bereitschaft, das Buch herauszubringen, und für die Beratung beim Schreiben der letzten Fassung.

Frankfurt, im Herbst 1982 — Werner Becker

II. Legitimation

1. Die Bedeutung staatlicher Legitimationsrahmen

Der Begriff der Legitimation kennzeichnet in der politischen Philosophie Fragen, die sich auf die Bewertung und Rechtfertigung von Staaten beziehen. Er bedeutet dem Wortsinn nach soviel wie Beglaubigung, Rechtfertigung. Man unterscheidet den Begriff der Legitimation von dem der Legalität.[1] ›Legalität‹ bezieht sich auf die in einem Staat jeweils geltende Rechtsordnung und auf die Art und Weise, wie sie angewandt wird. Legal ist ein Verhalten von Bürgern, von staatlichen Institutionen, von gesellschaftlichen Verbänden, wenn es den geltenden Gesetzen entspricht.

Der Begriff der Legitimation bezieht sich auf die Bewertung der Rechtsordnung insgesamt oder des Staates, der seinerseits die Verwirklichung einer bestimmten Staatsform darstellt.[2] Staatsformen sind z. B. die Monarchie, die Diktatur und die parlamentarische Demokratie.[3] Sie bestimmen nicht nur das Regierungssystem existierender Staaten, sondern auch deren Gesellschaftsstruktur.[4] In einer klassischen Monarchie oder in einer kommunistischen Diktatur sieht die Schichtung der Gesellschaft anders aus als in einer parlamentarischen Demokratie.

Legalität kann jeder Staat für sich in Anspruch nehmen, denn für sie ist allein von Bedeutung, daß entsprechend dem jeweils geltenden Recht verfahren wird.[5] Aber nicht jede Staatsform und nicht jeder existierende Staat sind in unseren Augen legitimiert. So empfinden wir etwa bestimmte Formen der Monarchie und Diktaturen allgemein heute – jedenfalls in den westlichen Staaten – nicht als legitimierbare Staatsformen.[6] Woher gewinnen wir die Maßstäbe für eine derartige Bewertung?

Die Legitimation bezieht sich auf Argumente und auf Maßnahmen, die eine bestimmte Staatsform als ›gute‹ Organisation des menschlichen Zusammenlebens herausstellen. Bei den Argumenten handelt es sich um *Weltanschauungen* in einem weiten Sinn des Begriffs, die in den Köpfen, Herzen und im Gefühl der Menschen bestimmter historischer Epochen die *politische* Funktion ausüben, gewisse Staatsformen oder Staatstypen als ›gut‹ (d. h.

legitimiert) und andere als ›schlecht‹ erscheinen zu lassen. Außer dieser *weltanschaulichen* Legitimation gibt es die Maßnahmen der *sozialen* Legitimation.[7] Im Rahmen der sozialen Legitimation geht es um die Befriedigung *materieller* Ansprüche, die die Menschen als Staatsbürger stellen. In der Gegenwart ist die Sozial- und Wirtschaftspolitik bereits zum wichtigsten Feld moderner Staatslegitimation geworden. Die weltanschaulichen Argumente und die sozial- und wirtschaftspolitischen Maßnahmen bilden die *Mittel der Legitimation.* Sie sind an die Staatsformen gebunden, und ihre Inhalte sind dementsprechend von Staatsform zu Staatsform verschieden.

Der einzelne Staat – als Verwirklichung einer bestimmten Staatsform – ist der *Gegenstand der Legitimation.* In ihm erfolgt die faktische Legitimation, gleichsam die Probe auf die Zugkraft der Argumente und Maßnahmen, die für eine bestimmte Staatsform sprechen.[8] Es ist dabei zwischen den legitimierungsbedürftigen Bestandteilen des Staates und der staatlichen Politik zu unterscheiden. Legitimierungsbedürftig sind in der Regel ein allgemeines Bild, also die staatlichen ›Grundpfeiler‹ wie etwa der Mechanismus, nach dem die Ausübung der Staatsmacht erfolgt, und Grundzüge der Gesellschaftsstruktur (Beispiele: ständische Gliederung der Gesellschaft in Monarchien, Marktwirtschaft in liberalen Demokratien). ›Legitimation‹ richtet sich also auf staatsformbedingte Grundelemente eines Staates.[9] Staatliches Handeln im engeren Sinn (innen- und außenpolitische Regierungsmaßnahmen, Gesetzgebungsakte) gehören demgegenüber nicht zum legitimationsbedürftigen Bereich der Staatsformen.[10] Sie fallen in den Bereich der Legalität. So besehen bedeutet ›Legitimation‹ die Anerkennung eines Staates durch die in ihm lebenden Menschen. Der Begriff verweist stets auf eine geschichtliche Dimension; denn die Staaten und die in ihnen lebenden Menschen sind Bestandteile der geschichtlichen Entwicklung der Menschheit.

Nun hat es in der Geschichte keine Staatsform gegeben, die sich nicht irgendwann in diesem Sinn als legitimiert betrachten durfte. Das trifft in gleicher Weise auf Diktaturen, Monarchien und Demokratien zu. Der diktatorisch regierte Stadtstaat Sparta konnte sich im klassischen Altertum genauso auf eine legitimatorische Zustimmung stützen wie die meisten christlich geprägten Monarchien des Mittelalters. Darin kommt zum Vorschein, daß es in den verschiedenen Epochen der Menschheit und in den unterschiedlichen Kulturen unterschiedliche Weltanschauungen waren, die die jeweils lebenden Menschen zur Anerkennung bestimmter Staatsformen gebracht haben. Diese Erfahrung, nach der es faktisch weltanschauliche Argumente überzeugungskräftiger und Anerkennung produzierender Art für die unterschiedlichsten Staatsformen gibt, läßt sich offensichtlich nicht dazu gebrauchen, um in einem übergeschichtlich-allgemeingültigen Sinn eine Staatsform vor der anderen auszuzeichnen. Doch es kann auch keine Staatsform in Gestalt bestehender Staaten längere Zeit überdauern, wenn die grundlegenden Argumente, die für sie sprechen, die Zustimmung der Menschen in ihrem Herrschaftsbereich nicht erhalten können. Talleyrand hat mit Recht bemerkt, daß sich auf der Spitze von Bajonetten nicht lange regieren läßt. Revolutionäre Situationen entstehen für Staaten gleich welcher Form immer dann, wenn die Überzeugungskraft der sie legitimierenden Argumente schwindet und wenn die Maßnahmen der sozialen Legitimation nicht mehr wirken.

›Gegenstand der Legitimation‹ ist in erster Linie immer die Art der *staatlichen Machtausübung*. Unter allen historischen Bedingungen will jede Macht ihre eigene Kontinuität. Sie strebt nach Ausdehnung und zumindest nach Erhaltung. Deshalb verläuft keine staatliche Legitimation einsinnig von den Beherrschten zu den Inhabern der Staatsmacht. Die Herrschenden aller Zeiten haben sich nie bloß *passiv* auf ihre Legitimation durch die Beherrschten verlassen. Sie haben immer die Macht, die sie besaßen, eingesetzt, um die Regierten im Sinn ihres Legitimationserfordernisses zu beeinflussen. In den Zeiten religiöser Staatslegitimation haben Kulte, Glaubensbekenntnisse und deren Priester als Mittel dazu verholfen. In historischen Phasen des Umbruchs von einem Legitimationsmuster zum anderen pflegten Staatsmachtinhaber die Regierten durch den Einsatz der staatlichen Gewalt zur Anerkennung ihrer Machtausübung zu zwingen. In der Gegenwart wurden die Medien – in der Hauptsache Rundfunk und Fernsehen – in den Rang legitimationsbeschaffender Mittel erhoben, deren sich vorzugsweise Diktatoren bedienen. Die Möglichkeiten der Staatsmachtinhaber, die Regierten zu beeinflussen, sind naturgemäß um so größer, je zentralisierter die Machtstruktur im Staat aussieht. Am größten sind sie dementsprechend in den neuzeitlichen Diktaturen (sowohl denen ›des Proletariats‹ als auch der Generalsjunten).

Die legitimationsbewirkende Anerkennung eines Staates durch die Regierten ist folglich in Begriffen zu beschreiben, die von dem der *Duldung* bis zu dem der *freien Zustimmung* reichen. Jedenfalls wäre es eine moderne Täuschung, die Legitimation eines Staates *allein* von der Bedingung freier Zustimmung der Bürger abhängig zu machen. Ob ein Staat bei seiner Bevölkerung als legitimiert gilt oder nicht, läßt sich allein am Effekt ablesen: daran, ob er in seinen Grundstrukturen Stabilität besitzt oder nicht.

Es sei nicht verschwiegen, daß wir in der zweiten Hälfte dieses unseres Jahrhunderts womöglich bereits an die Grenzen des klassischen Legitimationsverständnisses gestoßen sind, das auf keiner historischen Stufe bisher für die Regierenden eines Staats eine *allmächtige* Durchsetzungsfähigkeit vorsah. Im Gegenteil: Staaten bedürfen der Legitimation nur darum, weil die Machtausübung gegenüber den Beherrschten prinzipiell beschränkt war und ist. Dagegen sind wir in unserer Gegenwart in ein Zeitalter eingetreten, in dem Staatsmachtinhaber ihren Einfluß auf die Regierten – und damit indirekt auch auf die Stabilität des Staats – durch die ständige Drohung verstärken können, auf ›Legitimationsdefizite‹ im Innern mit einem die Menschheit insgesamt gefährdenden Krieg nach außen zu antworten. Es ist für jeden Menschen heute einleuchtend, daß in der Zeit der Atom- und Wasserstoffbomben ein Krieg dieses Ausmaßes eine realistische Möglichkeit darstellt. Somit stellt sich in der Tat die Frage, ob die Rede von der Staatslegitimation im klassischen Sinn noch möglich ist, wenn Staatsmachtinhaber im Besitz eines solchen Mittels sind. Die Situation von Ostblockländern wie der DDR, Polen und der Tschechoslowakei bietet sich als aktuelles Beispiel dafür an. Denn in diesen Staaten wird die Machtstruktur des ›realen Sozialismus‹ allein durch die Drohung der Sowjetunion aufrechterhalten, für den Fall staatlicher Instabilitäten in ihrem Einflußbereich den großen Krieg zu beginnen.

In der Geschichte der Menschheit und in den Kulturen der Völker haben bisher unterschiedliche Arten der weltanschaulichen Legitimation eine Rolle gespielt. Ihr Sinn liegt darin, unterschiedliche Staatsformen in konkreten geschichtlichen Staaten als legitimiert auszuweisen. Wir werden sehen, daß es keine eindeutige Zuordnung einer weltanschaulichen Legitimationsart zu nur einer Staatsform gibt, sondern daß in der Regel unterschiedliche Staatsformen von *einer* Legitimationsart abhängen. Insofern legt die Art der Legitimation die Staatsform als Legitimationsergebnis allenfalls in – allerdings wesentlichen – Teilen fest.

Die verschiedenen Arten der Legitimation nenne ich *Legitimationsrahmen.*[11] Die bekanntesten, die in der Geschichte der Staatsformen auftraten, sind:

1. der religiöse Legitimationsrahmen
2. der traditionalistische Legitimationsrahmen
3. der individualistische Legitimationsrahmen
4. der rationalistische Legitimationsrahmen
5. der nationalistische Legitimationsrahmen
6. der demokratische Legitimationsrahmen.

Diese weltanschaulich geprägten Rahmen geben die *grundlegenden Bedingungen für die Gültigkeit der Argumente* an, mit deren Hilfe die Zustimmung zu bestimmten Staatsformen erreicht werden soll. Sie liefern die Maßstäbe, nach denen Staatsordnungen als legitimiert gelten. Alle Legitimationsrahmen enthalten einen *Adressatenbezug.*[12] Das bedeutet, daß die jeweiligen Rechtfertigungsargumente und die sozialen Rechtfertigungsmaßnahmen von den Bürgern des Staates positiv aufgenommen werden müssen. Die verschiedenen Legitimationsrahmen bewirken darüber hinaus, daß die legitimationserzeugenden Argumente und Maßnahmen einen *konstitutionellen Bezug* erhalten, d. h. einen Bezug auf die (geschriebene oder nicht geschriebene) Verfassung der Staaten. Der konstitutionelle Bezug kommt in Gestalt staatlicher Institutionen zum Ausdruck, in denen sich der anerkannte ›gute‹ Sinn jener Argumente gleichsam verkörpert. (Im folgenden gebe ich Beispiele dafür.)

1. Der *religiöse Legitimationsrahmen*: Die meisten Staatsformen, die wir aus der Geschichte der Menschheit kennen, haben ihre legitimatorischen Argumente aus religiösen Überzeugungen geschöpft.[13] Das gilt für die christlichen Monarchien im Zeitalter des europäischen Absolutismus vom 17. bis 19. Jahrhundert, aber auch für das epochemachende Beispiel des deutschen Kaisertums im Mittelalter. Doch nicht bloß Monarchien dieser Art haben religiöse Weltanschauungen zu ihrer Legitimation benutzt. Die athenische Demokratie der klassischen Zeit Griechenlands und die römische Republik vor Cäsar haben ihre Legitimation ebenfalls aus religiöser Weltanschauung bezogen. Bleiben wir jedoch beim mittelalterlichen Kaisertum als einem uns geschichtlich näherstehenden eindrucksvollen Beispiel. Diese Staatsform war in den Augen der damals lebenden Menschen legitimiert, weil ihre Institutionen und die spezifische Art der Herrschaftsausübung einem Weltbild entsprachen, welches den Willen des christlichen Gottes zum Ausdruck brachte. Nach mittelalterlichem Weltbild hat Gott eine Ordnung für die Welt vorgesehen, die sich nicht bloß in der Natur, im Aufbau der organischen und anorganischen Welt zeigte. Sie drückte sich ebenfalls als Hierarchie im Staat und in der Gesellschaft aus. Die mittelalterliche Rechtsordnung ging im Glauben der Zeit auf den Willen Gottes zurück. Der Kaiser wurde als von Gott eingesetzter Inhaber der irdischen Gewalt betrachtet. Auf diese Weise stellte der allgemein verbreitete Glaube an den christlichen Gott für das mittelalterliche Kaisertum den legitimationserzeugenden Adressatenbezug her, während der konstitutionelle Bezug des christlichen Legitimationsrahmens darin zum Ausdruck kam, daß die staatliche Struktur des mittelalterlichen ›Heiligen Römischen Reiches deutscher Nation‹ die wesentlichen Inhalte des christlichen Weltbildes widerspiegelte.

Es besteht kein Grund, von unserer ›aufgeklärten‹ Zeit aus eine ›echte‹

Legitimation des mittelalterlichen Kaisertums in Zweifel zu ziehen. Es ist ein Kennzeichen moderner Überheblichkeit, wenn heute der Eindruck erweckt wird, das mittelalterliche Kaisertum hätte die Menschen, die es beherrschte, nur mit Gewalt bei der Stange halten können. Der religiöse Legitimationsrahmen hat zu dieser Zeit genauso gut und ordentlich ›funktioniert‹ wie der demokratische Legitimationsrahmen, der in unserer Gegenwart Staatsformen anerkennungsfähig macht. Von unserer heutigen Sichtweise aus kann man lediglich sagen, daß die christliche Religion als Legitimationsrahmen von Staatsformen für die Menschen der westlichen Zivilisation allmählich unglaubwürdig geworden ist. Wir wissen aber aus der allerneuesten Zeit, daß es Kulturkreise wie den islamischen gibt, in denen der religiöse Legitimationsrahmen historisch bis heute nicht außer Kraft gesetzt wurde.

2. Aus aufgeklärt-säkularer Sicht sind Religionen nichts anderes als Systeme tradierter Glaubensinhalte. Insofern bilden Arten der religiösen Legitimation Sonderfälle der *traditionalistischen Legitimation.* Doch die auf Traditionen beruhende Legitimation von Staatsformen tritt auch in religiös nicht vermittelter ›reiner‹ Form auf. Dann bezieht sie sich als Legitimationsrahmen auf eine weithin akzeptierte Geltung überlieferter Sitten. Was den Staat angeht, wirken Traditionen dadurch legitimierend, daß die Menschen glauben, bestimmte Staatsformen seien ›gut‹, weil sie auch für die Väter und Vorväter ›gut‹ waren. Die Geschichte des Kaisertums in China bis zum Ende des 19. Jahrhunderts ist ein exemplarischer Fall des traditionalistischen Legitimationsrahmens. Die Chinesen hielten an einer jahrtausendealten Staats- und Gesellschaftsstruktur allein aus Achtung vor ihrem ehrwürdigen Alter fest. Man weiß, daß selbst das kommunistische China von heute diese Tradition bei der Einführung ›revolutionärer‹ Neuerungen noch ständig in Rechnung stellen muß.

Die Tradition fungiert in Gestalt einer normativen Kraft geschichtlich gewachsener Überzeugungen überdies häufig als wichtiges Stützelement anderer Legitimationsrahmen. Das Erbfolgeprinzip der christlich-abendländischen Monarchie ist ein Beispiel für diese Funktion im religiösen Legitimationsrahmen. Danach wurde nur derjenige als legitimer König angesehen, der als Erstgeborener der meist sehr alten Herrscherfamilie entstammte. Aber auch parlamentarisch verfaßte Staaten unserer Gegenwart, für die der demokratische Legitimationsrahmen in Geltung ist, stützen sich außerdem noch auf die legitimierende Kraft alter Traditionen. Die nach wie vor beibehaltenen Formen der Monarchie in Großbritannien, in den Niederlanden und in Schweden sind hierfür anschauliche Beispiele.

3. Der *individualistische Legitimationsrahmen* ist eine Erfindung der neuzeitlichen politischen Philosophie. Alle bedeutenden Vertreter des Liberalismus der vergangenen dreihundert Jahre gehen in ihren staatstheoretischen Überlegungen von ihm aus. Aus dem 17. Jahrhundert ist John Locke, aus dem 18. Jahrhundert Immanuel Kant, aus dem vorigen John Stuart Mill und aus unserem Jahrhundert ein Theoretiker des Neoliberalismus wie Friedrich August von Hayek zu nennen. Diese Philosophen stimmen darin überein, daß die Legitimation eines Staates allein auf der Grundlage einer freien Zustimmung der Individuen hergestellt werden kann.

Man muß jedoch genau unterscheiden zwischen dem *individualistischen Ansatz*, wie ihn die Staatsphilosophen des Liberalismus bevorzugt haben, und dem *kollektivistischen Ansatz* des demokratischen Legitimationsrahmens. Die Perspektive des Liberalismus ist stets die des einzelnen Individuums. Das Grundproblem, mit dem sich die Philosophen des Liberalismus konfrontiert sahen, lag und liegt in der Frage, ob es verallgemeinerbare gesellschaftliche Werte von der Art gibt, daß ihnen *jeder einzelne* Mensch und Bürger aus eigener Selbstbestimmung beipflichten kann. Nimmt man diese Bedingung als erfüllt an, dann geht man von einem *Konsens* der Menschen als Individuen aus. Der Konsens ist im Unterschied zu den demokratischen Mehrheitsverfahren kein *kollektives* Entscheidungsverfahren. Er soll sich vielmehr als Resultat einer Übereinstimmung der freien Willensentscheidungen der einzelnen Individuen – d. h. ohne Einigungsverfahren – ergeben. Insofern können *Konsense* nicht *hergestellt* (oder *gebildet*) werden, sie lassen sich nur feststellen, *wenn* sie sich ergeben haben. Und sie ergeben sich, wenn die einzelnen Menschen unabhängig von einem organisierten Prozeß kollektiver Willensbildung das gleiche wollen. Im individualistischen Legitimationsrahmen gelten Staat und Grundregeln des bürgerlichen Zusammenlebens als gerechtfertigt, wenn man einen Konsens *aller* einzelnen unterstellen kann.

4. Im *rationalistischen Legitimationsrahmen* gelten gesellschaftliche Grundnormen des Staates als gerechtfertigt, wenn sie durch eine ›wissenschaftliche‹ bzw. ›vernunftgemäße‹ Begründung beglaubigt werden. Doch anders als im individualistischen Rahmen sind es nicht die Individuen mit ihrer willentlichen Zustimmung, sondern die ›rationalen‹ Geltungsgründe, auf denen das Gewicht der ›Richtigkeit‹ derartiger staatlicher Normen liegt. Deshalb ist es im Licht des rationalistischen Legitimationsrahmens zulässig, von ›richtigen‹ bzw. ›wahren‹ Normen in der ursprünglichen Wortbedeutung zu sprechen.

Der rationalistische Legitimationsrahmen hat wie der individualistische zunächst allein in der politischen Philosophie eine Rolle gespielt. Er wurde in der französischen Aufklärung dominierend. Mit Ausnahme von Jean-Jacques Rousseau gingen alle bedeutenden Vertreter der Aufklärungsphilosophie davon aus, daß in der ›Vernunft‹ eines jeden Menschen die Fähigkeit angelegt ist, Einsichten in ›richtige‹ Normen des gesellschaftlichen Zusammenlebens zu gewinnen. Die politischen Praktiker der Französischen Revolution von 1789 haben den von den Philosophen genährten Glauben übernommen und den neuen Staat sogar auf einen Kult der Göttin ›Vernunft‹ festgelegt.

Auch die großen deutschen Philosophen um die Wende des 18. zum 19. Jahrhundert vertraten in ihren staatsphilosophischen Auffassungen den Standpunkt des rationalistischen Legitimationsrahmens. Vom Idealisten Georg Friedrich Wilhelm Hegel etwa wird der Staat daran gemessen, ob er die politische Verkörperung der ›absoluten Idee‹ ist. Der Bezugsmaßstab des ›guten‹ Staats einschließlich seiner politischen Institutionen und der sozialen Werte, die er zu schützen hat, ist dabei an ein bestimmtes Konzept von Rationalität gebunden.

Der einflußreichste Vertreter des rationalistischen Legitimationsrahmens ist Karl Marx. Sein sozialistisch-kommunistisches Staatsverständnis soll durch eine ›wissenschaftliche‹ Begründung legitimiert sein. Ihm zufolge gibt es ›wissenschaftlich‹ erkennbare und beweisbare Bewegungsgesetze der menschlichen Geschichte, die eine zielgerichtete historische Entwicklung steuern. Und weil das ›wissenschaftlich‹ erkennbare Ziel der Menschheit der kommunistische Gesellschaftszustand sein soll, deshalb soll auch der politische Kampf im Namen der ›richtigen‹ gesellschaftlichen Grundwerte geführt werden. Das Überlegenheitsgefühl derer, die im Namen von Marx und des politischen Marxismus auftreten, stammt nicht aus ihrer Parteinahme für ein Bild von Demokratie, sondern aus ihrer Überzeugung von der Richtigkeit des rationalistischen Legitimationsrahmens im Marxschen und marxistischen Sinn.

Dieser Legitimationsrahmen hat unter marxistischen Vorzeichen seit den kommunistischen Revolutionen in Rußland und China in allen Staaten des sogenannten ›realen Sozialismus‹ seinen konstitutionellen Bezug erhalten. Überall dort übt *eine* Partei die ›Diktatur des Proletariats‹ aus, weil sie sich durch den Besitz des Wissens über geschichtliche und gesellschaftliche Notwendigkeiten legitimiert glaubt.

5. Der *nationalistische Legitimationsrahmen* ist in der Geschichte Europas durch die Französische Revolution zum Tragen gekommen. Geschichtlich wurde er durch den monarchischen Absolutismus des 17. und 18. Jahrhun-

derts vorbereitet, jedenfalls in all den Ländern, in denen die absolutistisch regierenden Könige eine Einheit von Staat und Volk erreichten. Das war in Frankreich und Großbritannien zu Ende des 18. Jahrhunderts der Fall. Die in demokratischer Absicht betriebene Mobilisierung der Massen in Frankreich während und nach der Revolution von 1789, die die ›revolutionären Errungenschaften‹ gegen den Angriff der ausländischen ›reaktionären‹ Monarchien (in erster Linie Großbritanniens und Österreichs) verteidigen sollte, brachte das neue Phänomen des Nationalismus hervor. Napoleon I. hat als erster europäischer Herrscher diese neue Triebkraft in den Dienst seiner imperialistischen Politik gestellt. Als Reaktion darauf ist der Nationalismus in Deutschland, Rußland, Italien und Spanien entstanden.

Im 19. Jahrhundert wurde die nationale Idee zur entscheidenden Rechtfertigungsgrundlage von Staatsgründungen. Die deutsche Geschichte dieses Jahrhunderts belegt es in exemplarischer Weise. Der monarchische Absolutismus, der sich in Preußen, Österreich und den deutschen Kleinstaaten formal auf den christlich-religiösen Legitimationsrahmen stützte, sah sich zu weitgehenden Konzessionen an den neuentstandenen Nationalismus gezwungen. Die Gründung des Deutschen Reichs bedeutete als Ergebnis des Deutsch-Französischen Krieges von 1871/72 den Sieg des deutschen Nationalismus, der auch die Ausgliederung des österreichischen Kaiserreichs aus dem Verband der deutschen Staaten erreichte, weil sich Österreich als Vielvölkerstaat nicht dem nationalistischen Prinzip unterordnen ließ.

Auch der nationalistische Legitimationsrahmen dient bis heute der Rechtfertigung unterschiedlicher Staatsformen. Die französischen Republiken des 19. und beginnenden 20. Jahrhunderts haben sich genauso auf ihn berufen wie die Monarchien in Großbritannien, Deutschland und Rußland. Er stand von Anfang an in Konkurrenz mit dem demokratischen Legitimationsrahmen. Man kann sagen, daß der im Grund bis heute dauernde Konflikt beider die Geschichte der Staatsrechtfertigung in den letzten hundert Jahren geprägt hat. Gemäß dem Grundprinzip der nationalistischen Legitimation sollen *die* Staatsform und *diejenigen* gesellschaftlichen Strukturen die jeweils *besten* sein, die den Interessen und der Größe der durch sprachliche und geschichtliche Herkunft geeinigten Nation am meisten entsprechen.

6. Der *demokratische Legitimationsrahmen* ist in der geschichtlichen Perspektive der jüngste. Er hat sich erst in unserem Jahrhundert durchgesetzt, und dies auch nur in Ländern Europas und Nordamerikas. Seine Entstehung ist in Europa identisch mit der geschichtlichen Durchsetzung des allgemeinen Wahlrechts. Dessen Sinn liegt im Anspruch, den Staat durch den de-

mokratischen Willen des Volkes zu legitimieren. Genau an diesem Anspruch entzündete sich folgerichtig der Konflikt mit dem religiös legitimierten monarchischen Absolutismus im 19. Jahrhundert, dessen Staatsverständnis mit demokratischer Legitimation nicht in Einklang zu bringen war. Ebenso konsequent setzten sich die ›Gottesgnaden-Monarchien‹ gegen die Einführung des demokratischen Wahlrechts zur Wehr. Die politische Durchsetzung dieses Wahlrechts ging denn auch mit revolutionären Umstürzen der Monarchien einher. Sie stabilisierte sich erst durch die Einführung parlamentarisch verfaßter Republiken, jedenfalls in den westeuropäischen Ländern im Lauf unseres Jahrhunderts, das seinerseits bis heute durch den Konflikt zwischen dem demokratischen und dem nationalistischen Legitimationsrahmen geprägt wird.

Der demokratische Legitimationsrahmen liefert den Geltungsgrund derjenigen Argumente für Staatsordnungen und gesellschaftliche Grundstrukturen, in denen als Mittel der Legitimation die Zustimmung einer ›überwältigenden Mehrheit‹ der Bürger ins Feld geführt wird. Man spricht auch vom *demokratischen Konsens* als der Basis für demokratische Legitimation.

Um nun zu verstehen, was ›demokratisch‹ im Zusammenhang mit einem Legitimationsrahmen bedeutet, muß man sich folgende dreifache Unterscheidung vergegenwärtigen:

1. Zur Kennzeichnung des Legitimationsrahmens bezieht sich ›demokratisch‹ auf Maßstäbe der Legitimiertheit von Staaten. In dieser Verwendung werden Bedingungen des *legitimierenden* Bereichs angegeben, d. h. die *Art* der Legitimation wird als ›demokratisch‹ charakterisiert.

2. In der umgangssprachlich üblichen Bedeutung bezieht sich ›demokratisch‹ auf wichtige Eigenschaften bestimmter Staatsformen (Beispiele: parlamentarische Demokratie, sozialistische Volksdemokratie). Das Wort kennzeichnet – so genommen – staatliche Institutionen als ›Gegenstände der Legitimation‹ (bzw. des *legitimierten* oder *zu legitimierenden* Bereichs).

3. Zur Kennzeichnung der Mehrheitsverfahren bezieht sich ›demokratisch‹ auf die kollektiven Entscheidungsverfahren, die im Rahmen von bestimmten Staatsformen angewandt werden, um den politischen ›Gesamtwillen‹ zu ermitteln. Die demokratischen Mehrheitsverfahren gehören insofern ebenfalls zum Bereich des ›Gegenstands der Legitimation‹.

Der demokratische Legitimationsrahmen ist der einzige, bei dem die Zustimmung der Menschen (bzw. Bürger) mit dem Geltungsgrund der die Zustimmung erzeugenden Argumente zusammenfällt. Bei den anderen Legitimationsrahmen wie etwa beim religiösen ist die Zustimmung der

Menschen zum Staat als ›Gegenstand der Legitimation‹ zwar wesentlich. Sofern die christlichen Monarchien des Mittelalters und der Neuzeit sich als legitimiert betrachten durften, bezog sich die Zustimmung der Bürger aber zugleich auf ›objektive‹ Geltungsgründe wie etwa den ›Willen Gottes‹, nach dem eine monarchische Staatsordnung im Sinn des göttlichen Schöpfungsplans liegen sollte. Der demokratische Legitimationsrahmen ist dagegen der historische Ausdruck des neuzeitlichen politischen wie ethischen Bewußtseins, daß die Anerkennung des Staates *allein* im Willen der Menschen gründen soll.

Der konstitutionelle Bezug demokratischer Legitimation kommt darin zum Ausdruck, daß Staaten (oder Staatsformen), die sich auf sie stützen, durch politische Institutionen charakterisiert sind, die eine Politik im Sinn der ›Interessen des Volkes‹ gewährleisten sollen. In parlamentarischen Demokratien soll z. B. das allgemeine Wahlrecht an erster Stelle diese Funktion erfüllen.

Zum Schluß dieses Kapitels, in dem Begriffe erläutert wurden, die im folgenden von grundlegender Bedeutung sind, soll auf Gemeinsamkeiten aller Legitimationsrahmen hingewiesen werden:

1. Die Legitimation von Staaten muß als ein Dauererfordernis für sie angesehen werden. Das heißt: Sie endet nicht mit der geschichtlichen Anfangsphase, in denen die Verfassungsgrundsätze von Staaten erdacht, diskutiert und politisch erkämpft werden. Staaten müssen sich auf eine dauernde Legitimation durch die Bürger stützen können. Denn die dauernde Legitimiertheit ist eine notwendige Bedingung für die Stabilität eines Staates. Sie bestimmt zwar in Zeiten solcher Stabilität nicht das politische Erscheinungsbild, welches dann vielmehr durch die politischen Entscheidungsprozesse im Rahmen der *legalen* Ordnung gekennzeichnet ist. Doch eben darin liegt ein wichtiger Hinweis für eine bestehende *Legitimiertheit* des Staates.

2. Das Gelingen staatlicher Legitimation – und damit die Stabilität eines Staates – hängt von der gesellschaftlichen Geltung *eines* Legitimationsrahmens ab. Zwar wissen wir, daß im geschichtlichen Geltungsbereich *eines* Rahmens unterschiedliche Staatsordnungen legitimiert werden können. Die Instabilität von Staaten und Staatsformen – und ihr geschichtlicher Untergang – sind aber in der Regel Ausdruck des Konflikts unterschiedlicher Legitimationsrahmenvorstellungen. So wurde die absolutistische Monarchie im 19. Jahrhundert instabil, weil der Konflikt zwischen dem traditionsreichen christlich-religiösen und dem neu entstandenen demokratischen Legitimationsrahmen aufkam. So trug zum Untergang der

›Weimarer Republik‹ in Deutschland entscheidend der Umstand bei, daß es auch da den nichtgelösten Konflikt zwischen dem demokratischen und dem nationalistischen Legitimationsrahmen gab. Die heutige staatliche Stabilität der Bundesrepublik Deutschland gründet demgegenüber wesentlich auf dem gesellschaftlichen Konsens über den demokratischen Legitimationsrahmen.

3. Häufig klaffen der *gesellschaftlich wirksame* und der *offiziell deklarierte* Legitimationsrahmen auseinander. Wo dies der Fall ist, darf man es als ein Zeichen dafür werten, daß die bestehende Staatsform zur Disposition von revolutionären Veränderungen steht. Aktuelle Beispiele für derartige ›Widersprüche zwischen Ideologie und Wirklichkeit‹ findet man bei kommunistischen Staaten Osteuropas, in denen – wie in der Volksrepublik Polen – der offiziell deklarierte marxistisch-rationalistische Legitimationsrahmen den faktisch bestehenden nationalistischen bloß ideologisch verschleiert und wo darüber hinaus der Konflikt zwischen dem nationalistischen und dem demokratischen Rahmen ungelöst besteht.

Der Kampf der politischen Ideen ist besonders in unserem Jahrhundert hauptsächlich der Kampf um die Durchsetzung der legitimatorischen Geltungsgründe für die Akzeptierbarkeit von Staatsformen. In diesem Zusammenhang sind sowohl der mittlerweile blaß gewordene Weltmachtanspruch des ›wissenschaftlich‹ sich legitimierenden kommunistischen Sozialismus zu sehen als auch das Eintreten westlicher Staaten für die Menschenrechte und die unter islamischen Vorzeichen erfolgende Renaissance religiöser Staatslegitimation in arabischen und nordafrikanischen Ländern.

4. Keiner der charakterisierten Legitimationsrahmen kann in der historischen Perspektive im Ernst und in Wahrheit von sich behaupten, der für alle Zeiten und alle Völker ›richtige‹ zu sein. Es existiert kein übergeschichtlicher Maßstab, nach dem zu entscheiden wäre, daß z. B. der christlich-religiöse Legitimationsrahmen der mittelalterlichen Monarchien der ›menschlichen Natur‹ weniger entsprochen habe als der bei uns herrschende demokratische. Die Stabilität der Monarchie als Staatsform bis ins 19. und 20. Jahrhundert hinein beweist, daß die religiöse Legitimation mindestens so wirkungsvoll war wie in unserer Zeit in Westeuropa die demokratische. Und andersherum: Daß wir heute in den meisten westlichen Staaten die demokratische Legitimation als die allein zulässige empfinden, liefert keine Gründe für den Glauben, die religiöse oder auch die nationalistische Legitimation seien in einem übergeschichtlichen – und insofern ›absoluten‹ Sinn – *falsche* Legitimationsarten. Gleichwohl

müssen wir anerkennen, daß in unserem Jahrhundert – und zwar in erster Linie in der europäisch geprägten Zivilisation – nur noch staatliche Legitimationsarten akzeptierbar sind, bei denen die ›Güte‹ der Staatsform allein auf den subjektiven ›Willen des Volkes‹ gegründet wird. Zu diesen Formen zählen der individualistische, der nationalistische und der demokratische Legitimationsrahmen. Diese Entwicklung ist das Ergebnis eines langen geschichtlichen Wegs, auf dem insbesondere in Europa eine tiefgreifende Veränderung des ethischen und politischen Bewußtseins erfolgte.

2. Das moderne Konzept der autonomen Subjektivität. Zur geschichtlichen Umprägung des europäischen Geistes in Ethik und Politik

Der Triumph der ›subjektivistischen‹ Legitimationsrahmen (des Individualismus, des Nationalismus und der demokratischen Rechtfertigung) prägt die neuzeitliche Geschichte des politischen Denkens und Handelns in Europa. Parallel dazu erfolgte der Niedergang des ›objektivistischen‹ Legitimationsrahmens der christlichen Religion. Mit dieser Entwicklung ging eine radikale Veränderung der ethischen Grundeinstellung der europäischen Menschheit einher.

Der Übergang zur Neuzeit wird nach übereinstimmender Auffassung der Historiker in der Zeitspanne zwischen dem auslaufenden 15. und dem Beginn des 17. Jahrhunderts gesehen. In dieser Zeit geraten die außereuropäischen Erdteile in den Blick Europas, der Buchdruck wird erfunden und weiterentwickelt, die empirischen Wissenschaften entstehen, und im religiösen Bereich ereignen sich die Reformationsbewegungen und die Religionskriege. Den Wechsel in der ethischen Grundeinstellung, der sich besonders in den Auffassungen der Philosophen über die Fundamente der Ethik ausdrückt, kann man als Übergang von Konzeptionen des ›vorgegebenen Sinns‹ zu solchen des ›produzierten Sinns‹ charakterisieren. Dabei wandeln sich vor allem die Auffassungen von der ›menschlichen Natur‹, die hinter ethischen Verpflichtungen generell stehen. In der Regel sind es bestimmte ›ideale‹ Auffassungen vom Wesen des Menschen, für die man heute meist den Begriff ›Menschenbild‹ benutzt.

Die einprägsamsten Beispiele für derartige ›Menschenbilder‹ sind die verschiedenen historischen Religionen und Glaubensbekenntnisse, in geschichtlicher Sicht zweifellos die stärksten Mächte im Feld menschlicher Ethik und Moral. Man kann von einem Menschenbild des Christentums reden, vom Menschenbild des Islam oder des Buddhismus. In der europäischen Kultur steht uns das Christentum am nächsten. Zum christlichen Bild vom Menschen gehört stets ein Verhalten, wie es im alttestamentlichen Dekalog, den mosaischen Zehn Geboten, festgelegt ist. Als einer der wichtigsten neutestamentlichen Züge gilt die Verpflichtung zur Nächstenliebe. Das Menschenbild der christlichen Religion soll in der *menschlichen* Natur und Erscheinungsweise von Jesus selber zum Ausdruck gebracht werden. Jesus wird in seiner irdischen Existenz und als am Kreuz gestorbener *Mensch* zum Vorbild des christlichen Menschseins schlechthin. Der Sinn, der im ›idealen‹ Menschenbild des Christentums liegt, ist ein ›vorgegebener Sinn‹, weil er aus einer *übermenschlich* ›transzendenten‹ Instanz stammt. Die Quelle für den verpflichtenden Gehalt der christlichen Ideale liegt im ›göttlichen‹ Jenseits. Deshalb beinhaltet dieses Menschenbild für seine Gläubigen eine ›objektive‹, d. h. von außen gesetzte Verpflichtung.

Der ethische Verpflichtungscharakter religiöser Bekenntnisse ist ganz allgemein der eines ›vorgegebenen Sinns‹: Weil *übermenschliche* Götter, der jüdisch-christliche Gott oder der Allah des Islam, *fordern*, daß ihre Gläubigen in ihrer Lebensführung sich an bestimmten ›idealen‹ Menschenbildern ausrichten, deshalb sollen die damit verbundenen ethischen Normen und Gebote befolgt werden. (›Ideale‹ Menschenbilder des ›vorgegebenen Sinns‹ beinhalten stets eine ethische Grundauffassung, die man auch als eine reine ›Befolgungsethik‹ bezeichnen kann.)

Die ethischen Grundauffassungen sowohl des klassischen Altertums als auch des europäischen Mittelalters sind überwiegend durch Menschenbilder des ›vorgegebenen Sinns‹ geprägt. Das wird verständlich, wenn man an die überragende Bedeutung der Religion in diesen Zeitaltern unserer Geschichte denkt. Sowohl für die Griechen als auch für die Römer des klassischen Altertums ist die Religion die Hauptquelle der Geltung ethischer Normen. Die Menschen des Mittelalters sahen das Grundmuster ethischer Gültigkeit im religiösen Menschenbild des Christentums.[1]

Aber nicht nur im Vorrang der *religiösen* Auffassungen kommt das beherrschende Gewicht der ethischen Grundauffassung eines ›vorgegebenen Sinns‹ (und damit einer ›Befolgungsethik‹) zum Ausdruck. Auch die antike und mittelalterliche *Philosophie* der Ethik wird von dieser Auffassung geleitet. Für die mittelalterliche Philosophie – man vergegenwärtige sich die Namen Augustin und Thomas von Aquin – braucht man die Zugehörigkeit zum ethischen Grundmuster des ›vorgegebenen Sinns‹ nicht eigens nachzuweisen, denn diese Philosophie ist weitgehend mit christlicher Theologie identisch. Was das Altertum angeht, kann man die ethische Grundauffassung seines einflußreichsten Philosophen, nämlich die Platons, als herausragendes Beispiel anführen. Nach Platon ist das ›Gute‹ die höchste der Ideen, und Ideen sind für ihn ›objektive Wesenheiten‹, die eine Existenz außerhalb der Sphäre der sinnenhaft wahrnehmbaren Dinge haben. Das Gute ist zwar kein Gegenstand religiöser Offenbarung wie im Christentum und kein götterähnliches Wesen, das man sich mit Eigenschaften der Lebendigkeit und bewußter Subjektivität ausgestattet vorstellen darf. Aber seine Seinsweise ist genauso übermenschlich, wie es nach den zeitgenössischen Vorstellungen die der Götter ist.

Das Grundmuster ethischen Urteilens, Empfindens und Argumentierens, das sich in der Neuzeit Europas durchzusetzen begann, ist von anderer Art. Es ist nicht mehr ein Muster des ›vorgegebenen‹, sondern eines des *›produzierten Sinns‹*. Der Unterschied liegt in einer geänderten Sicht der menschlichen Subjektivität. Es ist eine bestimmte Verhaltensvoraussetzung der Menschen, die eine neue Bedeutung erhält. Es handelt sich um die Freiheit, die die Menschen innerhalb gewisser biologisch begrenzter Verhaltensspielräume haben, zwischen einer Vielzahl von Handlungsmöglichkeiten entscheiden zu können.[2] Mit dem geschichtlichen Wandel von Ethiken des ›vorgegebenen Sinns‹ zu solchen des ›produzierten Sinns‹ ändert sich die *Funktion*, die die menschliche Freiheit für die Gültigkeit ethischer Normen hat. Die Freiheit wird nämlich im Zeichen der neuzeitlichen Ethiken des ›produzierten Sinns‹ zum herausragenden Geltungsgrund der ethischen Handlungsnormen der Menschen, und zwar in einem sehr allgemeinen Sinn des Begriffs, nämlich dem *menschlicher Selbstbestimmung* im Hinblick auf die *Geltung* von Handlungsnormen.

Man hat sich in der Gegenwart von Philosophen wie Hegel und Marx zu der falschen Auffassung verleiten lassen, die politische Geschichte der europäischen Menschheit sei als eine allmählich aufsteigende Entwicklung zu mehr Freiheit zu skizzieren, mit einem berühmten Wort Hegels zu sprechen: als einen ›Fortschritt im Bewußtsein der Freiheit‹, der sich von den alten orientalischen Reichen über die Griechen und Römer des klassischen Altertums, das europäische Mittelalter bis in unsere Jahrhunderte durchgesetzt habe. Diese populär gewordene Auffassung ist falsch. Die Freiheit der Menschen hat sich nicht über die Jahrhunderte hinweg allmählich über Völker und Staaten ausgebreitet, indem zuerst einer, der orientalische Despot, dann wenige wie in den oligarchischen und monarchischen Systemen des Altertums und Mittelalters und schließlich durch philosophische

Einsicht – wie bei Hegel – oder durch sozialistische Weltrevolution – wie bei Marx – ›alle‹ frei werden.

Der Freiheitsbegriff bedeutet zunächst nicht mehr als die Art menschlicher Verhaltensplastizität, welche sich aus der Existenz eines wägenden und wählenden Bewußtseins ergibt. Entsprechend einer bewußten Bewertung von Zwecksetzungen und Bedürfnissen können ›innengesteuerte‹ *Entscheidungen* darüber herbeigeführt werden, mit *welchen Mitteln* und in welchem Ausmaß Zwecksetzungen erreicht und Bedürfnisse befriedigt werden sollen. Die Fähigkeit zu freien Entscheidungen haben die Menschen besessen, seit es sie gibt. Die Freiheit hat aber weder in der geschichtlichen Frühzeit noch in den uns näheren Epochen der Antike und des Mittelalters eine *ethische* Funktion. Mit anderen Worten: Die Freiheit des einzelnen war ohne Bedeutung für die Gültigkeit der ethischen und politischen Normen, nach denen er sich in Staat und Gesellschaft zu richten hatte. Der geschichtliche Prozeß, um den es geht, läßt sich auf den kurzen Nenner bringen: Es ist die Entwicklung der *heteronom bestimmten* zur *autonom bestimmenden* Subjektivität. Sie wird im folgenden in großen Linien nachgezeichnet.

Weder im Altertum noch im Mittelalter stand die Freiheit in einem Gegensatz zum Glauben an gottgegebene Normen und Werte, d. h. an Werte mit überindividueller, ›objektiver‹ Gültigkeit. Das antike und mittelalterliche Freiheitsverständnis war in die vorherrschenden Ethiken des ›vorgegebenen Sinns‹ eingepaßt.

In der Antike lag nach allgemeiner Auffassung das Schicksal der Menschen ausschließlich in der Hand der Götter. Die griechischen Götter bestimmten wie absolute Herrscher das Schicksal der ihnen unterworfenen Menschen.[3] Homers ›Ilias‹ und ›Odyssee‹ enthalten Beispiele für diese Einstellung. So wird der Untergang Trojas im Götterhimmel entschieden, und der Kampf der Griechen unter Agamemnon gegen die Trojaner erscheint als ein Vollzug göttlichen Willens, der den Kämpfenden selber verborgen bleibt. Das Handeln der Menschen wird als direkter Ausfluß des Handelns der Götter betrachtet. Selbst die menschlichen Gefühle und Leidenschaften werden ursächlich den Göttern zugeschrieben. So ist das Schicksal des Odysseus nach dem Sieg der Griechen über Troja mit seinen Irrfahrten und lebensbedrohenden Gefährdungen dem bewußten Handeln und Einfluß des Helden ebenfalls entzogen. Es gibt für ihn »keinen Frieden, keine Sicherheit, kein Gefühl, Herr seines Schicksals zu sein. Zeus macht ihn zu seinem Spielzeug, zerstört sein Schiff, schleudert ihn gegen Felsküsten, an denen fremde Götter wohnen, läßt ihn Visionen des Paradieses sehen, um sie ihm im nächsten Augenblick wieder zu rauben« (Robert Payne).[4] Die altgriechischen Götter benutzen die Menschen als Werkzeuge für ihre eigenen Auseinandersetzungen. Aus der Sicht der homerischen Epen ist das Leben der Menschen – und gerade der heldenhaftesten und insofern vorbildlichsten wie des Trojaners Hektor und der Griechenkönige Agamemnon, Achill und Odysseus – ›göttlich‹, sofern sie in ihren Kämpfen Auseinandersetzungen der Götter ›spiegeln‹ – als bewußtlose Handlanger, nicht als bewußte Vertreter der göttlichen Absichten in der Welt der Sterblichen. Sie tragen ›Stellvertreterkriege‹ aus. Was Helden wie Oedipus oder Odysseus zu erleiden haben, ist darum auch nicht als Bestrafung für ein von ihnen zu verantwortendes Handeln aufzufassen, durch welches sie gegen ›göttliche Gebote‹ verstoßen hätten. Sie erleiden ein Schicksal, das – wie im Fall des Oedipus – als Rache für väterliche Schuld verhängt wird und dem Oedipus nicht zu entgehen vermag, obwohl ihm der Spruch des Apoll durch das delphische Orakel bekannt ist, wonach prophezeit war: »Du wirst deines eigenen Vaters Leib ermorden, deine Mutter heiraten und den Menschen eine Nachkommenschaft von verabscheuungswürdiger Art hinterlassen.«[5] Obwohl Oedipus alles tut, um diesem Schicksal zu entgehen, vollzieht sich das angekündigte Verhängnis mit der Notwendigkeit, die aus menschlicher Sicht nicht verständlich zu machen ist und eben darum die charakteristische Auffassung der Griechen vom *tragischen* Geschehen wiedergibt.[6]

Im Unterschied zu den griechischen Göttern ist der jüdische Gott des Alten Testaments ein Gott, der seinem Volk Handlungsanweisungen erteilt.[7] Er spricht mit ihm durch die Propheten und straft mit Härte, wenn das Volk sich nicht dem göttlichen Willen gemäß verhält. Im Unterschied zur mythischen Zeit der Griechen gibt es für das Volk Israel dem Stammesgott Jehova gegenüber eine Freiheit der Entscheidung, doch nur als Möglichkeit des *Kollektivs*: Das Volk entscheidet sich – nach der Bibelerzählung – zum Abfall von Gott, der sie bei der Flucht aus Ägypten beschützt hat. Und der Gott des Alten Testaments ist in diesem und anderen Fällen ein strafender und rächender Gott, weil er *das Volk* als verantwortlich für seine Neigung zur Abtrünnigkeit ansieht. Der ›Gott Abrahams, Isaaks und Jakobs‹, wie er sich selber nennt, ist ein befehlender Gott.[8] So fordert er von Abraham: »Nimm Isaak, deinen einzigen Sohn, den du liebhast, und geh hin in das Land Morija und opfere ihn dort zum Brandopfer auf einem Berge, den ich dir sagen werde.«[9] Und er sagt zu Moses vor dem Auszug aus Ägypten: »Geh hin und versammle die Ältesten von Israel und sprich zu ihnen: Der Herr, der Gott eurer Väter, ist mir erschienen, der Gott Abrahams, der Gott Isaaks, der Gott Jakobs, und hat gesagt: Ich habe mich euer angenommen und gesehen, was euch in Ägypten widerfahren ist, und habe gesagt: Ich will euch aus dem Elend Ägyptens führen in das Land ..., darin Milch und Honig fließt.«[10]

Im Unterschied zur Art der altgriechischen Götterverehrung enthält das Alte Testament eine *Ethik*, die sowohl für das jüdische Volk als auch für die einzelnen Mitglieder des Volkes Verhaltensnormen setzt (in erster Linie die Zehn Gebote). Es sind Normen, deren Gültigkeit im Willen Gottes begründet ist, und Gott ist eine der irdisch-menschlichen Welt enthobene ›transzendente‹ Instanz. Die Freiheit, die das Volk als Gesamtheit dem göttlichen Willen gegenüber besitzt, ist jedoch eine Verhaltensmöglichkeit von zweischneidigem Wert. Einerseits verlangt und honoriert Gott nur Befolgungen seiner Aufträge und Gebote, die *freiwillig* ausgeführt und erfüllt werden, andererseits werden freie Entscheidungen *gegen* die Gehorsamspflicht mit strengen Strafen (›bis ins siebte Glied‹) verfolgt. Vor allem aber legt Gott die Normen fest, nach denen das Volk der Juden sich zu richten hat. Die Geltung von ›gut‹ und ›böse‹ ist dem menschlichen Handeln *vorgegeben*.

Es wäre nun fraglos einseitig, zöge man nicht in Betracht, daß die geschichtliche Vorherrschaft der religiösen Ethiken des ›vorgegebenen Sinns‹ seit der Antike von einer Gegenbewegung begleitet wird. In der griechischen Geschichte sind es die Anfänge ›subjektivistischen‹ Ethik-Bewußtseins. In der politischen Realität ist es der Kampf gegen Monarchie und Tyrannis, der im Athen des 5. Jahrhunderts v. Chr. in die künstlerisch und geistig überaus produktive Epoche der attischen Demokratie einmündete. In der Philosophie waren es die Sophisten, deren führender Kopf Protagoras den subjektivistischen Geist menschlicher Selbstbestimmung in dem Satz zum Ausdruck brachte, der Mensch sei das ›Maß aller Dinge‹.[11] Selbst ein Vertreter des ›Objektivismus‹ wie Platon gibt der Freiheit erheblichen Raum.

Eine der ergreifendsten Darstellungen der Grenzsituation eines einzelnen Menschen aus der antiken Philosophie ist seine Schilderung über den Tod seines Lehrers Sokrates.

Sokrates wurde wegen angeblicher Verführung der Jugend zur Verachtung der Götter zum Tod verurteilt. Nachdem ihm seine Freunde die Möglichkeit zur Flucht aus dem Gefängnis verschafft hatten, ging es für ihn um die Entscheidung, entweder den Gesetzen des Staates und seiner Gerichte zu gehorchen oder seinem Gewissen, nach dem er vor den göttlichen Gesetzen unschuldig war. Er entschied sich für die Unterwerfung unter die Gesetze und zum Gehorsam dem Staat gegenüber, allerdings mit einer Begründung, die den ethischen Konflikt vergleichsweise harmonisch auflösen soll. Platons ›Phaidon‹ zufolge will Sokrates beiden Verpflichtungen gehorchen, der Verpflichtung, sich durch Annahme des Todes dem Urteil des irdischen Gerichts zu beugen, und der *religiösen* Verpflichtung, den ›göttlichen‹ Anteil im Menschen, die unsterbliche Seele, aus ihrem ›Kerker‹, dem sterblichen Körper, zu befreien.[12] Es handelt sich um eine ethische Begründung, die den Tod als ›Erlösung‹ aus den Zwängen und Leiden des irdischen Lebens versteht. Doch auch die Grenzsituation des Sokrates macht deutlich, daß das Freiheitsverständnis der klassischen Antike, so unterschiedlich die Möglichkeiten der individuellen Entscheidungsfreiheit auch aussahen, den Glauben an subjekttranszendente göttliche Normen voraussetzt.[13]

Der ethische Subjektivismus blieb im Altertum in Politik und Philosophie geschichtliche Episode. Das gilt für die Philosophie wie für die Politik. Daß gerade in der kurzen Blütezeit der Demokratie im Athen des Perikles (495–429 v. Chr.) die Götterkulte besonders intensiv gepflegt wurden, ist womöglich als Ausdruck unbewußt gefühlter Wiedergutmachungspflicht gegenüber den ›eigentlichen‹ – nämlich *göttlichen* – Gesetzgebern des politischen und ethischen Handelns der Menschen zu deuten, mit anderen Worten: als Ausdruck des schlechten Gewissens einer Gesellschaft, die für kurze Zeit ihr Schicksal selbstbestimmend in die eigene Hand nahm.

Auch die römische Republik kennt in ihrer frühen Phase den politischen Kampf gegen die Monarchie. Doch hat sie sich nie bis zu einer demokratischen Staatsform hin entwickelt. Sie ist bis zum Kaisertum, das von Caesar gewollt und von Augustus verwirklicht wurde, durch oligarchische Adelsherrschaft geprägt, die den klassischen Unterschied zwischen Freien und Sklaven in ihrer politischen Struktur zum Ausdruck brachte. Die römischen Kaiser haben dann für Jahrhunderte die ›objektivistisch‹-religiöse Staatslegitimation der Monarchie sichergestellt und damit der Dominanz des ethischen Objektivismus zu politischem Ausdruck verholfen.

Das christlich geprägte Altertum und Mittelalter sind durch die Umformung des jüdischen Gottes-Modells charakterisiert. Der jüdische Gott war ein Stammesgott, und das jüdische Volk hatte als *Kollektiv* dem göttlichen Willen gegenüber Verantwortung zu tragen. Nachdem das Christentum im 4. Jahrhundert n. Chr. unter Konstantin dem Großen (er herrschte von 325 bis 337) Staatsreligion des römischen Imperiums geworden war, schuf es eine Art übernationale Gültigkeit der jüdischen Gottesidee. Die christlichen Gemeinden, die vorher eine Art Ersatz für die jüdische Volkszugehörigkeit gebildet hatten, büßten diese ihre kollektiv-religiöse Bedeutung ein. Es entstand der christliche Individualismus. Der einzelne Gläubige trat unabhängig von seiner Volks- und Stammeszugehörigkeit in ein Verhältnis zu Gott. Doch die Maßstäbe für ›gut‹ und ›böse‹ waren auch ihm durch die Gebote des ›transzendenten‹ Gottes vorgegeben. Die *freiwillige* Befolgung des göttlichen Willens galt als ›gut‹ (und wurde durch das Versprechen ›ewiger Seligkeit‹ belohnt), die der freien Selbstentscheidung zuzurechnende Nichtbefolgung war Sünde (und brachte die Androhung von Höllenstrafen ein). Augustin (354–430 n. Chr.), der bedeutendste Theologe seiner Zeit, hat den christlichen Konflikt zwischen individueller Freiheit und transzendent-religiöser Ethik auf charakteristische Weise zum Ausdruck gebracht und wegweisend für die folgenden Jahrhunderte gelöst. Nach ihm ist die Freiheit zwar das höchste Gut des Menschen. Sie verwirklicht sich aber nur im Gehorsam gegenüber Gott. In säkularer Sprache: Als ›gute‹ Handlungsalternative steht dem Menschen nur die Entscheidung für die ›Gottesliebe‹ zur Verfügung; die Wahl anderer Möglichkeiten, die *logisch* in der Freiheit liegen, ist Sünde und Abfall von Gott.[14] Die Entscheidung für das ›Richtige‹ wird – da aus der Freiheit selber nicht begründbar – zu einem Gnadenakt Gottes. (Luther wird daran anknüpfen.)

Augustin markiert mit seiner Position die Mitte zwischen den theologischen Vertretern der Prädestination, d. h. der Lehre, daß der menschliche Wille durch Gottes Weltplan vorherbestimmt, mithin unfrei sei, und den Anhängern des Pelagius, der die menschliche Freiheit im Sinn der ›Untergrundtradition‹ des ethischen Subjektivismus zur Grundlage der individuellen und gesellschaftlichen Moral gemacht hatte.

Das europäische Mittelalter – mit der Entstehung des Heiligen Römischen Reiches deutscher Nation im politischen Zentrum – bringt zweifellos die Hochblüte der christlichen Religion als ›objektivistischer‹ Staatslegitimation.

Staats- und Rechtsordnung werden als von Gott *gemachte* Gebilde verstanden. Im Unterschied zum ›göttlichen Recht‹, welches die Kirche verwaltet und das die Beziehung der Menschen zu Gott regelt, sichert das ›menschliche Recht‹ die Verhältnisse der Bürger untereinander und die Art ihrer Pflichten gegenüber jeder staatlichen Obrigkeit. Es leitet sich nicht aus dem Willen der Menschen, sondern ebenfalls aus der Schöpfung Gottes und der mit ihr gesetzten Weltordnung ab.[15]

Wie Gott verschiedene abgestufte Grade des Seienden von der ›vernunftlosen‹ anorganischen und organischen Natur bis zu den ›vernunftbegabten‹ Menschenwesen, der ›Krone der Schöpfung‹, vorgesehen hat, so stellt sich nach gültiger mittelalterlicher Theologie auch der Staat als eine Hierarchie von den Dienstleuten und Bauern bis zu seiner Spitze im Herrscher dar. Thomas von Aquin, dem bedeutendsten Theologen und Philosophen des Mittelalters, zufolge ging Gott bei der Erschaffung der Welt so vor, »daß den einzelnen Teilen der Welt ganz verschiedene Arten der Dinge zugeteilt wurden: die Sterne dem Himmel, die Vögel der Luft, die Fische dem Wasser, der Erde andere Tiere, und daß jedem einzelnen das, was er braucht, im Überfluß vorgesorgt erscheint«.[16] Eine entsprechende auf die Menschen und ihr soziales Zusammenleben übertragene Ordnung haben Herrscher bei Staatsgründungen zu beachten, da sie als ›irdische‹ Bevollmächtigte des göttlichen Willens gelten: »Aus dem Wesen der moralischen Weltordnung, aus dem Stufenbau des Seins, aus der Bezogenheit aller Dinge auf Gott, aus der Überordnung der Seele über den Leib und der Glaubensziele über die der Vernunft ergibt sich so das Gesamt einer Soziallehre, welche in der göttlichen Schöpfung ihre Unerbittlichkeit findet.«[17]

Individuelle Freiheiten gibt es als ständische Privilegien im Rahmen der hierarchischen Gesellschaftsordnung. Auf keinen Fall aber hat die Freiheit der Individuen etwas mit der ethischen Rechtfertigung des mittelalterlichen Staatskonzepts zu tun. Die Verbindlichkeit dieses Staatskonzepts beruht auf Normen, die ihre Geltung allein aus dem ›Willen Gottes‹ beziehen. Die Menschen erkennen sie an, weil sie als Gläubige Gott als ›Geltungsgrund‹ der Staatsrechtfertigung zugleich mitanerkennen.

Den Begriff ›Freiheit‹ (libertas) bezieht allerdings speziell noch die Kirche auf sich, um ihre seit dem Beginn des 2. Jahrtausends gewonnene Selbständigkeit gegenüber dem Kaisertum als der staatlichen Macht zu behaupten: »Freiheit der Kirche ist ... das, was der Kirche gerechtermaßen zukommt, also das Freisein von staatlichen Leistungen und Beeinflussungen, aber ebenso die Ausübung ihrer Mission, also auch die Leitung der Welt.«[18] Die Kirche hat unter Berufung auf diesen ›Freiheitsanspruch‹ im Hoch- und Spätmittelalter ihre Überordnung über die weltliche Herrschaft betrieben und dabei entscheidend zur Auflösung des übernationalen ›römischen‹ Kaisertums beigetragen.

Die *neuzeitliche Funktion des Freiheitsverständnisses* kommt im 15. und 16. Jahrhundert auf. Sie bringt die abendländische ›Untergrundtradition‹ des ethischen Subjektivismus an die Oberfläche. Sie drückt sich in einem rigorosen Wandel in der Erfahrung des Göttlichen aus. Nicht der uralte Tatbestand der Freiheit wird entdeckt, sondern die Entscheidungsfreiheit für oder wider Gott, mit anderen Worten: die Freiheit des Menschen selbst dem Göttlichen gegenüber. Die neuzeitliche Geschichte dieser Freiheit mündet in das Konzept der ethischen und politischen Autonomie.

Mit dieser Entwicklung verbindet sich eine Revolutionierung des ethischen Denkens, die in ihren Folgen mit der Entstehung der modernen Wissenschaften, der Erfindung der Buchdruckerkunst und der Entdeckung Amerikas zu vergleichen ist. Sie stammt ihrer Herkunft nach aus dem religiösen und theologischen Bereich selber. Die christliche Religion war im gesamten Mittelalter die überragende ethische Macht. Und als ethische Macht war sie zugleich eine überragende gesellschaftliche und politische Macht. Der Unterschied zu unserer Gegenwart wird deutlich, wenn man sich vor Augen führt, welche politischen Einflußmöglichkeiten das Papsttum im Mittelalter besaß und welche heute. Dazwischen liegen Welten. Im Mittelalter war der Papst als Herrscher über die Gläubigen auch eine politische Großmacht, die letztlich auch das deutsche Kaisertum in der Stauferzeit in die Knie gezwungen hat. Die Päpste unserer Zeit sind angesehene Oberhirten der katholischen Christenheit. Sie stellen beachtenswerte moralische Instanzen dar. Eine ihren mittelalterlichen Vorgängern entsprechende politische Macht – als Ausfluß ihrer geistlichen – wird ihnen niemand mehr zusprechen. Die politische Stärke der Päpste beruhte im Hochmittelalter auf der religiösen Macht über die Seelen der Gläubigen; man kann sagen: auf einem nie ernsthaft gefährdeten ethischen Monopol.[19]

Wenn man die Einstellung der mittelalterlichen Menschen zur Religion angemessen verstehen will, bietet sich ein Vergleich mit grundlegenden gesellschaftspolitischen Einstellungen unserer Zeit an. So wie man in Staaten mit Gesellschaftsordnungen wie der unseren von einer Prägung durch die *ökonomische* Denkweise reden kann, so waren die Menschen des Hoch- und Spätmittelalters an *religiöse* Sichtweisen gebunden. Auseinandersetzungen im religiösen und theologischen Bereich mußten deshalb tiefgehende Auswirkungen auf die gesellschaftlichen und politischen Bereiche zur Folge haben.

Die moderne Funktion der Freiheit resultiert aus der *Entmachtung* des christlichen Ethik-Monopols des Mittelalters. Diese Entmachtung setzte im eigenen Umkreis des christlichen Glaubens ein. Der Umbruch, um den es sich handelt, ist in erster Linie mit dem Namen Martin Luthers und mit der Entstehung der protestantischen Glaubensbewegung und ihrer Herauslösung aus der Einheit der christlichen Religion verbunden.[20]

In Luthers Theologie gewinnt der ›Christenmensch‹ eine geänderte Stellung zu Gott. Er ist als gläubiger Laie nicht mehr, wie es vorher allgemein geltende christliche Auffassung war, abhängig von der Lehrautorität der Kirche, dem Quasi-Offenbarungscharakter der Kirchenvätergeschichte und der sakramentalen Mittlerfunktion der geweihten Priester und der Kirche als Institution. Die ›Wahrheiten‹ der Bibel und der individuelle

Glaube werden für ihn zu *alleinigen* Instanzen seiner Zwiesprache mit Gott. Jeder einzelne soll in seinem Glauben ein eigenes *individuelles* Verhältnis zur geoffenbarten Bibel-Wahrheit gewinnen. Zwar enthält Luthers Glaubensbegriff eine unübersehbare Ambivalenz: Zum einen ist der Glaube des einzelnen, durch den ein Verhältnis zu Gott zustandekommen soll, selber ein Geschenk der ›Gnade Gottes‹, zum anderen existiert ein Verhältnis des Menschen zu Gott auch nur *durch* den Glauben und *im* Glauben. »Luther betont, daß sich der Christ *freiwillig* den kirchlichen und weltlichen Ordnungen fügt.« (G. May)[21] Selbst die Unterordnung unter Gottes Willen und die staatliche Ordnung soll aus individueller Freiheit erfolgen. Dies ist die Hinsicht, in der Luther und die protestantische Glaubensauffassung der *modernen Funktion* der individuellen Freiheit vorgearbeitet haben.[22] Es ist von hier aus kein weiter Schritt zu dem Gedanken, daß Gott ein *Produkt* des *Glaubens* der Menschen an ihn ist, eines von der *freien Entscheidung* des *einzelnen* abhängigen Aktes der Anerkennung von Gott, eines Akts, dem die Ablehnung eines *bestimmten* (konfessionellen) christlichen Glaubens oder gar des Glaubens überhaupt als weitere gleichberechtigte Möglichkeiten an die Seite gestellt wird.

Verständlicherweise haben Luther und die auf ihn folgenden protestantischen Theologen die Funktion der individuellen Freiheit für den Glauben nicht in dieser Weise gedeutet. Vor allem haben sie die mögliche Alternative, daß der einzelne Mensch sich aus Freiheit auch *gegen* den Glauben entscheiden kann, nicht ernsthaft betont. Aus christlich-theologischem Vorurteil durfte dies selbstverständlich keine gleichgewichtige Alternative sein. Da aber aus der Position der Entscheidungsfreiheit selber beide Alternativen logisch als *gleichmöglich* erscheinen müssen, wird bei Luther die positive Entscheidung des einzelnen für den Glauben an Gott und seine Offenbarung folgerichtig zu einem Akt der göttlichen *Gnade*.

Durch die vom Protestantismus hergestellte Akzentuierung des *Glaubens* als konstitutiven Akts der einzelnen Menschen wird ein theologischer Sprengsatz gelegt, der seine Wirksamkeit bis in unsere Gegenwart hinein für die christliche Theologie nicht verloren hat: Die die Gottesvorstellung charakterisierende Unabhängigkeit Gottes von der Beziehung der Menschen zu ihm – Gottes ›transzendente‹ Existenz – wird durch das protestantische Konzept aufgelöst.[23] Gott wird der Tendenz des Gedankens nach in die ›Innerlichkeit‹ der gläubigen Subjekte hineingezogen, denn der einzelne kann sich nach Luthers Lehre nicht mehr darauf verlassen, daß Gott ungefragt existiert, über ihn wacht, ihn erhält – unabhängig davon, wie der Mensch selber sich zu ihm stellt.[24] Es liegt in dieser Logik, daß die Kirche als Institution, die im irdischen Dasein den einzelnen Menschen gegenüber die göttliche Transzendenz manifestierte, ihrer sakralen Funktion entkleidet wurde. In der protestantischen Lehre – wenn auch nicht in der kirchlichen Praxis – trat konsequenterweise das ›Priestertum aller Gläubigen‹ an ihre Stelle.[25]

Das ›protestantische‹ Konzept hat ein neues Verständnis der menschlichen Freiheit entstehen lassen. Danach hat letztlich der einzelne Mensch die Freiheit, sich für oder gegen den Glauben zu entscheiden. Es reicht nicht mehr, daß die Kirche mit ihrer jahrhundertealten Tradition die ›Wahrheit Gottes‹ und seine Offenbarung in Jesus Christus verkündet und durch die Taufe und die Ausgabe der anderen heiligen Sakramente die Menschen zu Mitgliedern der christlichen Gemeinschaft macht. Entscheidend soll nunmehr sein, daß der einzelne Mensch sich unabhängig von derartigen Riten zum Glauben an Gott bestimmt: Jeder einzelne ist unmittelbar zu Gott. Das bedeutet: Der Mensch erzeugt Gott für sich, indem er sich durch einen freien Willensakt zum Glauben an ihn entscheidet. Entsprechend der Logik dieses Freiheitsverständnisses kann er, wenn er will, auch anders. Jedenfalls liegt damit der *Geltungsgrund* für die Anerkennung Gottes im *freien Willen des Menschen.* Das moderne Ethik-Bewußtsein des ›subjektiv-produzierten Sinns‹ war geboren.

Der Übergang zum protestantischen Glaubensverständnis bedeutet mithin den Übergang zum ›neuen‹ Verständnis der Freiheit mit ihrer gegenüber früher gewandelten *ethischen Funktion.* Die ›alte‹ Freiheit bestand in der Möglichkeit, sich zwischen ›vorgegebenen‹ Werten und Normen zu entscheiden. Es war unter moralischen Maßstäben eine Entscheidung für das Gute oder das Böse. Die ethische Bestimmtheit der Entscheidungsalternativen war vorgegeben.

Das neue Verständnis beinhaltet eine Freiheit, die den Geltungsgrund ethischer Normen mitenthält. Es bedeutet die Entstehung des neuzeitlichen Konzepts der *autonomen Subjektivität.* Die Gültigkeit der religiösen und ethischen Normen, die der einzelne Mensch akzeptiert, wird von ihm selber durch seine freie Zustimmung *erzeugt.* Erst damit ergibt sich die individuelle Entscheidungsfreiheit in einem ethisch relevanten Sinn. Dieses Konzept schließt in der Konsequenz allerdings die Anerkennung von religiösen und ethischen Werten aus, deren Verbindlichkeit auf die Annahme ›transzendenter‹ – und in diesem Sinn: göttlicher – Geltungsgründe zurückgeführt wird. Die Analogie zum lutherischen Glaubensbegriff ist erkennbar: Wie Gott für den ›freien Christenmenschen‹ nur durch und in dessen Glauben Geltung erlangt, so produziert die ›neue‹ Freiheit des Individuums – der Idee nach – die Gültigkeit der Normen, die es akzeptiert. Die Zustimmung der Menschen ist nicht mehr bloß ›akklamativ‹, sondern wird ›konstitutiv‹ für die akzeptierten Werte und Normen.

Historisch gesehen setzt das ›neue‹ Freiheitsverständnis (im Sinn der autonomen Subjektivität) die Aushöhlung des ›transzendenten‹ Verpflichtungs- und Geltungscharakters der klassischen Religionsauffassung voraus. Es hat den Zusammenbruch einer allgemein akzeptierten *göttlich* legitimierten Normsicherheit zur Voraussetzung, d. h. den Zusammenbruch der unumschränkten Vorherrschaft der christlich-abendländischen Ordnungsvorstellungen in der Wende vom Mittelalter zur Neuzeit. Betroffen sind Ordnungsvorstellungen, die sowohl das christlich-übernationale Kaisertum des Hochmittelalters getragen haben als auch die Einheit der christlichen Religion, die den allgemein verpflichtenden Charakter der christlichen Individualmoral – und damit des christlichen Ethik-Monopols des Mittelalters – hervorgebracht hat.

Der dadurch eingeleitete historische Prozeß läßt sich als Prozeß der Ablösung von Ethiken des ›vorgegebenen Sinns‹ durch solche des ›erzeugten Sinns‹ beschreiben, konkreter: als Ablösung der traditionellen christlichen Ethik als einer auf Gottes Willen und seinen Geboten basierenden *Befolgungsethik* durch Ethiken der *Geltungserzeugung* auf der Basis der autonomen Subjektivität. Verkürzt kann man sagen: *›transzendente‹* Ethiken werden durch *›immanente‹* Ethiken ersetzt. Die geschichtliche Folge dieser Entwicklung besteht in der Durchsetzung der Legitimationsrahmenvorstellungen, die das neuzeitliche Staatsdenken beherrschen: der individualistischen, der nationalistischen und der demokratischen.

Dieser historische Wandel der Denkweise, der im 15. und 16. Jahrhundert nachweisbar wird und der zuerst die Sphäre der Religion aufgrund ihrer herausragenden gesellschaftlichen Bedeutung erfaßt, wird in der neueren Geschichte von katastrophischen Umwälzungen begleitet, zu denen die Glaubenskriege des 17. Jahrhunderts genauso gehören wie die unter demokratischen Vorzeichen entfesselten Revolutionen des 18., 19. und 20. Jahrhunderts, Revolutionen, denen gemeinsam ist, daß sie das monarchische Staatsprinzip als den vorläufig letzten Zufluchtsort einer ›transzendenten‹ Staatsethik beseitigen. Soviel zum geschichtlichen Ausblick.

Es gab nun von Anfang an eine Verbindung des lutherisch-protestantischen Freiheitsverständnisses mit dem politischen Bereich, ein Umstand, der nicht verwunderlich ist, weil das mittelalterliche Christentum die herrschende Staatsethik geliefert hatte und weil sich eine Veränderung der Religionsauffassung auch auf die Staatsauffassung auswirken mußte. Was sich, betrachtet man Luthers Auseinandersetzung mit der etablierten Kirche – mit ihrer Ethik und Theologie – isoliert, wie eine religiöse und innertheologische Auseinandersetzung ausnimmt, wurde bereits zu Lebzeiten des Reformators zu einer Sache von enormer politischer Bedeutung. Nicht nur die an die religiösen Inhalte des ›neuen‹ Bekenntnisses unmittelbar anknüpfenden schwärmerischen und sozialrevolutionären Strömungen, in deren Mittelpunkt in Deutschland Thomas Müntzer (1468–1525) und der Theologe Karlstadt (eigentlich Andreas Bodenstein, 1480–1541) standen, und auch nicht die aufständischen Bauern, die sich in den Bauernkriegen (1524/25) auf Luthers Lehre beriefen, haben das neue Konzept der autonomen Subjektivität zuerst mit einem politischen Akzent versehen. Es waren für das protestantische Bekenntnis eingenommene Landesfürsten wie Luthers Schutzherr Friedrich der Weise von Sachsen (1486–1525) und Philipp von Hessen (1509–1567), die das protestantische Prinzip sofort als ein *politisches* verstanden haben. Und zwar als ein Prinzip, das sie in die Lage versetzte, die religiöse Legitimation des kaiserlichen Universalismusanspruchs anzugreifen, eines Anspruchs, den Kaiser Karl V. in dieser Zeit wieder verstärkt zur Geltung zu bringen suchte. Wahrscheinlich hätte es die Verselbständigung der protestantischen Glaubensbewegung und ihre Abspaltung vom allgemeinen katholischen Christentum nicht gegeben, wäre Luthers theologisch-religiöse Sache nicht umgehend zu einer *politischen* Sache geworden. Dieser Zusammenhang war jedoch in der Logik des Christentums als mittelalterlicher Staatsethik bereits angelegt. Es wurde mit Recht gesagt, »daß Luthers theologische Grundeinstellung im Hinblick auf die politische Gestaltung der Folgezeit von weit größerer Bedeutung geworden ist als alles, was er unmittelbar zu Fragen des Staates und Rechts gesagt hat«[26].

Das in seinem Namen sich herausbildende neue Freiheitsverständnis wurde rasch zur Rechtfertigungsgrundlage partikularer und individualisierender Forderungen im politischen Bereich, so im ›Augsburger Religionsfrieden‹ von 1555 und auch in England durch Heinrich VIII. (1509–1547), der unter Bezugnahme auf den neuen protestantischen Geist die Unabhängigkeit seines Landes von Rom erklärte. Der Historiker Gerhard Ritter hat das über Europa sich ausbreitende *Politischwerden* des ›protestantischen‹ Freiheitsdenkens folgendermaßen beschrieben: »In Frankreich, Holland, England konnte die neue Predigt der Reformation sich nicht mit Hilfe der fürstlichen Obrigkeiten wie in Deutschland durchsetzen, sondern nur in härtesten, durch viele Jahrzehnte andauernden Kämpfen. Es war unvermeidlich, daß die protestantischen Bewegungen in diesen Kämpfen sich mit der Opposition adliger, bürgerlicher, feudaler Stände gegen den eben aufkommenden fürstlichen Absolutismus verbündeten und eine eigene, höchst folgenreich gewordene Lehre vom Widerstand der Untertanen entwickelten. In Frankreich sind sie schließlich dem Übergewicht der mit der alten Kirche eng verbündeten Krongewalt erlegen. In Holland und England haben sie sich durchgesetzt und damit ein neues Prinzip staatlichen Lebens zum Sieg geführt: das liberale Freiheitsprinzip, in Holland verfestigt in der Form einer föderativen Republik und halbmonarchistischer Exekutive, in England in der Form einer ständisch-parlamentarisch beschränkten Monarchie.«[27]

Die Zeitspanne vom ausgehenden 15. zum beginnenden 17. Jahrhundert, in der sich die *Idee der autonomen Subjektivität* im religiösen, ethischen und politischen Bewußtsein festsetzt, ist nicht zufällig dieselbe, in der eine ebenso grundsätzliche Änderung des philosophischen und wissenschaftlichen Verständnisses der *Wirklichkeit* überhaupt zum Abschluß kommt. Es ist der Wechsel von der *essentialistischen* zur *nominalistisch-subjektivistischen* Interpretation der Wirklichkeit. Man sieht daran, daß der Übergang zum Subjektivismus in Ethik und Religion zu einem noch globaleren Wechsel des gesamten Weltbilds gehört.

Mit dem Ausdruck ›Nominalismus‹ kennzeichnen die Historiker der Philosophie eine bestimmte Auffassung über das Verhältnis zwischen dem Besonderen und dem Allgemeinen. Es ist die Auffassung, nach der es Allgemeines (z. B. Gesetzmäßigkeiten, denen die Einzelerscheinungen der sichtbaren Welt unterliegen) nur in Form von Begriffen gibt, die wir als denkende Subjekte bilden, während die von uns unabhängige Wirklichkeit Einzelnes (*einzelne* Dinge, Gegenstände und Reize für Sinnesdaten) enthält. Was uns in der Neuzeit überwiegend als Realität gilt: die mit Hilfe unserer Sinnesorgane erfahrbare Welt der Einzeldinge, war für die spätantike und mittelalterliche Tradition die Sphäre des *Scheins*, hinter der sich die ›wesenhafte‹ und ›eigentliche‹ Wirklichkeit verbarg. Man bezeichnet diese alte Auffassung, die auf Platon und Aristoteles zurückgeht, als *Begriffsrealismus* oder als *Essentialismus*.[28] Die christliche Theologie des Mittelalters hat die platonisch-aristotelische Auffassung schon früh übernommen.[29] Das erklärt, warum der Streit über die ›eigentliche‹ Wirklichkeit, der unter den scholastischen Philosophen um 1000 n. Chr. ausbrach, auch eine große Bedeutung für das allgemeine Bewußtsein dieser Epoche gewinnen konnte.[30] Für die christliche Religion hatte die Umdefinition des Wirklichkeitsverständnisses, die die philosophischen Vertreter der nominalistischen Auffassung vorgenommen haben, beträchtliche Folgen. Man konnte nämlich nicht mehr fraglos davon ausgehen, daß dem Begriff ›Gott‹ auch eine diesbezügliche Wirklichkeit – ein *existierender* Gott – entspricht. Denn ›wirklich‹ waren ja allein sinnenhaft wahrnehmbare Einzeldinge, zu denen das Wesen seiner Definition nach nicht gehören konnte, welches mit dem Begriff ›Gott‹ bezeichnet wird.

Die nominalistisch-subjektivistische Einstellung zur Wirklichkeit hat sich in der neuzeitlichen Philosophie (beginnend mit den großen Philosophen an der Wende vom 16. zum 17. Jahrhundert, Francis Bacon, René Descartes und Thomas Hobbes) in erster Linie auf die Theorien über die menschliche Erkenntnis ausgewirkt. In diesen philosophischen Erkenntnistheorien ging es darum zu erklären, wie wir Wissen, alltägliches, methodisch-wissenschaftliches und metaphysisches, gewinnen können, wenn wir uns an ein Wirklichkeitsverständnis halten, welches allein die Existenz von Einzeldingen voraussetzt. Wissen und Erkenntnis sind immer – unter essentialistischen wie unter nominalistischen Bedingungen – auf Allgemeines als ›Gegenstand‹ bezogen: auf Gleichartigkeiten einzelner Dinge, auf allgemeine Zusammenhänge zwischen Dingen und Ereignissen oder auf gesetzesartige Strukturen. Wenn das Allgemeine nach nominalistischer Prämisse aber subjektiv-begrifflicher Natur ist, weil ihm in der wahrnehmbaren Wirklichkeit unmittelbar nichts entspricht – was heißt dann *Erkenntnis*, wenn Erkenntnis und Wissen *allgemeine* Eigenschaften der Wirklichkeit erfassen sollen? Die bedeutendsten Philosophen der Neuzeit haben verschiedene metaphysische Konstruktionen entwickelt, um unter den nominalistisch-subjektivistischen Voraussetzungen zu begründen, wie man sich die Möglichkeit von Erkenntnis vorzustellen hat. Zu den Lösungsversuchen gehören der Empirismus von John Locke und David Hume, das transzendentalphilosophische Konzept von Immanuel Kant und die Ich-Theorien der wichtigsten Vertreter des Deutschen Idealismus, Johann Gottlieb Fichte, Friedrich W. A. Schelling und Georg F. W. Hegel.[31] Für alle diese Philosophen ist das ›Allgemeine‹ (als ›Gegenstand‹ unserer Erkenntnis) in irgendeiner Form und im Einzelfall auf eine sehr verwickelte Art und Weise ein *Produkt der Subjektivität*.

Der Zusammenhang zwischen dem neuzeitlichen Konzept der autonomen Subjektivität und der nominalistisch-empiristischen Auffassung der Wirklichkeit hat zu einem Punkt geführt, an dem – fast paradox – Ethik und Wissenschaft in einem vordem nicht gekannten Ausmaß auseinandergefallen sind. Die ethische Autonomie der menschlichen Subjektivität wurde nämlich vergleichsweise absolut. Das alte ›essentialistische‹ Bild von der Wirklichkeit erlaubte noch eine logische Verknüpfung von Aussagen über die Wirklichkeit mit *ethischen* Forderungen, denn es ging von der Annahme ›idealer Wesenheiten‹ als der leitenden Wirklichkeitsdefinition aus. Da diese ›Wesenheiten‹, der eigentliche Gegenstand der Erkenntnis, sich zwanglos als ›ideale‹ *Vorbilder* für ihre empirische Erscheinungsformen auffassen ließen, war mit ihrer Erkenntnis die Frage nach den ›richtigen‹ ethischen Normen des menschlichen Lebens zugleich mitbeantwortet. Weiß man nämlich – durch Philosophie belehrt – wie das ›Wesen‹ des Staates oder das ›Wesen‹ des Menschen aussieht, dann ist damit auch eine *Erkenntnis* ethischer Normen erreicht, nach denen man sich als Gesellschaft wie als Mensch in der ›uneigentlichen‹ irdischen Realität alles Vergänglichen richten soll. Diese Möglichkeit des ›objektivistischen‹ Essentialismus der mittelalterlichen Philosophie fällt mit der neuen Wirklichkeitsauffassung fort. Zur *Rechtfertigung ethischer Normen* lassen sich auf der Grundlage *empirischer Einzeltatsachen* keine Beweise anführen, denn ›ideale Wesenheiten‹ gehören nicht zu dieser Art Tatsachen. Die vorhandene und erkennbare Welt verliert ihre ›Vorbildlichkeit‹. Die Probleme, die sich mit der Frage stellen, was die Menschen ethisch bzw. moralisch tun sollen, werden im Licht der neuen Wirklichkeitsauffassung strikt von den Problemen abgetrennt, die mit dem ›wissenschaftlichen‹ Erforschen der Wirklichkeit zusammenhängen. Die Unterscheidung zwischen dem ›Sein‹ (bzw. seiner Erkenntnis) und dem ›Sollen‹ greift im modernen Denken Platz. Sie besagt, daß die Rechtfertigung von Behauptungen über die empirische Wirklichkeit eines ist und die Rechtfertigung von ›Sollensforderungen‹ (Geboten, ethischen und ästhetischen Werten und Urteilen) ein anderes. Das zeigt sich etwa bei David Hume und Immanuel Kant, denn beide bringen die neuzeitliche Trennung des ›Seins‹ und des ›Sollens‹ besonders plastisch zum Ausdruck. Kant unterscheidet zwischen einer ›theoretischen Vernunft‹, die allein für das Erfassen der empirischen Wirklichkeit zuständig ist, und einer davon unabhängigen *autonomen* ›praktischen Vernunft‹, die moralische Prinzipien entwirft und rechtfertigt.

Die Kluft zwischen dem ›Sein‹ und ›Sollen‹ ergibt sich als der geschichtlich entstandene Ausdruck des Konzepts der autonomen Subjektivität.[32] Zum westeuropäischen Menschenbild gehört seit den Reformationsbewegungen des 16. Jahrhunderts die Auffassung, daß die geltungserzeugende Verbindlichkeit religiöser, ethischer und vor allem auch politischer Grundnormen durch die Menschen selber bewirkt wird. Die Verbindlichkeit solcher Normen ist aus keinem ›Sein‹ abzulesen: weder aus einer Ordnung des natürlichen Seins, das theologisch als planvolle Schöpfung Gottes gedeutet wird, noch aus einer ebenfalls gottgewollten Ordnung des gesellschaftlichen Seins, wie es die christliche Staatsphilosophie des Mittelalters lehrte.[33] Gewiß, der subjektivistische Ansatz hat sich nur langsam und allmählich durchgesetzt. In der Philosophie wurde er von Descartes bis zu den Denkern des Deutschen Idealismus (Schelling, Fichte, Hegel) stets auf der Grundlage von Konzessionen an die ›objektivistische‹ Transzendenz Gottes vertreten.[34] Doch der Grundzug der Neuzeit wird unübersehbar von ihm beherrscht.

Dem neuzeitlichen Geist der ›geltungserzeugenden Subjektivität‹ verdanken die uns heute prägenden Muster staatlicher Legitimation ihre Entstehung. In ihm wurzeln die Freiheiten des Liberalismus ebenso wie die demokratische Gleichheit. Allerdings hat die politische und ethische Kultur Europas letztlich mit dem Verlust der Erfahrung des Göttlichen dafür zu bezahlen, selbst wenn das öffentliche Bewußtsein diesen Umstand bis in die Gegenwart hinein noch nicht mit allen Konsequenzen in sich aufgenommen hat. Denn im gleichen Maß, in dem der Trend zum Subjektivismus in den ethischen und politischen Denkmustern sich durchsetzte, entwickelte sich die Weigerung, ihn als unumkehrbar zu akzeptieren.[35] Man sieht dies daran, daß die bedeutendsten ethischen und politischen Entwürfe zur Staats- und Handlungsrechtfertigung (vom Naturrecht des Liberalismus über Kants kategorischen Imperativ, den angelsächsischen Utilitarismus bis zum Marxismus und den modernsten Theorien politischer Ethik) Versuche sind, die handlungsorientierenden Sicherheiten des ›transzendent‹ begründeten klassischen Objektivismus auf subjektivistischer Basis wiederherzustellen. Diese Konzepte aber sind Surrogate, die den geschichtlichen Verlust des Originals nicht wettmachen können. Sie sind wegen ihrer Inkonsequenzen allesamt zum Scheitern verurteilt. Wir kommen heute jedenfalls nicht umhin, den ethischen Subjektivismus als den prägenden Geist unserer Epoche zu akzeptieren.

Der Philosoph Odo Marquard hat das neuzeitliche Geschichtsdrama pointiert in dem Satz zusammengefaßt: »Daß der Mensch – modern – selber zum Macher, Schöpfer und Erlöser wird, hat eben darin seinen Grund, daß Gott seinerseits aufgehört hat, es zu sein.«[36] In einem derartigen durch Nietzsche belehrten Fazit liegen Chance, Größe, womöglich aber auch Verhängnis der modernen Grundmuster politischen Handelns.

III. Demokratie

1. Die ›demokratische Revolution‹ und die Bedeutung der Demokratie heute

Man bezeichnet mit dem Begriff ›Demokratie‹ in erster Linie Staatsformen.[1] So spricht man von der *repräsentativen Demokratie* und der *Volksdemokratie*. Die repräsentative Demokratie ist die Staatsform der meisten westlichen Länder. Sie ist mit Idee und Wirklichkeit des *Rechtsstaats* eng verbunden, welcher als neutrale staatliche Aufsichtsinstanz die Individualfreiheiten des Liberalismus garantieren soll. In der Struktur der politischen Institutionen des Rechtsstaats spielt das System der *Gewaltenteilung* die entscheidende Rolle, und ebenso gehört dazu – als Basis jeder Gewaltenteilung – die weitgehende Unabhängigkeit der Gesellschaft vom Staat, mithin eine Trennung von politischem und öffentlichem Leben, so schwer sie im einzelnen auch zu ziehen ist. Die politische Willensbildung geschieht im Rahmen des *parlamentarischen Systems*, indem von der erwachsenen Bevölkerung Abgeordnete auf der Grundlage des ›allgemeinen und geheimen Wahlrechts‹ gewählt werden. Die Wahl der Abgeordneten ist de facto die Wahl von Repräsentanten *politischer Parteien*, welche bei den in Abständen von vier bis sechs Jahren stattfindenden Wahlen miteinander um die Stimmenmehrheit konkurrieren, die für die Übernahme der Regierungsmacht notwendig ist. *Parteienkonkurrenz* ist somit ein weiteres entscheidendes Merkmal der repräsentativen Demokratie. Sie wird durch Anwendung der *Mehrheitsverfahren* entschieden, die den friedlichen Wechsel staatlicher Machtausübung auf der Grundlage einer größtmöglichen Zustimmung der Bürger ermöglichen.[2]

Volksdemokratie heißt die Staatsform, die seit der Russischen Revolution von 1917 bis heute in den meisten Ländern Osteuropas – darüber hinaus in China, Vietnam, Nordkorea und in einigen jungen Staaten Afrikas – als Verwirklichung der politischen Weltanschauung des Marxismus-Leninismus eingeführt wurde. Das System der politischen Institutionen ist durch die Alleinherrschaft einer Staatspartei charakterisiert, die auch intern nach zentralistischen Prinzipien organisiert ist. Die Art der politischen Willensbildung wird als ›demokratischer Zentralismus‹ bezeichnet: »Der Demokratische Zentralismus ist die Form, in der die objektiven Notwendigkeiten, die aus der Entwicklung der sozialistischen Gesellschaft entstehen und ihr dienen, vermittels der Bewußtheit der Volksmassen durchgesetzt werden. Demokratischer Zentralismus bedeutet Leitung der gesamtstaatlichen Angelegenheiten von einem Zentrum aus und Unterordnung der örtlichen Organe unter das Zentrum bei Wählbarkeit aller Machtorgane und Rechenschaftspflicht vor dem Volk.«[3] Eine derartige Organisationsform des Staates verträgt sich sichtlich nicht mit Parteienkonkurrenz. Nach offizieller Selbstdeklarierung handelt es sich bei den kommunistischen Volksdemokratien um ›Diktaturen des Proletariats‹, um die nach Marxscher Prognose notwendige Übergangsform vom Kapitalismus zum ›klassenlosen‹ Kommunismus. Gemäß marxistisch-leninistischer Sprachregelung soll sich der Gebrauch des Begriffs ›Demokratie‹ für diese Staaten dadurch rechtfertigen, daß die ›Diktatur des Proletariats‹ die neuzeitliche Herrschaftsform darstellt, die die Interessen der ›überwältigenden Mehrheit der Bevölkerung, d. h. der arbeitenden Klassen‹, verwirklicht. In der Realität handelt es sich um Diktaturen politischer Führungskasten. Diese Kasten bestehen in der Regel aus den mittleren und oberen Rängen der kommunistischen Staatspartei, der Bürokratie und der Armee.

Die beiden – nach politischem Selbstverständnis durchaus entgegengesetzten – Begriffe der Demokratie bezeichnen diejenigen Staatsformen, die heute im Weltmaßstab führend sind. Die politisch einflußreichsten Staaten des Westens, die Vereinigten Staaten von Amerika, Großbritannien, Frankreich, Japan und die Bundesrepublik Deutschland, werden – ob dies die Verfassungen nun explizit zum Ausdruck bringen oder nicht – nach Prinzipien der repräsentativen Demokratie regiert. Ihre wichtigsten politischen Gegner im Weltmaßstab sind die Sowjetunion und die Länder des ›Ostblocks‹, Staaten also, die in unterschiedlichen Bandbreiten nach dem Muster volksdemokratischer ›Diktaturen des Proletariats‹ regiert werden.

Im Licht unserer grundsätzlichen Thematik springt nun nicht so sehr die Tatsache ins Auge, daß es sich um Staatsbegriffe handelt, die die Mächtegruppierungen mit den stärksten politischen Interessengegensätzen bezeichnen. Auffallend ist vielmehr, daß sich in der Welt von heute offenbar nur noch Staatsformen halten und durchsetzen können, die sich in irgendeiner Weise auf ›Demokratie‹ berufen. Es ist dies eine historisch neue Situation. Blickt man in der Geschichte der Menschheit zurück, dann ist der Vorrang in keiner Weise verständlich zu machen, den ›Demokratie‹ als herrschaftslegitimierender Begriff in der zweiten Hälfte unseres Jahrhunderts besitzt.[4] In allen Völkern der Welt mit einer bedeutenden Geschichte haben in den vergangenen zweitausend Jahren nichtdemokratische Formen der *Monarchie* vorgeherrscht. Das trifft auch für die Geschichte der europäischen Völker zu. Hinter dem Siegeszug des demokratischen Geistes steht der geschichtliche Durchbruch der politischen Denkmuster des ethischen Subjektivismus, der im Begriff ist, zusammen mit der Ausbreitung der europäischen Zivilisation zu einer weltumspannenden Geisteshaltung zu werden.[5]

Als Staatsform ist die Demokratie alt. In der Geschichte Europas kennt man sie seit dem 5. Jahrhundert v. Chr. Der Höhepunkt ihrer Entwicklung in der Antike ist das Athen des Perikles (495–429 v. Chr.).[6] Sie entwickelte sich in diesem griechischen Stadtstaat nach schlechten Erfahrungen mit Monarchien und Diktatoren. Sie basiert auf der politischen Grundidee, daß die Beherrschten zugleich auch die Herrscher sein sollen. Mit der Glanzzeit der athenischen Demokratie verbinden sich die Höhepunkte griechischer Kunst und Kultur. Große Namen der griechischen Vergangenheit erinnern an diese Zeitspanne: von Aischylos, Pindar, Parmenides, Sophokles bis zu Phidias, Euripides und Thukydides. Die athenische bzw. attische Demokratie ist das Ur- und Vorbild aller späteren Formen der Demokratie. Ihre politische Zwecksetzung wird von dem Historiker Alfred Heuß folgendermaßen beschrieben: »Herrschen und regieren kann und darf nur der Souverän, und dieser Souverän wird mit der größten nur denkbaren Eindringlichkeit als das Volk konstitutiert. Dieses Volk delegiert keine Gewalt, sondern übt sie unmittelbar aus und setzt sich selbst in der Volksversammlung (ecclesia) als Organ des Staates, wie wir vielleicht sagen würden. Für den Athener sah es noch viel einfacher aus: da war der Staat identisch mit der Gesamtheit seiner Bürger, und eben dieselben traten in der Volksversammlung zusammen (natürlich unter Ausschluß der Frauen und der Kinder). Diese Volksversammlung ist keine Einrichtung zum Zweck der bloßen Legislative, sondern sie beschließt über die Politik in der Form von ›Beschlüssen‹. Jeder einzelne Bürger ist berechtigt, Anträge zu stellen, und verfügt über die Chance, seinen Willen zum Gesamtwillen zu erheben. Kein Beamter vermag ihm gegenüber irgendwelche Prärogativen in Anspruch zu nehmen ... Der athenischen Volksversammlung liegt gerade in dieser Hinsicht viel daran, das Ganze der öffentlichen Funktionen in die Hand zu bekommen und keinen Zweifel darüber zu lassen, daß jegliches Handeln des Staates, soweit es einzelnen Amtsträgern anvertraut ist, wieder in ihren Schoß zurückgenommen werden kann. Die Souveränität ist unteilbar.«[7]

Die athenische Demokratie hat ihre Zielsetzungen: Sicherung einer nichttyrannischen (nichtdiktatorischen) Regierung und die allgemeine Politisierung der Bürger in der Zeit ihres Bestehens weitgehend erreicht.[8] Sie fand in der Geschichte der politischen Ideen trotzdem keine freundlichen Kommentatoren. Die Reihe der Kritiker beginnt mit Platon und Aristoteles und reicht bis zu Jacob Burckhardt, der in seiner ›Griechischen Kulturgeschichte‹ wenig Gutes an ihr läßt.[9] Die antiken Philosophen, die noch als Zeitgenossen die athenische Demokratie miterlebt haben, warfen ihr vor, sie sei nichts weiter als eine »gerechtslose Herrschaft der rohen Menge« gewesen. Platon nennt sie eine ›umgewendete Tyrannis‹.[10] Aristoteles kritisiert sie als Staatsform der »zügellosen Freiheit«, welche Gerechtigkeit nur insofern kenne, als sie »nicht der Würde, sondern der Zahl nach die Gleichheit vorwalten läßt«.[11]

Die Vorwürfe wiegen schwer, zumal sie das demokratische Ideal, die Verhinderung tyrannischer Herrschaft, an der gesellschaftlichen Wirklichkeit zu messen vorgeben, einer Wirklichkeit freilich, wie sie sich in den Schilderungen dieser Philosophen spiegelt. Ob sie damit nun recht haben oder nicht – eines haben beide, Platon und Aristoteles, jedenfalls erreicht: eine fast zweitausend Jahre währende Untergrabung des Rufs der Demokratie bei den Gebildeten aller Epochen.[12] Man hat den Ausdruck ›Demokratie‹ noch bis in die Zeit Kants und der Philosophen des Deutschen Idealismus als Bezeichnung für ›Pöbelherrschaft‹ angesehen. Einerseits hängt das mit der lang nachwirkenden Autorität des Aristoteles zusammen, der zum wichtigsten Philosophen der christlichen Theologie des Mittelalters wurde; andererseits damit, daß die Demokratie im Sinn der Volksherrschaft, d. h. im Sinn der klassisch-athenischen Idee einer Einheit von Herrschenden und Beherrschten, in der politischen Geschichte Europas keine bedeutenden Nachfolger mehr gefunden hat.[13]

Nach dem Niedergang der römischen Republik, in deren Verfassung demokratische Elemente enthalten waren, werden das europäische Altertum und das Mittelalter bezüglich der leitenden Staatsidee vom Prinzip der Monarchie beherrscht. Die Universalmonarchie des Mittelalters, das mitteleuropäische Imperium der Deutschen Kaiser, entwickelte sich aus dem Anspruch auf das Erbe des spätrömischen Kaisertums mit seiner christlichen Staatsreligion. Zwar wurde das Kaisertum des ›Heiligen Römischen Reiches deutscher Nation‹ nach seinen Höhepunkten im 11. und 12. Jahrhundert im Kampf mit den fürstlichen Partikulargewalten ständig schwächer. Doch erst seit 1806, dem Jahr, in dem der letzte Habsburgische Kaiser Franz II. unter dem Druck Napoleons I. die Krone des Reiches niederlegte, sind Idee und Wirklichkeit des christlich geprägten übernationalen Imperiums der Deutschen Kaiser endgültig Bestandteile der europäischen Vergangenheit. Von England im 17. Jahrhundert ausgehend – die ›Glorreiche Revolution‹ von 1688 ist einer der Marksteine – gab es in den Monarchien Westeuropas unter dem Einfluß des Liberalismus einen langsamen Wandel zum Rechts- und Verfassungsstaat. Das monarchische Prinzip selber blieb dennoch bis in unser Jahrhundert hinein vorherrschend.

Die klassische Idee der Demokratie im Sinne einer Einheit von Herrschenden und Beherrschten wurde in der europäischen Geschichte nur einmal noch verwirklicht, und zwar in der schweizerischen ›Landsgemeinde‹, einer Form der demokratischen Selbstregierung, die sich im Zusammenhang mit den Freiheitsbewegungen der Schweizer Bauern und Städte vom 12. bis zum 17. Jahrhundert (1648 war die endgültige Loslösung der ›Eidgenossenschaft‹ vom Reich) allmählich durchsetzte.

Die politische Geschichte der führenden Staaten Europas wurde bis ins vorige Jahrhundert – von Besonderheiten in Großbritannien abgesehen – durch die Entwicklung zum monarchischen Absolutismus bestimmt.[14] Die Idee der Demokratie im klassisch-athenischen Sinn wurde allein von Philosophen und Revolutionären als ein radikal-kritisches Postulat aufrechterhalten. In der Philosophie der Neuzeit ist Rousseau für seine Wertschätzung der unmittelbaren Demokratie bekannt geworden.[15] In der Geschichte der europäischen Revolutionen haben sich zwar immer wieder kleine Gruppen mit messianischem Sendungsbewußtsein wie die ›Leveller‹ während der englischen Bürgerkriege in der Mitte des 17. Jahrhunderts für eine unmittelbare ›Herrschaft des Volkes‹ eingesetzt.[16] Doch wirkt alles ziemlich exotisch, was über philosophische und politisch-praktische Versuche zur Erneuerung der klassischen Demokratie im Rahmen einer historischen Entwicklung zu berichten ist, deren Haupttendenz unter dem Staatsformaspekt durch die Monarchie bestimmt wird.

Naturgemäß sind auch in den westeuropäischen Republiken, die auf der Grundlage von Gewaltenteilung, Rechtsstaatlichkeit und Parteienkonkurrenz im Rahmen parlamentarischer Institutionen im vorigen und hauptsächlich in unserem Jahrhundert die Monarchie in der Vorrangstellung als Staatsform abgelöst haben, keine Formen der Erneuerung der klassischen Demokratie gelungen. Zwar steht in republikanischen Verfassungen der Neuzeit, daß ›alle Gewalt vom Volk ausgeht‹. Das ist aber keine Formulierung, die in allem Ernst eine Regierungsform kennzeichnet, die durch repräsentativen *Parlamentarismus* geprägt wird. ›Parlamentarismus‹ ist die Eigenschaft einer Staatsform, in welcher politische Eliten in Form von Parteipolitikern herrschen – ob sie diese Bezeichnungen im qualitativen Sinn verdienen oder nicht. ›Das Volk‹ hat in den parlamentarischen Systemen insofern einen ›demokratisch‹ zu nennenden Einfluß auf seine Regierung durch die Berufspolitikereliten, als es in der Lage ist, diese alle vier bis sechs Jahre auszuwechseln. Mit der klassischen Idee einer unmittelbaren Einheit von Herrschern und Beherrschten hat die parlamentarische Regierungsform jedoch nichts zu tun, selbst wenn viele, die in der Gegenwart eine ›Demokratisierung der Gesellschaft‹ verlangen, sich dieser Täuschung hingeben. Bringt man die Demokratie als Staatsform in eine vergleichende Beziehung mit der Staatengeschichte Europas in den vergangenen zweitausend Jahren, dann kann man in der Tat nicht verstehen, warum es in unserem Jahrhundert – speziell in unserer Zeit – zu jener offensichtlichen Wertschätzung der demokratischen Idee gekommen ist.[17]

Die Wertschätzung bezieht sich in Wahrheit aber gar nicht auf die Demokratie als *Regierungs*-bzw. *Staatsform*. Mit anderen Worten: Sie bringt nicht den gegenwärtig geltenden Vorrang des demokratischen Repräsentativsystems oder der kommunistischen Volksdemokratie zum Ausdruck. Es drückt sich darin auch keineswegs so etwas wie eine weltweit gehegte Hoffnung auf eine Wiederherstellung *zeitgemäßer* Formen *unmittelbarer Demokratie* aus. Hinter der Wertschätzung steht allein der geschichtlich gewordene Vorrang der demokratischen Gleichheitsidee als staatlichen *Legitimationsrahmens*.

Man wird feststellen müssen, daß die weltanschauliche Durchsetzung des demokratischen Legitimationsrahmens weltweit erfolgt ist. Es gibt kaum eine Staatsform mehr in der Welt von heute, die sich nicht in irgendeinem Sinn als ›demokratisch‹ bezeichnet, ›demokratisch‹ jedoch im Sinn *demokratischer Legitimation*. Vor allem in der Propagandasprache der politischen Weltzivilisation hat sich die Einstellung durchgesetzt, daß positive Maßstäbe für friedliche oder revolutionäre Veränderungen nur durch demokratische Zielsetzungen gerechtfertigt werden können. Ein eindrucksvolles Beispiel dafür bietet das Schlagwortvokabular der ›Befreiungsbewegungen‹ in Afrika und Asien, revolutionärer Bewegungen, die ›im Namen des Volkes‹ gegen wirklich vorhandene oder auch nur zur Verschleierung eigener Machtansprüche propagandistisch unterstellte Unterdrückung kämpfen. Natürlich kann nicht übersehen werden, daß die propagandistische Verwendung des demokratischen Ideals häufig unter *nationalistischen*

Vorzeichen erfolgt. In weltweiter Perspektive deckt die demokratische Legitimation sehr unterschiedliche, ja entgegengesetzte Vorstellungen über ›Volksherrschaft‹ ab. Doch bereits die undifferenzierte *vage* Bedeutung der demokratischen Gleichheit erfüllt eine wichtige Funktion. Gerade sie drückt den Vorranganspruch des demokratischen Legitimationsrahmens aus. Sie dokumentiert, daß Staaten und übergreifende gesellschaftliche Lebensformen nur dann als legitimiert gelten, wenn sie die ›Herrschaft des Volkes‹ repräsentieren. Die demokratische Legitimationsform kann von Diktaturen wie von parlamentarischen Demokratien in gleicher Weise benutzt werden. In den sozialistischen Ländern und denen der Dritten Welt steht die Berufung auf demokratische Volksherrschaft bekanntlich meist im Dienst der Legitimierung von Diktaturen. Es sind Diktaturen, die den ›demokratischen‹ Anspruch erheben, die ›Interessen der Massen‹ zu verwirklichen. Die Massen werden in der Regel im Anschluß an marxistische Theorien als die Klassen der ökonomisch Schlechtgestellten definiert.

Die den Vorrang des demokratischen Legitimationsrahmens bezeugende *vage* Bedeutung des Begriffs bringt darüber hinaus die Zurückdrängung anderer staatlicher Legitimationsrahmen wie der Religion zum Ausdruck, desjenigen Legitimationsrahmens, der in der Geschichte der Menschheit die bislang stabilsten Staatsformen, die Monarchien, weltanschaulich gerechtfertigt hat.

Wir können sagen, daß der demokratische Legitimationsrahmen die Rolle eines historisch entstandenen *Apriori* unserer modernen politischen Weltanschauung darstellt, denn Staatsformen und Rechtsordnungen werden heute ausschließlich nur noch danach befragt, ob sie demokratisch legitimiert sind oder nicht.[18]

Die demokratische Idee prägt als vorgegebener Maßstab unsere Sicht der politischen Institutionen. ›Geschichtlich‹ nenne ich ihre Funktion als legitimierende politische Weltanschauung, weil sie weder in der biologischen ›Natur‹ des Menschen verankert ist, noch den einzig möglichen Rechtfertigungsrahmen von Staatsformen und Rechtsordnungen darstellt. Allein das Gewicht einer durch die historische Entwicklung Westeuropas vermittelten Tradition hat die ›apriorische‹ Funktion erzeugt, die der demokratische Legitimationsrahmen heute für uns hat. Sofern wir ihn als grundlegenden Maßstab unserer eigenen Beurteilung unseres Staates akzeptieren, verleihen wir einer traditionsbedingten kulturellen Prägung Ausdruck. Mit anderen Worten: Zur demokratischen Legitimation bekennen wir uns überwiegend nicht deshalb, weil wir als Individuen eine *bewuß-*

te Entscheidung getroffen haben, sondern weil wir den Geist unserer Zeit zum Ausdruck bringen. Deshalb kommt in der Anerkennung auch keinesfalls so etwas wie eine *rationale Rechtfertigung* der demokratischen Idee zum Vorschein, wie sie dem philosophischen Modell einer bewußt abwägenden, argumentgeleiteten Entscheidung entspräche. Man muß vielmehr umgekehrt feststellen, daß dieses Modell der philosophischen Ethik in der realen geschichtlichen Genese politischer Legitimationsrahmen nie eine Rolle gespielt hat. Das Modell ›zureichender ethischer Rechtfertigung‹ blieb bis heute ohne geschichtliche Wirksamkeit.

Das demokratische Bewußtsein wäre in Europa nicht zustande gekommen, wenn nicht die christliche Religion eine entscheidende Voraussetzung zur Verfügung gestellt hätte: die Überzeugung von der ›grundsätzlichen‹ Gleichheit der Menschen. Ich sage ›grundsätzlich‹, weil es sich um einen Gleichheitsbegriff handelt, der sich auf die wichtigste Lebensfrage der Menschen bezieht. In der christlichen Religion ist die ›wichtigste‹ Lebensfrage das Verhältnis der Menschen zu Gott. In der politischen Philosophie der Neuzeit – und mit zunehmender Tendenz auch im Bewußtsein der Menschen – wird der zustimmungsfähige Staat zur wichtigsten Lebensfrage, die damit an die Stelle der christlichen Frage nach dem Verhältnis zu Gott rückt. Aus der religiösen ›Gleichheit der Menschen vor Gott‹ wurde das Postulat einer grundsätzlichen ›Gleichheit der Menschen *in* der Welt‹. Dies bedeutet einen Prozeß der *Verweltlichung* der christlich-religiösen Hauptidee.[19]

Eine weitere historische Voraussetzung für die Entwicklung des demokratischen Bewußtseins hat der monarchische Absolutismus bereitgestellt, der im 18. Jahrhundert seine Höhepunkte erlebte. Die absolutistische Monarchie hat – besonders in Frankreich, wo sie sich am stärksten entwikkeln konnte, – eine Einebnung der aus dem Mittelalter stammenden Ständegesellschaft bewirkt, eine Einebnung, welche die politischen Stände unterhalb des königlichen Herrschers betrifft. Der französische Philosoph Alexis de Tocqueville hat bereits im vorigen Jahrhundert die demokratische Tendenz der Neuzeit eindrucksvoll beschrieben. Bei ihm wird zugleich deutlich, daß es sich um die geschichtliche Entstehung des *demokratischen* Legitimationsrahmens handelt und nicht um eine Erneuerung der Demokratie im Sinn der antiken Regierungs- bzw. Staatsform.

In seinem Buch ›Über die Demokratie in Amerika‹ kennzeichnet er diese Tendenz als eine »demokratische Revolution«. Er sagt von ihr: »Jedermann bemerkt sie, aber nicht jeder beurteilt sie in der gleichen Weise. Die einen betrachten sie als etwas Neues und hoffen, da sie sie für etwas Zufälliges halten, sie noch aufhalten zu können. Anderen aber erscheint sie als unwiderstehlich, weil sie sie als die beständigste, die älteste und die dauerhafteste Tatsache ansehen, die in der Geschichte bekannt ist.«[20] Über Frankreichs politische Geschichte seit dem 11. Jahrhundert urteilt er, soweit sie mit der Geschichte des monarchischen Absolutismus zusammenfällt, wie folgt: »In Frankreich haben sich die Könige am lebhaftesten und am beständigsten als Gleichmacher betätigt. Als sie stark waren und nach Macht strebten, haben sie sich bemüht, das niedere Volk auf die Stufe des Adels zu heben; als sie aber schwach und bescheiden waren, haben sie es zugelassen, daß sich das Volk über sie selbst erhob. Die einen haben die Demokratie durch ihre Talente, die anderen durch ihre Mängel gefördert. Ludwig XI. und Ludwig XIV. haben sich bemüht, alles unterhalb des Thrones gleichzumachen, und Ludwig XV. ist schließlich selbst mit seinem Hof im Schmutz gelandet ... Beim Durchblättern der Seiten unserer Geschichte stößt man gleichsam auf kein großes Ereignis, das in den letzten siebenhundert Jahren nicht zugunsten der Gleichheit gewirkt hätte. Die Kreuzzüge und die Kriege mit England dezimierten den Adel und führten zur Aufteilung seines Besitzes. Die Einrichtung von Gemeinden gibt der demokratischen Freiheit einen Platz inmitten der feudalen Monarchie. Die Erfindung der Feuerwaffen macht auf dem Schlachtfeld den Gemeinen dem Adeligen gleich, und ebenso stärkt die Buchdruckerkunst die Hilfsquellen ihrer Intelligenz. Die Postverbindungen bringen das Wissen ebenso zu den Hütten der Armen wie zu den Toren der Paläste. Der Protestantismus vertritt den Standpunkt, daß jeder in gleicher Weise imstande ist, den Weg zum Heil zu finden ... Prüft man, was vom 11. Jahrhundert an sich in Frankreich von 50 zu 50 Jahren abspielt, so drängt sich unfehlbar eine zweifache Revolution im Zustand der Gesellschaft auf. Der Adelige steigt auf der sozialen Stufenleiter herab, der Nichtadelige hinauf. Jedes halbe Jahrhundert nähert sie einander an und bald werden sie sich begegnen. Und dies ist nicht nur in Frankreich der Fall. Wohin wir auch blicken, nehmen wir dieselbe Revolution in der christlichen Welt wahr.«[21]

Tocqueville gibt noch zwei weitere Gründe für die allgemeine Demokratisierungstendenz der europäischen Neuzeit an: den politisch stärker werdenden Einfluß des Bürgertums durch die sich ausbreitende Geld- und Tauschwirtschaft und die Entwicklung der neuzeitlichen Technik, die durch Erfindungen wie die des mechanischen Webstuhls und der Dampfmaschine im 18. Jahrhundert ebenfalls zu einer ökonomischen und gesellschaftlichen Produktivkraft wurde. Die Geld- und Tauschwirtschaft hat die feudalen Abhängigkeiten aufgelöst, die die mittelalterlichen Gesellschaften prägten, und die Wissenschaften haben die ›natürliche Größe‹ des Menschen hervortreten lassen, menschliche Fähigkeiten und Begabungen, die nicht an die Zugehörigkeit der einzelnen zu Ständen und Schichten in der gesellschaftlichen Hierarchie gebunden sind.

Ob Tocquevilles Einschätzung nun im einzelnen vor der Geschichtswissenschaft heute noch bestehen kann oder nicht – sie stellt nach wie vor eine angemessene Charakterisierung der neuzeitlichen Tendenz zur Demokratisierung dar. Was er so noch nicht übersehen konnte: Auch der zu seiner Zeit entstehende *Nationalismus* der europäischen Völker hat seinen Teil zur Förderung der demokratischen Tendenz beigetragen. Denn mit ihm wurde das Gefühl, als Deutscher, Engländer, Franzose, Spanier oder Italiener im eigenen Volk eine unverwechselbare *kollektive* Identität zu haben, wichtiger als die Einbindung in Gruppen und Klassen der Gesellschaft, die unterschiedliche oder entgegengesetzte Interessen verfolgten. Der Beitrag, den der europäische Nationalismus im vorigen Jahrhundert zur Demokratisierung der Gesellschaft geleistet hat, wurzelt seinerseits in den Auswirkungen der Französischen Revolution von 1789, in erster Linie in den kriegerischen Volksbewegungen, die als Reaktion auf den französischen Imperialismus Napoleons I., des Erben der Revolution, in Deutschland, Österreich, Spanien und Italien entstanden. Denn nicht die übernationalen Appelle der Französischen Revolution zur Verwirklichung von Freiheit, völkerübergreifender Gleichheit und Brüderlichkeit hatten in den anderen Staaten Europas massenwirksame Folgen. Die demokratisierungsfördernden Massenerhebungen standen vielmehr von Anfang an unter nationalistischen Vorzeichen. Man kann überhaupt die historische Wende vom religiösen Legitimationsrahmen der Monarchie zu den Anfängen des demokratischen in der Figur und im Auftreten Napoleons selber symbolhaft verkörpert sehen. Napoleon hat sich nämlich als aus dem Geist der demokratischen Revolution hervorgegangener Monarch verstanden, d. h. als einer, der sich auf der Grundlage der Akklamation des Volkes selber dazu gemacht hat. Christliches Gottesgnadentum hat in seinem Legitimationsverständnis keine ernstzunehmende Rolle gespielt. Die Szene seiner Krönung, bei der er sich in Anwesenheit des herbeizitierten Papstes eigenhändig die Kaiserkrone aufsetzte, faßt diese Wende in einem aussagekräftigen Bild zusammen.

Ein weiterer wichtiger Faktor in der Demokratisierungstendenz des 19. Jahrhunderts ist die Arbeiterbewegung, die sich im Zusammenhang mit der Industrialisierung der Wirtschaft entwickelte. Die Gewerkschaften und die sozialdemokratischen Parteien, die als politische Vertretung der

Arbeiterschaft in England, Deutschland und Frankreich gegründet wurden, haben viel für die Idee der demokratischen Gleichheit in den westeuropäischen Ländern bewirkt.

Die stärkste geschichtliche Triebkraft für die Demokratisierung in den vergangenen hundert Jahren aber liegt in der Entfaltung der *kapitalistischen* Wirtschaft, die Massenwohlstand in einem vordem nicht gekannten Ausmaß ermöglichte.[22] Es ist der privatwirtschaftliche Kapitalismus gewesen, der unbeschadet aller sozialen Opfer und Klassenkämpfe im Verbund mit der Technisierung und Industrialisierung der Produktion erreichte, daß speziell in unserem Jahrhundert der größte Teil der Bevölkerung in den europäischen und nordamerikanischen Staaten von der Sorge für das Lebensnotwendigste befreit wurde. Ohne ihn hätte die moderne Technik nie die volkswirtschaftliche Bedeutung gewonnen, die sie heute hat.[23] Durch Verbreitung der ökonomischen Kategorien des Tausches in den Köpfen der Menschen hat er die hierarchisch geprägten Ordnungsbilder der feudalistischen Gesellschaft allmählich beseitigt. So hat er im öffentlichen Bewußtsein den Eindruck erzeugt, daß die Eigeninitiative der Menschen für ihr gesellschaftliches Fortkommen ausschlaggebender ist als etwa adlige Abstammung.

Die Tendenz zur Demokratisierung hat sich in unserem Jahrhundert zweifellos verstärkt fortgesetzt. Eines der auffälligsten Resultate des Ersten Weltkriegs war, daß die monarchische Regierungsform in Europa abgeschafft wurde, die ihre Legitimation aus einem christlich gedeuteten ›Gottesgnadentum‹ bezog. Dieses Gottesgnadentum war freilich schon in der zweiten Hälfte des 19. Jahrhunderts zu einer rhetorischen Floskel herabgesunken. Eine gewisse Ausnahme bildet bis heute das englische Königtum, das sich nicht nur deshalb halten konnte, weil Großbritannien zu den Siegermächten der beiden Weltkriege zählt, sondern in erster Linie dadurch, daß es seit Beginn des vorigen Jahrhunderts immer weitergehende Zugeständnisse an die demokratische Bewegung gemacht hatte. Heute kann man durchaus von einer demokratischen Legitimation der monarchischen Bestandteile des britischen Staats sprechen.

Im Deutschland des 20. Jahrhunderts hat auch Hitlers faschistische Diktatur an der Demokratisierungstendenz mitgewirkt, ohne die sie selber nicht entstanden wäre. Denn sie hat in der deutschen Gesellschaft, wenn man den Bereich der Wehrmacht außer acht läßt, die letzten Restbestände eines adeligen, aus der Monarchie stammenden Feudalismus und der patriarchalischen Herrschaftsstrukturen in der Industrie beseitigt.[24]

Die Durchsetzung des demokratischen Legitimationsrahmens in der

Bundesrepublik Deutschland ist wiederum ohne die Folgen des Zweiten Weltkriegs nicht vorzustellen. Die westdeutsche Gesellschaft wurde nach 1945 in einem Ausmaß durcheinandergeschüttelt, wie es in der deutschen Geschichte vorher noch nicht der Fall gewesen war.[25] Die großen Geldvermögen waren zerronnen. Soweit neue gebildet wurden, haben ihre Besitzer nicht mehr den politischen und gesellschaftlichen Einfluß erlangen können, den die kapitalbesitzenden Schichten im Kaiserreich und der Weimarer Republik besaßen. Annähernd 10 Millionen Flüchtlinge aus den Ostgebieten des Deutschen Reiches mußten in einer bei Null beginnenden Gemeinschaftsleistung beim Wiederaufbau von Staat und Gesellschaft integriert werden. Der historische Gegensatz zwischen Katholizismus und Protestantismus wurde in den 50er Jahren überwunden. Im gleichen Maß ging der Einfluß der Kirchen auf die Politik zurück. Die Parteien – in erster Linie die großen: SPD und CDU – wurden zu demokratischen Massenparteien und dadurch im Prinzip für fast jeden Staatsbürger je nach Wechsel von Umständen und Interessen wählbar. Bezogen auf die Berufsauffassung setzten sich ›funktionalistische‹ Einstellungen durch. Man orientierte sich bei der Berufswahl mehr und mehr an Einkommenschancen und an der individuellen Eignung und immer weniger an überkommenen Entscheidungsmustern, die aus der familiären oder der klassenmäßigen Herkunft stammten. Es stieg die Mobilität der Menschen bei der Wahl des Wohnorts und des Berufs. Das sind in großen Zügen die entscheidenden Etappen auf dem Weg der gesellschaftlichen Durchsetzung des demokratischen Legitimationsrahmens in der Bundesrepublik.

2. *Demokratische und nationalistische Staatslegitimation: die politischen Rechtfertigungsmuster der Moderne*

Der neuzeitliche Trend zur ›Demokratisierung‹ hat als *objektiver* geschichtlicher Vorgang ein öffentlich wirksames *normatives* Bewußtsein erzeugt, das auch die einzelnen Menschen prägt und sie mehr oder weniger darauf festlegt, als ›gerechtfertigt‹ nur Staaten und Staatsformen mit *demokratischer Legitimation* zu akzeptieren. Die Art und Weise, in der man seit dem 19. Jahrhundert – nicht nur in der politischen Philosophie, sondern auch in der Öffentlichkeit – zunehmend soziale Konflikte bewertet, beweist die Selbstverständlichkeit, mit der man die Geltung *demokratischer* Normen als Maßstäbe sozialer Gerechtigkeit überhaupt unterstellt. Ein Beispiel aus dem vorigen Jahrhundert bietet Karl Marx, der nur deshalb von einem scharfen gesellschaftlichen Konflikt zwischen der Klasse der lohnabhängigen Proletarier und der Klasse der Produktionsmittelbesitzer sprechen konnte, weil er mit Selbstverständlichkeit einen Begriff *demokratischer* Gleichheit als positiven Bewertungsmaßstab voraussetzte. Denn nur weil er davon ausging, daß die Lohnabhängigkeit der proletarischen Klasse von den Kapitalisten weit entfernt davon war, irgendeinem Begriff demokratischer Gleichheit zu entsprechen, konnte er auch das Verhältnis beider als einen unter kapitalistischen Bedingungen unlösbaren *Interessenkonflikt* darstellen. Marx bezieht sich nicht nur auf philosophische oder akademische Maßstäbe. Er bringt vielmehr Wertungsmaßstäbe zum Ausdruck, die bereits im öffentlichen Bewußtsein seiner Zeit gesellschaftliche Geltung besaßen, ein Umstand, der es erst erklärlich macht, daß die Marxschen Theorien bei den Gewerkschaften und den sozialdemokratischen Parteien Europas und weit darüber hinaus öffentliche Anziehungskraft entfalten konnten. Ohne die zunehmende gesellschaftliche Geltung des demokratischen Legitimationsrahmens wäre weder die Existenz gesellschaftlicher Klassen mit unterschiedlichen Möglichkeiten, Macht auszuüben, noch eine ›Herrschaft von Menschen über Menschen‹ auf den verschiedenen Stufen der Gesellschaft als die Grundlage für dermaßen scharfe *soziale Konflikte* empfunden worden. Die Unterordnung von gesellschaftlichen Gruppen und Klassen wird erst dann als ›ungerecht‹ – und damit als Grundlage von Klassenkonflikten – wahrgenommen, wenn im allgemeinen Bewußtsein ein akzeptierter Bewertungsmaßstab dafür – in unserem Fall der sich durchsetzende demokratische Legitimationsrahmen – enthalten ist.

In den geschichtlichen Zeiten der gesellschaftlichen Gültigkeit anderer Legitimationsrahmen war die Tatsache, daß Gesellschaftsformationen mit hierarchischen Herrschaftsstrukturen bis hin zur Sklavenhalterei bestanden, kein Grund für revolutionäre Aufregung. In den Epochen religiöser Legitimation hat es jahrhundertelang stabile Gesellschaftsformen gegeben, die uns nach demokratischen Maßstäben als extrem ungerecht und von daher als Grundlage größter innerer gesellschaftlicher Konflikte erscheinen müssen. Es gibt sprechende Beispiele dafür vom alten Ägypten bis ins europäische christliche Mittelalter. Die ›Ausbeutung‹ der Kriegsgefangenen und der Mitglieder unterworfener Völker, die in den alten ägyptischen Reichen als Sklaven zum Bau der Pyramiden eingesetzt wurden, oder der zu Frondiensten verpflichteten Bauern, die von ihren mittelalterlichen Feudalherren beim Bau von Burgen und Schlössern ausgenutzt wurden, war keineswegs geringer als die der Proletarier unter den Bedingungen der kapitalistischen Industrie des 19. Jahrhunderts. Gewiß kam es gerade in der europäischen Geschichte immer wieder zu Aufständen der Unterdrückten. Es sei nur an den Sklavenaufstand unter Spartacus im Römischen Reich (der letzte wurde von Crassus und Pompeius 71 v. Chr. niedergeworfen) und an die deutschen Bauernkriege des 16. Jahrhunderts erinnert. Doch weder im Altertum noch im Mittelalter handelte es sich um Kämpfe zur Durchsetzung eines demokratischen Gleichheitsideals. Sie waren in beiden Fällen vielmehr durch soziale Notlagen verursacht, die aus der Bedrohung der physisch-kreatürlichen Existenz der Betroffenen entstanden. Im Unterschied zu diesen früheren Epochen wurde die Ausnutzung der Industriearbeiterschaft im 19. Jahrhundert als ›Ausbeutung‹ empfunden, weil die gesellschaftliche Geltung des demokratischen Legitimationsrahmens sich voll zu entfalten begann.

Es wurde bereits gesagt, daß es falsch ist zu meinen, wir seien mehrheitlich durch bewußte Entscheidungen nach dem Ethik-Modell ›rationaler Rechtfertigung‹ in den Bann der demokratischen Legitimationsidee geraten. Deshalb ist das moderne Votum für das demokratische Ideal auch nicht als ›rational gerechtfertigt‹ im Sinn philosophischer Ethik zu werten. Es ist vielmehr die Konzession an das, was Hegel den ›objektiven Geist‹ einer Epoche genannt hat. Der Philosoph meinte damit einen grundlegenden Bestand ethischer und politischer Normen, deren Sogwirkung sich die einzelnen Menschen als Mitglieder bestimmter Zeiten schwer entziehen können. Denn wir sind nicht nur durch unsere Sprache, unsere nationale Zugehörigkeit, unsere Sitten und Gebräuche geschichtlich und kulturell *geprägt*, sondern auch durch politische Grundideen wie die der demokratischen Gleichheit. Man kann sich zwar als einzelner gegen kulturelle Prägungen wehren, die als öffentliches Bewußtsein – und zwar in einer seiner selten angetasteten halbbewußten Schichten – wirksam sind. Kollektiv gesehen, fällt so etwas aber nicht ins Gewicht. Die prägende Kraft des demokratischen Konzepts kann man heute z. B. daran ablesen, daß kaum ein ernstzunehmender politisch interessierter Intellektueller es riskieren wird, durch ein Plädoyer für den religiösen Legitimationsrahmen für die Wiederherstellung einer christlichen Monarchie zu werben. Es erweist sich als wenig sinnvoll, an Voraussetzungen für die Rechtfertigung von Staatsbegriffen festzuhalten, die keine gesellschaftliche Geltung mehr haben.

In unserem Jahrhundert ist die demokratische Legitimationsform nicht unumstritten in Kraft. Im geschichtlichen Umbruch vom christlich-religiösen Legitimationsrahmen der absolutistischen Monarchie zum demokratischen der parlamentarischen Republik entstand die Idee der *nationalistischen* Staatsrechtfertigung.

Der europäische Nationalismus ist ein Abkömmling des 19. Jahrhunderts. In Frankreich stand er durch das Erbe der Großen Revolution von 1789 ständig im Kontakt zur demokratischen Idee. In Großbritannien wurde er von Anfang an durch Liberalismus, Parlamentarismus und die Interessen der Monarchie begrenzt. In beiden Ländern konnte der Nationalismus, so stark er sich dort von der Mitte des 19. Jahrhunderts an auch entwickelte, nicht zur unumschränkten Grundlage der Staatslegitimation werden. In Deutschland, Italien und Rußland verlief die Entwicklung anders. In den beiden ersten Ländern wurde die staatliche Einheit der sprachlich und kulturell verwandten Stämme und Regionen allein unter Berufung auf nationale Werte hergestellt. So verdankt sich die Gründung des Deutschen Reichs unter der Führung Preußens nach dem Krieg gegen das Frankreich Napoleons III. (1870/71) allein der nationalistischen Rechtfertigung, die im deutschen Volk auf eine tiefgehende und breite Zustimmung stieß. Es ist dies eine Rechtfertigung, die aus Elementen der religiösen und der demokratischen Legitimation gemischt ist. Aus dem religiösen Legitimationsrahmen stammt die Neigung zur ›Vergöttlichung‹ der eigenen Nation, aus dem demokratischen die Berufung auf das gesamtheitliche ›Interesse des Volkes‹.

Nicht ohne Grund ist die nationalistische Staatslegitimation gerade in Italien und Deutschland in unserem Jahrhundert siegreich geworden. In der ›Weimarer Republik‹ ging es von Anfang an beim Kampf um die grundlegenden politischen Denkmuster um den Konflikt zwischen der demokratischen und der nationalistischen Legitimation.[1] Nur weil es sich um die Auseinandersetzung entgegengesetzter Rahmenmodelle der Staatsrechtfertigung handelte – und nicht um staatsform-immanente Konflikte –, kam es zu der bekannten dauernden Instabilität der ›Weimarer Republik‹. Die nationalistische Legitimation behielt mit dem Sieg von Hitlers NSDAP und der Gründung der Diktatur des Dritten Reichs die Oberhand. Ihre Hauptmerkmale wurden dabei in aller Deutlichkeit offengelegt: die ausdrückliche ›Vergöttlichung‹ der deutschen Nation durch die Berufung auf den Mythos der allen Völkern überlegenen germanischen Rasse und die plebiszitär-demokratische Akklamation durch das Volk. Diese Akklamation drückte sich in Massenveranstaltungen wie den ›Nürnberger Parteitagen‹ aus. Der italienische Diktator Benito Mussolini beschwor in der gleichen Absicht die grandiose Vergangenheit des Römischen Imperiums in der Antike und ließ sich ebenso ›massenhaft‹ akklamieren.[2]

Diese beiden Beispiele machen deutlich, daß in der nationalistischen Legitimation die natürliche Tendenz zur Bestätigung diktatorischer Staatsformen angelegt ist. Dieser generelle Zusammenhang wird erhärtet, wenn man nach der *realen* Legitimation der kommunistischen Staaten fragt. Bekanntlich berufen sich diese Staaten offiziell auf die marxistische Version des *rationalistischen* Legitimationsrahmens. Danach sollen ›Diktaturen des Proletariats‹, wie sie in der Sowjetunion, der DDR, Polen und der Tschechoslowakei existieren, in den Augen ihrer Völker durch den ›wissenschaftlichen Sozialismus‹, d. h. dessen wissenschaftlich begründetes Versprechen der weltumspannenden klassenlosen Menschheitsgesellschaft, gerechtfertigt werden. Man riskiert nicht zuviel, wenn man behauptet, daß sich die sozialistischen Diktaturen in diesen Ländern heutzutage, sofern sie staatliche Stabilität haben, auf die *nationalistische* Legitimation stützen. In Rußland, wo es ebenfalls seit dem vorigen Jahrhundert ständig eine starke nationalistische Strömung gab, hat die nationalistische Legitimation spätestens seit dem Zweiten Weltkrieg die Reste der religiösen und den Schein der rationalistischen vollständig ersetzt. Wenn die Völker der Sowjetunion heute mit überwältigender Zustimmung den kommunistischen Staat stabilisieren, dann deshalb, weil dieser als Sieger aus dem ›Großen Vaterländischen Krieg‹ gegen Hitlers Drittes Reich hervorgegangen ist und weil er Rußland zur zweiten – für die meisten Russen wahrscheinlich sogar zur ersten – Macht in der Welt gemacht hat.[3]

Auch in der DDR erfolgt die reale Staatslegitimation nach dem nationalistischen Muster und nicht nach dem des ›wissenschaftlichen Sozialismus‹, an den dort kaum ein Mensch noch ernsthaft glaubt. Die staatlichen Versuche, die ›großen Errungenschaften‹ der deutschen Vergangenheit allein für sich zu reklamieren, sind Belege dafür. Die heftigsten Anstrengungen, den Nationalismus zur staatlichen Rechtfertigung zu mobilisieren, werden heute fraglos in der Volksrepublik Polen unternommen: erstens, weil der polnische Nationalismus in Europa mit die stärkste Tradition hat, zweitens, weil der kommunistische Staat als ganzer in Polen am meisten gefährdet ist. In den Fällen DDR, Polen und Tschechoslowakei gilt es allerdings, die schon einmal erwähnte Möglichkeit zu bedenken, ob der Begriff der Legitimation überhaupt sinnvoll auf die Situation dieser Länder anzuwenden ist. Denn es handelt sich um Staaten, deren Stabilität durch die Drohung der Atommacht Sowjetunion erzeugt wird, den ›Weltenbrand‹ zu riskieren, wenn ihr europäisches Einflußgebiet gefährdet wird. Das sowjetische Verhalten in den Krisen in Ungarn (1956), der Tschechoslowakei (1968) und Polen (1981) belegt diese Einschätzung.

Eines muß man, ob es nun gefällt oder nicht, festhalten: Überall, wo der Nationalismus Staaten – in der Regel Diktaturen – stabilisiert, handelt es sich um *gelingende* Legitimationen. Wir wissen, daß es keinen menschheitsumgreifenden, übergeschichtlichen Legitimationsrahmen gibt. Es hat deshalb *objektiv* keinen Sinn, sich zum Weltenrichter über die unterschiedlichen Staatslegitimationen aufzuwerfen. Das bedeutet aber zum Beispiel, daß man Hitlers Drittes Reich für die längste Zeit seines Bestehens als legitimiert betrachten muß. Das gleiche gilt für die Diktatur der Kommunistischen Partei in der Sowjetunion bis heute. Denn man hat klar zwischen der *moralischen* und der *staatslegitimatorischen* Sichtweise zu unterscheiden.[4] Nach moralischen Maßstäben wird man immer Grund haben, die in Diktaturen erfahrungsgemäß übliche Unterdrückung und Ausschaltung von Dissidenten und nichtkonformen Auffassungen zu verurteilen. Nach den Maßstäben staatlicher Legitimation müssen Diktaturen jedoch so lange als legitimiert gelten, wie der gesellschaftlich geltende Legitimationsrahmen die Stabilität des Staates ermöglicht. Es ist eine Täuschung von Liberalen und Demokraten zu glauben, Diktaturen vermöchten nur unter dem ›Schutz der Bajonette‹ zu überleben. Wenn Diktaturen so stabil sind wie die sowjetische heute, dann nur, weil sie mindestens der Duldung ihrer Herrschaftsform durch die Masse des Volkes sicher sein können. Die gleiche Täuschung liegt vor, wenn man meint, die in den westlichen Ländern heute vorherrschende demokratische Legitimation sei die, welche der ›Natur aller Menschen‹ entspricht. Das stimmt weder im geschichtlich-vertikalen noch im gegenwärtig-horizontalen Vergleich der Völker und Staaten. Man muß außerdem in Rechnung stellen, daß die nationalistische Legitimation weltweit – in erster Linie in den Ländern der Dritten Welt – im Vormarsch begriffen ist.

Die gesellschaftliche Geltung des demokratischen Legitimationsrahmens ist auch heute immer noch auf die westlich orientierten Länder beschränkt. Die Bundesrepublik Deutschland gehört ohne Frage dazu.[5] Die Maßstäbe demokratischer Legitimation sind überall dort anzulegen, wo die Bedingungen des gleichen und geheimen Wahlrechts verwirklicht sind. Eine demokratische Legitimation ist unter diesen Bedingungen dann vorhanden, wenn eine überwältigende Mehrheit der Bürger die Grundstrukturen von Staat und Gesellschaft bejaht.[6]

Bekanntlich sind auch die anderen Legitimationsrahmen durch das Erfordernis charakterisiert, daß die Menschen die entsprechenden Rechtfertigungsargumente bejahen müssen. Die ›überwältigend mehrheitliche‹ Zustimmung bedeutet im demokratischen Legitimationsrahmen jedoch, daß der Wille der Mehrheit *allein* zur Legitimation ausreicht. Hier ist die Zustimmung der Menschen notwendig *und* hinreichend, während sie im Fall der anderen Legitimationsrahmen nur notwendig, aber nicht hinreichend ist.

In der Bundesrepublik hat man sich angewöhnt, den Begriff des *Grundkonsenses* zu benutzen, wenn man die demokratische Legitimation der staatlichen Institutionen und der Verfahrensregeln des parlamentarischen Systems im Auge hat. Das eigentlich demokratische Merkmal liegt dabei in der *Gleichheit aller Bürger* bei der Bildung des ›Kollektivurteils‹ über die Legitimiertheit des Staates. Das liberale Merkmal bewirkt demgegenüber die antiplebiszitäre Form der Legitimation. Es ist ebenfalls im allgemeinen Wahlrecht verkörpert, und zwar im staatlich gesicherten Recht eines jeden einzelnen, sein politisches Urteil unbeeinflußt von anderen zum Ausdruck bringen zu können.

Insofern besteht ein wichtiges Indiz für die öffentlichkeitswirksame Geltung des demokratischen Legitimationsrahmens darin, daß auch solche Parteien ohne Risiko gewählt werden können, die das parlamentarische System ablehnen, Parteien also, die sich etwa für die Einführung kommunistischer Volksdemokratien oder einer faschistischen Diktatur einsetzen. Wenn es diese Möglichkeit nicht gibt, besteht auch nicht die Möglichkeit, dem Staat die Legitimation zu verweigern. Denn demokratische Legitimation kann sinnvollerweise nicht nur auf die Selbstbestätigung der parlamentarisch verfaßten Demokratie hinauslaufen. Die Strategie einer ›gepanzerten Verfassung‹, das heißt: eine politische Praxis und eine Verfassungsauslegung, die das Auftreten und die Tätigkeit ›verfassungsfeindlicher‹ Parteien verbieten, würde dieser Absicht zuwiderlaufen. Zum demokratischen Legitimationsrahmen gehört jedoch, daß ›verfassungsfeindliche‹ Parteien ausschließlich *gewaltfrei* für ihre Ziele werben. (Sofern sie sich die Gewaltfreiheit politischer Meinungsäußerung zu eigen machen, werden aus ›Verfassungsfeinden‹ ›Gegner‹ der geltenden Verfassung.)

Die im demokratischen Legitimationsrahmen angelegte ›Offenheit‹ stellt jedoch umgekehrt den etablierten Staat in einer gewissen Weise dauernd zur Disposition. Das führt für seine Anhänger – bei uns sind es in der Hauptsache die ›systemkonformen‹ Parteien, aber auch die Inhaber staatlicher Positionen vom Staatspräsidenten über den Verteidigungsminister bis zu Bürgermeistern – zu der Verpflichtung, für den Staat der Bevölkerung gegenüber zu werben. Denn gerade unter demokratischen Bedingungen versteht sich die Staatsform im Prinzip nicht von selber.

Man muß nun zwischen zwei Formen politischer Unzufriedenheit und

Kritik unterscheiden. Auf der einen Seite gibt es die ›systemimmanente‹ Unzufriedenheit. Es ist die Unzufriedenheit von Gruppen und Klassen der Bevölkerung, die sich auf dem Weg über die ›systemkonformen‹ Parteien Luft macht und Gehör verschafft. Im parlamentarischen Staat haben die demokratischen Entscheidungsverfahren die Funktion, bei allgemeinen Wahlen die Regierung und bei Abstimmungen im Parlament diejenige Gesetzgebung hervorzubringen, die von einer Wählermehrheit getragen wird. In diesen ›systemimmanenten‹ Bereich gehören bei uns etwa die Auseinandersetzungen über Schul- und Hochschulreformen, über Rentenfinanzierung, über die Höhe der Besteuerungsrate, über Energiepolitik oder über die außenpolitische Orientierung der Bundesrepublik. Auf der anderen Seite gibt es die ›systemkritische‹ Unzufriedenheit mit dem staatlichen System und seiner gesellschaftlichen Grundstruktur. Sie kann sich in der Wahl von Parteien ausdrücken, die sich in ihren Zielen erkennbar gegen die bestehende gesellschaftliche und staatliche Ordnung richten. Parteien dieser Art wie die DKP und die NPD halten sich bei uns bis heute an die Minimalbedingungen des demokratischen Legitimationsrahmens. Sie akzeptieren die gewaltfreie politische Auseinandersetzung und das ›überwältigende‹ Mehrheitsvotum für die ›systemkonformen‹ Parteien, ohne revolutionäre Konsequenzen zu ziehen.

Die *terroristischen* Gruppen (von der Art der ›Rote-Armee-Fraktion‹ und ihrer Nachfolgeorganisationen auf der extremen Linken und von der Art neofaschistischer Gruppierungen auf der extremen Rechten) erkennen demgegenüber die Minimalbedingungen der demokratischen Legitimation nicht an. Ihre ›systemkritische‹ Unzufriedenheit mit Staat und Gesellschaft äußert sich darin, daß sie die Grenze zu gewaltsamen Aktionen überschreiten. Man ist damit bei einem wichtigen Indiz für das Vorhandensein demokratischer Legitimation einer liberalen Demokratie: Sie ist gegeben, solange es gelingt, den Terroristen im Bewußtsein der Öffentlichkeit als Kriminellen darzustellen und in der Gerichtspraxis entsprechend zu behandeln. Denn in dem Augenblick, in dem ein Staat sich gezwungen sieht, Terroristen als Bürgerkriegsgegner ernstzunehmen, gibt er zu erkennen, daß seine Legitimation im Schwinden begriffen ist. Bei der Unterdrückung der Terroristen kommt überdies eine wichtige Eigenschaft des demokratischen Legitimationsrahmens zum Vorschein: Staatlicher Zwang gegenüber Außenseitern gilt als *ethisch* gerechtfertigt. Denn nach demokratischer Legitimation setzt der Wille der ›überwältigenden Mehrheit‹ allgemeine Verbindlichkeit. Mit anderen Worten: Minderheiten, die einen Wechsel der Staatsform oder eine sehr weitgehende Änderung der gesellschaftlichen

Struktur anstreben, müssen sich entweder freiwillig dem Mehrheitswillen fügen, oder man wird sie *gerechtfertigterweise* zur Anpassung *zwingen.*

Während die Einführung des allgemeinen Wahlrechts das ausschlaggebende Indiz für die geschichtliche Durchsetzung des demokratischen Legitimationsrahmens darstellt, wird mit der Fähigkeit des Staates, Terroristen zu Kriminellen zu stempeln, bereits ein Maß für den *Grad der Legitimation* angegeben. Bei Angaben über unterschiedliche Legitimationsgrade muß man allerdings auch unterschiedliche nationale und traditionsbedingte Einstellungen in Rechnung stellen, die sich in den öffentlichen Meinungen der westlichen Länder spiegeln. Welche Maßstäbe ziehen wir bei uns in der Bundesrepublik heran, um den Legitimationsgrad des Staates zu bestimmen?

Als hervorstechendes Merkmal positiver Legitimation wird man heutzutage anführen, daß erstens bei den Parlamentswahlen auf allen bundesstaatlichen Ebenen hohe Wahlbeteiligungen (zwischen 70 und 90 Prozent der Wahlberechtigten) vorzuzeigen sind und daß zweitens regelmäßig über 90 Prozent der abgegebenen Stimmen für Parteien mit einer eindeutig verfassungskonformen Programmatik gezählt werden. Würden die Prozentzahlen für die Wahlbeteiligung in der Bundesrepublik in die Nähe von 60 oder gar 50 Prozent sinken, entstünde aller Voraussicht nach der öffentliche Eindruck eines beachtlichen Legitimationsverlusts.[7] Das Gewicht, das unter dem Legitimationsgesichtspunkt bei uns auf der hohen Wahlbeteiligung liegt, erklärt sich aus unserer jüngsten Geschichte. Es hat sich nämlich ein öffentliches Bewußtsein herausgebildet, zu dem eine allgemeine Verpflichtung zur Beteiligung an den demokratischen Wahlen gehört. Man will so den Bruch mit der nichtdemokratischen Diktatur des Dritten Reiches dokumentieren.

Hohe Wahlbeteiligung muß jedoch nicht überall als Zeichen einer hohen demokratischen Legitimation gewertet werden. In den USA sind zum Beispiel bei Präsidentschaftswahlen Wahlbeteiligungen von 50 Prozent der Wahlberechtigten keine Seltenheit, und man wird aus dermaßen niedrigen Prozentzahlen nicht den Schluß auf ein deutliches Legitimationsdefizit der amerikanischen Demokratie ziehen können. In den Vereinigten Staaten spielen demoskopische Meinungsumfragen (etwa des Gallup-Instituts) über politische Einstellungen in der Bevölkerung eher die Rolle eines Legitimationsgradmessers.

Ähnlich relativ liegen die Dinge bei den Prozentzahlen abgegebener Stimmen, die auf Parteien mit einer eindeutig verfassungskonformen Programmatik entfallen. In der Bundesrepublik würde man es als Legitimationsverlust ansehen, wenn ›verfassungsgegnerisch‹ eingestellte Parteien wie die DKP oder die NPD 10 oder gar 20 Prozent der Wähler auf sich ziehen würden.

In Frankreich aber betrachtet man es nicht als entscheidend für das staatliche ›Legitimationskonto‹, wenn die kommunistische Partei zwischen 20 und 30 Prozent der Wählerstimmen gewinnt. Für Italien gilt Vergleichbares.

Der Legitimierungsgrad, der sich bei uns durch hohe Wahlbeteiligung und hohe Voten für ›systemkonforme‹ Parteien äußert, erweist sich im Vergleich der Völker auch als eine Funktion gesamtgesellschaftlicher Tolerierungsfähigkeit. So hat der Individualismus und Partikularismus, der noch heute zur *kollektiven* Mentalität der Italiener gehört, die erstaunliche Fähigkeit hervorgebracht, terroristische Angriffe auf den Staat mit einem gehörigen Maß an Gleichmut hinzunehmen. Man wird zugeben, daß die italienische Toleranz auch mit einer ausgeprägten Unempfindlichkeit für ihre ›Kosten‹ verbunden ist, und diese ›Kosten‹ bestehen bekanntlich in den Menschenleben, die als Opfer des Terrorismus enden. In der Bundesrepublik ist die kollektive Tolerierungsfähigkeit gegenüber dem Verfassungsfeind erheblich geringer. Verhältnisse, wie sie heute in Italien herrschen, würden bei uns vermutlich zum Verlust der demokratischen Legitimation des Staates führen. Trotzdem hat es wenig Sinn, die Situationen hier und dort zum Anlaß zu nehmen, die Italiener für ihre größere Toleranzbereitschaft zu loben. Es zeigt sich lediglich die nationale Bedingtheit der Merkmale für demokratische Legitimation.

Bei der Legitimation einer liberalen Demokratie handelt es sich um eine *indirekte Legitimation. Gegenstand der Legitimation* sind grundlegende Bestandteile des staatlichen Systems wie Grundfreiheiten, Rechtsstaat, Sozialstaat und die Marktwirtschaft als Wirtschaftsordnung. Die Wertungen der Bürger über diese Elemente sehen im Normalfall nicht sehr präzis aus: Man verbindet mit Begriffen wie ›Rechtsstaat‹, ›Sozialstaat‹ und ›sozialer Marktwirtschaft‹ ziemlich *vage* Vorstellungen. An diesen vagen Vorstellungen aber muß man sich orientieren, wenn man von Maßstäben demokratischer Legitimation spricht. Um es zu wiederholen: Demokratische Legitimation findet nicht in den Köpfen von politischen Philosophen und Sozialwissenschaftlern statt, sondern im Kopf des ›Mannes von der Straße‹. Die hochgradige Vagheit der ›Legitimationsgegenstände‹ darf darum nicht als Mangel betrachtet werden.

Die Legitimation des Staates erfolgt indirekt, weil man sie bei uns aus den Wahlbeteiligungen und den Ergebnissen der periodischen Wahlen abzulesen pflegt. Man muß allerdings sagen, daß eine Legitimation entsprechend dem demokratischen Maßstab ›überwältigend großer Mehrheiten‹ auch nur in indirekter Form herzustellen ist. Es liegt ein großer Irrtum darin, sich mehr demokratische Legitimation von plebiszitären Volksabstimmungen über möglichst viele konkrete politische Maßnahmen zu versprechen. Denn *direkte Plebiszite* sind nur bei niedrigen Entscheidungskriterien wie der einfachen Mehrheit zu einem Abschluß zu bringen. Sie haben keine einigende, sondern ausschließlich polarisierende Auswirkungen, weshalb staatliche Legitimation aus ihnen auch nicht zu gewinnen ist.[8] Sie funktionieren nur in Diktaturen im Stil einer plebiszitären Akklamation abgeschlossener und fertiger Maßnahmen und Beschlüsse der diktatorischen Führung. Im Unterschied zur *indirekten* Legitimation der liberalen Demokratie kann bei plebiszitär-demokratischen Massenakklamationen von ›überwältigenden Mehrheiten‹ des Volkes nicht die Rede sein.

In den Ländern der westlichen Zivilisation, deren Völker mehrheitlich die Staatsform der liberalen Demokratie bevorzugen, ist man keineswegs dagegen gefeit, den demokratischen Legitimationsrahmen als ›Weltmodell‹ staatlicher Rechtfertigung zu überschätzen.[9] Doch allein die sich ausbreitende Überlegenheit der technischen Zivilisation des Westens läßt bei uns den Eindruck entstehen, unser Legitimationsverständnis entspreche auch am besten der ›wahren Natur‹ der Chinesen, Inder oder Afrikaner – Völker, die man, soweit sie nicht unter den Bedingungen demokratischer Legitimation leben, leicht als ›unterdrückt‹ oder ›unreif‹ ansieht. Zweifellos hat Europa in machtpolitischer Hinsicht in diesem Jahrhundert durch die beiden Weltkriege seine Vormachtstellung in der Welt eingebüßt. Doch mit der weltweiten Verbreitung der nationalistischen wie der demokratischen Legitimationsidee ist es bis heute sehr erfolgreich, eine Bilanz, die aus dem europäischen Blickwinkel noch besser aussieht, wenn man den ›Export‹ der marxistischen Gesellschaftsidee mithinzuzählt.

Dementsprechend haben sich europäische Staatsmodelle über die Welt verbreitet. Die größten asiatischen Länder, China, Indien und Japan, haben nicht bei den eigenen jahrhundertealten Traditionen angeknüpft. Sie haben vielmehr die in Europa entstandenen Modelle der parlamentarischen Demokratie oder der kommunistischen Volksdemokratie übernommen. Südamerika stand seit seiner Besiedelung durch die Europäer stets unter dem Einfluß des europäischen Staatsdenkens. Auch die neuen afrikanischen Staaten, die nach dem Rückzug der Kolonialmächte nach dem Zweiten Weltkrieg entstanden sind, orientieren sich mittlerweile in der

Mehrzahl an europäischen Staatsbegriffen. Bei dieser Ausbreitung politischer Grundorientierungen, die zur Geschichte *Europas* gehören, handelt es sich um etwas, das man *›verinnerlichten Kolonialismus‹* nennen kann.

Gleichwohl kann man sich heute bereits ausmalen, daß sich in Asien, Afrika und Südamerika in der Zukunft politische Systeme entwickeln werden, die in Reaktion auf den ideologiepolitischen Imperialismus der westlichen Demokratien *wie* der kommunistischen Diktaturen entstehen. Der islamische Fundamentalismus, der in den arabischen Ländern an Boden gewinnt, läßt sich für diesen Kulturbereich der Welt als ein Symptom für eine solche Tendenz verstehen. Man sollte deshalb die Wahrheit nicht aus dem Auge verlieren, daß es eine endgültig *richtige* Legitimationsform staatlicher Machtausübung so wenig gibt wie die ›wahre Natur‹ der Menschen unter *allen* geschichtlichen Bedingungen.

3. Der Sinn der Mehrheitsverfahren

Es liegt in der geschichtlichen Logik demokratischer Legitimation, daß die Mehrheitsverfahren als die staatlichen Grundregeln anerkannt werden, mit deren Hilfe sich der politische Wille der Gesamtheit ermitteln läßt. Denn die Geltung des demokratischen Legitimationsrahmens entstand mit der Durchsetzung des allgemeinen Wahlrechts. Die Mehrheitsverfahren sind kollektive Entscheidungsverfahren, die im parlamentarischen System auf mehreren politischen Ebenen angewandt werden: bei der Wahl der Regierung durch die wahlberechtigten Mitglieder des Volkes und bei Abstimmungen in den Parlamenten, bei uns von den Kommunalparlamenten bis zum Bundestag.

Im parlamentarischen System werden die Regierungen durch *Parteien* gestellt, die in der Art ›politischer Unternehmer‹ um die Stimmen der Wähler konkurrieren. Anthony Downs, ein bedeutender Vertreter der wesentlich auf Joseph A. Schumpeter zurückgehenden ›Ökonomischen Theorie der Politik‹, hat die wichtigsten Kennzeichen der Mehrheitsdemokratie in den folgenden Punkten zusammengefaßt: »1. Jeweils eine Partei wird durch das Volk zur Ausübung der staatlichen Herrschaft gewählt. 2. Solche Wahlen werden in periodischen Zeitabständen abgehalten, deren Dauer die Partei, die an der Macht ist, nicht im Alleingang ändern kann. 3. Alle Erwachsenen, die dieser Gesellschaft ständig angehören, sind berechtigt, bei jeder Wahl eine Stimme abzugeben. 4. Jeder Wähler darf bei jeder Wahl eine und nur eine Stimme abgeben. 5. Jede Partei, die von der Mehrheit der Wähler unterstützt wird, ist berechtigt, die Regierungsgewalt bis zur nächsten Wahl zu übernehmen. 6. Die Parteien, die die Wahl verloren haben, versuchen niemals, die Siegerpartei mit Gewalt oder durch irgendein anderes ungesetzliches Mittel an der Amtsübernahme zu hindern. 7. Die Partei, die an der Macht ist, versucht niemals, die politische Tätigkeit der Bürger oder Parteien zu beschränken, solange diese nicht den Versuch unternehmen, die Regierung mit Gewalt zu stürzen. 8. Bei jeder Wahl gibt es zwei oder mehrere Parteien, die um die Kontrolle des Regierungsapparates konkurrieren.«[1]

Die Konkurrenz der Parteien wird bei den Wahlen zur Regierung durch die Anwendung der Mehrheitsverfahren entschieden. Diese Verfahren verlangen, daß diejenigen Entscheidungen ›im Namen des Volkes‹ gelten und verwirklicht werden, die mit einer Mehrheit von Stimmen getroffen werden.

Die am meisten benutzte Bedingung für die Mehrheit ist die, nach der eine Stimme mehr als die Hälfte aller Entscheidungsteilnehmer genügt, damit die Entscheidung namens *aller* gilt. Es ist klar, daß eine Mehrheitsentscheidung nur insofern eine Entscheidung *des Volkes* in seiner Gesamtheit ist, als *alle* eine Stimme haben. Nicht alle aber bekommen ihren Willen. Denn es handelt sich – trivialerweise, weil aus der Definition folgend – stets um den Willen einer Mehrheit der Mitglieder des Volkes.

Das ist ein Punkt, der von vielen Anhängern der Demokratie entweder übersehen oder in seinem Gewicht nicht richtig eingeordnet wird. Man unterschätzt häufig die Zumutung, die mit der Akzeptierung der Mehrheitsverfahren verbunden ist. Bekanntlich müssen auch diejenigen die Entscheidung als geltend für sie anerkennen, die dagegen votiert haben. Ebenso bekannt ist, daß die Zahl derer, die die Entscheidung der Mehrheit mittragen müssen, obwohl sie sie so nicht gewollt haben, bis in die Nähe der Hälfte aller Entscheidungsteilnehmer reichen kann.

Ersichtlich ist die Anwendung der Mehrheitsverfahren im staatlichen Bereich auf ein Klima der *Toleranz* angewiesen. Zu einem solchen Klima gehört, daß die Einstellung der Beteiligten nicht durch den unbedingten Willen zur Durchsetzung ihrer politischen Überzeugungen geprägt sein darf.[2] Überzeugungsstarke Menschen, die bereit sind, für Gesinnungen in übertragener oder direkter Wortbedeutung ›in den Tod zu gehen‹, sind in der Regel nicht dazu bereit, Kollektiventscheidungen mitzutragen, gegen die sie angekämpft haben. Mit dieser Möglichkeit aber muß jeder rechnen, der sich einem Entscheid auf der Grundlage der demokratischen Mehrheitsverfahren unterwirft. Eine *Ethik der individuellen Selbstbestimmung* ist mit den demokratischen Mehrheitsverfahren deshalb nicht in Einklang zu bringen. Viele, die sich bei uns heute unter ›Demokratie‹ nicht mehr als diese Verfahren vorstellen, sind geneigt, sie unter ethischen Gesichtspunkten vorschnell mit der Idee der individuellen Selbstbestimmung zu verbinden. Wie überhaupt die Begriffe ›Freiheit‹ und ›Demokratie‹ in unserer politischen Sprache heute auf merkwürdige Art und Weise miteinander vermischt und verwechselt werden. Wer jedoch bereit ist, sich einem Entscheidungsverfahren durch Mehrheit zu unterwerfen, stimmt logischerweise der Unterdrückung und Ausschaltung der Minderheitsvoten zu.

Welchen Zweck erfüllt nun die Anwendung der demokratischen Mehrheitsverfahren? Was soll mit ihnen bewirkt werden, beziehungsweise was darf man sich als ›gesamtgesellschaftliches‹ Ergebnis von ihrer Anwendung erwarten?

Es sind fünf ›Zwecksetzungstheorien‹ der Mehrheitsverfahren, die im folgenden behandelt werden. Die erste nenne ich die *Induktionstheorie der Mehrheitsverfahren.* Der Ausdruck ist in Anlehnung an den Induktionsbegriff gebildet, der in der Erkenntnistheorie des Empirismus die Entstehung und Rechtfertigung *allgemeiner* Aussagen über die Welt interpretiert. Man geht bei dieser Theorie davon aus, daß der Zweck der Mehrheitsverfahren darin besteht, ein ›Gemeinwohl‹ aller Bürger zu ermitteln. Im Sinn dieser ›Induktionstheorie‹ kann man wie folgt argumentieren: Wenn eine Mehrheit von Menschen die gleiche Meinung über das ›Gemeinwohl‹ zum Ausdruck bringt, dann gestattet dies die ›induktive‹ Verallgemeinerung, daß es die ›richtige‹ Auffassung ist. ›Richtig‹ heißt dabei, daß die Mehrheitsmeinung die Auffassung, in der sich das ›Gemeinwohl‹ darstellt, in größtmöglicher Annäherung zum Ausdruck bringt. Offensichtlich wird zweierlei vorausgesetzt: Erstens, daß es so etwas wie ein objektives ›Gemeinwohl‹ gibt, in welchem sich mehr als die Summe der subjektiven Interessens- und Willensbekundungen der abstimmenden Individuen verkörpert; zweitens, daß das ›Gemeinwohl‹ nur aus den Stellungnahmen der Individuen zu entnehmen ist. Mit anderen Worten: Viele bzw. eine Mehrheit *gleichartiger* Stellungnahmen gelten dann als Kennzeichen dafür, daß man das ›Gemeinwohl‹ getroffen hat.

Die Auffassung, daß die Mehrheit ›Wahrheit‹ (im Sinn der Übereinstimmung mit dem ›Gemeinwohl‹) erzeugt, findet sich sowohl bei Theoretikern der Demokratie als auch in vielen alltäglichen Auffassungen über Demokratie. Einer ihrer berühmtesten Repräsentanten aus der Geschichte der politischen Philosophie war Rousseau, der von der Annahme eines ›objektiven Gemeinwohls‹ (volonté générale) ausging und darum auch Parteien im Staat (als politischen ›Sprachrohren‹ für Gruppeninteressen) kein Existenzrecht zugestand. Diese Auffassung kann sich noch auf ein charakteristisches Element der politischen Mehrheitsverfahren stützen, nämlich darauf, daß die Mehrheitsentscheide in der Regel an vorhergehende Beratungen und Diskussionen unter den Entscheidungsberechtigten gebunden sind. Diese Verbindung macht es plausibel zu denken, daß der Mehrheitsentscheid sich als Bestätigung der Qualität der ›besseren Argumente für das Gemeinwohl‹ betrachten läßt.

Eine zweite Möglichkeit, den Zweck der Mehrheitsverfahren zu begründen, liegt in einer Theorie, die ich die *›Theorie der Rationalitätsverbesserung‹* nenne. Gemeint ist eine Auffassung, nach der demokratische Entscheidungen in einem bestimmten Sinn ›vernünftiger‹ (oder rationaler) sind als etwa Individualentscheidungen – nach dem bekannten Sprichwort, daß viele Augen mehr sehen als eines. Es liegt nahe, so zu denken, denn Entscheidungen sind in der Regel um so besser, je mehr Informationen denjenigen über die entscheidungsrelevanten Umstände zur Verfügung stehen, die die Entscheidungen zu treffen haben. Vor allem Friedrich A. von Hayek hat auf die soziale Bedeutung des scheinbar trivialen Faktums hingewiesen, daß das Wissen einer Gesellschaft oder gar der Menschheit nie in *einem* Kopf versammelt sein kann, ein Gedanke, den man auch verwenden könnte, um für eine ›Demokratisierung‹ von Entscheidungen zu werben (was übrigens Hayek selber nicht gewollt hat).[3] Denn auf diese Weise würden mehr Informationen in den Entscheidungsprozeß gelangen und seine Ergebnisse verbessern. Der Unterschied zur ›Induktionstheorie‹ liegt darin, daß man auf die Voraussetzung eines ›objektiven Gemeinwohls‹ verzichten kann. Es genügt die Annahme, daß eine Mehrheitsentscheidung eine – an ›rationalen‹ Maßstäben gemessen – ›bessere‹ Entscheidung ist als eine Entscheidung, die etwa ein einzelner trifft.[4]

Die dritte ›Zwecksetzungstheorie‹ der Mehrheitsverfahren sei *›Theorie der Individualnutzenvermehrung‹* genannt. Es ist eine Rechtfertigung, die zwei Varianten hat: eine altruistische und eine egoistische. Die *altruistische* Variante geht wieder auf Rousseau (letztlich auf Aristoteles) zurück und ist in der Gegenwart unter dem Stichwort *›Emanzipation‹* bekannt geworden[5]. Ihr liegt der Glaube zugrunde, daß der einzelne Mensch erst durch die Teilnahme an der demokratischen Willensbildung als Bürger sein *individuelles* ›Wesen‹ voll entfalten kann. Die *egoistische* Variante beruft sich auf *Vorteile*, die die Individuen für sich selber erreichen können, wenn sie sich an der politischen Willensbildung beteiligen.[6]

Die vierte Theorie ist die der Umsetzung gesellschaftlicher Gruppeninteressen in staatliche Politik. Ich charakterisiere sie als ›*Transmissionstheorie*‹. Sie setzt die Existenz politischer Parteien voraus. Danach soll die staatliche Gesetzgebung sich an den Interessen von Bevölkerungsmehrheiten ausrichten. Den Parteien kommt die Aufgabe zu, die im Volk normalerweise in sehr diffuser Form vorhandenen Interessen an bestimmten wirtschafts- oder sozialpolitischen Maßnahmen des Staates so zu filtern und zu bündeln, daß die Bildung mehrheitsfähiger Alternativkonzeptionen möglich wird, über die in den Parlamentswahlen entschieden werden kann.

Die fünfte Theorie legt das Gewicht auf den staatsbezogenen Zweck, der mit Hilfe der Mehrheitsverfahren erreicht werden kann. Es handelt sich darum, daß die Mehrheitsverfahren eine *nichtdiktatorische* Regierungsart gewährleisten sollen. Es ist eine Sicht der Demokratie (bzw. der Mehrheitsverfahren), die sehr alt ist. Sie hat bereits in der Antike im Rahmen der athenischen Demokratieauffassung eine wichtige Rolle gespielt. In unserem Jahrhundert ist sie zusammen mit der Kritik an der ›objektivistischen‹ Gemeinwohl-Auffassung von Staatsphilosophen wie Joseph A. Schumpeter, Hans Kelsen und Friedrich A. von Hayek vertreten worden. Diese Theorie orientiert sich an einem ›*Modell des gezähmten Machtkampfs*‹. Die *Mittel* des politischen ›Kampfes‹, der im Rahmen dieser Auffassung von den politischen Kontrahenten (den politischen Parteien) ausgetragen wird, sind *Argumente* in *verbal* geführten Auseinandersetzungen. Der *Gewaltverzicht* ist die entscheidende *ethische* Voraussetzung, die von allen Gegnern in der Auseinandersetzung anerkannt werden muß. Denn ein wichtiger Zweck des Staates, der sich auf die demokratischen Mehrheitsverfahren entsprechend dieser Auffassung stützt, liegt darin, den Bürgern eine gewaltfreie Lösung ihrer politischen Meinungsverschiedenheiten zu garantieren. Die Sicherung der Gewaltfreiheit – oder umgekehrt: die Einhaltung des Gewaltverzichts – steht in dieser Auffassung der Demokratie höher als das Verfolgen gemeinsamer Ziele, wie es in der ›Gemeinwohl‹-Annahme der ›Induktionstheorie‹ oder in der Emanzipationsidee der altruistischen Version der ›Theorie der Individualnutzenvermehrung‹ enthalten ist. Die politische *Diskussion*, d. h. der Austausch von Argumenten anstelle von Gewaltakten, wird ebenfalls anders gewertet als in der ›Induktionstheorie‹ (oder in der ›Theorie der Rationalitätsverbesserung‹): Sie ist eine *politische Verhaltensform der gewaltfreien Auseinandersetzung*.

Nun läßt sich aber der Zweck, um den es geht – nämlich eine nichtdiktatorische Ausübung der Regierungsgewalt – aus der rein numerischen Definition der Verfahren nicht herauslesen. Diese Definition besagt, daß man eine Anzahl gleichgewichteter Stimmen voraussetzt und sich darüber einig ist, daß die Mehrzahl der Stimmen die Entscheidung herbeiführt, an die *alle* gebunden sind. So gesehen ist dieses Verfahren insofern nichtdiktatorisch, als sich die Alleinherrschaft eines einzelnen (Diktatur im normalen Sinn oder Monarchie) oder die Herrschaft einer Minderheit (Oligarchie) mit ihm nicht vereinbaren läßt. Die rein zahlenmäßige Auffassung verhindert aber nicht die Diktatur der *Mehrheit* über die Minderheit, und die Minderheit kann aus annähernd der Hälfte oder je nach Wahlbeteiligung sogar aus mehr als der Hälfte der Bevölkerung bestehen. Nun wird man einwenden, daß in dem, was man als ›Diktatur der Mehrheit über die Minderheit‹ bezeichnen kann, gerade der Sinn der Mehrheitsverfahren liegt, ein Einwand, der unter dem Gesichtspunkt des Mehrheitsentscheids durchaus richtig ist. In der Tat soll diejenige Entscheidung für alle gelten, die den Willen der Mehrheit ausdrückt, und ganz klar fällt dabei das Votum der Minderheit unter den Tisch. Man könnte sich nur noch darüber streiten, ob man die Tatsache, daß die Mehrheit sich gegen die Minderheit durchsetzt, Diktat oder Diktatur nennt oder anders. Aus dem Blickwinkel von Minderheiten hat es auch in Staaten, in denen demokratisch verfahren wird, immer Anlaß genug gegeben, die Entscheidungsgewalt der Mehrheit als *Diktat* zu empfinden. Aus dem vorigen Jahrhundert gibt es die bekanntgewordenen Klagen von John St. Mill über den diktatorischen Geist, der in der Gesellschaft von Mehrheitsmeinungen ausgeht, und aus der Geschichte der USA kann man auf das permanente Problem der Negerminorität verweisen, die die Demokratie bis heute noch als die Diktatur der weißen Mehrheit empfindet. Man kann es wenden und nennen, wie man will: Der numerische Mehrheitsgesichtspunkt allein stellt für sich noch nicht sicher, daß mit Hilfe der Demokratie eine nichtdiktatorische bzw. nichttyrannische Regierungsform erhalten werden kann.

In der Geschichte der politischen Philosophie – und in der Geschichte des Parlamentarismus – wurde die numerische Auffassung der Demokratie bereits früh durch ein anderes Prinzip ergänzt. Es ist die Ergänzung des numerischen Mehrheit-Minderheitverhältnisses durch das Konzept Regierung-Opposition. Dadurch kommt in das quantitativ-numerische Verhältnis eine *qualitative* Unterscheidung: Die Regierung repräsentiert den Mehrheitswillen, die Opposition den Willen der Minderheit. (Es ist die Bedingung, die in der Kennzeichnung der Demokratie von Downs in den Punkten 6 und 7 formuliert wird.) Man nimmt dabei an, daß die Opposition das ›Mehrheitsdiktat‹ erträgt, weil für beide, Mehrheit und Minderheit, gemeinsam klar ist, daß die jeweilige Opposition durch die realistische Erwartung entschädigt wird, beim nächsten Wahlgang die Mehrheit gewinnen zu können.

Die Rechtfertigung der Demokratie durch das ›Modell des gezähmten Machtkampfs‹ stellt eine Mischung aus *quantitativen* und *qualitativen* Gesichtspunkten dar. Sie enthält eine Anwendung des allgemeinen Macht-Gegenmachtprinzips, das seit den Gewaltenteilungstheorien von Locke und Montesquieu zum Kern der Staatsauffassungen des politischen Liberalismus gehört.

Wie soll man nun die unterschiedlichen ›Zwecksetzungstheorien‹ der demokratischen Mehrheitsverfahren beurteilen?

Beginnen wir mit der ›*induktionstheoretischen Auffassung*‹. Sie geht von zwei grundlegenden Annahmen aus: Erstens davon, daß es ein ›objektives Gemeinwohl‹ aller Bürger gibt, und zweitens davon, daß der Wille der Mehrheit diesem Gemeinwohl am nächsten kommt. Nehmen wir an, es hat Sinn, von einem ›objektiven Gemeinwohl‹ zu sprechen. Wenn wir diese Annahme an dem üblichen Kriterium für die Mehrheit messen, nämlich daran, daß eine Stimme mehr als die Hälfte (sagen wir der Einfachheit halber: ein Prozent mehr) für eine demokratische Kollektiventscheidung ausreicht – warum soll dann der kollektive Wille von z. B. 51 Prozent der Bürger, die sich an der Entscheidung beteiligen, näher an einem vermuteten Gemeinwohl liegen als der von 49 Prozent? Wenn man *allen* Bürgern die *gleiche* Irrtumsmöglichkeit zubilligt, dann ist es nicht sinnvoll, die Entscheidung für oder gegen ein Gemeinwohl, das man als objektiven Zielpunkt voraussetzt, von Prozentzahlen um 50 Prozent derer abhängig zu machen, die zu Vermutungen darüber berechtigt sind. Die 50 Prozent-Grenze, um die herum die Zahlen bei demokratischen Wahlen in Staaten, wo ernsthaft davon die Rede sein kann, in der Regel zu liegen pflegen, kennzeichnet unter wahrscheinlichkeitstheoretischem Gesichtspunkt im Gegenteil eine Marke hoher Unsicherheit im Hinblick darauf, ob man getroffen hat, was man treffen wollte.

Es gibt also keinen Grund, die besonders unter Politikern populär gewordene Meinung zu stützen, die Mehrheit, die man gewonnen hat, habe etwas mit einer ›Annäherung an das Gemeinwohl‹ zu tun oder lasse sich als Bestätigung der besseren Argumente für das ›Gemeinwohl‹ deuten.

Plausibler klingt zweifellos die Rechtfertigung der Mehrheitsverfahren, die in der ›*Theorie der Rationalitätsverbesserung*‹ steckt. Doch auch ihr kann man schwerlich zustimmen. Wir müssen nämlich in Rechnung stellen, daß bei der Anwendung der Mehrheitsverfahren im staatlichen Bereich sehr große

Zahlen von Menschen in den Rang von Mitentscheidern erhoben werden. Eine einfache und von der ökonomischen Theorie gut bestätigte Überlegung zeigt, daß die Hoffnung auf eine Rationalitätsverbesserung trügerisch ist[7]. Eine Rationalitätsverbesserung politischer Entscheidungen wäre zu erwarten, wenn es gelänge, die einzelnen Menschen dazu zu bringen, sich bei demokratischen Wahlen im gleichen Maß um Informationen über die angebotenen Alternativen und um den Einsatz ihrer intellektuellen Fähigkeiten zu bemühen, wie sie das beim Kauf eines Autos etwa tun. Bei demokratischen Wahlen liegen die Dinge aber so, daß die Einflußmöglichkeiten des einzelnen um so geringer werden, je größer die Anzahl der beteiligten Personen ist. Um mit einer Frage, die sich fast von selbst beantwortet, ein Beispiel zu geben: Welchen Einfluß hat meine Stimme bei Bundestagswahlen im Hinblick auf das Ergebnis? Keinen – muß man sagen, denn der Unterschied zwischen meiner Beteiligung und meiner Nichtbeteiligung würde sich im Ergebnis nur als eine zu vernachlässigende Größe niederschlagen. Bei großen Zahlen von Mitentscheidern (wie eben bei demokratischen Wahlen) wird folglich die Motivation der einzelnen sehr gering sein, sich um Informationen zu bemühen, die die Entscheidung der Gesamtheit verbessern. Die Mühe und die Kosten, die man durch das Sammeln von Informationen über die zur Entscheidung stehenden politischen Alternativen auf sich nehmen müßte, wären nur zu rechtfertigen, wenn man die Entscheidung mit seiner Stimmabgabe spürbar beeinflussen kann. Wähler werden nicht in erster Linie über Appelle an ihre *rationale* Entscheidungsfähigkeit und ihre individuellen Interessen zur Teilnahme an den Wahlen mobilisiert, sondern über Appelle an *gefühlsmäßige* Bindungen an Parteien, Volk und Staat. Von daher wird der von vielen immer wieder bedauerte Umstand verständlich, daß sich die Wähler mit einem Minimum an Informationen – meist wenig mehr als einer Kenntnis der Gesichter von Parteiführern – zufriedengeben. Und dabei verhalten sich die Menschen, die in der übergroßen Mehrzahl nicht selber politisch aktiv werden wollen, im Sinne ihrer individuellen ›Nutzenfunktion‹, wie es in der Sprache der Ökonomen heißt, durchaus ›rational‹.[8] Es hat wenig Sinn, diese Einstellung zu kritisieren, denn sie ist das Ergebnis derselben ›vernünftigen‹ nutzenorientierten Abwägung, mit der wir im Alltag unsere Geschäfte tätigen. Die zu Wahlzeiten üblichen Aufrufe zu mehr demokratischem Engagement der Bürger gehen mitsamt den sie regelmäßig begleitenden Erwartungen ›rationaler‹, d. h. informationsbezogener und in diesem Sinn ›sachlicher‹ Wahlkämpfe von einem Idealbild von Demokratie aus, dem auf Erden nie eine Entsprechung beschieden sein wird.[9]

Warum gehen wir in den westlichen parlamentarischen Demokratien trotzdem so massenhaft zur Wahl? Theorien des ›individualistischen Nutzenkalküls‹ können dieses Verhalten ersichtlich nicht erklären. Die Erklärung liegt vielmehr in unserem Geprägtsein durch den demokratischen Legitimationsrahmen, einer Prägung, der wir wie einer Sitte folgen, ohne jedesmal darüber nachzudenken, ob wir individuelle Vor- oder Nachteile haben.[10]

Die dritte ›Zwecksetzungstheorie‹, die *›Theorie der Individualnutzenvermehrung‹*, geht in ihrer *altruistischen* Version von der Erwartung aus, daß die einzelnen Bürger durch Teilnahme an der politischen Gestaltung des Gemeinwesens zugleich ihre *individuelle Emanzipation* fördern[11]. Die *egoistische* Variante der Theorie bezieht sich auf die Hoffnung, daß der einzelne Bürger durch eine Beteiligung an der Politik mehr Vorteile hat als durch Nichtbeteiligung.[12]

Die altruistische Emanzipationsversion erwartet Unrealistisches, denn die Beteiligung an demokratischen Kollektiventscheidungen – auf welchen staatlichen Ebenen auch immer – bedeutet stets die Beteiligung an einer gigantischen Massenveranstaltung, in der ›emanzipationsfördernde‹ *persönliche* Beziehungen zwischen Menschen nicht entstehen können. (So etwas ist im übrigen unter den Bedingungen des allgemeinen Wahlrechts nicht einmal gewünscht, denn dessen liberales Element, die *nichtöffentliche* Wahlentscheidung des einzelnen Bürgers, soll die Beeinflussung durch andere so gering wie möglich halten.) Die Beteiligung an demokratischen Wahlen ist in der Regel mehr mit einem Eintauchen in Kollektividentitäten (wie in den von den Parteien vertretenen Massenmeinungen) zu vergleichen als mit einem Prozeß individueller Reifung.

Die Spekulation auf individuelle Vorteile, die in der *egoistischen* Variante dieser Theorie steckt, ist dagegen durchaus realistisch, wenn man sie auf einen kleinen Kreis von Bürgern, nämlich auf die Berufspolitiker, einschränkt. Man kann davon ausgehen, daß Politiker auch auf individuelle Vorteile setzen können. Sie würden rationalerweise die Mühen nicht auf sich nehmen, die das politische Geschäft kostet. Der Umstand ist nicht verwerflicher als die Tatsache, daß wir anderen, die wir nicht Berufspolitiker sind, ebenfalls überwiegend durch die Erwartung individueller Vorteile angespornt werden – sei es im Geschäftsleben, sei es in den anderen Berufsbereichen. Es ist eine verbreitete *heuchlerische* Einstellung bei uns, den Politikern, die sich vermeintlich nur für das ›Gemeinwohl‹ engagieren sollen, in erster Linie *kritisch* vorzuhalten, sie hätten *auch* persönliche Vorteile wie Machterwerb und Machterweiterung im Auge. Man sollte umgekehrt gerade diejenigen Politiker scheuen, die den Eindruck reiner Selbstlosigkeit und radikaler Aufopferung für das ›Volkswohl‹ zu vermitteln suchen. Politiker dieses Typs entpuppen sich in der Regel als unredliche Volksverführer.

In jedem Fall aber hat die Masse der Bürger nur indirekt individuelle Vorteile durch die Beteiligung an der Demokratie. Denkt man etwa an bestimmte Sozialgesetze, die die Gruppe der Rentner besser stellen sollen, dann hat der einzelne Rentner den Vorteil davon, ob er sich nun an der demokratischen Willensbildung beteiligt oder nicht.

Gleichwohl ist die Auffassung richtig, nach der die demokratischen Verfahren Gruppen und Schichten der Bevölkerung die Möglichkeit einer *staatlichen* Befriedigung ihrer Interessen bieten. Insofern ist der *›Transmissionstheorie‹* (der vierten Rechtfertigungstheorie der Demokratie) zuzustimmen. Wir wissen, daß der Staat der liberalen, parlamentarisch verfaßten Demokratie nicht bloß eine *rechtsstaatliche* Aufsichtsfunktion wahrnimmt. Er ist ein Parteienstaat, und in den modernen Parteien bündeln sich hauptsächlich wirtschaftliche Interessen gesellschaftlicher Gruppen. Die Verhältnisse in den westlichen Ländern unterscheiden sich hierin kaum voneinander. In der Bundesrepublik erwarten die Kreise der Wirtschaft (von der Landwirtschaft über das Handwerk bis zur Industrie), daß CDU und CSU in erster Linie eine ihnen genehme Steuerpolitik unterstützen, während sich die Mehrheit der Arbeitnehmer hauptsächlich von der SPD eine Sozialpolitik verspricht, die de facto stets aus einer Vermögensumverteilung zu finanzieren ist. Das eine ist so legitim wie das andere, und es ist die Sache der Parteien, den Interessenausgleich der gesellschaftlichen Gruppen in einer Form zu bewerkstelligen, welche weder die Grundsätze der Verfassung verletzt noch die Stabilität des Staats gefährdet.

Das *›Demokratiemodell des gezähmten Machtkampfs‹*, die fünfte und letzte Theorie über den Zweck der Mehrheitsverfahren, enthält deren wichtigste Rechtfertigung. Danach ist nicht das zahlenmäßige Verhältnis zwischen Mehrheit und Minderheit (d. h. der Zahlwerte ober- bzw. unterhalb der 50 Prozent-Grenze, die normalerweise die Entscheidungsgrenze definiert) der ausschlaggebende Gesichtspunkt. Wichtiger ist der *sozialpsychologische Überzeugungseffekt*, der in den Prozentzahlen mit dem 50 Prozent-Wert als Schwellenwert zum Ausdruck kommt. Die Zahl wird dabei als Ausdrucksmittel der *Stärke* betrachtet entsprechend der Grundfrage: Wer soll bei Uneinigkeit im Hinblick auf politische Ziele und bei Anerkennung des Gewaltverzichts bestimmen, was von *allen* Entscheidungsberechtigten als gültige Entscheidung anzuerkennen ist? Locke hatte bereits die richtige Antwort parat, indem er sagte: »Was eine Gemeinschaft leistet und bestimmt, ist nichts anderes als die Übereinstimmung ihrer Individuen, und da das, was *ein* Körper ist, sich auch in *einer* Richtung bewegen muß, so muß notwendigerweise der Körper sich dahin bewegen, wohin die *stärkere Kraft* ihn treibt, und das eben ist die Übereinstimmung der Mehrheit.«[13]

Danach soll die Entscheidung derjenigen gelten, deren Anzahl die *größere Macht* verkörpert. Die sozialpsychologische Anmutung bezieht sich auf die, die in der Minderheitsposition stehen: Von ihnen wird erwartet, daß sie die Macht denen überlassen, die sich der Zahl nach als die *Stärkeren* herausgestellt haben. ›*Legitimation durch zahlenmäßige Stärke*‹ liegt im Sinn dieses Kalküls, das durch die ständig zu nährende Hoffnung der Minderheit ergänzt wird, beim nächsten Wahlgang die der Anzahl nach größere Macht auf ihrer Seite zu wissen. Das Kalkül setzt die normative Idee der *demokratischen Gleichheit* voraus, nach der jeder erwachsene Bürger das gleiche *Recht* und die gleiche *Macht* haben soll, über die Gesetze des Staates mitzubestimmen.

Sieht man die Sache so, dann lebt diese Rechtfertigung der demokratischen Verfahren von einer Drohung, nämlich von der permanent über den Köpfen der Beteiligten schwebenden Drohung der Mehrheit, das Abkommen über den Gewaltverzicht aufzukündigen, wenn es nicht nach ihrem Willen, eben dem der Mehrheit, geht. Durch die geläufigste Entscheidungsregel, Entscheid durch *einfache* Mehrheit, ist die Minderheit ihrerseits relativ gut vor der Verwirklichung der Mehrheitsdrohung geschützt: 49 Prozent sind nicht viel weniger als 51 Prozent, was mit anderen Worten heißt, daß es für beide Seiten, Mehrheit und Minderheit, normalerweise nicht lohnend ist, den eigenen Willen ohne jede Berücksichtigung der Interessen der anderen Seite, ja, womöglich sogar unter dem Risiko eines Bürgerkriegs, durchzusetzen. So merkwürdig es auf den ersten Blick aussehen mag: Knappe Mehrheiten tragen zur Stabilität einer Demokratie bei, denn sie verleihen der Erwartung der in der Minderheit stehenden Parteien eine realistische Note, bei der nächsten Wahl den Spieß umdrehen zu können.

Denn auch dies stellt einen wichtigen Bestandteil dieser Rechtfertigungstheorie dar: Die ›größere Macht‹ ist nicht mit dem *Konsens* aller Bürger gleichbedeutend. ›Demokratie‹ heißt danach nichts anderes, als daß ein Teil des Volkes auf Zeit den anderen Teil beherrscht. So etwas kann ersichtlich nur in einer modernen, durch innere Mobilität gekennzeichneten Gesellschaft auf Dauer gutgehen. Denn große Minderheiten stehen zum demokratischen Prinzip nur so lange, als sie realistische Hoffnungen auf einen Machtwechsel hegen können. Machtwechsel aber sind nur möglich, wenn es Wechselwähler gibt, und diese entstehen nur durch Interessenverschiebungen größeren Stils in einer dynamischen Gesellschaft. In traditionellen Kastengesellschaften – Gesellschaften mit festgefügten Hierarchien – kann das demokratische Mehrheitsprinzip nicht funktionieren, weil auch eine auf Mehrheit gegründete Dauerherrschaft zur diktatorischen Unterdrückung der Minderheit führt. Das Mehrheitsprinzip ist also nicht per se als nichtdiktatorisches Prinzip gut, sondern nur unter bestimmten Voraussetzungen, die allein in den Industriegesellschaften von heute vorhanden sind.

Das ›Macht-Modell‹ der Mehrheitsverfahren verdeutlicht darüber hinaus das Historisch-Einzigartige im Staatsformbegriff der liberalen Demokratie: Erstens können sich die Kritiker der herrschenden Regierung als gleichberechtigte Mitbewerber um die Macht verstehen. Dieses Recht hat es in anderen Staatsformen bis heute nicht gegeben. Absolutistische Monarchien, von geschichtlichen Vorgängern ganz zu schweigen, mochten auch schon im 18. und 19. Jahrhundert *rechtsstaatlich* gewesen sein. Kritiker der monarchischen Herrschaft, der Regierung und der herrschaftslegitimierenden Religion haben sie jedoch nicht geduldet. In der Gegenwart werden in allen anderen Staatsformen Kritiker der Regierung im Regelfall brutal unterdrückt. Zweitens sind die Mehrheitsverfahren liberaler Demokratien die einzigen staatlichen Mittel, die bislang bekannt sind, um *friedlich*, das heißt: ohne Bürgerkrieg, einen Regierungswechsel herbeizuführen, welcher die Staatsform selber unangetastet läßt.

Die Rechtfertigung des Zwecks der Mehrheitsverfahren durch das ›Macht-Modell‹ sieht nun in der Tat alles andere als sympathisch aus, vor allem, wenn man von *moralischen* Maßstäben ausgeht, die man üblicherweise an das Verhalten von Individuen anlegt und nach denen Macht eine unmoralische Kategorie ist. Doch für die politische Theorie gilt dasselbe wie für die praktische Politik: Wer dazu neigt, überall nur moralische Maßstäbe anzulegen, ist häufig nicht in der Lage, die Realität anzuerkennen.

Neben dem moralischen Mangel gibt es noch drei weitere Gründe, die erklären, warum erkennbar wenig Bereitschaft besteht, die ›Mehrheit = Macht‹-Interpretation der demokratischen Verfahren zu akzeptieren.

Der erste Grund liegt darin, daß im ›Demokratiemodell des gezähmten Machtkampfs‹ der *Verfahrenscharakter* aller Demokratiebegriffe nachdrücklich zum Vorschein kommt: Nicht Kollektiv*ziele* bzw. -*zwecke* werden durch sie festgelegt, sondern *Methoden*, derartige Ziele zu ermitteln. Die vielen Menschen jedoch, die insbesondere in der modernen Welt weltanschauliche Orientierung in *politischen* (auf Staatsbegriffe bezogenen) Auffassungen suchen, können ihr Bedürfnis nicht durch ein Demokratieverständnis befriedigen, das ihnen nur ›formale‹ Verfahren bietet, die bei konkurrierenden Zielvorstellungen Entscheidungen des Kollektivs ermöglichen, Verfahren also, die gegenüber Maßstäben indifferent sind, die das ›Wohl des Ganzen‹ auszuleuchten gestatten.[14] Unter ideologiepolitischen Gesichtspunkten ist die ›induktionstheoretische‹ Interpretation der Demokratie, die mit einer ›Annäherung an das Gemeinwohl‹ arbeitet, hier entschieden im Vorteil.

Der zweite Grund, die Rechtfertigung der Demokratie auf der Grundlage von Machtverhältnissen nur zögernd hinzunehmen, liegt in der verbreiteten Abneigung, sich die Ausgangslage bei der Anwendung der Mehrheitsverfahren zu vergegenwärtigen. Diese Verfahren setzen stets die *Uneinigkeit* von Personen und Massen von Menschen im Hinblick auf Entscheidungen voraus, die für *alle* Entscheidungsberechtigten gelten sollen. Bestünde Einigkeit bei politischen Zielen, brauchte man jedoch keine Entscheidungsverfahren zur Ermittlung solcher Ziele, weder demokratische noch andere. Die ›Macht‹-Version der Demokratie macht deutlich, daß die Mehrheitsverfahren Uneinigkeit in der Ausgangssituation nicht durch den Konsens aller auflösen, sondern durch eine akzeptable Lösung der Machtfrage.

In der parlamentarischen Demokratie geht es darum, das Machtmonopol des Staates zur Verwirklichung mehrheitsfähiger staatlicher Ziele und gesellschaftlicher Interessen einzusetzen. *Staatliche Ziele* sind zum Beispiel die Richtung und die Art der Außen- und der Verteidigungspolitik, die Entwicklung des Erziehungswesens (Schulen und Hochschulen) und die Festlegung von Rahmenbedingungen der Energiepolitik; um *gesellschaftliche Interessen* geht es bei der Rentenpolitik, bei der Steuer-, Wohnungsbau- und Landwirtschaftspolitik. *Welche* konkreten staatlichen Ziele (d. h. konkrete Maßnahmen der Außenpolitik wie die Gestaltung des Verhältnisses zwischen der Bundesrepublik Deutschland und der UdSSR) und *welche* konkreten gesellschaftlichen Interessen (wie das Ausmaß der progressiven Steuersätze oder die Höhe der Subventionen für Bergbau und Landwirtschaft) von den demokratisch gewählten Regierungen durchgesetzt werden, ergibt sich aus den konkreten staatlichen und gesellschaftlichen Umständen. Bezüglich der staatlichen Ziele: aus der jeweiligen Stellung eines Staates wie der Bundesrepublik im Kräftefeld zwischen den Großmächten; bezüglich gesellschaftlicher Interessen: aus der Fähigkeit gesellschaftlicher Gruppen, Regierungen über die Parteien im Sinn ihrer Absicht zum Handeln zu bewegen. Auf jeden Fall schreiben die demokratischen Mehrheitsverfahren nicht vor, *welche* staatlichen Ziele und *welche* gesellschaftlichen Interessen mit Hilfe der Regierungsmacht durchgesetzt werden sollen. Es ist falsch, wenn Politiker manchmal vorgeben, bestimmte Ziele des Staates (wie etwa die Abrüstung in der Verteidigungspolitik) oder bestimmte gesellschaftliche Interessen (wie die Einführung der Mitbestimmung in der Industrie zur Befriedigung gewerkschaftlicher Interessen) wären besonders *demokratisch* beglaubigte Ziele[15]. ›Mehrheitsfähigkeit‹ ist die einzige Bedingung, die die Demokratie an politische Ziele und Interessen stellt. Das von der Sozialdemokratischen Partei und den Gewerkschaften speziell für ihre gesellschaftspolitischen Ideale gepachtete Schlagwort der ›Demokratisierung aller Lebensbereiche‹ hat in den vergangenen zehn Jahren viel Unheil durch Mißverständnisse angerichtet.

Es ist allerdings im Sinn der Stabilität der Demokratie wünschenswert, daß die Mehrheitsfähigkeit von Zielen und Interessen unter dem kritischen Druck einer starken Opposition (= Minderheit) festgestellt wird. Denn starker oppositioneller Druck sorgt dafür, daß nur solche Ziele von Regierungen verwirklicht werden, die eine vergleichsweise ›evolutionäre‹ – was heißt: allmähliche – Veränderung des gesellschaftlichen Systems nach sich ziehen. Darin besteht die *rationale* Auswirkung einer angenäherten Kräftebalance zwischen Regierungsmehrheit und oppositioneller Minderheit. Regierungen und die sie tragenden Mehrheiten können dann nur Absichten verwirklichen, die von der Minderheit toleriert werden und ein Tempo sozialer Veränderung bewirken, das die Wandlungsfähigkeit des gesellschaftlichen Gesamtsystems nicht überfordert. Umgekehrt haben die regierenden Mehrheitsparteien die moralische – *nicht* gesetzliche – Verpflichtung, nur solche Entscheidungen zu treffen, die für die oppositionelle Minderheit in den Auswirkungen tolerabel sind. Diese Rücksichtnahme gilt selbstverständlich nur relevanten, politisch organisierten Minderheiten des Volkes gegenüber, nicht aber gegenüber Mini-Minderheiten, wie sie heute von kommunal und regional begrenzten Bürgerinitiativen dargestellt werden. In der Bundesrepublik sollte aus diesem Grund nicht die Marktwirtschaft durch die Sozialdemokratische Partei infrage gestellt werden, und auf der anderen Seite sollten CDU und CSU nicht den Sockel des Sozialstaats antasten wollen. Jene moralische Verpflichtung der Mehrheit besteht immer dann, wenn sie den erklärten Willen hat, den Staat stabil zu halten.

Man darf jedoch die Abgrenzungsschwierigkeiten nicht gering achten, die sich für die konkurrierenden Parteien ergeben, wenn zwischen Mehrheit und Minderheit nur kleine zahlenmäßige Unterschiede bestehen. So kann es etwa passieren, daß ein Bundeskanzler, der zur SPD gehört, in den

Augen vieler Anhänger und Wähler den Anschein erweckt, er betreibe die Politik der CDU, ein Anschein, der besonders die *gesinnungsethischen* Flügel der Parteien – und von da ausgehend die Parteien selber – in Identitätsprobleme zu stürzen pflegt.

Ein weiterer Grund nun für die Schwierigkeit, das ›Macht‹-Konzept der Demokratie zu akzeptieren, besteht darin, daß die Rechtfertigungsgrundlage – Entscheidung durch Mehrheit, weil diese die stärkere Macht darstellt – in der Neuzeit, vor allem in der Gegenwart, an intuitiver Plausibilität verloren hat. Es ist eine Plausibilität, die davon lebt, daß eine größere Anzahl von Menschen als mächtiger *empfunden* wird als eine kleinere. (Es sei ausdrücklich herausgestellt, daß es sich um einen verbreiteten *subjektiven* Eindruck handelt. Die Art und Weise, wie in der Realität politische Entscheidungen zustande kommen, ist auch in Demokratien weithin nicht mit diesem Eindruck in Übereinstimmung zu bringen.) Der sozialpsychologische Überzeugungseffekt der Mehrheit soll vor allem noch bei relativ kleinen zahlenmäßigen Differenzen wirksam werden: Eine Stimme mehr als die Hälfte aller soll bereits das Recht der Mehrheit begründen, für die Gesamtheit zu entscheiden. Diese Einstellung setzt eine Plausibilität voraus, die ihre geschichtlichen Wurzeln hat.

Das Macht-Konzept der Mehrheitsverfahren hatte im 18. Jahrhundert, als es in Politik und politischer Philosophie zusammen mit den Freiheitspostulaten des politischen Liberalismus auf den Plan trat, durchaus eine nachfühlbare Grundlage in den zeitgenössischen Kategorien, in denen man die Macht und das Verhältnis von Macht und Gegenmacht kalkulierte. Es war die Zeit, in der die absolutistischen Monarchien ihre Höhepunkte in Westeuropa erlebten. Der Absolutismus hatte, wie bemerkt wurde, demokratischen Auffassungen vorgearbeitet, sofern er alle Gesellschaftsschichten unterhalb der monarchischen Zentralgewalt zu politischer Machtlosigkeit verurteilte. Er erzeugte einen Zustand politischer Gleichheit, wenn es auch eine Gleichheit war, die durch die gemeinsame politische Ohnmacht verursacht war. Forderungen nach einer Umkehrung dieser Gleichheit ins Positive – in politische Gleichheit im Sinne einer Beteiligung aller Bürger an den politischen Entscheidungen – drängten sich auf. Im Bereich der Machtkalküle gibt es nun eine Tendenz im Denken dieser Zeit, welche die Identifikation einer Mehrheit von Menschen mit der ›ausschlaggebenden Macht‹ nahegelegt hat.

Am augenfälligsten werden Machtkalküle, wenn man sich an die herrschenden Begriffe der Militärstrategie hält. Die Heere in der Zeit vor der Französischen Revolution waren Söldnerheere. Die Heerführer konnten sich auf die Fahnentreue der Offiziere und Soldaten nur beschränkt verlassen. Die massenbefeuernde Kraft des Nationalismus des 19. Jahrhunderts, der durch die Armeen des revolutionären Frankreich Ende des 18. Jahrhunderts zum ersten Mal entfacht wurde, war für die Kriegführung noch nicht entdeckt. Diese und allgemeine Kostengründe hatten bei den Militärstrategen der sogenannten ›Kabinettskriege‹ der Vorrevolutionszeit eine Einstellung erzeugt, die man als ›Sensibilität für die zahlenmäßigen Größenverhältnisse der Armeen bei minimalen Differenzen‹ bezeichnen kann. Man mied, wenn es irgend ging, die direkte Auseinandersetzung mit dem Gegner, sondern man versuchte, ihn durch strategische Truppenverschiebungen in die Position des zahlenmäßig Unterlegenen zu manövrieren. Und man pflegte Schlachten aus dem Weg zu gehen, wenn man sich einer zahlenmäßigen Übermacht gegenüber sah. Dabei brauchten die numerischen Unterschiede der Heeresstärken nicht einmal groß zu sein. Dieser rechnerische Geist der zeitgenössischen Militärstrategie hat auch das Denken in *politischen* Machtkategorien beeinflußt.[16] Er hat den Faktor der zahlenmäßigen Über- bzw. Unterlegenheit bei *geringen Differenzen der Opponenten* zu einem wichtigen Bestandteil des politischen Kalküls gemacht. Auf einem Denken in Machtkategorien dieser Art gründet die Überzeugungskraft, die hinter dem Machtanspruch der Mehrheit steht, die Entscheidung für das Ganze zu reklamieren.

Stellt man dies in einen größeren historischen Zusammenhang, dann geht der in ›demokratischen‹ Maßstäben kalkulierende Geist der Militärstrategie des 18. Jahrhunderts auf die Gewehrtechnik zurück, die sich im 17. Jahrhundert bei der Kriegführung in Europa durchgesetzt hatte. Die Bedienung von Gewehren verlangte von den Soldaten wenig *individuelle* Geschicklichkeiten. Man mußte sein Gewehr laden können, zielen und abdrücken, Handgriffe, die mit den *individuellen* Fähigkeiten, die der einzelne Ritter in den Heeren des 16. Jahrhunderts noch besitzen mußte, in keiner Weise mehr zu vergleichen waren. Ein Ritter mußte über körperliche Stärke und Gewandtheit verfügen; er mußte mit Schwert und Lanze vom Pferd herab kämpfen können. Die Gewehrtechnik, die die Fähigkeiten der Fußtruppen ›demokratisierte‹, setzte sich durch, weil der kriegerische Effekt der Gewehre bei Masseneinsatz um vieles größer war als der der Reiterkämpfe Mann gegen Mann.

Die geschichtliche Rechtfertigung des Macht-Konzepts der Mehrheitsverfahren hat in der Gegenwart an sozialer Evidenz und Plausibilität verloren, und es besteht die Wahrscheinlichkeit, daß der Prozeß des Evidenzabbaus sich weiter fortsetzt. Die sozialpsychologische Überzeugungskraft zahlenmäßiger Mehrheiten, die Minderheit, wenn auch nur auf beschränkte Zeit, zu beherrschen, nimmt in den modernen Machtkalkülen immer mehr ab. Macht ist heute nur noch schwer in *zahlenmäßigen* Verhältnissen von Gruppen oder Massen von Menschen auszudrücken. Das betrifft die militärische Strategie wie die außenpolitischen Verhältnisse von Staaten und Völkern zueinander.

Bezogen auf die Militärstrategie: Noch rechnen die Militärs nach Kopfzahlen von Armeen. Abrüstungsverhandlungen zwischen den Nato-Staaten und denen des Warschauer Pakts werden noch weitgehend durch Vergleiche bestritten, die sich an den zahlenmäßigen Truppengrößen orientieren. Aber wer sieht darin noch die wirkliche Stärke von Staaten, welche sich auf Armeen stützen, die mit modernsten Waffensystemen ausgestattet sind – von Atom- und Wasserstoffbomben bis zu den hochtechnisierten Raketensystemen? Ihre wirkliche Stärke liegt heute in der Qualität *und* Quantität der Waffen, nicht in der Zahl der Soldaten, die sie bedienen. Ähnliche Verschiebungen gibt es auch in Vorstellungen über Macht, die sich auf die internationalen Vergleiche zwischen Staaten richten. Als mächtig gelten schon lange nicht mehr die Staaten mit den größten Bevölkerungsmassen. Im Gegenteil: Das sind meist diejenigen Staaten, die wegen ihres rasanten Bevölkerungswachstums mit den schwierigsten Problemen zu kämpfen haben. Indien, Brasilien und China sind Beispiele dafür.

Im innenpolitischen Rahmen wird Macht ebenfalls immer weniger durch numerische Gruppengrößen definiert, sondern zunehmend durch qualitative *Funktionen*, die für den Zusammenhalt von Staat und Gesellschaft wichtig sind. Wenn etwa das Krankenhauspersonal oder die Techniker in den Fernsehanstalten oder die Fluglotsen mit Streik drohen, dann wird der Druck, der von Gruppen in derartigen Funktionen ausgeht, als stärker empfunden, als wenn andere Verbände mit viel größeren Mitgliederzahlen Forderungen anmelden. Das bedeutet aber, daß die gesellschaftlich-reale Erfahrungsbasis für das Machtkalkül schmaler wird, das hinter den Mehrheitsverfahren steht. Je mehr die technische Zivilisation die modernen Gesellschaften in verschiedene, für die Erhaltung des Ganzen wichtige Funktionen aufspaltet, um so schneller geht dieser Auflösungsprozeß vor sich.[17] In der Prophetie von Science-fiction-Filmen gibt es nicht umsonst nur noch *funktional* begründete Zugehörigkeiten von Menschen zu ›Aufgabenfeldern‹ der Gesellschaft: zum Corps des technischen Personals von Weltraumfähren, zum Corps des Personals, das für die Ernährung der Bevölkerung sorgt, zum Corps der Bevölkerungsentwicklungsplaner usw. Und genausowenig ist der Umstand zu übersehen, daß phantasierte Zukunftsgesellschaften dieser Art wegen der durchgängig funktional begründeten Zuordnung der Gesellschaftsmitglieder streng hierarchisch gegliederte Sozialstrukturen aufweisen, die im günstigsten Fall zum Bild von Elitediktaturen passen, deren Leitung in den Händen von Wissenschaftlern liegt. Sie haben jedenfalls nichts mehr mit dem Bild liberaler Demokratie zu tun, wie wir es kennen.

Der Konflikt zwischen dem zahlenmäßig egalitären Mehrheitsprinzip und dem ›qualitativ‹-funktional begründeten Machtanspruch gesellschaftlicher Gruppen ist jedoch alt. Er begleitet die Geschichte der liberalen Demokratie seit ihren Anfängen in Großbritannien und Amerika. Er hat auch in der Theorie der Demokratie schon immer eine Rolle gespielt, z. B. in der Klassentheorie von Marx. Die Gewichte haben sich in der Gegenwart allerdings verschoben. Man kann zwar auch heute noch nicht von einem unumkehrbar-gefährlichen Trend sprechen. Das könnte man erst, wenn gesellschaftliche Verbände wie Gewerkschaften und Arbeitgeberorganisationen in der Politik bestimmender würden als die Parteien, deren Tätigkeit auf dem Prinzip der egalitären One-man-one-vote-Demokratie basiert. In der Bundesrepublik Deutschland kann davon heute nicht ernsthaft die Rede sein. Gleichwohl gibt es Symptome, die in eine solche Richtung weisen und die man als Gefährdungen des egalitären Demokratieverständnisses ernstnehmen muß.

Der Zusammenhang zwischen der zunehmenden ›Macht der Verbände‹ und der Demokratie besteht darin, daß das Anwachsen der ›funktional‹ begründeten Gruppenmacht dem allgemeinen Evidenzverlust der zahlenmäßig definierten demokratisch-egalitären Mehrheitsmacht entspricht. Symptome für diesen Trend lassen sich aus den ideologiepolitischen Auseinandersetzungen unserer Tage benennen. Der als ›progressiv‹ geltende Begriff der Demokratie wird nämlich nicht mehr ohne weiteres mit dem egalitären One-man-one-vote-Prinzip gleichgesetzt. So sind die unter dem Stichwort ›Demokratisierung‹ bei uns durchgeführten Reformen der Hochschulstruktur wie der gewerkschaftlichen Mitbestimmung im Bereich der Mittel- und Großindustrie augenfällige Beispiele für ein anderes Verständnis von Demokratie, hinter dem der ›funktional‹ begründete Machtanspruch gesellschaftlicher Verbände oder einzelner ›funktional‹ definierter Gruppen steht. Auffällig ist nicht die Durchsetzung derartiger Machtansprüche, sondern allein der Umstand, daß man sie heute glaubwürdig mit dem Begriff der Demokratie betiteln kann.

Diese Wortwahl ist deshalb merkwürdig, weil sie an ein voregalitäres Demokratieverständnis anknüpft, nämlich an die in den mittelalterlichen

Stadtstaaten – teilweise bis in die neuere Zeit hinein – praktizierte ›berufsständische‹ (= korporative) Mitsprache bei der Stadtregierung. (In Deutschland waren es die Zünfte der verschiedenen Berufsgruppen, die ein solches korporatives Mitbestimmungs- und Mitregierungsrecht besaßen.)

Fassen wir zusammen:

1. Die politische Anwendung der demokratischen Mehrheitsverfahren entstammt der Logik der demokratischen Staatslegitimation.

2. Sinn und Zweck der Mehrheitsverfahren werden durch die Rechtfertigungstheorien 4 und 5 wiedergegeben. Danach ermöglichen die Verfahren eine *staatlich-politische* Entscheidung über *gesellschaftliche* Gruppeninteressen. Staat und Gesellschaft werden dadurch miteinander verzahnt.

3. Die Plausibilität der Mehrheit als der ›stärkeren Macht‹ verschafft ihren Ergebnissen allgemeine Anerkennung.

4. Wir brauchen die moderne Gefährdung des egalitären Demokratieprinzips durch ›funktionale‹ Gruppenmacht trotz allem nicht überzubewerten. Sofern es eine Gruppenmacht im pluralistischen System der gesellschaftlichen Verbände bleibt, ist sie angewiesen auf die Mehrheitsverfahren, die nach wie vor die einzigen Mittel sind, gesellschaftliche Interessen auf der staatlichen Ebene *friedlich* durchzusetzen. Umgekehrt aber ist die pluralistische Struktur der Gesellschaft die reale Basis der Anwendung der Mehrheitsverfahren.

4. Pluralistische Demokratie contra Konsensdemokratie

Zur liberalen Demokratie gehört gesellschaftlicher Pluralismus. Es ist ein Pluralismus gesellschaftlicher Gruppierungen. Zu ihnen zählen Interessenvertretungsverbände wie die Gewerkschaften, die Organisationen der Unternehmer, die Sport- und die Wohlfahrtsverbände und nicht zuletzt die politischen Parteien. Die pluralistische Struktur der Gesellschaft spiegelt die in ihr enthaltenen unterschiedlichen Eigenschaften von Gruppen und Interessen. Der gesellschaftliche Pluralismus gilt deshalb vielen als positiver politischer Wert. Er erfüllt eine doppelte Funktion. Einmal ermöglicht er, daß Bürger in organisierten Gruppen ihren Interessen und Neigungen zusammen mit einer Vielzahl ähnlich eingestellter Bürger nachgehen können, und zwar ohne eine wesentliche Beeinflussung durch andere Gruppen oder den Staat. Zum anderen hat der Pluralismus eine Funktion im spezifisch politischen Sinn, nämlich bei der politischen Willensbildung im parlamentarischen Staat. Denn dort erfolgt die politische Willensbildung über die Parteien als Repräsentanten pluraler gesellschaftlicher Interessen.

Der Pluralismus insgesamt ist Ausdruck der immerwährenden Unterschiedlichkeit menschlicher Eigenschaften, Interessen und Neigungen. Der Begriff bezieht sich letztlich auf Unterschiedlichkeiten der Eigenschaften und Einstellungen der menschlichen Individuen, die bereits biologisch bedingt sind: als Unterschiede der Geschlechter, der Rassen, des Aussehens, der Größe, des Alters. Die *positive* Bewertung dieses Pluralismus gründet darin, daß er unter den auf unserer Erde herrschenden Knappheitsbedingungen stets die wichtigste Voraussetzung für das Überleben der Menschheit darstellte. Der Unterschied der Geschlechter bewirkte bereits in den frühen Menschheitsepochen eine Trennung der Funktionen derart, daß den Männern die Aufgabe der Jagd zufiel, den Frauen die des Sammelns. Er ermöglichte darüber hinaus, daß die Männer die Frauen beim Gebären und der Aufzucht der Nachkommenschaft vor feindlichen Angriffen schützen konnten.[1]

Die urgeschichtliche Gründung der Familie bildet den Anfang der menschlichen Arbeitsteilung. Der soziale Nutzen der Arbeitsteilung ging von den unterschiedlichen Eigenschaften der Menschen aus, so daß man durchaus von einer biologischen Präferenz für die Arbeitsteilung sprechen kann, einer Präferenz, die die Fähigkeit der menschlichen Gattung zur Anpassung an die Umwelt entscheidend gefördert hat. Die Arbeitsteilung hat hernach selbst stärker und stärker differenzierend gewirkt und ›künstliche‹ Unterschiede, z. B. die unterschiedlichen Berufe, hervorgebracht.

Die Wertschätzung unterschiedlicher Fähigkeiten und Eigenschaften als Grundlage eines jeglichen gesellschaftlichen Pluralismus hat ursprünglich also eine Art genetischer Verankerung. Und die allgemein herrschende Güterknappheit bestimmt noch heute das Maß der Notwendigkeit, die Idee einer völligen Gleichheit der Menschen – als Gegenpol zur pluralistischen Verschiedenheit – zu fürchten. Man braucht sich bloß auszumalen, was geschähe, wenn unter gegenwärtigen Bedingungen alle Menschen einer Gesellschaft exakt die gleichen Bedürfnisse und Ansprüche hätten: Die Gesellschaft würde zusammenbrechen, weil nicht jeder zur gleichen Zeit das Gleiche erhalten kann.

Der Pluralismus, der in der Kultur der Gegenwart von politischem und gesellschaftlichem Interesse ist, ist historisch neueren Datums. Er stammt aus der Überwindung zweier totalitärer Prinzipien der politischen und weltanschaulichen Geschichte der Neuzeit: aus der Überwindung des Totalitätsanspruchs der christlichen Religion im geistig-ethischen Bereich und der Überwindung des monarchischen Absolutismus im staatlichen Bereich.

Zwei Hauptformen des Pluralismus sind aus dieser Auseinandersetzung hervorgegangen: der *Pluralismus des Wettbewerbs* und der *Pluralismus der Eigentümlichkeit.* Beide Formen haben wichtige und bekannte Anwendungen gefunden. Der *Pluralismus des Wettbewerbs* bestimmt etwa das neuzeitliche Wissenschaftsverständnis, zu dessen Hauptkennzeichen die Auffassung gehört, es sei gut für die Erkenntnis, wenn eine Vielzahl von Theorien und methodischen Ansätzen miteinander konkurrieren. Er hat sich im wirtschaftlichen Denken und Handeln durchgesetzt, wo man die Verschiedenheit der Angebote und der individuellen Geschmackseinstellungen als förderlich für das wirtschaftliche Gesamtprodukt betrachtet. Einen weiteren wichtigen Anwendungsbereich bildet die Politik im parlamentarischen System. Dort ist der Wettbewerbspluralismus der Parteien die Rahmenbedingung für die politische Auseinandersetzung über die gemeinwohldienliche Ausübung der staatlichen Macht.[2]

Der *Pluralismus der Eigentümlichkeit* ist von anderer Art. Er ist nicht wettbewerbsorientiert. Er besteht im Nebeneinander unterschiedlicher Lebens- und Weltauffassungen. Als Ergebnis der europäischen Religionsfreiheit hat sich in Ländern wie Großbritannien, den USA und der Bundesrepublik das Verhältnis der christlichen Kirchen untereinander im Sinn dieser Form des Pluralismus entwickelt. Man konkurriert normalerweise nicht mehr missionarisch um Gläubige und findet sich mit der wechselseitigen Verschiedenheit in wichtigen Lehrstücken des Christentums ab. Man respektiert den jeweils anderen Besitzstand und Standpunkt.

In Deutschland ist nach dem Zweiten Weltkrieg ein stammesgeschichtlich und kulturell bedingter Pluralismus der Eigentümlichkeit zur Grundlage der bundesstaatlichen Struktur des westdeutschen Staates geworden. Er verdeutlicht den Unterschied zum Wettbewerbspluralismus in besonderer Weise. Der Pluralismus der Bundesländer Bayern, Hessen, Nordrhein-Westfalen und der anderen ist nämlich verfassungsmäßig nicht als Mittel einer Konkurrenz um die größte Bevölkerungszahl oder um das bessere Wirtschaftsprodukt gedacht.[3] Er soll vielmehr die stammesmäßigen, kulturell und traditionsvermittelten Unterschiede der deutschen Volksteile bewahren. In zweiter Linie spielt er in der Staatskonstruktion der Bundesrepublik eine Rolle als gewollte Gegenmacht gegen die zentralen Instanzen des Staatsganzen entsprechend dem liberalen Staatsgrundsatz der Machtkontrolle durch Gegenmacht. (In dieser Form liegt sein Zweck durchaus darin, ›Sand ins Getriebe‹ der bundesstaatlichen Zentralinstanzen wie Bundesregierung und Bundesparlament zu ›streuen‹).

Der Pluralismus der Eigentümlichkeit existiert bei uns und in anderen Ländern auch auf den verschiedenen gesellschaftlichen Gebieten: im Bereich der sprachlichen Dialekte, als Unterschiedlichkeit von historisch gewachsenen Bräuchen wie des süddeutschen Fasching und des rheinischen Karnevals, als Nebeneinander der Interessen für Sportarten wie Fußball, Eishockey, Tennis, Leichtathletik usw., als Nebeneinander von Kleidermoden und Moden des literarischen und musikalischen Geschmacks, von Vorlieben für Wein- und Biersorten und was solcher Beispiele mehr sind.

Beide Grundformen des Pluralismus, der Wettbewerbspluralismus und der Pluralismus der Eigentümlichkeit, besitzen – wie bereits angedeutet – auch im engeren Sinn politische Funktionen im Rahmen der liberalen Demokratie[4]. Der Wettbewerbspluralismus erfüllt dies in Gestalt der geregelten Auseinandersetzung der Parteien über die Ausübung der staatlichen Macht; der Pluralismus der Eigentümlichkeit spielt im Rahmen der staatlichen Gewaltenteilung eine wichtige Rolle.

In der neueren Geschichte der politischen Philosophie brauchte man bis zum Anfang unseres Jahrhunderts, bis man speziell die Funktion des *Wettbewerbspluralismus* für die parlamentarische Willensbildung in westlichen Staaten entdeckte.[5] In Großbritannien, dem Land, welches den Parlamentarismus erfunden und am weitesten entwickelt hat, war im gesamten vorigen Jahrhundert die Interpretation der politischen Willensbildung entsprechend dem Grundprinzip des klassischen Liberalismus an der Tagesordnung. So interpretierte man etwa die Anwendung der Mehrheitsverfahren im Parlament und bei der Wahl von Abgeordneten durchgehend im Lichte des klassisch-liberalen Ansatzes, nach dem ausschließlich *einzelne* Abgeordnete von den Bürgern gewählt werden, um das ›Gemeinwohl‹ zu definieren; sie sollten der Grundidee nach allein dem ›Gemeinwohl‹ verpflichtet sein. Dieser Idee nach soll der Parlamentsabgeordnete als politisches *Individuum* sich in ausdrücklicher Abwehr von Beeinflussungen durch gesellschaftliche Gruppeninteressen entscheiden. (Unsere Verfassungsformel, wonach die Abgeordneten nur ihrem Gewissen und dem ›Wohl des ganzen Volkes‹ gegenüber rechtfertigungspflichtig sind, geht auf diese Denkweise zurück.) Es ist für diese klassische Vorstellung naheliegend, den Sinn der Mehrheitsverfahren entsprechend der ›induktionistischen‹ Rechtfertigungstheorie zu deuten, d. h. durch den Zweck, mit Hilfe der Abstimmungen eine möglichst weitgehende Annäherung an das ›Gemeinwohl‹ zu erreichen.

Daß die Abgeordneten des englischen Parlaments im Laufe des 19. Jahrhunderts bereits immer mehr zu Vertretern gesellschaftlicher Gruppeninteressen geworden waren, paßte nicht ins *individualistische* Bild des die politische Weltanschauung beherrschenden klassischen Liberalismus. Zur politischen Wirklichkeit des englischen Parlamentarismus gehörten aber längst parteiähnliche Fraktionen von Abgeordneten, die als Whigs und Tories bekannt waren und die als historische Vorläufer unserer heutigen Massenparteien anzusehen sind. Beide Gruppen blieben allerdings bis Ende des 19. Jahrhunderts locker organisierte Parlamentsfraktionen. In ihren geschichtlichen Anfängen gehen sie auf Gruppierungen von Abgeordneten zurück, die in England nach der ›Glorreichen Revolution‹ von 1688 im Londoner Parlament entstanden waren. Es handelte sich auch im 19. Jahrhundert noch nicht um ›Massenwahlvereine‹, welche sich mit Programmen den Wählern stellten, die auf die wirtschaftlichen Interessen bestimmter Gruppen der Gesellschaft ausgerichtet waren. Im Mittelpunkt der Wahl stand nach wie vor der einzelne Abgeordnete, ein Umstand, der das Persönlichkeitswahlsystem erklärlich macht, welches in Großbritannien noch in der Gegenwart ausschließlich in Kraft ist.

Die Spannung zwischen der herrschenden Auffassung des klassischen Liberalismus und der politischen Realität, die zunehmend durch Gruppenvertretungsinteressen – und damit vom Prozeß der Parteienbildung – geprägt wurde, wird im politischen Schicksal von John St. Mill beispielhaft deutlich: Der Philosoph, der sich 1865 als Abgeordneter ins britische Unterhaus hatte wählen lassen, legte drei Jahre später sein Mandat aus Enttäuschung darüber nieder, daß die politische Willensbildung dort mehr eine Sache der großen Fraktionen war als die von vernünftig und verantwortungsbewußt miteinander diskutierenden Individuen.

Die Spannung zwischen der individuellen Verantwortung des einzelnen Abgeordneten und den Rücksichten, die er auf die in seiner Partei vertretenen gesellschaftlichen Gruppeninteressen zu nehmen hat, charakterisiert heutzutage allgemein die Abgeordnetenrolle. Die Gewichtung der Aspekte hat sich jedoch verkehrt. Das heutige Verständnis der Abgeordnetentätigkeit wird in erster Linie durch den Interessenvertretungsgesichtspunkt geprägt und in zweiter Linie erst durch die *individuelle* Alleinverantwortlichkeit dem ›Wohl des ganzen Volkes‹ gegenüber.

Das Auseinanderklaffen der beiden Aspekte geht auf eine lange Geschichte zurück. Sie beruht in ihrem Ansatz auf dem historischen Konflikt zwischen dem Prinzip der Delegation, das dem germanischen ›Führerwahlverfahren‹ entstammt, und dem Prinzip der Demokratie.[6] (Die germanischen Stämme hatten, bevor sie nach 500 n. Chr. allmählich seßhaft wurden und das Erbkönigtum annahmen, Stammeshäuptlinge und Könige, die meist von den Sippenältesten gewählt wurden. Noch das deutsche Wahlkaisertum des Mittelalters steht in dieser Tradition.)[7] Das germanische ›Führerwahlprinzip‹ beinhaltete die Ermächtigung anderer – der Häuptlinge, der Stammeskönige, einzelner Abgeordneter – zur *Herrschaft*. Sie sollten *herrschen*, weil man sie als die Besten und Fähigsten ansah. Das *demokratische Prinzip*, welches durch die von Tocqueville beschriebene ›demokratische Revolution‹ in Westeuropa in den vergangenen Jahrhunderten allmählich wirksam wurde, steht demgegenüber unter dem Gesetz der *Selbstbestimmung des Volkes*. Es schreibt vor, daß die Abgeordneten dem Gesamtwohl dienen sollen. Es geht von der Existenz eines Volkswillens aus, der von den Willensäußerungen der Abgeordneten nur mehr *repräsentiert* wird. Die Gesellschaft wird als einheitlicher Organismus betrachtet, in dem die unterschiedlichen Schichten von den Bauern bis zu den Adligen eine festgefügte Hierarchie bilden. Interessenkonflikte zwischen den gesellschaftlichen Gruppen sind in diesem Bild nicht vorgesehen.

Im *demokratischen Repräsentationsprinzip* werden die schwer miteinander zu vereinbarenden Grundzüge zusammengefaßt: die Ermächtigung zur Herrschaft – dies der elitemäßige Zug – und die Verkörperung des über die Mehrheitsverfahren ermittelten ›Wählerwillens‹ – dies der demokratische Zug.[8] In unseren heutigen verfassungsrechtlichen Bestimmungen über die Abgeordnetentätigkeit hat sich beides niedergeschlagen: die nur dem eigenen Gewissen verpflichtete Unabhängigkeit des einzelnen Abgeordneten und die Auflage, demokratisch als ›Volksvertreter‹ zu wirken.[9]

Das 19. Jahrhundert hat den Klassenkonflikt hervorgebracht. Es war hauptsächlich ein Konflikt zwischen der Industriearbeiterschaft und dem kapitalbesitzenden Bürgertum. Er führte auf der Arbeiterseite zur Bildung der Gewerkschaften, die in Großbritannien und in Deutschland, den fortgeschrittensten europäischen Industrieländern in der zweiten Hälfte des Jahrhunderts, vom Staat eine gesetzliche Arbeitszeitregelung und Sozialgesetze verlangten. Im Deutschen Reich wurde die Sozialdemokratische Partei zum ausschlaggebenden politischen Organ, um den Arbeiterinteressen zum Durchbruch zu verhelfen. Aber auch auf dem ›rechten‹ Spektrum der Parteienpalette wurden konservative und liberale Parteien von Kreisen des Bürgertums und der adligen Großgrundbesitzer eingespannt, um die wirtschaftlichen Interessen dieser Gruppen über die staatliche Gesetzgebung zur Geltung zu bringen. Spätestens nach dem Verschwinden der klassischen Monarchie nach dem Ersten Weltkrieg verschmolz das alte Repräsentationsprinzip unauflöslich mit dem Prinzip der politischen Vertretung gesellschaftlicher Gruppeninteressen. Es handelt sich dabei um eine Entwicklung, die in allen europäischen und amerikanischen Staaten stattfand, soweit es Staaten mit parlamentarischer Demokratie waren oder wurden. Sie setzt den modernen Wettbewerbspluralismus der gesellschaftlichen Gruppen voraus, die unterschiedliche und meist entgegengesetzte Interessen in der gesetzgeberischen Tätigkeit der Parlamente durchzusetzen versuchen.

Heute gehört es zu den Prinzipien einer liberalen Demokratie, daß der Pluralismus der relevanten gesellschaftlichen Gruppeninteressen die Grundlage für die Bildung eines einheitlichen politischen Willens darstellt.[10] Die Parteien sind die politischen Kräfte, in denen sich die mehrheitsfähigen Gruppeninteressen verkörpern. Dieses Konzept parlamentarisch-politischer Willensbildung ist durchaus fugenlos mit dem Sinn der Mehrheitsverfahren als staatlicher Entscheidungsverfahren in Einklang zu bringen. Man muß sogar sagen, daß die mehrheitsdemokratische Logik eine staatliche Willensbildung entsprechend dem Pluralismus geradezu herausfordert. Denn die Unterscheidung der den Ausschlag gebenden Mehrheit von der Minderheit enthält selber die Bezugnahme auf das pluralistische Prinzip. Danach vermag die staatliche Willensbildung ohnehin immer nur einen Mehrheitswillen zutage zu fördern, freilich einen Willen, der in einer funktionierenden Demokratie in unterschiedlichen Wahlperioden auch abwechselnd unterschiedliche gesellschaftliche Gruppeninteressen zum Ausdruck bringen kann. Stimmt man der Anwendung der Mehrheitsverfahren zu, dann muß man logischerweise auch eine pluralistisch geprägte staatliche Machtausübung akzeptieren.[11] Die moderne pluralistische Demokratie ist die einzige Staatsform in der Geschichte der Menschheit, die den schon immer vorhandenen Pluralismus gesellschaftlicher Gruppen in *beabsichtigter* Weise zum Prinzip der staatlichen Willensbildung macht.

Man muß nun unterscheiden zwischen den Argumenten, die den gesellschaftlichen Pluralismus als *politisches Prinzip* rechtfertigen, und den *Bedingungen*, die in einer Gesellschaft verwirklicht sein müssen, damit dieses Konzept funktioniert.

Das wichtigste Rechtfertigungsargument bezieht sich auf die unausrottbare Unterschiedlichkeit der Menschen, ihre Individualität also. Der Individualismus als solcher, d. h. die Unterschiedlichkeit von Eigenschaften und Interessen der einzelnen, ist aber bis heute in keiner Phase der menschlichen Geschichte – weder kulturell noch gesellschaftlich – zu einer politischen Kraft geworden. Die Menschen haben ihren Individualismus immer nur als

Gruppenindividualismus so zum Ausdruck bringen können, daß er Beachtung in Gestalt staatlichen Schutzes finden konnte.[12]

Der Kampf um die Anerkennung des Gruppenindividualismus ist auch in der Geschichte der europäischen Neuzeit entscheidend dafür geworden, daß der Liberalismus mit seiner Grundforderung individueller Freiheitsrechte in die Praxis realer Staaten Eingang fand. Die Glaubensfreiheit als das früheste Prinzip des klassischen Liberalismus wurde nicht deshalb verwirklicht, weil Philosophen und Theologen im 18. und 19. Jahrhundert sich dafür einsetzten. Sie verdankt ihren staatlichen Schutz durch westliche Monarchien des 19. Jahrhunderts vielmehr der historisch gewachsenen Wirksamkeit der verschiedenen christlichen Konfessionen, großer organisierter Gruppen von Gläubigen, die ihre religiösen und weltanschaulichen Unverwechselbarkeiten heftig gegeneinander verteidigten. Ähnlich liegen die Dinge bei der anderen historisch und gesellschaftlich wirksam gewordenen liberalen Individualfreiheit, der Wirtschaftsfreiheit. Auch sie hat sich nur aufgrund des gesellschaftlichen Drucks des Bürgertums im 18. und 19. Jahrhundert den staatlichen Schutz erstritten.

Der Pluralismus der Neuzeit vereint als politisches Prinzip der liberalen Demokratie zwei grundlegende Konzepte des klassischen Liberalismus in sich: 1. das Konzept, allein der Verwirklichung der Interessen der bürgerlichen *Individuen* zu dienen, und 2. das Konzept der Gewaltenteilung. Beide Konzepte sind im pluralistischen Prinzip abgewandelt enthalten. Das Interesse am staatlichen Schutz bestimmter Individualfreiheiten ist Folge des Interesses unterschiedlicher Gruppen an ihnen. Dem klassischen Gewaltenteilungsprinzip trägt der Pluralismus insofern Rechnung, als er der Tendenz nach zu einem Gleichgewicht annähernd gleich mächtiger gesellschaftlicher Gruppierungen führt.

Die Schwierigkeiten, den Pluralismus gesellschaftlicher Gruppenindividualitäten über den Parteienpluralismus zu einem wesentlichen Element der staatlichen Willensbildung zu machen, beziehen sich auf bestimmte *Bedingungen*, die in einer Gesellschaft realisiert sein müssen, damit das Prinzip funktioniert. Es sind Bedingungen, deren Wichtigkeit an ›systemimmanenten‹ Gefährdungen abzulesen ist.[13]

Eine fundamentale und nicht abzuschaffende Schwierigkeit liegt in der Ausstrahlung, die von dem Prinzip selber ausgeht: in der von den staatlichen Mehrheitsverfahren systematisch erzwungenen Tendenz, den Pluralismus gesellschaftlicher Gruppen auf der *politischen Ebene* der Parteien auf einen *Dualismus* zu reduzieren; in einem Vielparteiensystem in der Regel auf einen Dualismus von Koalitionen.[14] Für demokratische Entscheidungen benötigen Parteien, um an die Regierung zu kommen, bekanntlich mehr als die Hälfte der abgegebenen Stimmen. Die Aufspaltung der Parteien in die beiden globalen Blöcke der Mehrheit und der Minderheit ist die natürliche Folge. Diese Tendenz wirkt sich auf den Pluralismus der gesellschaftlichen Gruppierungen selber aus, und zwar in Richtung auf eine *Politisierung ihrer Verbände*. So befinden sich bei uns die Gewerkschaften erfahrungsgemäß mehr im Politisierungssog der SPD, während die Arbeitgeberorganisationen mehr zur CDU hin neigen. Trotzdem wird man für unsere heutige Situation nicht sagen können, der gesellschaftliche Pluralismus sei bereits dem Politisierungstrend zum Opfer gefallen.

Der bedeutende Theoretiker des Pluralismus Ernst Fraenkel, der in seinen frühen Schriften statt von pluralistischer von ›relativistischer‹ Demokratie sprach, hat die Gefahr unter Zitierung eines prominenten Gewährsmanns klar bezeichnet: »Die relativistische Demokratie ist gekennzeichnet durch die Tatsache, daß die Partei, die mehr als 51 Prozent der Mandate besitzt, die Herrschaft über den Staat ausübt. Dieses Schaukelsystem hat Friedrich Engels sehr scharf dahin charakterisiert, daß ›zwei große Banden von politischen Spekulanten abwechselnd die Staatsmacht in Besitz nahmen und mit den korruptesten Mitteln und zu den korruptesten Zwecken ausbeuteten – und die Nation gegen diese angeblich in ihrem Dienst stehenden, in Wirklichkeit aber sie beherrschenden und plündernden zwei großen Kartelle von Politikern ohnmächtig ist‹. Für den Staat ist das Schaukelsystem der relativistischen Demokratie nur solange tragbar, wie der Unterschied der beiden ringenden Parteien sozial und wirtschaftlich unerheblich ist, beide Parteien über die Grundlagen des Aufbaus der Gesellschaft einig sind.«[15]

Es ist die ständige Gefährdung der pluralistischen Demokratie, daß der Staat zur ›Beute‹ der mächtigsten Interessengruppen werden kann. Die Gefahr liegt aber nicht so sehr darin, daß die Mehrheitsparteien die Minderheitsparteien unterdrücken. Sie stammt vielmehr aus dem Zug zur Politisierung des *gesellschaftlichen* Systems. Es würde in der Tat zum Untergang der pluralistischen Demokratie führen, wenn der gesellschaftliche Pluralismus der Verbände und Interessengruppen durch den Trend zum Parteiendualismus ausgehöhlt würde. Das wäre der Fall, wenn sich die Vision realisierte, die alle politischen Parteien hegen: ein ›einig‹ Volk von Parteimitgliedern. In einer solchen Situation wäre es gleichgültig, von welcher Seite her man den dann entstehenden Totalitarismus beschreibt: ob von der Seite der Parteien als totalitäre Politisierung der Gesellschaft oder von der Seite der siegreichen gesellschaftlichen Gruppen her als ›Erbeutung des Staats‹.

Im 19. und in der ersten Hälfte des 20. Jahrhunderts war die Geschichte der liberalen und pluralistischen Demokratie in den westlichen Ländern, die diese Staatsform besaßen, von der Gefahr einer ›Vergesellschaftung der staatlichen Politik‹ – mit dem Staatsrechtler Carl Schmitt zu reden – dauernd begleitet. In Deutschland ging sie während der ›Weimarer Republik‹ vom nach wie vor unversöhnten Gegensatz von Kapital und Arbeit aus, der die Parteien so tief trennte, daß sie ihre gemeinsame integrierende Funktion nicht erfüllen konnten.[16] Denker wie Schmitt zogen aus dieser geschichtlichen Lage Konsequenzen, die sich grundsätzlich gegen die Verbindung des gesellschaftlichen mit dem parteipolitischen Pluralismus richteten.[17] Er charakterisierte die ›selbstmörderische Vergesellschaftung‹ des Weimarer Staats mit folgenden Worten: »Alle bisher üblichen, unter der Voraussetzung des neutralen Staates stehenden Gegenüberstellungen, die im Gefolge der Unterscheidung von Staat und Gesellschaft auftreten und nur Anwendungsfälle und Umschreibungen dieser Unterscheidung sind, sind falsch. Antithetische Trennungen wie: Staat und Wirtschaft, Staat und Kultur, Staat und Bildung, ferner: Politik und Wirtschaft, Politik und Schule, Politik und Religion, Staat und Recht, Politik und Recht, die einen Sinn haben, wenn ihnen gegenständlich getrennte, konkrete Größen oder Sachgebiete entsprechen, verlieren ihren Sinn und werden gegenstandslos. Die zum Staat gewordene Gesellschaft wird ein Wirtschaftsstaat, Kulturstaat, Fürsorgestaat, Wohlfahrtsstaat, Versorgungsstaat; der zur Selbstorganisation der Gesellschaft gewordene ... Staat ergreift alles Gesellschaftliche. In ihm gibt es kein Gebiet mehr, dem gegenüber der Staat unbedingte Neutralität im Sinne der Nichtintervention beobachten könnte. Die Parteien, in denen die verschiedenen gesellschaftlichen Interessen und Tendenzen sich organisieren, sind die zum Parteienstaat gewordene Gesellschaft selbst ... Die im Staat sich selbst organisierende Gesellschaft ist auf dem Weg, aus dem neutralen des liberalen 19. Jahrhunderts in einen potentiell totalen Staat überzugehen.«[18]

Schmitt beschreibt ohne Frage eine reale Gefährdung der pluralistischen Demokratie. Sie besteht sogar nicht nur bei wirtschaftlich und sozial bestimmten Gegensätzen von dieser Stärke. Auch tiefgreifende rassische oder religiöse Gegensätze, die eine Gesellschaft in unversöhnliche Lager spalten, würden jede parlamentarische Demokratie untergraben. Denn sie haben auf der Ebene der politischen Parteien stets den Effekt, daß regierende Mehrheiten eine Politik betreiben, die von der Minderheit und den sie stützenden gesellschaftlichen Gruppierungen nicht toleriert werden kann.

Es ist dies nun aber nicht, wie Schmitt es nahelegen will, eine Situation, die mit logischem Zwang zur pluralistischen Demokratie gehört.

Schmitt hat sein antipluralistisches Plädoyer bis hin zur Unterstützung von Hitlers Ein-Parteiendiktatur ausgedehnt.[19] Er konnte diese Folgerung ziehen, weil er eine *faktisch* eingetretene extrem schwierige Lage einer auf Pluralismus gründenden Demokratie zu einem grundsätzlichen Geburtsfehler dieser Staatsform hochstilisierte. Außerdem hat er ein falsches Demokratiebild als Maßstab an die pluralistische Demokratie angelegt und darüber hinaus auch noch einen undifferenzierten Begriff staatlicher Einheit zugrunde gelegt.

Das Demokratiebild, auf das Schmitt sich bei der Bewertung der pluralistischen Demokratie stützt, ist von Rousseau entliehen. Nach Rousseau soll Demokratie ein objektives Gemeinwohl verwirklichen, das dem ›Gesamtwillen‹ (volonté générale) aller Bürger entspricht, denn sie werden alle dem ›objektiv richtigen‹ gesellschaftlichen Zustand freiwillig zustimmen. Rousseaus Konzept soll mithin einen ›demokratischen Konsens‹ möglich machen.

Die Idee der *Konsensdemokratie* ist bereits bei ihm ausdrücklich antipluralistisch gefaßt. Rousseau hat eine entscheidende gesellschaftliche Bedingung ihrer Verwirklichung angegeben, nämlich die durchgängige *Homogenität* der Interessen aller Staatsbürger. Folgerichtig schließt ihm zufolge eine homogene Gesellschaft als Grundlage konsensdemokratischer Willensbildung den Pluralismus von Parteien und Gruppen strikt aus. Im ›Gesellschaftsvertrag‹ heißt es: »Um den Gemeinwillen richtig zum Ausdruck zu bringen, ist es von maßgeblicher Bedeutung, daß es im Staat keine Sondergruppen gibt und jeder Bürger sich seine Meinung selbständig bildet.«[20]

Von diesem Bild einer Konsensdemokratie läßt sich Carl Schmitt in seiner Kritik an der pluralistischen Demokratie leiten, wenn er sagt: »Zur Demokratie gehört als notwendig erstens Homogenität und zweitens – nötigenfalls – die Ausscheidung oder Vernichtung des Heterogenen.«[21] In der Nachfolge Rousseaus bemängelt Schmitt an der pluralistischen Demokratie, daß sie im Entscheidenden keine konsensdemokratische – und in diesem Sinn einheitliche – Willensbildung ermögliche.

Auch in der Gegenwart übt das konsensdemokratische Ideal als Maßstab der vorhandenen pluralistischen Demokratie eine beträchtliche Faszination aus.[22] In der Bundesrepublik fordert man mehr Basisdemokratie, der man die Befreiung von ›heteronomen Zwängen‹ und eine höhere Konsensfindungsfähigkeit zutraut. Die Konsensdemokratie ist überhaupt zum Ideal der Kritiker der parlamentarischen Demokratie mit ihrem gesellschaftlichen Pluralismus geworden.[23] Sie wird heute allerdings vorwiegend von Denkern der Linken vertreten, so von Jürgen Habermas, der die ›Formalisierung‹ der Demokratie zu einem ›Set von Spielregeln‹ beklagt: »Demokratie ... ist nicht eine Staatsform wie irgendeine andere; ihr Wesen besteht vielmehr darin, daß sie die weitreichenden gesellschaftlichen Wandlungen vollstreckt, die die Freiheit der Menschen steigern und am Ende vielleicht ganz herstellen können. Demokratie arbeitet an der Selbstbestimmung der Menschheit, und erst wenn diese wirklich ist, ist jene wahr. Politische Beteiligung wird dann mit Selbstbestimmung identisch sein.«[24] Sozialphilosophen, die wie Habermas urteilen, sympathisieren mit einer marxistisch-antikapitalistischen Gesellschaftsanalyse und sozialistischen Leitbildern für die zukünftige Gesellschaft allein aus dem Grund, weil eine sozialistische Gesellschaft durch innere Homogenität charakterisiert sein soll. Denn eine derartige Gesellschaft enthielte die wichtigste Voraussetzung für konsensdemokratische Willensbildung.[25]

Nun muß man in aller Klarheit feststellen, daß die pluralistische und repräsentative Mehrheitsdemokratie am falschen Maßstab gemessen wird, wenn man sie durch die Brille der Konsendemokratie beurteilt. Wer für Konsensdemokratie ist, ist der Sache nach für ein *anderes* Demokratiemodell. Das Falsche an der Argumentation derer, die das konsensdemokratische Ideal befürworten, besteht darin, daß sie es als den ›immanenten‹ Maßstab der Mehrheitsdemokratie ausgeben. In Wirklichkeit aber handelt es sich um zwei unterschiedliche Demokratie-Modelle: Die Mehrheitsdemokratie paßt ›logisch‹ zum gesellschaftlichen Pluralismus; gesellschaftlicher Pluralismus aber ist das Kennzeichen einer *nichthomogenen* Gesellschaft von der Art, wie wir sie in der Bundesrepublik faktisch haben. Staatliche Entscheidungen sind Mehrheitsentscheidungen, hinter denen mehrheitsfähige Interessen gesellschaftlicher Gruppierungen stehen.

Das Ideal der Konsensdemokratie, das allerdings in der Geschichte bis heute noch nirgendwo verwirklicht werden konnte, setzt demgegenüber eine in sich *homogene* Gesellschaft voraus, in der der geforderte durchgehend einheitliche Wille des Volkes gebildet werden kann. Die Mehrheitsverfahren sind dabei überflüssig, denn man nimmt an, daß es keine Interessengegensätze in der Gesellschaft gibt.

Die durchaus populäre Vermengung der beiden der Sache nach konträren Demokratiemodelle entstammt einem undifferenzierten Begriff der *staatlichen Einheit.* Das läßt sich bereits für die Kritik Carl Schmitts zeigen, deren einfacher Grundgedanke der ist: Gesellschaftlicher und parteipolitischer Pluralismus, wie er für das demokratische Repräsentativsystem charakteristisch ist, verhindert bzw. zerstört die *staatliche Einheit.*

Für die pluralistische Demokratie sind jedoch drei Gemeinwohlvorstellungen als Voraussetzungen wie als Zwecke ›staatlicher Einheit‹ zu unterscheiden.[26]

Erstens kann man ›Gemeinwohl‹ auf die Verfassungsgrundwerte beziehen. Dann meint der Begriff die staatliche Sicherung des Rechtsstaats, der bundesstaatlichen Struktur und der parlamentarischen Institutionen, wenn wir einmal die Verhältnisse in der Bundesrepublik beispielhaft zugrunde legen. Zweitens kann man den Begriff auf die gesellschaftlichen Voraussetzungen beziehen, die in einer liberalen Demokratie verwirklicht sein müssen, damit der Staat stabil bleibt. Über *faktische* Voraussetzungen dieser Art muß eine weitgehende Einigkeit der wichtigsten gesellschaftlichen Gruppen und der wahlentscheidenden Parteien bestehen. Es handelt sich z. B. um eine weitgehende Einigkeit der Gruppen und Parteien im Hinblick auf gesellschaftliche Grundtatbestände wie die marktwirtschaftliche Ordnung, die Grundlagen des Sozialstaats und die außenpolitische Grundorientierung. Zu derartigen *faktischen* Voraussetzungen, die die Stabilität einer liberalen Demokratie ermöglichen, gehören weiterhin Friede zwischen den Religionsbekenntnissen und etwa auch die nationale Ausgeglichenheit der Bevölkerung. Man kann sich leicht instabile Situationen von liberalen Demokratien ausdenken: wenn etwa religiöse Gegensätze zu unüberwindbaren konfessionellen Konflikten werden oder wenn Rassen- oder Klassengegensätze das Volk in feindliche Lager spalten. Drittens kann man den Begriff ›Gemeinwohl‹ auf die *politische Willensbildung* unter mehrheitsdemokratischen Bedingungen beziehen. Dann besagt er in aller Klarheit, daß für alle Staatsbürger wie für alle gesellschaftlichen Gruppen und Parteien der parlamentarisch ermittelte *Mehrheitswille* auf Zeit den *staatlichen Willen* – und damit das Gemeinwohl – definiert. Als Kurzformel für Mehrheitsdemokratie darf dann gelten: Die Mehrheit regiert namens aller (und definiert insofern, was im Bereich demokratischer Willensbildung ›Gemeinwohl‹ heißt), und die Minderheit sieht dem auf Zeit in der Hoffnung zu, beim nächsten Mal zur Mehrheit zu werden. Sie kann in der Zeit der Hoffnung risikolos kritisieren.[27]

Im mehrheitsdemokratischen Rahmen gibt es keine politischen und staatlichen Ziele und Entscheidungen, in denen der *einmütige* ›Wille des Volkes‹ zum Ausdruck kommt. Das ist es, was die Anhänger des konsensdemokratischen Ideals vermissen, die letztlich immer vom Wunschbild einer konfliktfreien, schlechthin harmonischen Einigkeit ausgehen. Sie übertragen dieses Ideal – wie wir sahen: unberechtigterweise – auf die Mehrheitsdemokratie als Bewertungsmaß, weil sie an die *eigenständige* staatliche

Verwirklichung einer Konsensdemokratie selber insgeheim nicht zu glauben vermögen.

Doch nicht bloß Staatstheoretiker und Sozialphilosophen pflegen dieses Mißverständnis. Man muß feststellen, daß es darüber hinaus eine Sicht unserer Demokratie wiedergibt, die auch bei den Bürgern allgemein verbreitet ist. Es ist nämlich naheliegend, die Bedingungen des *demokratischen Legitimationsrahmens* mit dem staatsformähnlichen Bild der direkten bzw. unmittelbaren Demokratie zu verwechseln. Weil diese Verwechslung in den Köpfen vieler Menschen bei uns spukt, denkt man so leicht, daß Demokratie *eigentlich* erst angemessen verwirklicht ist, wenn alle Staatsbürger an allen wichtigen politischen Entscheidungen beteiligt werden. (Wieweit das *Konsensideal* in diese Alltagsmeinung hineinspielt, lasse ich offen.)

Naturgemäß findet diese Denkweise über das ›eigentliche Wesen der Demokratie‹ den meisten Anklang bei Minderheitengruppen der Gesellschaft, die keine realistische Möglichkeit für sich sehen, über die politischen Parteien auf der Ebene des Staates ihre Vorstellungen zu verwirklichen. Zur Rechtfertigung ihrer Minderheitsforderungen bedienen sie sich regelmäßig des ›*basisdemokratischen Eisberg-Modells*‹. Man kann die Verwendung dieses Modells in der Gegenwart überall dort studieren, wo gesellschaftliche Minderheiten, deren Chance auf Vertretung durch die demokratischen Volksparteien gering ist, gegen den legal beschlossenen Bau von Atomkraftwerken, Autobahnen und gegen Flughafenerweiterungen protestieren. [28] Sofern Gruppen der Gesellschaft sich für solche Ziele engagieren und sich zu ihrer Rechtfertigung auf demokratische Grundrechte berufen, geraten sie stets in eine schizophren anmutende Lage: Sie wollen den durch die Instanzen der repräsentativen Demokratie ermittelten Mehrheitswillen nicht akzeptieren, aber genausowenig wollen sie ihre Weigerung als Bekundung eines staatsfeindlichen Willens zum Umsturz gedeutet wissen. Das ›basisdemokratische Eisberg-Modell‹ bietet sich an, um das Dilemma zu beheben. Man bestreitet den politischen Institutionen der Mehrheitsbildung (in der Regel den Parlamenten) in Fällen wie Atomkraftwerksbauten und Flughafenerweiterungen die ›eigentliche‹ demokratische Legitimation. Man stellt die Dinge so dar, als bilde die gesellschaftliche Minderheit, die man selber repräsentiert, gleichsam die Spitze eines Eisbergs, der unter der Wasseroberfläche den nahezu konsensmäßigen Willen aller politisch wachen Bürger enthält.

So verständlich diese Selbstdarstellung ist, so falsch ist sie. Selbstverständlich haben es nur Gruppen nötig, in Gestalt von Protestbewegungen auf die Straße zu gehen, bei denen sich gesellschaftliche Minderheitsinteressen versammeln, Minderheitsinteressen von solch geringem Ausmaß, daß sie offenbar von den großen Volksparteien nicht befriedigt werden können. Verhielte es sich anders, darf man sicher sein, daß die normalen Parteien sich dieser Interessen annehmen würden. Das Eisberg-Modell ermöglicht es den Minderheiten, ihre Proteste im Sinn des demokratischen Gemeinwohls auszustaffieren, indem es ihnen gestattet, Mehrheitsfähigkeit zu reklamieren.

Doch nicht bloß gesellschaftliche Minderheiten bedienen sich antipluralistischer Gesellschaftsbilder, um ihre Gruppeninteressen als die ›wahren‹ Interessen des Ganzen darzustellen. Bei uns sind es häufig die Gewerkschaften, die selbst als gesellschaftliche Massenorganisationen zur besseren Durchsetzung ihrer Ziele auf vergleichbare Strategien zurückgreifen. In sozialpolitisch schwierigen Zeiten zunehmender Arbeitslosigkeit pflegen Gewerkschaftsführer häufig damit zu drohen, daß sie die Einigkeit der relevanten gesellschaftlichen Gruppen und der Parteien über die marktwirtschaftliche Ordnung zugunsten eines Eintretens für planwirtschaftlichen Sozialismus aufkündigen wollen. Sie dichten dabei dem planwirtschaftlichen Sozialismus basisdemokratische Züge an, indem sie die Meinung bestärken, eine *unmittelbare* Demokratie als politisches Steuerungsinstrument zentralwirtschaftlicher Planung sei die ›eigentliche‹ Verwirklichung der Demokratie. Im Normfall werden gewerkschaftliche Drohungen dieser Art für das genommen, als was sie in der Regel gemeint sind: als propagandistische Pressionen zur Verstärkung der gewerkschaftlichen Forderungen. Gleichwohl hat man in Rechnung zu stellen, daß viele Gewerkschaftsführer – vor allem Intellektuelle in den Gewerkschaftsverwaltungen und in den gewerkschaftlichen Bildungsabteilungen – bis in die Gegenwart hinein noch nicht begriffen haben, daß das Organisationsprinzip freier Gewerkschaften dem politischen *Liberalismus* zu verdanken ist, nämlich dem positiv gesehenen Verbändepluralismus. Bei Gewerkschaftsführern und einflußreichen Gewerkschaftstheoretikern besteht nach wie vor eine zwiespältige Einstellung: Das *reale* sozialpolitische Verhalten der Gewerkschaften entspricht in der Regel dem liberalen Prinzip des gesellschaftlichen Pluralismus, und man wird nicht behaupten können, die Gewerkschaften hätten mit diesem ihrem wirklichen Verhalten während der bisherigen Geschichte der Bundesrepublik Deutschland keine nachweisbaren Erfolge für ihre Organisationen und ihre Mitglieder erzielt. Die das gewerkschaftliche Bewußtsein weithin prägende offizielle gesellschaftspolitische Ideologie ist dagegen antipluralistisch-sozialistisch. Für die Stabilität der pluralistischen Demokratie in der Bundesrepublik wäre es ohne Frage nützlich, wenn die Gewerkschaftsführungen nachdrücklich darauf drängten Zwiespältigkeiten dieser Art durch eine klare Absage an das unrealistische Ideal eines basisdemokratischen Sozialismus zu beseitigen.

Wie kann sich eine pluralistische Demokratie gegen die Gefahren schützen, die ihr systemimmanent sind?[29] Es handelt sich einmal um die Gefahr, daß mehrheitsfähige gesellschaftliche Gruppen über ihre Parteien den Staat auf längere Zeit ›erobern‹ und Minderheiten nicht mehr zu Wort kommen lassen; zum anderen ist es auch die Gefahr, daß mächtige gesellschaftliche Verbände und politische Parteien sich nicht mehr an den Interessen ihrer Mitglieder orientieren, sondern nur noch an den Interessen ihrer eigenen Führungs- und Verwaltungsbürokratien. Gegen die erste Gefahr hilft eine deutliche Trennung des Verbändepluralismus vom tendenziell auf Dualismus hinstrebenden Pluralismus der politischen Parteien. Darüber hinaus ist es wichtig, daß Mehrheits- und Minderheitspositionen im parteipolitischen Rahmen stimmenmäßig nicht weit auseinander liegen. Je stärker die Minderheitsparteien sind, um so geringer ist die Wahrscheinlichkeit, daß die Mehrheitsparteien politische Ziele durchsetzen können, die die Interessen der Minderheit nicht berücksichtigen.

Gegen die zweite Gefahr hilft die gesetzliche Regelung, daß der Bürger frei und ungehindert entscheiden kann, ob er Mitglied einer Partei oder eines Verbandes werden will. Und wenn er Mitglied ist, muß er ebenso ungehindert wieder austreten können. Diese Regelung zwingt in erster Linie die Führungen von Verbänden, die sich im Unterschied zu den politischen Parteien nicht zur Wahl durch die gesamte Bevölkerung zu stellen brauchen, am ehesten zur Beachtung der Interessen ihrer Mitglieder.

Die pluralistische Demokratie kann jedenfalls nur so lange existieren, wie die relevanten gesellschaftlichen Gruppen und die großen politischen Parteien ihre Bereitschaft zu erkennen geben, sie als politisches Gesamtsystem zu stützen. Sie ist kein politisches System, welches sich zwangsweise gegen den Willen der wichtigsten gesellschaftlichen und politischen Elemente des Pluralismus am Leben erhalten läßt.[30]

5. *Das Wesen demokratischer Rationalität*

Bei der Anwendung der demokratischen Verfahren im parlamentarischen System ist zu unterscheiden zwischen den Handlungen, in welchen die *Entscheidung* zum Ausdruck kommt, und dem Vorgang der *Willensbildung*. Die *Entscheidung* ergibt sich, indem die zahlenmäßig erforderlichen Mehrheiten festgestellt werden. Der *Prozeß der Willensbildung* ist an Diskussionen und Beratungen der entscheidungsberechtigten Bürger, der gesellschaftlichen Verbände, der Parteien und der Abgeordneten im Parlament gebunden. Dabei liegt der Gedanke nahe, daß Maßstäbe der *Rationalität* bei demokratischen Entscheidungen eine wichtige Rolle spielen. Wir haben jedoch gesehen, daß es aus der Perspektive der einzelnen Bürger keineswegs vernünftig ist, allzuviel Mühe auf die Informationsbeschaffung zu verwenden, um zumindest individuell ›rationalere‹ Entscheidungen der Gesamtheit herbeizuführen.

Es ist nun *generell* falsch, wenn man die Rolle von Diskussionen und Argumentationen im Rahmen der demokratischen Parlamentswahlen mit den Methoden, Maßstäben und Absichten der Wissenschaften in Verbindung bringt. In der Demokratie geht es gar nicht darum, die ›objektive Wahrheit‹ politischer Zielsetzungen zu ermitteln. Es kommt vielmehr darauf an, Bedingungen für die *demokratische Akzeptierbarkeit* derjenigen Zwecke herzustellen, die die Parteien verfolgen. Insofern haben politische Argumente in parlamentarischen Diskussionen mehr die Funktion von Werbeträgern oder von ›Waffen‹, die die körperliche Gewaltanwendung umgehen, als von Behauptungen, die sich als Beiträge zur Entwicklung ›wahrer‹ Theorien interpretieren lassen. Man sieht das schon daran, daß die argumentative Auseinandersetzung in liberal-demokratischen Parlamenten nach den Verfassungen weder durch Maßstäbe der Logik noch durch die Verpflichtung eingeschränkt wird, die Wahrheit der Behauptungen, die man aufstellt, nach wissenschaftlicher Manier beweisen zu müssen. Diskussion und Argumentation spielen im politischen Bereich die Rolle *politischer Verhaltensformen* mit dem Zweck der Mehrheitsbeschaffung. Es gehört deshalb zum Systemcharakter der Demokratie, daß die *rhetorische* und *öffentlichkeitswirksame Darstellung* politischer Argumente eine ebenso große Rolle spielt wie die Fähigkeit, logisch und beweiskräftig zu diskutieren. In der Politik reicht es nicht, das ›Richtige‹ (hinsichtlich wirtschafts- und sozialpolitischer Maßnahmen z. B.) zu wissen. Wichtiger ist es, das, was man aus guten – gerade auch aus *wissenschaftlich* guten – Gründen für das Richtige hält, *mehrheitsfähig* zu machen.

Es fällt uns in den westeuropäischen Ländern nicht leicht, eine derartige Akzentsetzung hinzunehmen, stehen wir doch in der Einschätzung der Demokratie nach wie vor unter dem Eindruck der europäischen Aufklärung, einer Bewegung, die in der vorrevolutionären Zeit des 18. Jahrhunderts in Frankreich entstand und die in intellektuellen Kreisen verbreitete Hoffnung geweckt hat, daß eine demokratische Republik eine Verbindung von philosophischer, wissenschaftlicher Rationalität einerseits und politischem Handeln andererseits bezwecken müsse. Es war eine Überzeugung, die in der Französischen Revolution von 1789 zum erstenmal Wirksamkeit gezeigt hat (obzwar letztlich nur *symbolisch* durch den Kult der Göttin ›Vernunft‹).

Aber nicht nur Diskussion und Argumentation sind politische Verhaltensformen mit einer anderen Zwecksetzung als in Philosophie und Wissenschaft. Auch die Begriffe und ›Theorien‹, die in der praktischen Politik verwandt werden, richten sich nach anderen Kriterien. Sieht man sich nämlich unter Staatsformbedingungen wie den unseren um, dann fällt auf, daß für das geschriebene wie ungeschriebene Verfassungsverständnis liberaler Demokratien politische *Wertbegriffe* mit ziemlich *vagen bzw. dehnbaren Bedeutungsinhalten* charakteristisch sind. Das trifft nicht nur auf Begriffe zu, die in den Auseinandersetzungen der demokratischen Politiker im Parlament wie in Wahlkämpfen benutzt werden. In anderen wichtigen Bereichen liberaler Demokratien kann man die gleiche Beobachtung machen. Die Parteiprogrammatik politischer Parteien ist ein Bereich, für den es sich zeigen läßt. Die jüngere Parteiengeschichte der Bundesrepublik Deutschland bietet ein gutes Beispiel.

1959 hat sich die Sozialdemokratische Partei Deutschlands ein neues Grundsatzprogramm, das sogenannte ›Godesberger Programm‹, gegeben. Es wird bis heute zu Recht als Abkehr der SPD von der Alleinverbindlichkeit der marxistischen Theorie für ihre Konzeption des Sozialismus interpretiert. Diese Einschätzung bestätigt sich, wenn man die verschiedenen Programmentwürfe der deutschen Sozialdemokratie – vom Eisenacher Programm (1869) über das Gothaer (1875), das Erfurter (1891), das Heidelberger (1925) bis zum Berliner Aktionsprogramm von 1954 und schließlich zum Godesberger Programm von 1959 – miteinander vergleicht. Dabei kommt zum Vorschein, daß die politischen Grundbegriffe, die Begriffe der sozialistischen und demokratischen Grundwerte, zunehmend an präziser, inhaltlicher Bestimmtheit verloren haben. Die Formulierungen der Grundwerte in den Programmen nach 1954 – im ›Berliner Aktionsprogramm‹ und im ›Godesberger Programm‹ – bezeugen besonders stark diesen Trend zur Vagheit. Während noch das ›Erfurter Programm‹ von 1891 zur Begründung des Sozialismus mit einer klaren marxistischen Analyse der Entwicklung der bürgerlich-kapitalistischen Gesellschaft beginnt und ebenso konkret »die Verwandlung des kapitalistischen Privateigentums an Produktionsmitteln, Grund und Boden, Gruben und Bergwerken, Rohstoffen, Werkzeugen, Maschinen, Verkehrsmitteln in gesellschaftliches Eigentum und die Umwandlung der Warenproduktion in sozialistische, für und durch die Gesellschaft betriebene Produktion«[1] fordert, sucht man im ›Godesberger Programm‹ vergeblich nach Analysen aus dem ›wissenschaftlichen‹ Geist marxistischer politischer Ökonomie. Der Abschnitt über ›Wirtschafts- und Sozialordnung‹ wird im Programm von ›Godesberg‹ eingeleitet mit der Formulierung: »Ziel sozialdemokratischer Wirtschaftspolitik ist stetig wachsender Wohlstand und eine gerechte Beteiligung aller am Ertrag der Volkswirtschaft, ein Leben in Freiheit ohne unwürdige Abhängigkeit und ohne Ausbeutung.«[2] Bei der Rolle der Wirtschaftsunternehmen wird ausdrücklich der Wettbewerb verteidigt, und über das Eigentum heißt es: »Das private Eigentum hat Anspruch auf Schutz und Förderung, soweit es nicht den Aufbau einer gerechten Sozialordnung hindert.«[3] Es liegt auf der Hand, daß der sozialdemokratische Sozialismus-Begriff mit derartigen Konzessionen an das Privateigentum schwebend und undeutlich geworden ist.

Es geht in unserem Zusammenhang nicht darum, mit Einzelheiten der Entwicklung sozialdemokratischer Parteiprogrammatik in Deutschland vertraut zu machen. Lediglich der charakteristische Zug zu einer ständig zunehmenden *Vagheit* politischer Begriffe soll am Beispiel sozialdemokratischer Grundwerte veranschaulicht werden. Der Fall der Sozialdemokratie wurde als Beispiel gewählt, weil sich diese Vagheit hier anhand einer langen Tradition besonders augenfällig dokumentieren läßt. Im Prinzip kann man sie in der Programmatik von Parteien, die sich zu christlich geprägten Grundwerten bekennen, ebenso aufzeigen wie in der liberaler Parteien. Und es ist nicht zufällig so, daß die Entwicklung der Parteiprogrammatik zu größerer begrifflicher Vagheit im großen und ganzen parallel geht mit der gesellschaftlichen *Stabilisierung* der liberalen Demokratie in Westdeutschland nach dem Zweiten Weltkrieg.

Die *inhaltliche Vagheit politischer* Grundbegriffe ist nun in einem *positiven Sinn* typisch für die Programmatik politischer Massenparteien in der liberalen Demokratie. Sie spiegelt keineswegs einen Mangel wider, etwa ein Defizit an Rationalität im politischen Bereich. Was in der Politik ›rational‹ heißt, hängt vom politischen Systemrahmen ab, in dem der Begriff gebraucht wird. In verschiedenen Systemrahmen bedeuten der Begriff und die mit ihm zu verbindenden Ansprüche und Maßstäbe jeweils Verschiedenes. ›Rationalität‹ im Systemrahmen liberaler Demokratie heißt etwas anderes als ›Rationalität‹ im Systemrahmen kommunistischer ›Diktaturen des Proletariats‹.

Im liberaldemokratischen Rahmen ist nun die Vagheit der politischen

Begriffe selber ein Kennzeichen ihrer *spezifischen* Rationalität. Begriffe wie Sozialismus, Gleichheit, Freiheit, Gerechtigkeit, Demokratie, Solidarität haben in erster Linie die Funktion, *Massenbindungen* unter dem Dach großer Volksparteien zu schaffen. Es ist dies eine *sozialpsychologische*, keine kognitive Funktion. Der Maßstab dafür, ob der jeweilige politische Grundbegriff oder das System solcher Grundbegriffe diese Funktion erfüllt, liegt im realen Nachweis ihrer sozialpsychologischen Leistungsfähigkeit, d. h. in ihrer Fähigkeit, politische Ziele mehrheitsfähig zu begründen.

Die deutsche Sozialdemokratie hat, um beim Beispiel zu bleiben, nach dem Zweiten Weltkrieg und nach der Gründung der Bundesrepublik Deutschland unter großen inneren Schwierigkeiten die Erfahrung machen müssen, daß das Festhalten an den marxistischen ›wissenschaftsähnlichen‹ Grundbegriffen den Weg zu einer mehrheitsfähigen Volkspartei versperrte.

Die angemessene systemkonforme Reaktion im Rahmen einer liberalen Parteiendemokratie, die Absicht nämlich, mehrheitsfähig zu werden, hat die Parteiführer der Sozialdemokratie Ende der 50er Jahre dazu bewogen, den marxistisch geprägten Sozialismus-Begriff durch den erheblich vageren des ›Godesberger Programms‹ zu ersetzen. Es wäre falsch anzunehmen, die Einsicht in eine wissenschaftliche Widerlegung der Marxschen und marxistischen Lehren habe bei der Umstellung Pate gestanden. Genauso falsch wäre es, in einem Umschwung dieser Art zynischen Opportunismus am Werk zu sehen. Wer so urteilt, bekundet, daß er die Funktion politischer Begriffe im Systemrahmen der liberalen Demokratie an den falschen Rationalitätsmaßstäben mißt. Es verbietet sich aus dem gleichen Grund, die *Vagheit* politischer Begriffe mit *Irrationalität* zu verwechseln.

Hauptsächlich Intellektuelle neigen dazu, die Vagheit politischer Begriffe zu verurteilen. Ein Großteil der ablehnenden Einstellung vieler Studenten den demokratischen Parteien gegenüber geht auf das Konto der geringen intellektuellen Ausstrahlungskraft der normalen Parteiprogramme, sofern man als Maßstab intellektueller Ausstrahlungskraft die Genauigkeitsansprüche für den Gebrauch wissenschaftlicher Begriffe anlegt. Man kennt den leicht peinlichen Eindruck, der entsteht, wenn Politiker mit rhetorischem Pathos die inhaltlich ziemlich unbestimmten Grundthesen ihrer Parteiprogramme erläutern.

Man darf davon ausgehen, daß Wissenschaftler aller Sparten und Intellektuelle, die wissenschaftlichen Berufsbereichen nahestehen, allesamt dazu neigen, die Politiker wegen ihrer unklaren Begriffe für Phraseologen zu halten. Wenn wir so urteilen, machen wir uns nicht klar, daß die Funktion politischer Begriffe im Systemrahmen der liberalen Demokratie *nicht* in der klaren begrifflichen Aussage, sondern im Massenbindungseffekt liegt.

Vom unbewußten ›Monopolanspruch der Wissenschaft auf den Rationalitätsbegriff‹ sind auch die meisten Anhänger der verschiedenen marxistischen Theorien in unseren westlichen Staaten geprägt. Es gehört in der Bundesrepublik seit langem zum Repertoire marxistisch beeinflußter Kritik an den Repräsentanten der etablierten Volksparteien, ihnen ›Theoriedefizite‹ der verschiedensten Art zum Vorwurf zu machen. Man braucht sich demgegenüber nur konkret auszumalen, was geschehen würde, wenn sich in den großen Parteien SPD und CDU diejenigen Kräfte durchsetzten, die für präzise und klare Definitionen der Grundbegriffe der jeweiligen Parteiprogramme eintreten. Für die SPD würde das bedeuten, daß zu formulieren wäre, was mit dem seit ›Godesberg‹ vage umschriebenen Hauptwert des ›demokratischen Sozialismus‹ exakt gemeint ist. Man könnte sich das vorstellen etwa im Sinn der Forderungen, die die Jugendorganisation der SPD (Jusos) in Richtung auf marxistische Präzisierungen seit Jahren stellt. Ähnliches wäre denkbar, wenn Gruppen sich in der CDU durchsetzen würden, die die christlichen Grundwerte dort im katholischen oder im protestantischen Sinn präzisieren wollten. Die Folge wäre allemal, daß diese Parteien ihre demokratische Massenbasis verlören. Es käme mit Sicherheit zu Parteispaltungen. Aber das ist nicht einmal der ausschlaggebende Gesichtspunkt. Schlecht wären Vorgänge dieser Art für das politische System der liberalen Demokratie in Deutschland, weil die Parteien eine ihrer wichtigsten Funktionen, nämlich Massenloyalität zum Staat als ganzem zu schaffen und zu erhalten, nicht mehr erfüllen würden. Wir wissen aus der Erfahrung mit der ›Weimarer Republik‹, daß die Bürger dem Staat der liberalen Demokratie entfremdet werden, wenn der Parlamentarismus durch eine Vielzahl kleinerer und mittlerer Parteien geprägt wird. Die Aufgabe unserer Parteien, Staatsloyalität zu schaffen und zu erhalten, ist besonders für einen Staat wie die Bundesrepublik wichtig, der sich nicht wie Frankreich, England und Italien auf die klassische Einheit von Nation und Staat stützen kann.

Es lassen sich zwei weitere Gründe dafür anführen, warum sich wichtige politische Begriffe im Systemrahmen liberaler Demokratie wohl nie vom Odium begrifflicher Vagheit befreien werden. Einer der Gründe liegt im verfassungsrechtlich garantierten *Meinungspluralismus*, der sich auch in der politischen Willensbildung der Parteien stets durchsetzen wird. Ein zweiter Grund liegt in einem Gesichtspunkt, der dem berühmten Staatsrechtler

Hans Kelsen zufolge einen der ersten politischen Zwecke darstellt, die mit Hilfe der Staatsform der liberalen Demokratie verwirklicht werden sollen. Es ist das Erreichen von *Kompromissen* zwischen unterschiedlichen und entgegengesetzten Interessen in der Gesellschaft. Kompromisse lassen sich über die politischen Parteien aber ohne moralischen Gesichtsverlust nur herstellen, wenn die politischen Grundsätze der Parteien keine allzu präzisen Festlegungen enthalten. In der jüngeren Gegenwart hat das Beispiel des nachdiktatorischen Portugal gezeigt, daß Parteien des linken Spektrums, die aufgrund der westeuropäischen Ideologiegeschichte der Arbeiterbewegung und des Sozialismus ihre sozialpolitischen Programme an den wissenschaftlichen Präzisionsansprüchen marxistischer Polit-Ökonomie ausrichten, nicht in der Lage sind, durch Kompromisse regierungsfähige Mehrheiten im parlamentarischen Rahmen herzustellen.

Die inhaltliche Vagheit, die in einem *positiven* Sinn als *konstitutives Element* von politischen Zielen und Parteiprogrammen im Systemrahmen liberaler Demokratie zu betrachten ist, hat bestimmte Folgen. Demokratische Volksparteien müssen ständig mit internen *›hermeneutischen Konflikten‹* leben. Ihre Flügel werden sich in dauernden Deutungskämpfen darüber befinden, wie die grundsätzlich vagen politischen Grundbegriffe von der Art eines ›demokratischen Sozialismus‹ oder einer ›christlichen Solidarität‹ in konkreten Situationen mit aktuellen Interessen zur Deckung gebracht werden können.

›Hermeneutische Konflikte‹ über die Auslegung politischer Begriffe unterscheiden sich deutlich von theoretischen Auseinandersetzungen im Rahmen der Wissenschaft. Während die Ethik der Wissenschaft vorschreibt, Konflikte zwischen Theorien im Dienst der Suche nach der beweisbar ›wahren‹ Theorie zu beseitigen, gilt gleiches für ›hermeneutische Konflikte‹ über politische Leitbegriffe nicht. Aus Gründen des Interesses an der Erhaltung ihrer Vagheit existiert für sie ein ebensolches Interesse, die Auseinandersetzungen nicht bis in die Nähe einer Konfliktlösung zu treiben. Die parteiinternen Konflikte lassen sich nur auf dem Weg über Kompromisse zwischen den Parteifraktionen auf Zeit *überbrücken*, nicht jedoch *entscheiden*. Denn die endgültige Entscheidung für einen der Deutungsvorschläge führte mit Sicherheit zur Spaltung der Partei.

Eine weitere Konsequenz, die von einiger Bedeutung für Philosophen und Sozialwissenschaftler ist, wirkt sich auf den Zusammenhang zwischen sozialphilosophischer Ethik und Politik aus. Das Postulat, die Begriffe, die man in sozialethischen Argumenten benutzt, den Erfordernissen wissenschaftlicher Genauigkeit entsprechend zu definieren, ist im Umkreis der mit diesen Fragen beschäftigten Philosophen nie in Zweifel gezogen worden. Gerade aus der jüngsten Zeit lassen sich bekanntgewordene Beispiele für sozialethische *Theorien* nennen. So arbeitet etwa die moderne ›Theorie der Gerechtigkeit‹ des amerikanischen Philosophen John Rawls mit präzisierten Begriffen der ökonomischen Entscheidungstheorie. In der philosophischen Fachdiskussion wird nun in der Regel übersehen, daß die präzisierten Begriffe sozialethischer Theorien wie der Rawlsschen keine Chance haben, mit den *vagen* sozialethischen Begriffen der politischen Wirklichkeit in Berührung zu kommen. Und zwar aus dem einfachen Grund nicht, weil politische Begriffe wie der der Chancengleichheit (um einen Begriff zu nennen, der bei Rawls eine große Rolle spielt) ihre Funktion in der Parteienauseinandersetzung und im internen Parteienrahmen nur erfüllen, wenn man nicht so *genau* weiß, was mit ihnen gemeint ist. Das bedeutet nicht, daß sozialethische Argumentationen, die wissenschaftlichen Anforderungen genügen, überflüssig wären. Sie haben einen guten Sinn, wenn man sie als *externe* Maßstäbe für eine wissenschaftlich-rationale Beurteilung konkreter politischer Maßnahmen behandelt und betrachtet. Man darf nur nicht die Illusion haben, philosophische Konzepte dieser Art könnten die vagen Begriffe der praktischen Politik – z. B. als Beitrag zu einer allmählichen Rationalisierung der Politik – eines Tages ersetzen.

Grundsätzlich gilt es festzuhalten, daß die *demokratische* Ermittlung von politischen Zielen sich ihrem Wesen nach von einer *wissenschaftlichen* Entscheidung über derartige Ziele unterscheidet.[4] Zwar gehen wir in unserem Staat davon aus, daß die überwältigende Mehrheit der wahlberechtigten Staatsbürger bildungsmäßige Minimalbedingungen erfüllt, die durch die allgemeine Schulpflicht hergestellt werden sollen. Das bedeutet aber nicht, daß damit die Erwartung zu verbinden wäre, demokratische Wahlentscheidungen ließen sich mit den Ergebnissen *wissenschaftlicher* Beweisführungen vergleichen. Im Gegenteil: Daß wir eine *wissenschaftlich objektive* Bestimmung politischer Ziele *nicht* für möglich halten, stellt eine der wichtigsten Rechtfertigungen dafür dar, die demokratischen Mehrheitsverfahren in der Politik anzuwenden. Das Stimmenzählen bedeutet den *Abbruch* der Diskussionen und der argumentativen Beratung. Gäbe es die Möglichkeit, unter den verschiedenen gesellschaftlichen Interessen diejenigen herauszufinden, welche in wissenschaftlich ermittelbarer Form dem Wohl aller Bürger am meisten entsprechen, dann wäre es unvernünftig, die Entscheidung darüber der üblichen Parteienauseinandersetzung und letztendlich dem Abzählen von Stimmen und der Feststellung von Mehrheiten zu überlassen. Dann wäre die ›vernünftigste‹ Staatsform ohne Frage die moderne

Verwirklichung von Platons Idee eines ›Königtums der Philosophen‹, mit anderen Worten: Der Demokratie wäre die politische Herrschaft der nach Rationalitätsmaßstäben entscheidenden Wissenschaftler und Technokraten vorzuziehen.[5]

Die *grundsätzliche* Unterscheidung zwischen demokratisch-politischen und wissenschaftlichen Verfahren braucht einem nicht das Auge dafür zu verschließen, daß wissenschaftliche Rationalität auch eine wichtige Rolle bei politischen Entscheidungen in der Demokratie spielt und spielen sollte.[6] Parlamente und Regierungen, die heute z. B. das Problem der weiteren Entwicklung der Kerntechnologie im Rahmen der Lösung der Energieprobleme zu behandeln und zu entscheiden haben, werden sich realistischerweise der fachlichen Kompetenz von Atomphysikern und Technikern bedienen.

Selbst erfahrene Politiker halten aber häufig wissenschaftliche *Politikberatung* für einen *Entscheidungsersatz*.[7] Sie beklagen sich über unterschiedliche und stark voneinander abweichende Beratungsergebnisse von Wissenschaftlern, seien es Soziologen, Ökonomen oder Physiker.[8] Doch einerseits ist es offenbar für Politiker schwer, das Maß abzuschätzen, in dem Wissenschaftler als Gutachter selber ihre *politischen* Urteile – etwa über die Wünschbarkeit von mehr Wirtschaftswachstum oder über die Ablehnung der Kernenergie – mit ihren *wissenschaftlichen* Behauptungen verquicken, und andererseits kann wissenschaftliche Politikberatung allein die Informationen der Politiker über *wahrscheinliche Folgen* von Gesetzen und Regierungsmaßnahmen verbessern.[9] Kommen fachlich ausgewiesene Wissenschaftler zu weit auseinanderliegenden Vermutungen über die Folgen beabsichtigter politischer Maßnahmen, dann wissen die politischen Auftraggeber trotzdem mehr als vorher: daß sie nämlich dabei sind, Dinge zu tun, deren Auswirkungen *nicht* objektiv abzuschätzen sind. In einer solchen Situation haben Politiker nur eine Alternative: Entweder sie beschränken ihre ursprünglichen Vorhaben auf überschaubare Maße, oder sie trauen sich zu, den politischen *Willen* in der Bevölkerung zu mobilisieren, der es rechtfertigt und ermöglicht, das im Ausgang ungewisse Experiment zu machen. Ein Beispiel dafür sind bei uns die Auseinandersetzungen über die Gesamtschule. *Wissenschaftlich* läßt sich über die Folgen einer Umstellung des staatlichen Schulsystems zwischen dem 4. und dem 6. (oder dem 8.) Schuljahr auf die Organisationsform der Gesamtschule nichts Eindeutiges (im wissenschaftlichen Sinn) vorhersagen. Die Politiker, die in deutschen Landesregierungen die staatliche Schulpolitik verantworten, haben die beiden Möglichkeiten: Entweder sie ändern das staatliche *Gesamtsystem*

›Schule‹ im Sinn der Gesamtschulkonzeption – dazu brauchen sie breite Parlamentsmehrheiten, die den *politischen Willen* der Bevölkerung zur Reform zum Ausdruck bringen, oder sie belassen es bei ›evolutionären‹ Anpassungen des bisherigen mehrgliedrigen Systems im Mittelstufenbereich, weil Veränderungen dieser Art in ihren organisatorischen und pädagogischen Folgen überschaubar bleiben.[10]

Die Einbeziehung wissenschaftlich kompetenter Urteile in die politische Meinungsbildung hat jedoch selber eine wichtige *politische* Funktion. Sie bewirkt – und zwar noch unabhängig von den inhaltlichen Vorschlägen der Wissenschaftler – eine *Entemotionalisierung* und *Versachlichung* der politischen Auseinandersetzung über lebenswichtige Fragen der Gesellschaft.[11] So ist wissenschaftlich betriebene Meinungsforschung gerade in einer Demokratie für eine nichtmoralisierende Einschätzung politischer Möglichkeiten wichtig: Für die Planung der Bevölkerungsentwicklung von westdeutschen Großstädten ist es z. B. von Bedeutung zu wissen, in welchem Ausmaß sich die einheimische Bevölkerung durch den Zuzug von Ausländern überfremdet fühlt. Denn fraglos gibt es ›Hemmschwellen‹ der Tolerierung von Ausländern, die – wenn sie erreicht sind – von Politikern unabhängig von ihrer eigenen moralischen Toleranzbereitschaft in Rechnung zu stellen sind, wenn sie das Gegenteil eines guten Auskommens zwischen Einheimischen und Ausländern, nämlich Fremdenhaß, nicht gerade erst herausfordern wollen.

Wie auf den verschiedenen Gebieten letztlich *entschieden* wird, haben die Politiker in Regierungen und Parteien mit sich und in Abstimmung mit den Interessen ihrer Wähler auszumachen. Das gilt in allen Bereichen wissenschaftlicher Politikberatung: für die durch Politologen betriebene Wahlforschung, deren Ergebnisse für die Wahlchancen von Parteien – und in dieser Hinsicht auch für die Ausgestaltung der jeweiligen Parteiprogramme – wichtig sind. Es gilt ebenso für die von Ökonomen gelieferte Kostenschätzungen von sozialpolitischen Maßnahmen wie Änderungen der Rentengesetzgebung oder für die Gestaltung der Geldpolitik der Bundesbank. In diesen Bereichen hat sich in der Bundesrepublik eine funktionierende Zusammenarbeit zwischen Wissenschaft und Politik entwickelt, die auch zu einer Verbesserung der politischen Entscheidungen geführt hat. Eine Ersetzung politischer Entscheidungen durch solche von Wissenschaftlern aber wäre gleichbedeutend mit der Abdankung der Demokratie.[12]

IV. Liberalismus

1. Der Begriff der Freiheit in ethischer und politischer Beleuchtung

Der Begriff der individuellen Freiheit ist für den Liberalismus grundlegend. Nach einer einfachen und bewährten Definition heißt ›Freiheit‹, daß der Mensch in bestimmten abgesteckten Grenzen tun und lassen kann, was er will.[1] Die Grenzen schreibt ihm entweder seine biologische Natur oder die jeweils geltende Rechtsordnung vor. Bei Entscheidungen, die wir ›frei‹ nennen, muß der einzelne die Auswahl zwischen mindestens zwei Handlungsmöglichkeiten haben.[2] Die Fähigkeit zum freien Handeln und Entscheiden gilt seit je als eine der vornehmsten Eigenschaften des Menschen, dessen Verhaltensformen sich in einer Art Grobeinteilung wie folgt unterscheiden lassen:

1. Das instinktorientierte menschliche Verhalten, welches durchgängig als unfreies Verhalten zu charakterisieren ist. Biologische Erfordernisse wie Essen, Trinken und Schlafen sind augenfällige Beispiele dafür.[3]

2. Das durch kulturelle Prägung gelenkte Verhalten, das man als ›eingeschränkt frei‹ bezeichnen kann. In einem weiten Sinn des Begriffs sind all unsere traditionsvermittelten Einstellungen und Handlungen Beispiele für diese Verhaltensart. Ob wir etwa an einem Sommertag bekleidet oder nackt auf die Straße gehen, ist zwar im Prinzip und von der Realisierungsmöglichkeit her eine Frage unserer freien Entscheidung. Es wäre jedoch übertrieben zu behaupten, instinktorientierte Verhaltensgesetzlichkeiten zwängen uns in die Kleider. Faktisch halten wir uns dabei an traditionsvermittelte Sitten unseres Kulturkreises. Gegenüber Sitten dieser Art sind wir nur ›beschränkt frei‹. Ein anderes Beispiel ist der staatliche Zwang zum Rechtsgehorsam. Wir wissen zwar, daß wir die Freiheit haben, gegen geltendes Recht zu verstoßen, und viele Menschen tun das bekanntlich auch. Doch es wäre sicher falsch, dem Normalbürger zu unterstellen, Gesetzesgehorsam und Gesetzesbruch wären für ihn gleichgewichtige Entscheidungsmöglichkeiten. Vor allem aber gehören diejenigen Entscheidungen zur Art des ›beschränkt freien Verhaltens‹, bei denen wir uns am Eigennutzen als Hand-

lungszweck orientieren. Auch im eigennutzorientierten Verhalten der Individuen zeigt sich eine uralte traditionsvermittelte Prägung.[4]

Es ist eine alte Erfahrung, daß die Menschen ihre Freiheitsspielräume überwiegend dazu gebrauchen, um eigennützige Ziele zu verfolgen. Es bedarf demgegenüber im Normalfall staatlichen und gesellschaftlichen Zwangs, um sie für *gemeinschaftliche* Zwecke einzunehmen. Es ist dies ein anthropologischer Grundtatbestand, der vor allem das Verhalten der Menschen im ›gesellschaftlichen Fernbereich‹ charakterisiert und an dem so schnell nichts zu ändern ist. Die herausragenden historischen Beispiele für die Schwierigkeit, die Menschen in einem gesellschaftlich notwendigen Maß zu altruistisch-uneigennützigem Verhalten zu bewegen, stellen die Religionen dar. Denn neben Tröstungen für den Tod ist eben dies ihr Hauptzweck. Welcher metaphysische Aufwand erforderlich ist, um den Zweck zu erreichen, zeigt augenfällig das Christentum, das auch als Religion der Liebe der *strafenden* Autorität Gottes stets bedurfte. ›Ewige Verdammnis‹ und ›Höllenqualen‹ spielen im christlichen Glauben auch heute noch die Rolle starker Sanktionen für die Fälle, in denen Gläubige den Pfad altruistischer Tugend verlassen.[5]

Bei allen Formen des ›beschränkt freien Verhaltens‹ handelt es sich um menschliches Verhalten, das sich in Grenzen vorausberechnen läßt. Es ist damit wissenschaftlicher Erklärung zugänglich. Denn wenn man die kulturell prägenden Verhaltensnormen und Regeln eines zivilisatorischen Umfelds kennt (z. B. das Ausmaß der ›Eigennutzorientierung‹), kann man die Wahrscheinlichkeit bestimmter Entscheidungen der Menschen dieses Kulturkreises vorhersagen.[6]

3. Das menschliche Verhalten im Rahmen *neutraler* (d. h. im Prinzip gleichgewichteter) Entscheidungsmöglichkeiten (bzw. Entscheidungsalternativen) verdient allein das Prädikat ›unbeschränkt frei‹. In seinen Bereich gehört das meiste, was wir als ›freie Entscheidung‹ bezeichnen.[7] So können wir, wenn wir das nötige Geld haben, frei entscheiden, welches Auto wir kaufen oder welches Kleidungsstück wir nach eigenem modischem Geschmack anderen vorziehen. Die Frage der Mittel außer acht gelassen, fallen die meisten Kaufentscheidungen in den Bereich ›unbeschränkt freien‹ Verhaltens.

In der neuzeitlichen Philosophie wurden im wesentlichen zwei Freiheitsbegriffe vertreten. Der erste geht auf Kant zurück, der unter Freiheit die menschliche Fähigkeit verstand, durch Taten eine Ereignisreihe völlig neu beginnen zu können. Der zweite Freiheitsbegriff ist der geläufige und wichtigere.[8] Er wurde von Denkern wie Locke, Schopenhauer und Freud bevorzugt und beinhaltet die Annahme, daß die Menschen stets von äußeren oder inneren Reizen zu ihren Handlungen motiviert werden. Man geht davon aus, daß der menschliche Wille zwar unter dem Einfluß von Reizen steht, letztlich jedoch mit Bewußtsein – und das heißt ›frei‹ – gelenkt werden kann.[9] Die bewußt gelenkte Handlung wird dabei als *Mittel* interpretiert, einen bestimmten *Zweck* zu verwirklichen bzw. ein *Ziel* zu erreichen.[10] (Wenn ich mir z. B. zum Ziel setze, ein Auto zu kaufen, muß ich verschiedene Handlungen als Mittel einsetzen, um den Zweck zu erreichen: ich muß Geld beschaffen, ich werde unterschiedliche Angebote von Autoverkäufern prüfen usw.).[11]

In unserem Zusammenhang ist die *gesellschaftliche Funktion* der individuellen Freiheit – und zwar der Unterschied zwischen *Freiheiten mit ›öffentlichem‹ (bzw. politischem)* und *Freiheiten mit privatem Geltungsanspruch* – von herausgestellter Bedeutung. Die Freiheiten mit ›öffentlichem‹ Geltungsanspruch (im folgenden kürzer ›politische Freiheiten‹ genannt) sind Freiheiten, mit deren Betätigung die Individuen den Anspruch auf eine allgemeine (= öffentliche oder politische) *Verbindlichkeit* ihrer Zwecke verknüpfen. Demgegenüber beschränkt sich die Verbindlichkeit der ›Freiheiten mit privatem Geltungsanspruch‹ auf den *privaten* Bereich der Menschen.

Ein herausragendes Beispiel für ›politische Freiheiten‹ ist das Freiheitsverständnis des Liberalismus. Es beinhaltet, daß die Gültigkeit von Zielen, Zwecken und Normen durch die freie Zustimmung von Individuen *produziert* wird. Das Konsens-Ideal stellt eine bekannte Anwendung dieses Freiheitsverständnisses dar. Nach ihm ist der Rechtfertigungszweck ein *kollektiver*: die gesellschaftliche Allgemeingültigkeit der Grundfreiheiten. Das Rechtfertigungsmittel, die Zustimmung eines jeden einzelnen dazu, ist hingegen rein individuell. Aber auch die einzelnen liberalen Grundfreiheiten gehören zum Typ der ›politischen Freiheiten‹. Ob es sich um die Glaubensfreiheit, die Denkfreiheit, die Wissenschaftsfreiheit oder die politische Meinungsfreiheit handelt – stets soll die allgemeine *Geltung* der Inhalte, an die die Menschen jeweils glauben bzw. die sie als wissenschaftliche Theorien oder als politische Auffassungen für richtig halten, auf der *individuellen* Zustimmung der einzelnen beruhen. Es ist so immer das *einzelne* Individuum (*nicht* demokratisch ermittelbare Mehrheiten), das mit seiner Entscheidung die Geltung eines konfessionellen Bekenntnisses (in der Regel bei uns als Katholik oder als Protestant, aber im Prinzip auch als Mohammedaner oder als Buddhist) für sich herstellt.[12] Der Gläubige verbindet aber mit seinem individuell-freien Bekenntnis zugleich den Anspruch, der Glaubensinhalt möge *allgemein* gelten.

Bei der Wissenschaftsfreiheit sehen die Dinge ähnlich aus. Die Geltung herrschender Lehren in den Wissenschaften – von der Medizin über die technischen und die naturwissenschaftlichen Disziplinen bis zur Geschichtswissenschaft und der Soziologie – soll sich als *kollektives* Ergebnis einer jeweils *individuell* hervorgebrachten Zustimmung von Forschern ergeben. Der Grund für die Anerkennung von Theorien liegt in der freien Zustimmung der Wissenschaftler als *Individuen* und nicht etwa in der Anwendung *kollektiver* Verfahren.

Die *›privaten Freiheiten‹* beschränken sich demgegenüber auf die rein individuelle Aneignung von Dingen und Meinungen, für die man sich interessiert und bei denen man zwischen unterschiedlichen Angeboten auswählen kann. Wer vorhat, ein Auto zu kaufen, eine Zeitung oder ein bestimmtes Buch zu lesen, hat die Freiheit der Wahl. Er stellt nicht – wie im Fall der politischen Freiheiten – einen Anspruch auf allgemeine Verbindlichkeit seiner Wahlentscheidung, wie dies umgekehrt jeder gläubige Christ tut, der sich für eines der christlichen Bekenntnisse entschieden hat, oder der Wissenschaftler, der eine bestimmte Theorie seines Gebietes als die ›richtige‹ vertritt, oder wie wir es als Wähler politischer Parteien tun, die wir mit unserem *individuellen* Votum für eine bestimmte Partei durchaus auch den *Anspruch* auf eine allgemeine ›Richtigkeit‹ unserer politischen Auffassung verbinden.

Eine zusätzliche Unterscheidung erweist sich als hilfreich für die Zuordnung konkreter Denk- und Handlungsfreiheiten zu den Arten der *politischen* und der *privaten* Freiheiten. Es ist die Unterscheidung zwischen *Produzenten-* und *Konsumentenfreiheiten*. Als Produzenten schaffen die einzelnen Menschen Ideen und Dinge aufgrund eigener Initiative. Sie sind Erzeuger von Wirtschaftsgütern (als Besitzer von Produktionsmitteln wie Kapital, Fabriken, Maschinen, bezahlten Arbeitern und Angestellten); sie sind Schöpfer von Kunstwerken, von philosophischen und wissenschaftlichen Theorien, von politischen Plänen zur Veränderung der Gesellschaft; sie sind als Sportler kreative Könner usw.

In der Gesellschaft verbreiteter ist der Typ der *Konsumentenfreiheiten*. Es sind Freiheiten, die man als Endverbraucher von geistigen und materiellen Produkten hat: als Käufer von Waren für den täglichen Lebensunterhalt, als Leser von Romanen, als Fußballfan, der jedes Wochenende die Spiele seiner Mannschaft im Stadion verfolgt, usw. Der Markt ist die vom Staat eingerichtete und beaufsichtigte Grundlage dafür, daß die Menschen Produzenten- und Konsumentenfreiheiten nutzen können. Beide Freiheitsarten haben die bekannten unterschiedlichen Funktionen. Die Produzentenfreiheiten sind *politische* Freiheiten. Die, die sie gebrauchen, verbinden als Hersteller von Waren (von Theorien, von Kunstwerken, von politischen Leitideen) einen *gesellschaftlichen* Geltungsanspruch für ihre Produktentscheidungen. Sie wollen, daß möglichst viele andere diese ›Produkte‹ brauchen und sie ihnen abnehmen.

Der Konsument derartiger Produkte stellt derlei Ansprüche nicht. Ihr Erwerb und Verbrauch haben bei ihm allein die *private* Funktion, seinen individuellen Bedarf zu befriedigen.

Dem Liberalismus geht es in erster Linie um die Legitimation der staatlichen Garantie der *politischen Freiheiten.* Das liegt nahe, weil es sich um Freiheiten mit öffentlichkeitswirksamem Anspruch handelt. An den ›politischen Freiheiten‹ zeigt sich, daß es falsch ist, die liberalen Freiheiten dem individualistisch-privaten Bereich der Gesellschaft zuzuordnen, den man seinerseits einem staatlich-öffentlich-politischen Bereich entgegensetzt. Sowohl bei orthodoxen Liberalen als auch bei marxistischen Kritikern des Liberalismus gibt es die Neigung, den Bereich der Individualfreiheiten generell in dieser Weise aus der politischen Sphäre auszugrenzen und sie – in positiv-bejahender oder kritischer Absicht – der politischen Sphäre gegenüberzustellen. Das ist vom Ansatz her falsch, weil die Produzentenfreiheiten auf *politische* Wirksamkeit hin angelegt sind und weil sie deshalb immer eine *staatlich-politische Regelung* ihres Gebrauchs erforderlich machen.

Die Produzenten- wie die Konsumentenfreiheiten gehören zu den menschlichen Handlungen, die sich in aller Regel nur mit Hilfe von ökonomischen *Mitteln* betätigen lassen. Anders gesagt: Selbstbestimmte Zwecksetzungen wie die Produktion von Waren, wissenschaftlichen Theorien, politischen Meinungen, Kunstwerken oder der konsumbezogene Kauf solcher Produkte lassen sich nur verwirklichen, wenn man als Produzent auf Mittel in Form von Kapital, Ausbildung und individuellen Begabungen und als Konsument normalerweise auf Geld zurückgreifen kann. Die Art und Weise, wie in einer Gesellschaft die *Mittel* zur Betätigung von Freiheiten verteilt sind, hat also einen entscheidenden Einfluß darauf, ob die Individuen überhaupt von ihren Freiheiten Gebrauch machen können.

Es stellt sich nun noch die Frage der *ethischen Bewertung* freier Handlungen. Denn die *ethische* Bewertung wird in der *politischen* Diskussion zum Maßstab der *staatlichen* Regulierung der Freiheit gemacht.

Menschliche Handlungen lassen sich zunächst als wertneutrale Tätigkeiten beschreiben.[13] Ihre ethische Bewertung ist eine Frage der Beurteilung der *Zwecke*, die die einzelnen Menschen verwirklichen wollen. Wenn man an die Freiheiten mit öffentlichem Geltungsanspruch denkt, kann man über die ethische Bewertung von handlungsleitenden Vorschriften im engeren Sinn wenig Konkretes sagen. Denn welcher konkrete Glaube, welche Weltanschauung, welche konkrete Lebensrichtschnur die einzelnen Menschen im Licht ethisch-moralischer Bewertung für sich akzeptieren, ist allein Ergebnis ihrer individuellen Entscheidung.

Die ethische Indifferenz der *freien* Zwecksetzung verweist jedoch auf ein wichtiges politisches und moralisches Problem der Menschen in der westlichen Zivilisation: auf die ethischen *Unsicherheiten*, die mit der geschichtlichen Durchsetzung der liberalen Freiheiten entstanden sind. Es sind gesellschaftlich schwer erträgliche Unsicherheiten, die daher kommen, daß es in liberalen Gesellschaften keine einheitliche, übergreifende, allgemein verbindliche Moral für die verschiedenen Lebensbereiche geben kann: weder in religiösen Glaubensdingen noch in der Kindererziehung noch im Verhältnis zwischen Mann und Frau und nicht einmal in der moralischen Beurteilung von Krieg und Frieden. Wenn man sich auf den Boden der liberalen Freiheiten stellt, hat man die ethische *Verunsicherung* der Menschen als Folge davon notwendigerweise auf der Kostenseite in Rechnung zu stellen.

Unter dem Gesichtspunkt der ethischen Bewertung freier Handlungen gehört der Begriff der *Verantwortung logisch* zum Begriff der Freiheit.[14] ›Verantwortung‹ muß man jedoch von ›Veranlassung‹ unterscheiden. Beide Begriffe beziehen sich auf das Verhältnis zwischen der Verwirklichung eines Handlungszwecks und den *Handlungsfolgen*, die sich zwangsläufig ergeben. ›Veranlassung‹ bedeutet, daß der handelnde Mensch *alle* Folgen seiner Handlung *kausal* bewirkt. Wenn sich jemand eine Ferienreise vorgenommen hat, wird die Verwirklichung dieses Zwecks zur kausalen Ursache unterschiedlicher Ereignisse in der Zukunft: z. B. der Tatsache, daß der Betreffende im Ausland krank wird; daß er einen Verkehrsunfall herbeiführt usw. Im Hinblick auf kausal verursachte Folgen dieser Art sagen wir, daß sie durch denjenigen veranlaßt werden, der durch die Verwirklichung eines Zwecks die Ereignisse verursacht hat. Wir meinen nun mit gutem Grund, daß wir *nicht* für *alle* Folgen unserer Handlungen ethisch-moralisch verantwortlich gemacht werden können, die wir ohne Zweifel *kausal* veranlaßt haben. Es ist üblich, Menschen nur für solche Handlungsfolgen im ethischen Sinn als verantwortlich zu erklären, die sie *vor* der Verwirklichung des Zwecks absehen konnten. Der Begriff der Verantwortung setzt eine weitere Bewertung von Handlungsfolgen voraus: daß diese nicht bloß absehbare, sondern *schädliche* Folgen darstellen, schädlich entweder für uns selber oder für andere Menschen.[15] Wenn wir uns selbst durch Handlungsfolgen schädigen, gibt es eine Verantwortlichkeit für unser Handeln insofern, als wir kein moralisches Recht auf die Unterstützung durch andere Menschen haben. Werden andere durch unsere Handlungen geschädigt, besteht eine moralische – in vielen Fällen rechtlich verankerte – Verpflichtung für uns, die betroffenen Menschen zu entschädigen. Das Problem solcher Entschädigungen liegt darin, Maßstäbe für die Wiedergutmachung zu finden. Die moralische Verpflichtung zur Entschädigung anderer Menschen, die durch Folgen unserer Handlungen negativ betroffen werden, führt zu dem moralischen Postulat, Handlungen zu unterlassen, deren Folgen in ihren schädlichen Auswirkungen auf uns oder auf andere Menschen in keiner Weise berechenbar sind.

Das moralische Konzept der Entschädigung setzt voraus, daß Menschen *gleiche Rechte* haben. Z. B. haben Bürger von Staaten mit liberalen Verfassungen *gleiche* Rechte auf die Verwirklichung bestimmter Freiheiten und die Nutzung von Handlungsspielräumen. Nur wegen dieser Voraussetzung verknüpfen wir in diesem Fall Eingriffe in die Lebenssphäre anderer mit der – moralischen oder rechtlichen – Verpflichtung zur Entschädigung. In einer Gesellschaft, in der die Sklavenhaltung offiziell zugelassen ist, gibt es weder eine moralische noch eine rechtliche Verpflichtung zur Entschädigung, sofern die Geschädigten Sklaven sind.

Das ethische Problem der Freiheit im engeren *politischen* Sinn besteht darin, daß die Betätigung der individuellen Freiheiten von den Mitteln abhängt, mit deren Hilfe die einzelnen Pläne, Absichten und Wünsche verwirklichen können. Das leitet zum Hauptproblem des Liberalismus über, warum und in welchem Ausmaß die Grundfreiheiten *staatlich* garantiert werden sollen.

2. *Die liberalen Grundfreiheiten im Wandel von der christlich-religiösen zur demokratischen Legitimation*

Der Freiheitsbegriff des Liberalismus bezieht sich auf Individualrechte. Danach hat jeder Bürger unabhängig von seiner gesellschaftlichen Stellung und seinem Geschlecht das Recht, Freiheitsspielräume zu nutzen, die der Staat ihm garantiert und schützt. Im ›Grundgesetz‹ der Bundesrepublik Deutschland sind es die ›Grundrechte‹ (Artikel 1–19), zu denen folgende Freiheiten gehören: das Recht auf die freie Entfaltung der Persönlichkeit (Art. 2), die Freiheit des Glaubens, des Gewissens, des religiösen und weltanschaulichen Bekenntnisses (Art. 4), die Freiheiten der Presse, Kunst, Wissenschaft, Forschung und Lehre (Art. 5), die Versammlungsfreiheit (Art. 8), das Recht auf Freizügigkeit im Staatsgebiet (Art. 11), die Freiheit der Berufswahl (Art. 12) und das Recht auf Eigentum (Art. 14).[1]

Die Geschichte des europäischen und nordamerikanischen Liberalismus zeigt, daß die Legitimation der staatlichen Garantie der wichtigsten Individualfreiheiten wie der Glaubens-, Meinungs- und Eigentumsfreiheit unterschiedlich aussah.[2] Ihre erste geschichtlich bedeutsame Art ist an den Umbruch vom christlich-religiösen Legitimationsrahmen, der im 18. Jahrhundert durchweg in Europa herrschend war, zum demokratischen Legitimationsrahmen gebunden, der sich im 19. Jahrhundert durchzusetzen begann und in unserem Jahrhundert in Kraft ist. Die Entstehung der liberalen Freiheitsideale ist darum mit dem europäischen Wandel des Religionsverständnisses eng verknüpft.

Wir wissen, daß religiöse Ethiken des ›vorgegebenen Sinns‹ in der bei weitem längsten Phase der bisherigen Geschichte der Menschheit das moralische Verhalten und Handeln der einzelnen angeleitet und vor allem die politischen Legitimationsrahmen der klassischen Monarchien zur Verfügung gestellt haben. Im europäischen Zusammenhang handelt es sich um die christlichen Glaubensbekenntnisse, um das der römisch-katholischen Kirche und um den Protestantismus.

Das Ergebnis der Auseinandersetzung mit den modernen Ethiken des ›produzierten Sinns‹ war nun nicht schlechthin die Ausmerzung der christlichen Religion. Wir haben gesehen, daß die Entstehung des Protestantismus im 16. Jahrhundert selber die erste Stufe der Umwandlung des Christentums darstellt. Das theologische Selbstverständnis der protestantischen Glaubensbekenntnisse hat das Vorbild für das weitere Schicksal der christlichen Religion im europäischen Umkreis geliefert. Die Lösung im Sinn einer Koexistenz mit den bis heute siegreich gebliebenen Ethiken des ›produzierten Sinns‹ besteht in der ›protestantischen‹ *Privatisierung der Religion*, die in der Gegenwart auch für den Katholizismus gilt. Die christliche Religion wurde zunehmend ihres Charakters als staatlichen Legitimationsrahmens entkleidet und zu einer Sache des *individuell-persönlichen* Verhältnisses der Menschen zu Gott. Die Kirchen wurden ihrerseits zu ›gesellschaftlichen Verbänden‹ im Rahmen des Staates. Das stimmt so allerdings nur für Staaten wie die liberalen Demokratien des Westens, die die Glaubensfreiheit den einzelnen Menschen garantieren. Doch die *Privatisierung der Religion* war überall das Ergebnis, wo der staatliche und der ethisch-moralische Bereich von der Auseinandersetzung zwischen den beiden ethischen Grundeinstellungen berührt wurde. Der Sache nach hat sie sich auch in den östlichen kommunistischen Ländern durchgesetzt.

Es ist klar, daß die Religion damit im Rahmen der europäischen Zivilisation auf diejenige Funktion hat verzichten müssen, die sie in ihrer Jahrtausende alten Geschichte am längsten ausgeübt hat: auf die Funktion staatlicher Legitimation. Auch in der europäischen Vergangenheit war Religion primär nie die Sache eines individuellen Glaubens beziehungsweise die Sache eines von den Individuen getragenen Verhältnisses zu einem überirdischen Wesen. Im klassischen Griechenland, im antiken Rom und im christlichen Mittelalter war Religion in der Hauptsache immer eine ›öffentliche‹ Angelegenheit.

Die erste Stufe der Legitimation der liberalen Grundfreiheiten fällt in die geschichtliche Phase der Geltung des christlich-religiösen Legitimationsrahmens, und zwar in seiner protestantischen Version.[3] In der politischen Realität ist es im 18. Jahrhundert die Verfassung der Vereinigten Staaten von Amerika, die die staatliche Garantie von Grundfreiheiten an die Hauptbedingung des klassischen Liberalismus knüpft: an einen *Konsens* aller Bürger. Diese Bedingung war weder für die amerikanischen Verfassungsväter noch für die Masse der ersten Bürger der USA ein leeres Postulat. Sie stützte sich nämlich auf die allgemeine christlich-protestantische Überzeugung, daß die Verwirklichung individueller Grundfreiheiten einem von Gott gewollten Menschenbild entspricht.[4]

In der politischen Philosophie wurde der christlich-protestantische Legitimationsrahmen des klassischen Liberalismus bereits hundert Jahre früher von John Locke (1632–1704) benutzt.[5] Seine Konzeption hat Theorie und Praxis des Liberalismus sehr stark beeinflußt. Als wichtigste Voraussetzung liegt ihr bereits die Anerkennung des historischen Prozesses zugrunde, die zur protestantischen *Privatisierung* der christlichen Religion geführt hat. Deshalb rückt Locke auch den Staat, das weltliche ›Allgemeine‹, gegenüber der Autonomie der Individuen in eine abgeleitete Position. Er beginnt seine Staatsrechtfertigung mit der Annahme, daß menschliche Individuen auch ohne das Vorhandensein einer staatlichen Organisation existieren können.

Für das ältere politische Denken stand der Staat nicht in dieser Weise zur Disposition.[6] In der historischen Frühzeit gehen die Staaten den Mythen der Völker gemäß auf Gründungsakte der Götter zurück. Sie werden nicht als gesellschaftlich-zweckmäßige, von Menschen geschaffene Einrichtungen angesehen. Auch für die antike und die mittelalterliche Philosophie war die Definition des Aristoteles leitend, nach welcher der Mensch ›ursprünglich‹ und ›wesenhaft‹ auf den politischen Zusammenhalt mit anderen Menschen hingeordnet, also auf den Staat angewiesen ist.

Diese ›ursprüngliche‹ Gleichrangigkeit mit den Individuen verliert der Staat im Konzept des klassischen Liberalismus. In Lockes ›Zwei Abhandlungen über Regierung‹ heißt es: »Um politische Gewalt richtig zu verstehen und sie von ihrem Ursprunge abzuleiten, müssen wir betrachten, in welchem Zustand sich die Menschen von Natur befinden. Dies ist ein Zustand völliger *Freiheit*, innerhalb der Grenzen des Naturrechts ihre Handlungen zu regeln und über ihren Besitz und ihre Personen zu verfügen, wie sie es für am besten halten, ohne die Erlaubnis eines anderen zu fordern oder von seinem Willen abzuhängen. Ebenso ein Zustand der *Gleichheit*, worin alle Gewalt und Jurisdiktion gegenseitig ist und keiner mehr hat als der andere; denn nichts ist klarer, als daß Geschöpfe derselben Gattung und desselben Ranges, die ohne Unterschied zum Genuß aller derselben Vorzüge der Natur und zum Gebrauch derselben Fähigkeiten geboren sind, ohne Unterordnung und Unterwerfung, auch untereinander gleich sein müssen.«[7] Unter politischer Gewalt versteht Locke die staatliche Zentralgewalt.

Nun bietet die Geschichte wenig Anlaß zu der Annahme, die typische Situation menschlicher Individuen sei der staatsfreie Zustand gewesen. Die Geschichtswissenschaft hat bis in die Prähistorie hinein vom Menschen immer nur zu berichten, daß er in irgendwelchen staatlichen oder staatsähnlichen Verbänden gelebt hat, in denen die Unterordnung der Gesellschaftsmitglieder unter eine zentrale Gewalt die Regel war.

Auch die moderne anthropologische Forschung steht dem nicht entgegen. Sie zeigt zwar (Peter Farb, Irenäus Eibl-Eibesfeldt), daß die sogenannte ›Jäger-Sammler-Anpassung‹ der menschlichen Art, die über weite Zeiträume der frühgeschichtlichen Menschheitsentwicklung vorherrschte, allein von einem konventionell-moralisch geregelten Zusammenleben in kleinen Gruppen getragen wurde. Doch sobald es zu festen Zusammenschlüssen von Kleingruppen zu größeren Verbänden kam, entstanden sofort staatliche (oder staatsähnliche) Institutionen, die das gesellschaftliche Zusammenleben überwachten und Führungsrollen verkörperten.

Es ist deshalb eine philosophisch-spekulative Überzeugung, die Locke mit seinem Ansatz zum Ausdruck bringt. Sie faßt die geschichtliche Erfahrung über die Durchsetzung des Konzepts der *autonomen Subjektivität* wie mit einem Brennglas zusammen. Die Vorstellung vom ›Naturzustand‹ hat man sich als eine bildhafte Ausgestaltung dieser spekulativen Annahme zu deuten. Danach müssen die Grundregeln des sozialen Zusammenlebens der

Menschen durch die menschlichen Individuen erst gestiftet, mit anderen Worten: geschaffen und legitimiert werden.

Nach Locke besteht die ›natürliche‹ Eigenschaft eines jeden Menschen darin, »frei zu sein von jeder höheren Gewalt auf Erden; nicht unter dem Willen oder der gesetzgebenden Autorität von Menschen zu stehen, sondern einzig und allein das Naturrecht als Vorschrift zu haben«.[8] Die hauptsächlichen Naturrechte sind nach Locke die Freiheiten, »über seine Person (und) über seinen Besitz zu verfügen«.[9] Es sind die Grundformen all der Freiheitsrechte, die in Philosophie und Politik des Liberalismus wichtig geworden sind: vom Recht auf individuelle Religionsfreiheit über die allgemeine Meinungsfreiheit, die Fähigkeit, sich frei im Land zu bewegen, bis zum freien Verfügungsrecht über Eigentum.[10]

Der *Konsens aller Menschen* im Hinblick auf die Anerkennung der Grundfreiheiten basiert Locke zufolge auf der vernunftgeleiteten Einsicht in den Willen Gottes. Er sagt: »Der Naturzustand wird durch ein natürliches Gesetz regiert, das einen jeden verpflichtet. Dieses Gesetz ist die Vernunft, und sie lehrt die ganze Menschheit, wenn sie sie nur befragen will, daß, da alle gleich und unabhängig sind, niemand dem anderen an seinem Leben und Besitz, seiner Gesundheit Schaden zufügen soll ... Denn da alle Menschen das Werk eines einzigen allmächtigen, unendlich weisen Schöpfers, alle die Diener eines einzigen unumschränkten Herrn sind, in die Welt gesandt auf seinen Befehl und zu seinen Zwecken, sind sie sein Eigentum, sein Werk, geschaffen, so lange zu dauern, wie es Ihm, und nicht wie es einem anderen gefällt.«[11]

Lockes Postulat der Gleichverteilung der naturrechtlichen Freiheiten ist, mit einem modernen Begriff zu sprechen, eine *inhaltliche* beziehungsweise *materiale* Gleichheit. Der klassische Begriff der formalen ›Gleichheit vor dem Gesetz‹ läßt sich zu seiner Rechtfertigung nicht heranziehen. Wenn das Gesetz wie in den mittelalterlichen christlichen und den neuzeitlichen absolutistischen Monarchien eine Ungleichverteilung von Individualfreiheiten vorsah, also eine Besserstellung von einzelnen oder einer Gruppe von Bürgern, dann stellte dies keinen Gegensatz zum Begriff der ›formalen‹ Rechtsgleichheit dar. Denn dieser Begriff beinhaltet allein, daß keine Ungleichbehandlung der Bürger vor denjenigen Gesetzen stattfinden soll, die auf sie zugeschnitten sind und die sie betreffen. Wenn ein Gesetzgeber soziale Ungleichheiten von Bürgern, zum Beispiel eine hierarchische Gliederung der Gesellschaft, durch Gesetz festlegt, dann ergibt sich kein Konflikt mit der formalen Rechtsgleichheit, weil die gesellschaftlichen Unterschiede gerade vom Gesetz gewollt sind.[12]

Lockes Gleichverteilungspostulat läßt sich aber auch nicht durch Berufung auf gesellschaftlich-historische oder biologische Realitäten begründen. Solange es Menschen gibt, war und ist die Ungleichverteilung von Freiheiten, von gesellschaftlichen Positionen und Gütern zur Bedürfnisbefriedigung die Regel. Auch in ihrer ›natürlich‹-biologischen Umwelt und Verfassung waren und sind die Menschen nicht gleich. Es gibt den Unterschied der Geschlechter, die Altersunterschiede der Generationen, unterschiedliche Erbanlagen, die weitgehend die Lebenserwartung der Menschen bestimmen, und die verschiedenen Lebensschicksale, die durch nichtverschuldete Krankheiten und durch ererbte psychische Einstellungen mitgeprägt werden. Auch der Blick in die außermenschliche Natur hat für eine ›naturgewollte‹ Gleichheitsbegründung nie Anlaß gegeben. Das soziale Zusammenleben der Tiere – in erster Linie der höheren, weil hier der Vergleich mit dem menschlichen Sozialleben naheliegt – ist im Normalfall durch hierarchische Organisationsformen bestimmt.[13]

Lockes *materiales* Gleichheitspostulat ist in der Tat allein in christlich-religiöser Glaubensüberzeugung zu fundieren. Es handelt sich um die ins Irdisch-Weltliche transponierte Gestalt der alten christlichen Lehre von der grundsätzlichen Gleichheit aller Menschen vor Gott. Gleichwohl sieht Lockes Berufung auf den Willen des christlichen Schöpfergottes wie ein Rückfall in die vormoderne Ethik des ›vorgegebenen Sinns‹ aus. Dieser Anschein trügt jedoch, denn Lockes Unterstellung eines christlich-religiös gestifteten *Konsenses* aller über die naturrechtlichen Freiheiten enthält zugleich den Konsens über die protestantische ›Privatisierung der Religion‹. Für *alle* einzelnen ist Religion Privatsache und insofern im Autonomiebereich der geltungsetzenden individuellen Subjektivität verankert. Die ›Sache‹ hingegen, an die *alle* aus eigenem Entschluß glauben, ist der christliche Gott, der die Menschen mit dem Interesse an Grundfreiheiten ausgestattet hat. Und solange man mit Locke die Annahme aufrechterhalten kann, daß die Menschen im Glauben an denselben Gott übereinstimmen, gibt es auch eine Übereinstimmung des protestantisch-christlichen Legitimationsrahmens mit dem neuzeitlichen Ethikbewußtsein des ›produzierten Sinns‹.

Heutzutage betrachten wir die Verankerung des *materialen* Gebots der Gleichverteilung der Grundfreiheiten in christlicher Weltanschauung jedoch nicht mehr als einen Tatbestand, durch den grundlegende Aussagen der christlichen Lehre in den Rang einer *verfassungslegitimierenden* Theorie erhoben werden.[14] So wie die heutigen christlichen Bekenntnisse als Resultat der ›Privatisierung der Religion‹ entstanden sind, so gelten in liberalen Staaten für sie dieselben Bedingungen wie für nichtchristliche Weltanschauungen.[15] Und dennoch müssen auch wir das materiale Gleichheitspostulat des Liberalismus als Ergebnis einer die europäische Kultur prägenden *Wirkungsgeschichte christlicher Grundauffassungen* anerkennen. Es ist in unseren Augen aber nicht mehr – wie noch für Locke – unmittelbar durch den Glauben an den christlichen Schöpfergott und an theologische Grundaussagen wie die von der ›Gleichheit aller Menschen vor Gott‹ gerechtfertigt, sondern dadurch, daß es eine *geschichtliche Überzeugungskraft*, anders gesagt: eine nach wie vor *lebendige Tradition*, hervorgebracht hat.[16]

Wir zählen das Gleichheitspostulat zum Bestand allgemein akzeptierter Grundwerte, ohne die eine liberale Ethik im europäischen Kulturzusammenhang nicht zu vertreten ist, ob man nun gläubiger Christ ist oder nicht.[17] Insofern basiert die Rechtfertigung einer Gleichverteilung der liberalen Grundfreiheiten auch heute noch in einem mehr als rhetorischen Sinn auf christlicher Anthropologie. Man kann gerade als Befürworter der liberalen Grundfreiheiten nur hoffen, daß christliche Anthropologie unter den neuzeitlichen Bedingungen der ›Privatisierung der Religion‹ als *moralische* Kultur wirksam bleibt. Denn davon hängt aller Wahrscheinlichkeit nach die Erhaltung des liberalen Grundkonzepts selber ab.

Man kann die interessante Frage anschließen, ob diese wirkungsgeschichtliche Kraft der christlichen Anthropologie in Gegenwart und Zukunft auch Bestand haben kann, wenn sie auf die normative Kraft einer *ethischen Tradition* beschränkt bleibt. Denn zur gesellschaftlichen Wirksamkeit einer derartigen Tradition gehört wohl auch, daß die theologischen Grundaussagen des christlichen Glaubens selber von vielen Menschen noch für wahr gehalten werden. Wenn es sich aber so verhält, müßte man auch als Befürworter der liberalen Gleichheitsidee daran interessiert sein, daß christlicher Glaube lebendig bleibt, selbst wenn man sich selber nicht dazu zu bekennen vermag.

Als Anhänger des Liberalismus befindet man sich in der Situation des Odysseus zwischen Scylla und Charybdis. Man weiß einerseits ziemlich genau, daß eine Wiederbelebung christlicher Theologie als *politischer Weltanschauung* zur Einrichtung von Staaten führen würde, deren politische Praxis autoritär und gegen die liberalen Grundfreiheiten gerichtet wäre. Denn auch der ›protestantische‹ Konsens, von dem Locke ausging, schloß bereits das Bekenntnis zu anderen christlichen Religionsauffassungen – zum Katholizismus etwa – aus. Man muß andererseits zugestehen, daß der allgemeine Glaube an die Richtigkeit des liberalen Gleichheitspostulats von einer lebendigen moralischen *Tradition* der christlichen Gleichheitsidee abhängt. Selbst wenn wir jetzt schon sagen können, daß Lockes ›protestantischer‹ Konsens in der Gegenwart nicht mehr die Legitimation der liberalen Freiheiten zu sichern vermag, sollten wir festhalten, daß das Gleichheitspostulat des Liberalismus selber ohne die gesellschaftliche Wirksamkeit christlicher Ethik unter der Bedingung ›privatisierter‹ Religion schwerlich aufrechterhalten werden kann.

Der geschichtliche Übergang von der protestantisch-religiösen zur demokratischen Legitimation wird durch den Namen des größten deutschen Philosophen: Immanuel Kant (1724–1804), bezeichnet. Kant hat den *individualistischen* Rechtfertigungsansatz des klassischen Liberalismus in Reinkultur vertreten. Es ist ein Ansatz, der ohne *religiöse* Annahmen auskommt.

Auch für Kant ist der Konsens aller Bürger der Maßstab für die Legitimierung der staatlichen Garantie der liberalen Grundfreiheiten. Er braucht nach Kant allerdings nicht wirklich vollzogen oder festgestellt zu werden, denn er genügt als ›eine bloße Idee der Vernunft, die aber unbezweifelte praktische Realität‹ hat.[18]

Für Kant reicht die *Idee* des Konsenses aller Bürger aus, weil er von einer *metaphysischen* Anthropologie der Freiheit ausgeht. Sie ist in der Auffassung begründet, wir seien als Menschen ›Bürger zweier Welten‹, zum einen der empirischen Welt der sinnenhaft wahrnehmbaren Dinge, zum andern der Welt der ›intelligiblen Vernunftgegenstände‹. Die empirische Welt ist nach Kant durchgehend den Naturgesetzen unterworfen. In ihr gibt es keine Freiheit, weil alles Geschehen nach den Regeln der Kausalität erfolgt. Zu ihr gehören wir als Menschen mit den Bestandteilen unserer Psyche und unserer Körperlichkeit, die durch unsere ›Triebe und Begierden‹ geleitet werden. Freiheit haben wir, insofern wir *auch* überempirische ›Vernunftwesen‹ sind.

Bei Kant wird aus der Freiheit fraglos eine spekulativ-metaphysische Eigenschaft. Er hält diese Bestimmung für berechtigt, weil wir als Menschen einerseits ein unabwendbares Interesse an ethischer Lebensführung haben und andererseits als frei handelnde und ethisch verantwortliche Wesen nicht in die empirische Welt der kausalen Determiniertheit einzuordnen sind.

Die entscheidende Schwäche des Kantischen Konsensbegriffes liegt nun darin, daß es prinzipiell keine empirische gesellschaftliche Verwirklichung davon geben kann. Selbst wenn wir uns im Sinne Kants als freie Lebewesen betrachten können, sind wir es lediglich einer nichtempirischen ›intelligiblen Natur‹ nach, die sich jeder empirischen Überprüfung entzieht. Im Unterschied zu demjenigen Kants konnte Lockes Konsensverständnis eine bedeutende Rolle in der Staats- und Verfassungsgeschichte des Liberalismus spielen, weil sein christlich-protestantischer Legitimationsrahmen im 18. und 19. Jahrhundert vor allem in den englischen Kolonien Nordamerikas die religiöse Einstellung der meisten Menschen widerspiegelte. Nicht umsonst hat es bei den Diskussionen der ›Verfassungsväter‹ der USA einen wichtigen Platz eingenommen.

Auf dem europäischen Kontinent aber hatte seit dem Ende des Dreißigjährigen Krieges nie eine reale Chance für die Verwirklichung des ›protestantischen Konsenses‹ bestanden. Deutschland war ein aus Katholiken und Protestanten bunt gemischtes Staatengebilde. In Frankreich blieb der Katholizismus das herrschende Bekenntnis. Entscheidend aber war, daß sich der die europäische Neuzeit beherrschende Prozeß der ›Privatisierung der Religion‹ im 19. Jahrhundert unabhängig davon durchsetzte, ob Bevölkerungsmehrheiten nun katholisch waren oder einem der protestantischen Bekenntnisse anhingen. Das bewirkte, daß die christliche Religion im 19. Jahrhundert nur noch rhetorisch als staatlicher Legitimationsrahmen in Kraft blieb, denn der demokratische Legitimationsrahmen schob sich allmählich in den Vordergrund.

Dieser historische Vorgang ließ das Freiheitsverständnis des klassischen Liberalismus nicht unberührt. Es ging die von Locke mit großer Wirkung herausgestellte Möglichkeit verloren, die staatliche Garantie der Grundfreiheiten durch einen *religiösen* Konsens zu rechtfertigen.[19] Es kam dabei zu einer Entwicklung, die selbst die Situation in der Gegenwart noch prägt, nämlich zur Abspaltung des politischen Denkens von der politischen Wirklichkeit. Besonders die bedeutendsten politischen Philosophen des 19. Jahrhunderts – von Fichte und Hegel bis zu John St. Mill und Marx – hielten am Konsensbegriff als Maßstab staatlicher Legitimation fest, während sich im realen gesellschaftlichen Bewußtsein das demokratische Ideal im Sinn überwältigend-mehrheitlicher Zustimmung durchzusetzen begann. Um einen Konsens aber noch für denkbar zu halten, setzten jene Denker an die Stelle des historisch unglaubwürdig gewordenen christlich-religiösen unterschiedliche Versionen des *rationalistischen* Legitimationsrahmens: die deutschen Idealisten einen Begriff ›absoluter Vernunft‹, Mill die Rationalität utilitaristischer Ethik und Marx ›wissenschaftlichen Sozialismus‹.

Die historische Wirksamkeit von Lockes religiös-*naturrechtlicher* Rechtfertigung ist allerdings bis heute noch nicht geschwunden. Sie enthält Vorteile, die auch derjenige in Erwägung ziehen muß, der nicht mehr bereit ist, unhistorische und nichtempirische Vorstellungen über das ›Wesen des Menschen‹ zu akzeptieren. Zunächst hat man den Vorteil, daß ein naturrechtliches Menschenbild, in dem die Freiheiten des Liberalismus die entscheidende Rolle spielen, nicht durch geschichtliche, nationale oder rassische Unterschiede zwischen den Menschen beschränkt und relativiert wird. Die politische Sprache der Gegenwart macht sich diesen Umstand zunutze, indem sie von ›allgemeinen Menschenrechten‹ redet. Ein weiterer Vorteil der naturrechtlichen Auffassung liegt in der *Ethisierung* der Freiheit: Individuelle Freiheiten *sollen allen* Menschen zuteil werden, weil sie dem gottgewollten Wesen des Menschen schlechthin entsprechen. Gleichwohl kann Lockes ›protestantischer Konsens‹ unserem heutigen Interesse an der Legitimation der liberalen Grundfreiheiten im Ernst nicht mehr behilflich sein.

Eine andere Argumentation von ihm aus diesem Zusammenhang bleibt jedoch nach wie vor in Kraft. Es sind seine Argumente für den *Rechtsstaat* und die *Gewaltenteilung*. Ihr Gewicht wird nicht dadurch gemindert, daß sie bei ihm den Konsensbegriff zur Voraussetzung haben. Lockes Gedankengang macht auf einen Konflikt aufmerksam, der unter realistischen Voraussetzungen zwischen einer allseits anerkannten Moral und der moralischen Standfestigkeit der Menschen entsteht. Es sind Voraussetzungen, die auch heute noch Gültigkeit haben. Sie bestehen in einer grundsätzlich richtigen Einschätzung des menschlichen Verhaltens, mit der sich zugleich eine folgenreiche *ethische* Bewertung verbindet.

Zum Staat überleitend hat sich Locke nämlich die Frage gestellt, wie der Anspruch aller einzelnen auf Individualfreiheiten sicherzustellen ist. Denn entweder reicht die moralische Selbstverpflichtung eines jeden aus mitzuhelfen, jedem anderen den gleichen Anspruch auf Freiheit zu sichern, den man für sich selbst reklamiert, oder es ist eine von den Individuen unabhängige Instanz erforderlich, um die Gleichheit der ethischen Ansprüche der Individuen sicherzustellen. Locke geht in seiner ›naturrechtlichen‹ Sprache davon aus, daß im ›Naturzustand‹ für jedes Individuum eine moralische Verpflichtung besteht, die Anrechte jedes anderen Menschen gleichzuachten.[20] Aber genauso wenig, wie er den ›Naturzustand‹ als Paradies, sondern als Zustand ›mittlerer Güterknappheit‹ beschreibt, so wenig unterstellt er eine moralisch perfekte Welt, in der jeder Mensch ohne weiteres freiwillig tut, was er moralisch als richtig akzeptiert. Das Konzept der ›mittleren Knappheit‹, das dann auch von David Hume herausgestellt wurde, soll einen Zustand charakterisieren, in dem weder Armut noch Überfluß herrscht.

Nach Locke ist zwar jeder einzelne an Freiheiten der Person und des Eigentums und darüber hinaus an der Sicherung seiner individuellen Existenz interessiert.[21] Trotzdem besteht keine Gewähr für die *Stabilität* eines gesellschaftlichen Zustands, in dem die Erhaltung der Anrechte (Naturrechte) auf Freiheit und Sicherheit ausschließlich an die *moralische* Selbstverpflichtung der einzelnen gebunden ist: »Erstens fehlt es an einem festen, geordneten bekannten Recht, das durch allgemeine Zustimmung angenommen und anerkannt ist, die Norm für Recht und Unrecht und der allgemeine Maßstab zu sein, nach welchem alle Streitigkeiten unter ihnen zu entscheiden sind. Zweitens fehlt es im Naturzustand an einem anerkannten und unparteiischen Richter, mit Macht alle Zwistigkeiten nach dem eingesetzten Recht zu entscheiden, denn da im Naturzustand jeder sowohl Richter als auch Vollzieher des Naturrechts ist und Menschen parteiisch gegen sich selbst sind, ist es sehr wahrscheinlich, daß in eigener Sache Leidenschaft und Rache sie zu weit führen und ihren Eifer übertreiben, in Sachen anderer Menschen dagegen Saumseligkeit und Gleichgültigkeit sie zu nachlässig machen werden. Drittens mangelt es im Naturzustand oft an der Macht, dem Urteil, wenn es gerecht ist, einen Rückhalt zu geben, es aufrechtzuerhalten und ihm die gehörige Vollstreckung zu sichern.«[22]

Der Hinweis auf die Wahrscheinlichkeit, daß es auch bei Anerkennung gleicher Ansprüche auf Grundfreiheiten zu Uneinigkeiten und Konflikten zwischen den Menschen kommen wird, hat fraglos etwas intuitiv Einleuchtendes. Geht man wie Locke aber von einem Konsens aller Individuen bezüglich der Grundfreiheiten aus, dann ist es gleichwohl verwunderlich zu folgern, daß die Individuen bereit sein sollten, sich im Gegensatz zum allgemeinen Interesse zu verhalten. Denn Gott hat den Menschen doch die nötige Vernunft gegeben, damit sie die Freiheiten als allgemeines Interesse erkennen. Er hat sie aber offenbar nicht mit den moralischen Fähigkeiten ausgestattet, von Verstößen gegen das allgemeine Interesse abzusehen.

Locke gehört zu jenen politischen Philosophen der Neuzeit, die mit guten Gründen der *freiwilligen* Selbstbindung der Menschen nicht getraut haben. Es sind Gründe, die aus bestimmten Annahmen über die menschliche Psyche und das menschliche Normalverhalten folgen. Wir haben bereits gesehen, daß die Ansprüche auf Individualfreiheiten nicht nur als ethische Postulate zu betrachten sind, die in gleichsam zeitloser Konkurrenz mit anderen ethischen Normen zu diskutieren wären. Es handelt sich vielmehr um Postulate, die aus der geschichtlichen Entwicklung herausgewachsen sind, welche durch das Zurücktreten der Ethiken des ›vorgegebenen Sinns‹ und durch das Vordringen eines ethischen Bewußtseins des ›produzierten Sinns‹ gekennzeichnet ist. Insofern hat das Grundpostulat das Liberalismus, der Anspruch auf Grundfreiheiten, einen *geschichtlichen Rahmen*, an den seine Entstehung gebunden ist, denn die Freiheitspostulate des Liberalismus gehören zum modernen ethischen Bewußtsein des ›produzierten Sinns‹.

Mit ihrer weltanschaulichen und politischen Bedeutung seit dem 17. und 18. Jahrhundert eröffnen sich zunächst nur in den Vorstellungen von Philosophen wie Locke erheblich größere Spielräume für die Selbstbestimmung der Individuen, als sie früher bestanden haben. Diese Spielräume bieten die Möglichkeit, einer ›Naturanlage‹ der menschlichen Gattung mehr Auslauf zu gewähren. Es ist dies der die historischen Epochen überlagernde – und insofern ›biologisch eingeimpfte‹ – Hang der Menschen, sich in ihrem Handeln primär durch Interessen und Ziele lenken zu lassen, die den naheliegenden individuellen *Vorteil* zum Ausdruck bringen. Es war jedenfalls die Auffassung von Locke, daß die einzelnen bestrebt sind, Handlungen den Vorzug zu geben, die ihren eigenen Vorteil beziehungsweise Nutzen vergrößern. Zwar hat er diese Annahme vom ›nutzenmaximierenden Individuum‹ nicht mit einer ausschließlich egoistischen Psychologie verbunden, wie das bei Thomas Hobbes der Fall ist. Locke zufolge ist den Menschen auch im ›Naturzustand‹ an ›Geselligkeit‹ gelegen. Trotzdem meint er genau wie Hobbes, daß das Individuum *zweckrational* handelt, anders gesagt: daß die Zwecke, die es sich setzt, seine individuellen Nutzenvorstellungen zum Ausdruck bringen und daß es sich in der Regel für solche Mittel zur Verwirklichung seiner Zwecke entscheiden wird, die den individuellen Nutzen unmittelbar steigern. Nehmen wir dies an, so kann man erklären, warum es zu jenem ›Widerspruch‹ bei Locke kommen kann, einem Widerspruch, der darin besteht, daß einerseits *jeder einzelne* den Besitz und die Erhaltung von Autonomie, Sicherheit und Eigentum als *das beste* ansieht und daß andererseits der Zustand unter Bedingungen der *Freiwilligkeit* nicht zustande kommt, der im Interesse aller der beste wäre.

Der ›Widerspruch‹ ist von staatsphilosophischer Bedeutung, weil seine Auflösung die überzeugendste Rechtfertigung für den *Rechtsstaat* enthält. Er spielte bereits bei Hobbes die entscheidende Rolle im Rahmen der Ableitung des staatlichen Machtmonopols. Hume hat ihn ebenfalls aufgenommen, und in der Sozialphilosophie des 19. Jahrhunderts hat John St. Mill verwandte Überlegungen angestellt.

Es ist die Problematik, die in der Gegenwart – besonders in der modernen Politischen Ökonomie – unter dem Stichwort *›Gefangenendilemma‹* diskutiert wird. Im Bild des ›Trittbrettfahrers‹ kommt eine Art des Dilemmas zum Ausdruck, die gut verdeutlicht, worum es geht. Wenn wir öffentliche Verkehrsmittel – zum Beispiel die Straßenbahn – benutzen, wissen wir, daß das Risiko häufig gering ist, das man eingeht, wenn man als ›Trittbrettfahrer‹ ohne gültigen Fahrschein, also zum Nulltarif, fährt.[23] Oder als Steuerzahler ist uns bekannt, daß es Möglichkeiten gibt, den Staat zu ›betrügen‹, ohne entdeckt zu werden. Zugleich ist uns gar nicht daran gelegen, Protest gegen das staatlicherseits zur Verfügung gestellte ›öffentliche Verkehrswesen‹ oder gegen staatliche Steuern generell zum Ausdruck zu bringen. Für derartige Beispiele alltäglicher Entscheidungssituationen ist stets der Umstand kennzeichnend, daß unser Interesse an ›öffentlichen Leistungen‹, wie öffentliche Verkehrsmittel und Staatsverwaltung es sind, mit unserem eigennützigen Interesse in Konflikt gerät, uns Vorteile gegenüber anderen zu verschaffen, indem wir uns ›unbeobachtet‹ – d. h. risikolos – auf Kosten anderer ›bereichern‹. ›Unbeobachtet‹ heißt dabei, daß wir nachteilige Folgen wie Bestrafungen nicht in Rechnung zu stellen brauchen, wenn wir uns im Sinn unseres Eigennutzes gegen das Allgemeininteresse entscheiden. Kurzum, wir befinden uns bei Entscheidungskonflikten dieser Art im Widerstreit zwischen Eigennutz und moralischem Rechtsgehorsam.

Interessant und wichtig ist diese Annahme nicht deshalb, weil sie auf kriminelle und abartige Neigungen in uns hinwiese. Sie ist es, weil sie von einer realistischen anthropologischen These über das menschliche Verhalten ausgeht.

Man kann als gesichert unterstellen, daß die Menschen im ›gesellschaftlichen Fernbereich‹ ihr Handeln am Maßstab ihres unmittelbaren Vorteils ausrichten. Dieser ›Fernbereich‹ ist durch den Mangel an *persönlichen* Beziehungen, mithin durch *Anonymität* zwischen den Menschen, gekennzeichnet. In der industriellen Massengesellschaft von heute hat er ohne Frage eine große Ausweitung erfahren. Wir können sagen, daß der größte Teil unserer menschlichen Beziehungen in den ›Fernbereich‹ fällt: von unserer Einbindung in die Berufswelt, in der wir permanent mit anderen Menschen zu tun haben, zu denen wir kein persönlich-privates Verhältnis haben, bis zu unserem Auftreten als Wirtschaftssubjekte, bei dem wir im selteneren Fall selbständige Verkäufer und im Normalfall Käufer von Waren sind. Zugleich sind wir im gesellschaftlichen ›Fernbereich‹ auf eine *abstrakte* Art und Weise *individualisiert*, weil keine festen sozialen Bindungen an andere Menschen existieren, Bindungen, die uns zu besonderer Rücksichtnahme auf andere verpflichten. Es ist nicht mehr als natürlich, daß die Menschen in weitgehend nichtpersönlichen Verhältnissen zueinander die Zwecke ihrer Handlungen primär aus der individualistischen Eigenvorteilsperspektive beurteilen. Und es hat wenig Sinn, diesen

Umstand durch vorschnelles Moralisieren negativ zu bewerten. Man muß ihn nämlich als ein unverrückbares Datum neuzeitlicher Lebensverhältnisse in Rechnung stellen.[24]

Die Feststellung nimmt jetzt nicht wunder, daß der gesellschaftliche ›Fernbereich‹ auch der Bereich des *Wettbewerbspluralismus* ist. Die fruchtbare Anwendung der Konkurrenz in Wirtschaft, Wissenschaft und Politik (als demokratische Parteienkonkurrenz) basiert auf der Eigenvorteilsorientierung, die die Menschen unter anonymen, nichtpersönlichen Bedingungen des Umgangs miteinander im Handeln motiviert.

Gesellschaftliche ›Nahbereiche‹ sind demgegenüber durch *persönliche* und zwischenmenschliche Beziehungen ausgezeichnet. In erster Linie gehören die Verhältnisse dazu, welche die Menschen in der Familie, bei Freundschaften und im engeren Bekanntenkreis aufbauen. Doch auch die frühere Dorfgemeinschaft, die in abgeschwächter Form auch in der heutigen industriellen Zivilisation noch überlebt, gehörte zum ›Nahbereich‹, der im Grundzug dadurch bestimmt wird, daß die Menschen entweder zur Rücksichtnahme aufeinander gezwungen sind oder sich darüber hinaus füreinander einsetzen. Das beste Beispiel liefert die normale Familie, in der die Eltern sich um das Wohl ihrer Kinder bemühen. Die zwischenmenschlichen ›Nahbereiche‹ sind – in der Sprache der Ethik – diejenigen Felder menschlichen Verhaltens, in denen man eine hauptsächlich *altruistisch* geprägte Handlungsorientierung erwarten kann.

Man kann auch die Gebiete dazu zählen, in denen der ›Pluralismus der Eigentümlichkeit‹ beheimatet ist. Und ebenso trifft die häufig bestätigte Beobachtung zu, daß die Menschen in gesellschaftlichen Bezirken des ›Eigentümlichkeitspluralismus‹ mehr für altruistisches Engagement ansprechbar sind. Handelt es sich dabei z. B. um die Mitgliedschaft in Vereinen (von Gesangs- und Sportvereinen bis hin zu Ortsvereinen und lokalen Untergliederungen politischer Parteien), dann wird die Anonymität der ›äußeren‹ Gesellschaft durch persönliche Kenntnis und die Arbeit für ein gemeinsames Ideal oder ein vitales Interesse der Menschen überlagert. Handelt es sich um die Zugehörigkeit zu einem sprachlichen Dialektbereich, zu einer Gemeinde, in der man lange wohnt, zu einer stammesgeschichtlich geprägten Region wie Bayern, Franken, Hessen, der Pfalz oder letztlich zu einer Nation wie der deutschen, französischen, russischen und englischen, dann werden ebenfalls Gefühle des zwischenmenschlichen Zusammenhalts mobilisiert, die die nach wie vor vorhandene Anonymität der gesellschaftlichen Beziehungen in Gefühl und Bewußtsein der Menschen verdrängen und ersetzen können und zu einem altruistisch geprägten

Gruppenverhalten der einzelnen führen. So setzt man sich ehrenamtlich für seinen Fußballverein ein; man engagiert sich für ein politisches Amt in der Gemeinde; man pflegt etwa durch die Mitgliedschaft in Volkstumsvereinen den regionalen Zusammenhalt, und die Liebe zum Vaterland geht im Kriegsfall, wie wir wissen, bei den meisten Menschen so weit, daß sie sogar die Vernichtung der eigenen Person zu riskieren bereit sind.

In unserer Zeit hat sich das Leben der Menschen in Richtung auf eine Ausdehnung des durch Anonymität charakterisierten ›Fernbereichs‹ verschoben. Er beherrscht eindeutig über Beruf, Wirtschaft und Politik das Leben des Menschen in der modernen Industriegesellschaft. Dahinter steht eine geschichtliche Entwicklung, aus der zwei gesellschaftspolitische Grundphänomene der Moderne hervorgegangen sind: die ›politischen Freiheiten‹ des *Liberalismus* und die Idee der demokratischen *Gleichheit*, die im demokratischen Legitimationsrahmen enthalten ist. Die liberale Freiheit ist die Freiheit der neuzeitlichen *abstrakten* Individualität. Ihre gesellschaftlichen Motivationen entstammen demselben historischen Vorgang, der mit dem Trend zur Verstädterung der modernen Lebensweise und der Ausbreitung von Marktwirtschaft und technischer Zivilisation aufs engste verbunden ist.

Bis zu Anfang unseres Jahrhunderts lebten die Menschen in Europa vorwiegend in dörflichen Gemeinschaften. Ihre sozialen Beziehungen waren in der Hauptsache durch stabile, altruistischem Verhalten günstige zwischenmenschliche Beziehungen aus dem ›Nahbereich‹ und den Bereichen des ›Eigentümlichkeitspluralismus‹ geprägt. Die moderne Anonymität, deren geschichtliche Anfänge bei uns etwa seit dem 17. Jahrhundert wirksam sind, hat im allmählichen Übergang von der agrarischen zur industriellen Gesellschaft eine uns heute prägende sozialpsychologische Einstellung erzeugt. Die Menschen gehen zunehmend ihrer stabilen Einbindung in kleine gesellschaftliche Verbände wie Familie und Dorfgemeinschaft verlustig, in denen sie eine feste gesellschaftliche Stellung und die mit ihr verbundene Anerkennung durch die anderen besaßen. Der moderne Mensch der gesellschaftlichen ›Fernbereiche‹ ist demgegenüber gezwungen, sich gesellschaftliche Anerkennung unter den ›entfremdeten‹ Bedingungen gesellschaftlicher Anonymität zu erkämpfen. Deshalb liegt die Hauptmotivation der modernen ›politischen Freiheiten‹ in der Suche nach gesellschaftlicher Anerkennung. Man will ›wer‹ sein in der anonymen, vorwiegend städtischen Massengesellschaft. Die anderen aber, deren Anerkennung der mobile Massenmensch sucht, sind ›abstrakte‹ andere, Individuen, zu denen er keine persönlichen, gefühlsmäßig geprägten Beziehungen hat.

Die Suche nach gesellschaftlicher Anerkennung, die als motivierende Kraft in den ›politischen Freiheiten‹ des Liberalismus steckt, erzeugt aber zugleich eine starke Abneigung dagegen, gesellschaftliche *Unterschiede* zu akzeptieren, da die anderen in erster Linie als *anonyme* andere erfahren werden, als ›abstrakte‹ – und darin grundsätzlich einander ähnliche – Individuen von der gleichen Art, wie man selber eines ist. Die heutige Wertschätzung der demokratischen – und darüber hinaus der sozialen – Gleichheit gründet in Europa in diesem neuzeitlichen Gesellschaftswandel, mit dem die beschriebene sozialpsychologische Einstellung einhergeht.

Die Grundbegriffe des Liberalismus und des Sozialismus, Freiheit und Gleichheit, erweisen sich damit als Sprößlinge derselben historischen Entwicklung. Ihr weltanschaulicher Gegensatz stammt lediglich aus einer Überspitzung der gesellschaftlichen *Spannung*, die die Grundtendenz der Moderne bezeichnet und die jene Grundbegriffe gesellschaftspolitisch zusammenbindet.

Das ›Dilemma‹ nun, von dem oben die Rede war, beschreibt eine Entscheidungslage, die typisch für die Perspektive der ›abstrakten‹ Individualität des dominierenden gesellschaftlichen ›Fernbereichs‹ mit ihrer Eigenvorteilsorientierung ist. Es wurde der Sache nach bereits von Locke gesehen, einem Philosophen aus dem Jahrhundert, das die Anfänge der modernen gesellschaftlichen Anonymität erlebte. Denn Lockes Fiktion des ›Naturzustands‹, einer erdachten Situation völlig isolierter menschlicher Existenzen, läßt sich gut als modellhafte Abspiegelung der gesellschaftlichen Anonymität der modernen Menschen deuten.

Um uns das Entscheidungsdilemma zu verdeutlichen, das für die Handlungsperspektive des modernen Individuums charakteristisch ist, versetzen wir uns mit etwas Phantasie in die Lage eines Menschen im Lockeschen (im Prinzip auch Hobbesschen) ›Naturzustand‹. Es ist die Lage eines Menschen, der mit einer großen Anzahl anderer Menschen darin einig ist, daß die Erhaltung von Grundfreiheiten und Lebenssicherheit im langfristigen Interesse eines jeden liegt. Die Herstellung eines derartigen Zustands bringt jedoch Kosten mit sich. Jeder einzelne muß mit unmittelbaren Verzichten bezahlen, damit der langfristig erwünschte Zustand erhalten bleibt, der allen Freiheit, Sicherheit und Leben garantiert. Diese Garantien bestehen nur, wenn man darauf verzichtet, in die Rechte oder das Eigentum anderer einzugreifen.

Das *Dilemma* wird durch eine Entscheidungssituation gekennzeichnet, in der das rational seinen Vorteil kalkulierende Individuum aus vier möglichen Zuständen auswählen kann. Der beste Zustand, den es erreichen könnte, besteht darin, daß es allein einen Vorteil durch Regelverletzungen hätte, während alle anderen Individuen die Regeln einhalten. Der zweitbeste Zustand wäre der, daß das Individuum freiwillig auf regelwidrig erworbene Vorteile verzichtet und die anderen sich genauso verhalten. Der schlechteste Zustand wäre gegeben, wenn unser Individuum allein auf regelwidrig erworbene Vorteile verzichtet, während sich andere Individuen solche Vorteile verschaffen. Dieser Zustand wäre für unser Individuum noch nachteiliger als der vierte mögliche Zustand, den es in Rechnung zu stellen hat: die ausnahmslose Mißachtung der Regeln durch *alle*.

Der rationale Maßstab der Vorteilsmaximierung legt unserem Individuum ohne Zweifel nahe, sich für den *besten* Zustand zu entscheiden. Es wird dies aber die *rationale* Entscheidung eines *jeden* Individuums sein, so daß der Zustand, der für jeden einzelnen aus seiner Perspektive geurteilt der beste ist, nicht realisiert werden kann. Er könnte ja nur dann zustande kommen, wenn die anderen sich *nicht* so verhalten wie das einzelne Individuum selber. Verwirklicht wird vielmehr nun der zweitschlechteste Zustand eines ›Kampfes aller gegen alle‹ (Hobbes sprach vom ›Krieg aller gegen alle‹)[25], bei welchem keiner sich seiner Freiheitsrechte mehr sicher sein kann.

Das *Dilemma* liegt darin, daß der zweitbeste Zustand von den Individuen nicht gewählt wird, obwohl er nach dem individuellen Rationalitätsmaßstab eines jeden eindeutig besser wäre als der ›Kampf aller gegen alle‹, den sie sich durch ihr Votum für die individuell beste Lösung tatsächlich einhandeln. Mit anderen Worten: Indem die Individuen *rational* nach ihrem unmittelbaren Interesse handeln, verletzen sie ihr langfristiges.

Locke – und vor ihm Hobbes[26] – hat den Weg gezeigt, wie man aus dem Dilemma herauskommt. Es bedarf eines über den Individuen stehenden ›Schiedsrichters‹, der sowohl als ›unparteiischer Richter‹ in Konfliktfällen zugunsten der Regeleinhaltung entscheidet, als auch mit der Macht ausgestattet ist, diejenigen Individuen zu strafen, die gegen die Regeln verstoßen.

Es ist dies der grundlegende, nach wie vor gültige Gedanke, der zum Konzept des liberalen *Rechtsstaats* geführt hat.[27] Durch einen rechtsstaatlichen ›Schiedsrichter‹ ändert sich nämlich für den einzelnen die ›ursprüngliche‹ Entscheidungssituation vom Grundsatz her. Der einzelne kann dann nicht mehr davon ausgehen, eine *unmittelbar* eigennützige Entscheidung bliebe ohne negative Konsequenzen für ihn. Er muß im Gegenteil ständig in Rechnung stellen, daß eine übergeordnete unparteiische Instanz strafend eingreift, falls er die Regeln der Gemeinschaft verletzt. Bei Locke heißt es: »Da aber keine politische Gesellschaft bestehen kann, ohne daß sie in sich selbst die Gewalt besitzt, das Eigentum zu schützen und zu diesem Zweck die Übertretung aller, die zur Gesellschaft gehören, zu bestrafen, so gibt es nur dort eine politische Gesellschaft, wo jedes einzelne ihrer Mitglieder seine natürliche Gewalt aufgegeben und zugunsten der Gemeinschaft in allen Fällen auf sie verzichtet hat, die ihn nicht davon ausschließen, das durch sie geschaffene Gesetz zum Schutz anzurufen. Indem auf diese Weise das private Gericht jedes einzelnen Mitgliedes beseitigt wird, wird die Gemeinschaft zum Schiedsrichter nach festgesetzten, stehenden Regeln, unparteiisch und derselbe für alle.«[28]

Aus Lockes Begründung ist festzuhalten, daß diese Funktion des Staates als ein Instrument der *Prävention* verstanden wird. Denn nur wenn ein durchsetzbares Strafrecht des Staates existiert, wird das am unmittelbaren Nutzen orientierte ›rationale‹ Kalkül der einzelnen Individuen zerstört, sich auf Kosten anderer als ›Trittbrettfahrer‹ Vorteile zu verschaffen.

Diese Rechtfertigung des liberalen Rechtsstaats hatte im Hinblick auf ihre weltanschauliche und politisch-propagandistische Vermittlung von Anfang an mit erheblichen Schwierigkeiten zu kämpfen. Unter *ethischen* Maßstäben ergibt sie sich als Konsequenz des *Mißtrauens* in die *moralische* Verläßlichkeit der Menschen. Könnte man sich nämlich darauf verlassen, daß jeder einzelne auch ohne staatliche Überwachungsinstanz darauf verzichtet, sich unmittelbare Vorteile zu verschaffen, dann bedürfte es keiner staatlichen Schiedsrichterinstanz und keines staatlichen Machtmonopols. Ist jenes Mißtrauen aber gerechtfertigt – und damit die Notwendigkeit eines staatlichen ›Schiedsrichters‹ begründet –, dann erinnert diese Legitimierung des Staates an einen ethischen Defekt, den wir uns ungern zu Bewußtsein bringen, nämlich an unsere Bereitschaft zu moralisch wünschenswertem Verhalten nur dann, wenn es *institutionell* (d. h. durch eine neutrale Aufsicht mit Sanktionsgewalt) überwacht wird.[29]

Die etwas *skeptische Anthropologie*, zu der Lockes Argumentation führen muß, gewinnt nun unter der Bedingung der *demokratischen Legitimation* der Moderne noch größere Plausibilität als unter der Bedingung des klassisch-liberalen Konsenses. Denn im demokratischen Legitimationsrahmen von heute kann man nicht mehr davon ausgehen, daß ausnahmslos alle Bürger die staatlichen Grundnormen akzeptieren. Es besteht vielmehr für zahlenmäßig durchaus bedeutende Minderheiten ständig ein auch langfristig rational zu rechtfertigendes Motiv, Grundnormen der Gesellschaft zu durchbrechen, mit anderen Worten: zu revolutionärer Gewalt zu greifen, wenn es den mit Sanktionsvollmacht ausgestatteten Staat nicht gäbe. Das heißt: Im demokratischen Rahmen muß der Staat deshalb noch stärker sein als in einer idealen ›konsensualistischen‹ Gesellschaft.

Die weltanschauliche Werbung für das Rechtsstaatsverständnis des Liberalismus hat bis heute mit der Schwierigkeit zu kämpfen, daß es von einer skeptischen Einschätzung des menschlichen Verhaltens ausgeht. Nach dieser Einschätzung sind von den Menschen eher Verhaltensweisen zu erwarten, die allgemein als ›unmoralisch‹ (im Sinn der Gleichsetzung des Moralisch-Schlechten mit dem Egoistischen) qualifiziert werden. Es ist einfacher, für ein Gesellschaftsverständnis zu werben, welches den Menschen von Grund auf als ein moralisches Wesen ansieht. Philosophen wie Jean-Jacques Rousseau, die ihrem Konzept einer ›guten‹ Gesellschaft ein positiveres Menschenbild, nämlich ein Bild vom Menschen zugrunde gelegt haben, in dem wechselseitiges Mißtrauen unbegründet ist, sowie die Vertreter des Anarchismus, die ebenfalls von einem von *Natur* aus ›guten‹ Menschen ausgehen, hatten es vom propagandistischen Gesichtspunkt aus gesehen immer leichter.

Man kann in der politischen Philosophie des Liberalismus zwischen einem *anarchistischen* und einem *staatlichen* Liberalismus unterscheiden. Der *anarchistische Liberalismus* (in der Nachfolge Rousseaus) baut auf die Möglichkeit einer Gesellschaft, in der die einzelnen ohne eigennütziges Vorteilsdenken *freiwillig* die Grundnormen beachten.[30] Der *staatliche Liberalismus* stellt eine ›eigennutzorientierte Natur‹ des Menschen in Rechnung und mißtraut der unbeschränkten *moralischen* Freiwilligkeit selbst dort, wo sie im langfristigen Interesse des einzelnen liegen mag. Der Gegensatz macht eine philosophische Grundsatzentscheidung erforderlich, die noch heute die politischen Geister beunruhigt und in der Folge trennt.[31] Denn wer ein optimistisches Menschenbild bevorzugt, neigt zu Sympathien für Gesellschaftsbilder des *anarchistischen Liberalismus*, die in der Gegenwart überwiegend in den Farben eines ›utopischen‹ Marxismus (zum Beispiel bei Ernst Bloch) ausgemalt werden.[32] Wer skeptischer und realistischer über die moralischen Fähigkeiten der Menschen denkt, wird die Position des staatlichen Liberalismus angemessener finden.

Locke und sein französischer Zeitgenosse Montesquieu haben sich nun auch Gedanken darüber gemacht, welche Staatsform den Rechtsstaat am besten verwirklicht. Beide sind zu dem Schluß gekommen, daß die der Freiheit dienende Funktion des Rechtsstaates nicht von einem Herrscher angemessen ausgeführt werden wird, der im Besitz eines Machtmonopols ist. Letzteres war in den absolutistischen Monarchien des 18. Jahrhunderts die Regel. Daß der Inhaber einer unbeschränkten Staatsmacht – als absolutistischer Monarch oder als Diktator – mit großer Wahrscheinlichkeit nicht in der Lage sein wird, den Rechtsstaat zu respektieren, zeigt sich, wenn man die Grundüberlegung aus jenem Entscheidungsdilemma auf die Interessenlage eines Menschen mit derartigen Machtpositionen anwendet. Der ›absolutistische‹ Herrscher befände sich in der Situation eines Menschen, der häufig den Konflikt zwischen seiner Verpflichtung, als ›unparteiischer Schiedsrichter‹ dem Rechtsstaat zu dienen, und der Verfolgung eigener Vorteile zu entscheiden hätte. Er wird sich, da er für sein ›Nutzenkalkül‹ keine Aufsichtsinstanz in Rechnung zu stellen braucht, *rationalerweise* stets für den *eigenen* Vorteil entscheiden. Geht man also vom Menschenbild des nutzenmaximierenden Individuums aus, dann wird jeder absolutistische Inhaber der Staatsmacht sich selber auf Kosten des Rechtsstaats und der Bürgerrechte bereichern. Das heißt: Es kann auf Dauer keinen Rechtsstaat in einer monarchisch-absolutistischen oder diktatorischen Staatsform geben, denn unkontrollierte Macht korrumpiert.

Die historische Erfahrung hat den realistischen Charakter dieser Folgerung bestätigt. Von den absolutistischen Monarchien des 17. und 18. Jahrhunderts bis zu den Diktaturen linker und rechter Prägung in unserem Jahrhundert hat sich noch immer gezeigt, daß die Inhaber zentralistisch organisierter Staatsmacht den Rechtsstaat nicht ernst nehmen.

Lockes und Montesquieus Theorie der *Gewaltenteilung* war die Antwort des politischen Liberalismus auf diese Problematik.[33] Der Idee nach soll nur eine staatliche Organisation im Sinn der Erhaltung des Rechtsstaats wirksam sein können, in der die Unabhängigkeit der wichtigsten staatlichen Funktionen voneinander gewährleistet ist. Nach Montesquieus einflußreich gewordener Lehre sind es die Funktionen der *Gesetzgebung* (legislative Gewalt), der *Regierung* und *Verwaltung* (exekutive Gewalt) und der *Gerichtsbarkeit* (judikative Gewalt). Der leitende Gedanke ist der, daß kein Amtsinhaber dieser ›Gewalten‹ in der Lage sein soll, Beschlüsse zu fassen und durchzuführen, die nicht einer Kontrolle durch eine der anderen ›Gewalten‹ unterliegen. Die Legislative (im parlamentarischen System die Volksvertretungen, in der direkten Demokratie das Volk in seiner Gesamtheit) soll das Recht haben, Gesetze zu beschließen. Damit sie ihr Recht aber nicht dazu ausnutzt, *verfassungswidrige* Gesetze – etwa gegen die Grundrechte der Bürger und gegen den Sinn der Gewaltenteilung – zu beschließen, soll die Gerichtsbarkeit unabhängig von der Regierung sein, die ihrerseits aber über ihre Verwaltung verpflichtet ist, den Urteilen der Gerichte gesellschaftliche Geltung zu verschaffen. Die Exekutive sollte dem Urkonzept nach sowohl berechtigt sein, dem Parlament Gesetzesvorlagen zu unterbreiten, als auch die Verwaltungsmaßnahmen, die zur Ausführung der Gesetze nötig sind, selbständig bestimmen können.

Es ist jedoch wichtig festzuhalten, daß das gewaltenteilige System *letzte* Sicherheiten für die Erhaltung des Rechtsstaats weder versprechen kann noch will. Denn es gibt keine Möglichkeit, eine *absolute* Neutralität sowohl des Staates als ›Schiedsrichters‹ als auch einer kontrollierenden Instanz zu garantieren. Das gesellschaftspolitisch wirksame Ideal besteht in *möglichst viel* Neutralität durch Kontrolle und in *möglichst viel* gesetzeskonformem Verhalten der Bürger und der staatlichen Verwaltung. So gibt es auch für uns in der Bundesrepublik, die wir das Prinzip der Gewaltenteiligkeit in den Staatsaufbau übernommen haben, keine *letzte* Gewähr dafür, daß etwa das Bundesverfassungsgericht (als der eigentliche ›Souverän‹ in Friedenszeiten) keine falschen Schlußurteile fällt. Trotzdem ist das gewaltenteilige System für den Rechtsstaat eindeutig besser als ein Machtmonopol.

Seit der Gründung der Vereinigten Staaten von Amerika enthalten die meisten liberalen Verfassungen bis in unsere Gegenwart die Gewaltenteilung. Die Geschichte des Parlamentarismus, vor allem die englische des vorigen Jahrhunderts, hat nun gezeigt, daß das Urkonzept der drei Gewalten in der politischen Praxis sich nicht ohne Abstriche durchsetzen ließ. Im Rahmen der konstitutionellen Monarchie Großbritanniens gab es den Streit zwischen Legislative und Exekutive über das Recht, Gesetze vorzuschlagen, bis sich das Parlament schließlich durchgesetzt hat. Dadurch wurde die Unabhängigkeit der Regierung vom Parlament aufgehoben. Die Bewegung des *demokratischen* Parlamentarismus erzwang, daß die Regierung durch die Mehrheitsfraktion des Parlaments gebildet und nicht mehr vom König nach eigenem Gutdünken eingesetzt wurde. Durch den Übergang von monarchischen zu republikanischen Verfassungen, die im 19. Jahrhundert und zu Beginn des 20. Jahrhunderts den Zug zur Demokratisierung widerspiegeln, wurde eine komplizierte Verflechtung zwischen Legislative und Exekutive zum Kernbestandteil aller liberalen Verfassungen. Diese Entwicklung lag ohne Frage nicht im ursprünglichen Sinn der Montesquieuschen Lehre von den drei Gewalten, denn die Unabhängigkeit der Regierung von der Legislative wurde damit beseitigt. Wenn die Regierung von den Mehrheitsfraktionen des Parlaments gebildet wird, kann keine Rede mehr sein von einer wechselseitigen Kontrolle, wie jene Lehre es vorsah. Insofern hat sich in den westlichen Staaten die Teilung der drei Gewalten faktisch auf die Unabhängigkeit zweier Gewalten reduziert: auf das Machtgeflecht Legislative – Exekutive einerseits und den Bereich der Gerichtsbarkeit andererseits.

Doch genausowenig wie die ursprüngliche Idee der Gewaltenteilung hat sich die klassisch-liberale Lehre vom Rechtsstaat historisch durchsetzen können. Diese Lehre räumt dem Staat bekanntlich allein die ›Schiedsrichterfunktion‹ zur Überwachung der bürgerlichen Grundfreiheiten ein. Der Demokratisierungsprozeß, der insbesondere im 20. Jahrhundert die westlichen Gesellschaften durchdrungen hat, förderte den Preis zutage, der unter seinen Bedingungen für die staatliche Garantie liberaler Freiheiten – in erster Linie der Eigentumsfreiheit – zu entrichten ist. Er besteht in staatlichen Eingriffen in die Verfügung über die wirtschaftlichen *Ergebnisse* der Individualfreiheiten. Der leitende Maßstab des staatlichen Eingriffs ist die Idee *sozialer Gleichheit*, die gleichsam geschichtslogisch aus dem Demokratisierungsprozeß der Moderne hervorgegangen ist. Das Rechtsstaatskonzept des klassischen Liberalismus ist damit fraglos nicht zu vereinbaren, denn der Staat ist unter den Demokratisierungsbedingungen entschieden mehr als bloß ›unparteiischer Schiedsrichter‹. Er wird zur Instanz sozialer Umverteilung von wirtschaftlichen Ergebnissen der individuellen Freiheiten. Gleichwohl kann man bis heute nicht behaupten, der moderne Demokratisierungsprozeß habe den in den liberalen Demokratien nach wie vor staatlich garantierten Individualfreiheiten die gesellschaftliche Basis entzogen. Was von der Philosophie des klassischen Liberalismus, wie sie von Locke zuerst vertreten wurde, für uns in Geltung bleibt, sind die Argumente, die aus der individualistischen Perspektive für die Notwendigkeit des Rechtsstaats sprechen, und die überzeugenden Gründe für eine gewaltenteilige Staatsstruktur. Sie haben an ideologie- und realpolitischem Gewicht sogar noch gewonnen angesichts ungeminderter Faszination anarchistisch-alternativer Wunschbilder einerseits und der Bedrohung durch totalitäre Diktaturen andererseits.

Die klassische Idee des Konsenses aller aber kann demgegenüber nicht mehr aufrechterhalten werden. Gleichwohl übt sie auch in der Gegenwart ihre Faszination noch aus.

3. Faszination und Unmöglichkeit des Konsenses

Das Konsens-Modell, auf dem Lockes Argumentation für die staatliche Garantie der bürgerlichen Grundfreiheiten beruht, wurde zum Rechtfertigungsideal des ›staatlichen‹ wie des ›anarchistischen‹ Liberalismus. Es beinhaltet, daß alle Individuen, die bereit sind, einen ›Staat‹ zu gründen, sich einig sein müssen über die Absicht der Staatsgründung und darüber, daß sie die Grundfreiheiten bevorzugen wollen.

Nun kann man zunächst darauf hinweisen, daß jedes *demokratische* Verfahren einen *Konsens* zum Zweck hat, denn Mehrheitsbeschlüsse sollen eine *alle* bindende, mithin allgemeine Gültigkeit herstellen. Das klassische Konsens-Modell bezieht sich aber nicht auf eine derartige Anerkennung von Mehrheitsbeschlüssen, sondern auf eine einmütige Übereinstimmung aller, die *ohne Zwang* herbeigeführt werden soll. Zwang und die Bereitschaft, sich als Minderheit dem Willen der Mehrheit zu unterwerfen, gehören hingegen allein zur Logik der Mehrheitsverfahren.

Ein Konsens entsprechend dem Lockeschen Konzept ist nun in der historischen Wirklichkeit noch nicht vorgekommen. Gerade der Gesellschaftsaufbau der Staaten des 18. und 19. Jahrhunderts, der Zeit, in der die Ideen des Liberalismus in der politischen Wirklichkeit Fuß faßten, war durch die Privilegierung herrschender Klassen: des Adels, des Klerus und des gehobenen Bürgertums, bestimmt. Es wäre illusorisch gewesen, in einer solchen Gesellschaftsstruktur einen *Konsens* der Bürger in Hinsicht auf individuelle Grundfreiheiten vorauszusetzen. Wollte man nach dem Modell in der historischen Wirklichkeit ernsthaft verfahren, dann hätte man in irgendeinem noch nicht besiedelten Landstrich diejenigen Menschen zu einer Staatsgründung versammeln müssen, die bestimmte Grundfreiheiten bevorzugten. Von einem abstrakten Beurteilungsstandpunkt aus gesehen kann man noch am ehesten sagen, daß die USA, der erste liberale Staat, der aus den englischen Kolonien des 18. Jahrhunderts hervorging, auf diese Weise entstanden sind.[1]

Bei ihrer Gründung spielte eine große Rolle, daß dorthin überwiegend Menschen aus den westeuropäischen Ländern ausgewandert waren, die für sich mehr individuelle Selbstbestimmung in politischen, wirtschaftlichen und vor allem auch in religiösen Angelegenheiten erreichen wollten. In Westeuropa konnte das Konsens-Modell nie in dem Sinne ernstgenommen werden, daß man nach ihm einen Staat hätte gründen sollen. Es gab keine realistische Alternative zu der historischen Entwicklung, die in allen Ländern Westeuropas ablief. Die Berufung auf die Grundfreiheiten des Liberalismus erfolgte von Anfang an im Interesse *einer Klasse* der Gesellschaft: des in den absolutistischen Monarchien des 18. Jahrhunderts ökonomisch mächtig gewordenen Bürgertums. Das ist kein Zufall, denn es war die gesellschaftliche Klasse, die an der staatlichen Garantie einer freien Verfügung über individuelles Eigentum am meisten Interesse hatte. Der philosophische Grundgedanke des Liberalismus, wonach der Staat die

Freiheitsrechte von Individuen schützen soll, weil ein *Konsens* darüber besteht, wurde speziell durch die sozialen Folgen der staatlich garantierten Eigentumsfreiheit als politische Rhetorik bloßgestellt. In England entstand im Zusammenhang mit der ›industriellen Revolution‹, die während der zweiten Hälfte des 18. Jahrhunderts ein besitzloses Industrieproletariat hervorbrachte, zuerst der Eindruck, daß die Eigentumsfreiheit jedenfalls faktisch keine *konsensfähige* Freiheit darstellen kann.

Die historische Entwicklung machte im nachhinein deutlich, daß Locke den Konsens-Begriff als Maßstab der Rechtfertigung staatlicher Grundnormen ins Spiel bringen konnte, weil er in seinem Jahrhundert noch auf die weithin akzeptierte Glaubwürdigkeit eines ›absoluten Befehlsgebers ethischer Normen‹, nämlich Gottes, bauen durfte. Schon lange vor Marx aber hatten Philosophen wie Rousseau, die ebenfalls Anhänger des liberalen Konsens-Modells waren, eingesehen, daß das Hauptproblem im *Gegensatz* zwischen der geschichtlich gewachsenen sozialen Realität und der Konsens-Idee lag. Rousseaus Hauptwerk ›Der Gesellschaftsvertrag‹ beruht über weite Strecken auf Klagen darüber, daß die gesellschaftliche Verfassung der Menschen in seinem Jahrhundert so überhaupt nicht der ›Natur‹ entspreche, nach der die Menschen allesamt zur freien Selbstbestimmung geboren sind. Unter seinem Einfluß haben Kant, Fichte und Hegel versucht, in ihren geschichtsphilosophischen Konzeptionen den *Gegensatz* zwischen der Konsens-Idee und den *geschichtlich gewachsenen* Realitäten zu überbrücken. Kant hat die Idee einer internationalen Ordnung entwickelt, die ganz auf der Achtung vor dem wichtigsten Prinzip des Liberalismus, den freiheitlichen Individualrechten, beruht. Er hat als erster, was die *Versöhnung* dieser Idee mit der Geschichte anlangt, den von Hegel und Marx später ausgeführten Gedanken ausgesprochen, wonach die gesellschaftlichen und zwischenstaatlichen Konflikte der Menschheit im Dienst einer ›Naturabsicht‹ stehen, die hinter dem Rücken der menschlichen Akteure daran arbeitet, den Zustand des ›ewigen Friedens‹ herbeizuführen.[2] Hegel hat dann eine grandiose Geschichtsphilosophie präsentiert, nach der das Ziel der Geschichte in der Verwirklichung der Freiheit aller Menschen liegt.[3]

Diese Philosophen verbindet ein Kerngedanke: Sie halten alle an der liberalen Idee eines Staates beziehungsweise einer Gesellschaft fest, die als Verwirklichung des *Konsens-Modells* verstanden wird. Die leitende Idee ist die, daß eine Gleichverteilung von Freiheitsrechten der Individuen die *konsensmäßige* Zustimmung zur sozialen Ordnung sichert. Die unübersehbaren Abweichungen der bisherigen Menschheitsgeschichte von dieser Grundidee sollen als notwendige Durchgangsstufen zum Staat der Freiheit gerechtfertigt werden.

Es ist auffallend, daß keiner dieser Philosophen die aus der historischen Erfahrung ablesbare Schwierigkeit, konsensfähige Freiheiten zu verwirklichen, zu einer *Kritik* des Konsens-Ideals selber genutzt hat. Sie gehen zwar alle davon aus, daß es bisher noch keine Verwirklichung der auf Konsens beruhenden ›Gesellschaft der Freien‹ gegeben hat. Sie verknüpfen diese Feststellung indes mit der Forderung gesellschaftlicher Verhältnisse, die die *Verwirklichung des Konsenses* bringen sollen. Der *utopische* Charakter der meisten modernen Geschichtsphilosophien, die bis zu den Vertretern des Anarchismus die liberalistische Idee der Individualfreiheit zum Leitbild haben, geht geradezu auf die Überzeugung zurück, daß der *Konsens* den nicht in Frage gestellten Maßstab für staatliche und gesellschaftliche Grundnormen darstellt.

Es ist aber keine wirkliche Situation vorstellbar, die durch die Übereinstimmung *aller* einzelnen Individuen im Hinblick auf politische Grundnormen – seien es Freiheitsrechte oder seien es Verfahren kollektiver Willensbildung – geprägt wäre. Das erklärt noch am ehesten, warum das Konsens-Ideal des klassischen Liberalismus in der gesellschaftlichen *Wirklichkeit* der europäischen (und nordamerikanischen) Staatengeschichte der Neuzeit keine Rolle gespielt hat. Es wurde nie zu einer gesellschaftlich akzeptierten, massenwirksamen Grundlagennorm der Staatsrechtfertigung. Nicht umsonst ist das Konsens-Ideal in der Sprache der Politiker und der politischen Journalisten heute zu einer Formel politischer Rhetorik herabgesunken, in der die genaue Bedeutung – Übereinstimmung eines jeden mit jedem anderen – nicht mehr ernstgenommen wird. Es überdauert allerdings in erstaunlicher Frische als fiktiv-idealer Maßstab von Gesellschaftsmodellen, die von Philosophen und Sozialwissenschaftlern in der Gegenwart ausgedacht werden. Bezüglich seiner Postulierung sind sich sogar Denker aus den entgegengesetztesten wissenschaftspolitischen Lagern einig: von Jürgen Habermas, einem Philosophen, der sozialistischen Idealen nahesteht, bis zu James Buchanan, einem bedeutenden amerikanischen Ökonomen, der vom Ansatz des individualistischen Liberalismus der Klassiker ausgeht. Das provoziert die Frage, woher der Einfluß und die ungebrochene Faszination des Konsens-Ideals stammen.[4]

Der sachliche Grund dafür besteht in einer normativ-ethischen Folgerung, die man anhand der Rechtsordnung verdeutlichen kann. Der Begriff der staatlichen Rechtsordnung enthält *logisch* den Anspruch, daß *jeder* Staatsbürger Rechtsgehorsam übt. So ist jeder Bürger bei uns als Individuum gehalten, sich nach den Vorschriften zu richten, die das ›Grundgesetz‹ als die Verfassung des Staates und die Gesetzesformulierungen des ›Bürgerlichen Gesetzbuchs‹ wie des ›Strafgesetzbuchs‹ vorschreiben. Hält er sich nicht an diese Rechtsvorschriften, kann er von Staats wegen dazu gezwungen werden. Diese Logik gilt nicht bloß für unsere, sondern für jede Rechtsordnung. Nun würde nach *ethischen Maßstäben* fraglos diejenige Rechtsordnung am meisten befriedigen, in welcher alle Bürger *freiwillig* tun, wozu sie im Staat verpflichtet sind, oder zumindest *freiwillig* anerkennen, daß der Staat sie zu Rechtsgehorsam zwingen kann. Eine Rechtsordnung dieser Art wäre dadurch ausgezeichnet, daß sie auf der Zustimmung aller Bürger – mithin auf einem Konsens – basierte.

Der Konsens-Begriff im klassischen Sinn ist nun nicht bloß ein unrealistischer Maßstab staatlicher Rechtfertigung. Er war darüber hinaus von Anfang an mit Unklarheiten behaftet, die ihm heute noch anhängen. Es geht um die Verwechslung der demokratischen Mehrheitsverfahren mit dem ›individualistischen‹ Konsens.

Bereits Locke hat in den Konsensbegriff Vorstellungen *kollektiver* Entscheidungsverfahren hineininterpretiert, die sachlich nicht hineingehören. Kollektive Entscheidungsverfahren (von der Art der Mehrheitsverfahren) sind Verfahren, die durch bestimmte Merkmale festlegen, wann eine Entscheidung für *alle* Mitglieder einer Gruppe verbindlich gilt, und zwar unabhängig davon, wie es zur allgemeinen Akzeptierung des Verfahrens selber gekommen ist.

Die Konsenstheoretiker (vor allem Locke) glaubten nun, man könne die Mehrheitsverfahren auf einen Konsens zurückführen. Man kann sich ihre Denkweise an folgendem Modell für einen Vertragsschluß verdeutlichen. (Nicht umsonst redet man auch von Gesellschaftsvertragstheoretikern.)[5] Angenommen, die Mieter eines Hochhauses geben bei Einzug *vertraglich* ihre Zustimmung dazu, daß jedes Jahr durch Anwendung der Mehrheitsverfahren festgelegt wird, wieviel Geld zur Erhaltung und Verschönerung der zum Haus gehörenden Gartenanlagen ausgegeben werden soll. Wenn als Entscheidungskriterium die absolute Mehrheit gilt, ist derjenige Vorschlag jeweils angenommen und wird als für alle verbindlich ausgeführt, der eine Stimme mehr als die Hälfte der Abstimmenden auf sich vereinigt. Im Rahmen der Mehrheitsverfahren sind *nur und allein kollektive* Entscheidungen möglich. Der einzelne hat von Anfang an lediglich eine *mitwirkende* Funktion, die die Anerkennung des Verfahrens bereits zur Voraussetzung hat. Die kollektive Entscheidung verkörpert sich in einem kollektiven Ergebnis, über das keiner individuell-privat, sondern alle nur gemeinsam verfügen können. So kommen Art und Ausmaß der Verschönerung der gemeinsamen Gartenanlage aus unserem Beispiel allein als Ergebnis der *kollektiven* Entscheidung zustande. Man kann unterschiedliche Entscheidungskriterien einführen wie etwa das Erfordernis einer Dreiviertel-Mehrheit oder die Einstimmigkeit, bei der jeder Mitentscheidende von Anfang an weiß, daß er ein *Veto* ausüben darf.

Die Parallele zur Hochhausgemeinschaft wäre bei der Staatsgründung dann gegeben, wenn Menschen in ein staatsfreies, unbesiedeltes Gebiet auswandern könnten, um dort *privatvertraglich* einen Staat zu gründen. Den Theoretikern des Gesellschaftsvertrags war auch klar, daß das kein realistischer Fall ist.[6] Sie wußten, daß Menschen faktisch stets auf einem bestimmten Gebiet zusammenleben und miteinander auskommen müssen, ohne dies frei vereinbart zu haben. Deshalb scheidet die Möglichkeit des privat-freien ›Zusammenziehens‹ von Menschen für die geschichtliche Realität von vornherein aus. Da die Menschen insofern immer schon in vorgegebenen Verbänden existieren, nimmt es nicht wunder, daß Konsenstheoretikern wie Locke der Konsens unter der Hand zum *kollektiven Entscheidungsverfahren der Einstimmigkeit* geriet. Aus der Erfahrung weiß man aber, daß auch kollektive Entscheidungen um so schwerer zustande kommen, je höher die Anforderungen an die Entscheidungskriterien geschraubt werden. Einstimmigkeit ist eine Bedingung, die bei großen Zahlen von Mitentscheidern faktisch jede Einigung verhindert.

Aber für das logische Verhältnis ›Konsens – Einstimmigkeit‹ ist die faktische Unwahrscheinlichkeit von untergeordneter Bedeutung. Die entscheidende Frage ist vielmehr, ob ›Konsens‹ gleichbedeutend mit der Einstimmigkeitsbedingung ist. Wenn beide dasselbe wären, erübrigte sich nämlich der spekulative Aufwand, den Hobbes, Locke und alle Naturrechtler mit der Fiktion des ›Naturzustands‹ getrieben haben – (und heute in ihren Ansätzen so unterschiedliche Sozialphilosophen wie John Rawls, Robert Nozick, Jürgen Habermas und Karl-Otto Apel). Denn die Einstimmigkeitsbedingung ist nur sinnvoll innerhalb eines bereits bestehenden *kollektiven Entscheidungsverfahrens*. Es wäre sinnlos, die *erste* oder *ursprüngliche* Einführung einer kollektiven Entscheidungsregel auf die Einstimmigkeitsregel zu gründen, die ja selbst schon als *kollektive* Entscheidungsregel charakterisiert ist.[7]

Von Locke bis heute haben die meisten Philosophen und Theoretiker der Politik Konsens unter der Hand jedoch stets im Sinn der Einstimmigkeit verstanden. So heißt es bei James Buchanan und Gordon Tullock: »Die Frage, wie Verfassungsentscheide rationaler Individuen auf einen gemeinsamen Nenner gebracht werden können, wird nicht erörtert. Hier stoßen wir nämlich auf den unendlichen Regreß. Damit nämlich die individuellen Ansichten zur Verfassungsfrage miteinander vereint werden können, ist es nötig, Regeln zu haben. Wenn dem aber so ist, so fragt sich, wer diese Regeln wählt. Und so weiter. Wir ziehen demnach vor, diesen Punkt zu vernachlässigen und ohne weitere Ausführung anzunehmen, daß auf dieser letzten Ebene – wir wollen von der Verfassungsebene sprechen – die Einstimmigkeit gilt.«[8]

Ich bin aber der Überzeugung, daß Locke (und vor ihm Hobbes) mit dem Konsensbegriff etwas anderes als die Einstimmigkeitsregel im Auge hatte. Nicht umsonst beschreibt Locke die Einigung der Individuen auf eine ›Verfassung der Grundfreiheiten‹ im Bild freiwilliger *Vertragsschlüsse.* Hätte er ausschließlich an die Einstimmigkeitsregel gedacht, hätte er gleich seine Überlegung mit der Annahme eines *kollektiven* Entscheidungsverfahrens beginnen können. Und in der Tat läßt sich der *logische* Unterschied zwischen ›privatistischem‹ Konsens, wie er zu Lockes ›individualistischem‹ Ansatz paßt, und der ›kollektivistischen‹ Einstimmigkeitsregel durch ein weiteres zeitnahes Beispiel deutlich machen.

Denken wir uns zwei unterschiedliche Möglichkeiten, nach denen eine bestimmte Zahl von Menschen – sagen wir 100 – über einen ›Güterkorb‹ verfügen kann. Für beide Möglichkeiten soll gelten, daß jeder von den 100 Leuten Produzent eines dieser Güter ist, z. B. von Äpfeln, Kartoffeln, Schuhen usw. Die erste Möglichkeit wird folgendermaßen definiert: Jeder soll frei sein zu bestimmen, ob er sein Produkt für sich verbraucht oder *privat* mit anderen gegen deren Produkte tauscht. Die endgültige Güterverteilung ist dann *nicht* Ergebnis einer *kollektiven* Willensbildung, sondern *Nebenfolge* eines als privat definierten Tauschverhaltens der einzelnen.

Die zweite Möglichkeit soll darin bestehen, daß zwar jeder einzelne Produzent grundsätzlich sein Produkt ebenfalls selber konsumieren darf, jeder Tauschvorgang – d. h. jede Umverteilung von Produkten – jedoch die Billigung aller 100 Menschen haben muß.

Im zweiten Fall ist jeder Tausch, der zwischen zwei Güterproduzenten vorkommt, der Sache nach das Resultat einer *Kollektivabstimmung*, bei der *alle* zugestimmt haben müssen. Zwar wird niemand zu einem Tausch gezwungen, während jedoch jeder Tauschwillige durch ein *Veto* eines jeden anderen von den 100 Leuten dazu gezwungen werden kann, seine Tauschabsicht aufzugeben. Kommt die Einstimmigkeit für einen Tausch nicht zustande, kann er nicht stattfinden. Darin zeigt sich die *Kollektivität* der Tauschprozesse unter der zweiten Möglichkeit. Bei der ersten Möglichkeit hingegen sind die Verträge über Tauschvorgänge als ausschließlich *privat* definiert. Diejenigen, die tauschen wollen, einigen sich *individuell* untereinander, während die anderen den Zustand der Selbstversorgung vorziehen. Die Bedingung bei der ersten Möglichkeit ist also, daß die Zustimmung der an einem Tauschakt *nicht* beteiligten Individuen unerheblich ist. Diese ›anderen‹ mögen zwar gewisse Präferenzen hinsichtlich von Tauschakten haben, an denen sie nicht beteiligt sind, nach der *individuell-privatistischen* Definition des Verfahrens soll so etwas jedoch keine Rolle spielen. So ist es denkbar, daß zwei Produzenten ohne Beteiligung der 98 übrigen tauschen oder 99 Produzenten unter Ausschluß eines einzigen. Der Unterschied zum kollektiven Entscheidungsverfahren wie im Fall der Einstimmigkeitsregel besteht darin, daß ein Resultat ausschließlich über *individuell-freie*, d. h. *private* Zustimmungen zustande kommt. Und ebenfalls im Unterschied zur Einstimmigkeit hat niemand ein Vetorecht. Die Zustimmung von am Tausch nicht beteiligten Individuen ist nicht erforderlich, weil der Tausch nicht als Gegenstand einer *kollektiven* Entscheidung definiert ist. Konsens herrscht allein unter den am Tausch beteiligten Individuen, während die anderen einfach keine Eingriffsmöglichkeit haben.

Nur so kann man sich im Rahmen der Gesellschaftsphilosophie modellmäßig klarmachen, wie man *Konsens* von *Einstimmigkeit* unterscheidet. Dann erübrigt sich allerdings der Gedanke des unendlichen Regresses, nach dem man zur Einführung eines kollektiven Entscheidungsverfahrens bereits ein bestehendes kollektives Entscheidungsverfahren voraussetzen muß. Da es unterschiedliche Verfahren sind, weiß man, daß es eine Vermittlung beider nicht gibt. Hält man am Unterschied zwischen Einstimmigkeitsregel und Konsens fest, setzt man sich nicht wie Locke und seine modernen Nachfolger den logischen Problemen einer Verwechslung der beiden aus.

Unsere Folgerung sieht mithin so aus: Wenn der Konsens *demokratisch* (im Sinn der Einstimmigkeitsregel) definiert wird, dann braucht man trivialerweise keinen Vertrag (zwischen Privatpersonen) zur ersten Einrichtung eines kollektiven Entscheidungsverfahrens, denn der demokratische Konsens *ist* bereits an sich ein solches Entscheidungsverfahren. Nimmt man ›Konsens‹ so, dann läuft aber schon die Rechtfertigung des klassischen Liberalismus der Sache nach auf eine *demokratische Legitimation* hinaus, eine Folgerung, die zu ziehen sich Klassiker wie Neoklassiker stets geweigert haben.

Versteht man demgegenüber ›Konsens‹ im *individualistischen* (Vertrags-) Sinn, dann garantiert nichts, daß ein *kollektives Entscheidungsverfahren* konsensuell entstehen wird. So etwas ist vielmehr äußerst unplausibel. Denn in einer dem *individualistischen* Konsens-Modell angemessenen Ausgangssituation müßte man mit Sicherheit von der Existenz von *Außenseitern* ausgehen, und diese Außenseiter hätte man, um zur Einrichtung eines für *alle* gültigen kollektiven Entscheidungsverfahrens zu kommen, zur Teilnahme daran zu zwingen. Zwang und Konsens aber widersprechen sich evidentermaßen, eine Konsequenz, die erneut die Unwahrscheinlichkeit des *individualistischen Konsens-Modells* beleuchtet. Die modernen Konsenstheoretiker befinden sich insofern in einer fatalen Lage, als sie den Vorteil, auf den es ihnen ankommt, nur aus der nichtentwirrten Verwechslung von ›demokratischem‹ und ›individualistischem Konsens‹ ziehen können. Denn sie beanspruchen die realistischere Plausibilität, die in der demokratischen Version steckt, und *zugleich* den rationalistischen, argumentbezogenen Charakter der *individualistischen* Version (denn nur der ›individualistische Konsens‹ kann sinnvollerweise mit konsensstiftender Rationalität in Verbindung gebracht werden: von John Rawls und Robert Nozick auf der einen Seite und Karl-Otto Apel und Jürgen Habermas auf der anderen). Hält man beide Begriffe jedoch – wie es sachlich geboten ist – auseinander, dann steht man vor der Alternative: entweder ›demokratischer Konsens‹ – dann bedarf es allein der demokratischen Einstimmigkeitsregel zu seiner Feststellung; oder ›individualistischer Konsens‹ – dann hat dies mit demokratischem Stimmenzählen nichts zu tun, sondern erfordert nur eine konsensstiftende (philosophische, wissenschaftliche) Rationalität. Letzteres aber ist so unerreichbar wie ersteres. Der ›demokratische Konsens‹ ist eine Bedingung der Mehrheitsverfahren, die faktisch nicht zu verwirklichen ist; der ›individualistische Konsens‹ kommt nicht zustande, weil es die nichtwiderlegbaren Theorien über gemeinsame menschliche Interessen nicht gibt, welche die rationalistische Legitimation erfordert, Theorien nämlich, die Konsense stiften könnten.[9]

Wenn aber nach der ersten ›kollektivistischen‹ Version des Konsens-Modells selbst für den klassischen Liberalismus bloß eine *demokratische* Legitimation in Frage kommt, sollte man diese – nunmehr allerdings in einer realistischen Version – von Anfang an als gültig akzeptieren.

4. Die demokratische Rechtfertigung der Freiheit: demokratischer Liberalismus

Die Lage Großbritanniens zu Anfang des 19. Jahrhunderts ist für die soziale Problematik kennzeichnend, die es in der politischen Wirklichkeit unmöglich gemacht hat, daß die Legitimation eines westlichen Staates auf der Grundlage des klassischen Liberalismus zustande gekommen ist. Auf der einen Seite befand sich die Masse der Proletarier, die meist als arbeitslose Landarbeiter in die Industriestädte geströmt waren und die allein ihre ›Arbeitskraft‹ auf dem Markt anzubieten hatten. Auf der anderen Seite gab es den bei wenigen Familien versammelten Kapitalbesitz, der das Überangebot an Arbeitern – ökonomisch durchaus rational – im Sinne seines Profitinteresses ausnutzte. Weder Sozialversicherung noch Sozialgesetzgebung waren vorhanden, um die ›Arbeitskraft‹ vor ihrer Ausbeutung durch das kapitalistische Profitinteresse schützen zu können. Man begann mit sozialpolitischen Maßnahmen dieser Art – vor allem auf Druck der neugegründeten Gewerkschaften – erst um die Mitte des Jahrhunderts. Bis in diese Zeit hinein waren in der englischen Industrie Kinderarbeit und ein 15-Stundentag durchaus die Regel. Marx hat im ›Kapital‹ – wenn auch bezogen auf extreme historische Entwicklungsphasen des modernen Privatkapitalismus – das Grundproblem der Eigentumsfreiheit beschrieben, das sich trotz enormer Verbesserungen der sozialen und organisatorischen Lage der Arbeiterklasse im Laufe der letzten hundert Jahre nach Maßstäben des klassischen Liberalismus nicht hat lösen lassen.[1]

Ohne Frage hat sich nun in den westlichen Industriestaaten wirtschaftlich seit den Zeiten von Marx Entscheidendes geändert. Die von Marx vorhergesagte Proletarisierung und Verarmung der Arbeiterklasse ist nicht eingetreten. Nirgendwo ist es aus ökonomischen Gründen zum Zusammenbruch der Staaten mit kapitalistischer Marktwirtschaft gekommen, wie es der Begründer des ›wissenschaftlichen Sozialismus‹ angekündigt hatte. Im Gegenteil: Gerade die ›kapitalistischen‹ Länder des Westens sind diejenigen, in denen heute außer bei Randgruppen von Armut nicht mehr die Rede sein kann. Wenn irgendwo in der Welt Massenwohlstand herrscht, dann hier. Demgegenüber stehen Staaten des ›realen Sozialismus‹, die durch Marxens ›fortschrittliche‹ Gesellschaftsphilosophie zum Erfolg geführt werden sollten, vor dem wirtschaftlichen Ruin oder kommen, wie die Führungsmacht Sowjetunion selber, aus ständigen Schwierigkeiten mit der materiellen Versorgung ihrer Bevölkerung nicht heraus.[2]

Das alles sollte einen gleichwohl nicht hindern zu sehen, daß in allen

Staaten mit liberalen Verfassungen das von Marx richtig geortete Grundproblem bis heute nicht gelöst werden konnte. Es ist das Problem, das durch das Mißverständnis zwischen der *Gleichheitsgarantie* der Individualfreiheiten, in erster Linie der Eigentumsfreiheit und der *Ungleichverteilung* der ökonomischen Mittel zur Betätigung der Freiheiten bezeichnet wird. Im Licht des ›liberalistischen‹ Konsensmaßstabs, den selbst Marx bei seiner Kritik unterstellte, lag in der Tat die *grundsätzliche* Unlösbarkeit des Problems im Rahmen eines liberal verfaßten Staates als Folgerung nahe. Aber auch im demokratischen Legitimationsrahmen ist das Mißverhältnis nicht aus dem Weg zu räumen, vor allem nicht, wenn man grundsätzlich die *Knappheit* aller ökonomischen und im weiteren Sinne auch nichtökonomischen *Mittel* zur Befriedigung *frei* geäußerter Bedürfnisse in Rechnung zu stellen hat. Der Begriff der Knappheit ist geradezu als Ausdruck der Tatsache definiert, daß die Mittel, die zur Befriedigung von Bedürfnissen zur Verfügung stehen, den vorhandenen Bedarf selber nicht decken. Auch die modernsten Industriegesellschaften des Westens (unter Einschluß von Japan) haben selbstverständlich die Güterknappheit bei sich nicht aus der Welt schaffen können. Es ist eine gedankenlose Rede, wenn man sie als ›Überflußgesellschaften‹ bezeichnet.

Solange überhaupt gewirtschaftet werden muß, besteht Knappheit. Das ist eine analytische Beziehung. Güterknappheit besagt aber zugleich, daß es *keine* Gleichverteilung der ökonomischen Mittel unter den Bürgern eines liberalen Staates geben kann, und zwar gerade dann nicht, wenn der Staat die Individualfreiheiten *allen* als allgemeine Rechte garantiert. Wenn jeder das gleiche Recht auf freie Verfügung über Privateigentum hat, ist selbstverständlich – da kein existierender Staat aus dem Lockeschen ›Naturzustand‹ heraus entstanden ist – jeder Bürger mit ererbtem Besitz an Produktivvermögen jedem andern gegenüber bevorzugt, der das, was er erwirtschaftet, allein eigener Arbeit verdankt.

Im demokratischen Legitimationsrahmen sind die gesellschaftlich vorhandenen Einstellungen für den Legitimationsgrad des Staates entscheidend.[3] Einstellungen, die eine positive Legitimation der Grundfreiheiten bewirken können, basieren auf faktischen *Interessen* der Menschen an derartigen Freiheiten. Die interessanteste und gesellschaftlich bedeutendste Freiheitsart sind die *Produzentenfreiheiten.* Richtet man nun das Augenmerk auf das gesellschaftliche Interesse an Produzentenfreiheiten, bleibt nur die Feststellung, daß es sich stets um die Interessen gesellschaftlicher *Minderheiten* handelt.

Um das für die Wirtschaftsfreiheiten in der gegenwärtigen Situation deutlich zu machen, führe ich einige Zahlen an, aus denen hervorgeht, wie das Verhältnis zwischen Selbständigen und Lohnabhängigen in der Volkswirtschaft der Bundesrepublik Deutschland aussieht. Im Jahr 1978 hatte die Bundesrepublik 61,5 Millionen Einwohner. 42 Millionen zählten davon zu den Jahrgängen der Erwachsenen. Von ihnen waren etwas mehr als 26 Millionen erwerbstätig. Die Gesamtzahl der Erwerbstätigen enthielt 2,4 Millionen Menschen, deren wirtschaftliche Tätigkeit man als selbständig zu bezeichnen pflegt. Die übergroße Mehrheit aller Erwerbstätigen – über 23 Millionen – waren als Arbeiter, Angestellte und Beamte in Arbeitnehmerfunktionen beschäftigt.[4] Aus diesen Zahlen kann man einiges über das in unserer Gesellschaft *real vorhandene Interesse* an der Wirtschaftsfreiheit entnehmen. Als eine *Produzentenfreiheit* ist die Wirtschaftsfreiheit primär an das Interesse der 2,4 Millionen Menschen gebunden, die in Industrie, den mittleren und kleineren Geschäftsbereichen und im Handwerk als Unternehmer oder in Berufen wie denen eines Arztes, eines freien Journalisten, eines Schriftstellers u. ä. selbständig tätig sind. Für die Masse der erwerbstätigen Bevölkerung, die beruflich als Arbeitnehmer beschäftigt ist, beschränkt sich die *direkte* Erfahrung der Wirtschaftsfreiheit auf die Vorteile der *Konsumentenfreiheiten*, die man als Käufer und Verbraucher von Wirtschaftsgütern unter Marktbedingungen hat.[5]

Die aufgeführten Zahlen muß man nun in eine Beziehung zur rechtsstaatlichen Garantie der Eigentumsfreiheit setzen, einer Freiheit, die das verfassungsmäßige Fundament der privaten Unternehmerfreiheit in unserem Staat darstellt. Man kann schwer übersehen, daß es sich um ein staatlich garantiertes Recht handelt, welches faktisch nur von einer Minderheit voll genutzt wird, weil ihr wirtschaftliches Existenzinteresse damit verbunden ist.

Im Grundsatz trifft die Behauptung, daß das faktische Interesse an den liberalen Individualfreiheiten trotz der staatlichen Garantie für alle ein Interesse von Minderheiten verkörpert, auf die meisten wichtigen Freiheitsrechte zu. Es genügt, zwei solcher Freiheitsrechte als weitere Beispiele herauszugreifen. Die in Artikel V,3 GG garantierte Freiheit von ›Kunst und Wissenschaft, Forschung und Lehre‹ besitzt ihre soziale Entsprechung ebenfalls in einem Minderheiteninteresse, nämlich im Interesse der Wissenschaftler, Schriftsteller und Künstler daran. Vergleichbares läßt sich von der Pressefreiheit und von der Versammlungsfreiheit sagen. Das Interesse an der Pressefreiheit als einer *Produzentenfreiheit* ist das Interesse der relativ geringen Zahl von Verlegern und Journalisten, die es in unserer Gesellschaft gibt, und das Interesse an der Versammlungsfreiheit ist in erster Linie das Interesse derjenigen, die Mitglieder von Parteien, Verbänden und Vereinen sind. An der Versammlungsfreiheit besteht zwar ein zahlenmäßig bei weitem größeres Interesse in der Bevölkerung als an der Wissenschaftsfreiheit und der Pressefreiheit. Aber wenn man nicht bloß auf die formale Mitgliedschaft achtet, sondern auf die wirkliche Tätigkeit in Parteien, Verbänden und Vereinen, zeigt sich, daß auch das Interesse an der Versammlungsfreiheit ein Minderheiteninteresse repräsentiert. Selbst die in unserem Staat und für sein Bestehen wichtige Freiheit der politischen Meinungs- und Willensbildung ist als *Produzentenfreiheit* in erster Linie an das Interesse der Berufspolitiker (in einem weiten Sinn dieses Begriffs) gebunden. Um wie wenige Menschen es sich dabei handelt, wird durch die Zahl von drei wahlentscheidenden und sechs bis zehn weiteren Parteien belegt, die aber in der Regel für den Wahlausgang unwichtig sind. Denn es sind bei uns die *Parteien*, die im Bereich der politischen Willensbildung die Produzentenrolle einnehmen und insofern das Realinteresse an dieser politischen Produzentenfreiheit verkörpern.

Die Produzentenfreiheit stellt die *stärkere*, die Konsumentenfreiheit die *schwächere* Freiheit dar. Die Freiheit, die man als Produzent von Dingen oder Gedanken hat, ist stärker, weil derjenige, der sie besitzt, mehr von sich, seinen Absichten und Plänen in der Produktion verwirklichen kann als derjenige, der in der Rolle eines Konsumenten zwischen fertigen Angeboten (an Waren, Gedanken, wissenschaftlichen Theorien, politischen Meinungen) wählen kann. Die Produzentenfreiheit ist zudem diejenige Art Freiheit, die den Menschen neben ihren Risiken am nachdrücklichsten die Erfahrung ihrer Vorteile vor Augen führt. Im unternehmerischen Bereich der Wirtschaftsfreiheit ist es die Erfahrung, daß der finanzielle Verdienst unmittelbar von der Art und der Intensität abhängt, in denen man die individuellen Freiheitsmöglichkeiten nutzt. Als freier Produzent von literarischen Ideen etwa oder von wissenschaftlichen Theorien kann man eine Berühmtheit werden. Man hat Möglichkeiten der Selbstverwirklichung und der individuellen Gestaltung.

Als *Konsument* von ideellen oder ökonomischen Angeboten hat man Möglichkeiten dieser Art nicht. Mit der Konsumentenrolle verbindet man häufiger die Erfahrung, daß man etwas – in der Regel Geld – dafür hergeben muß, um seine Entscheidung in die Tat umsetzen zu können, als die Erfahrung eines pekuniären Gewinns.

In unserer gesellschaftlichen Wirklichkeit partizipiert die *Masse* der Bevölkerung an den *schwächeren* Freiheiten, die die Konsumentenfreiheiten nun einmal sind. Man hat die Konsumentenfreiheit in erster Linie als Käufer von Waren. Erfahrungen als Konsumenten machen wir auch, wenn wir uns an den Parlamentswahlen auf den verschiedenen staatlichen Ebenen – von den Wahlen zu den Kommunalparlamenten bis zu denen zum Bundestag – beteiligen, um unter den Programmangeboten der Parteien zu entscheiden. Die Erfahrung mit der Presse- und Meinungsfreiheit machen die allermeisten Menschen in unserem Land ebenfalls als Konsumenten. Sie können sich unter den auf dem Markt befindlichen Bücher-, Zeitungs-, Zeitschriften-, Radio- und Fernsehangeboten bedienen.

Die *starken Produzentenfreiheiten* bleiben nun als reale soziale Erfahrung auch dann Minderheiten der Bevölkerung vorbehalten, wenn die Gesellschaft im großen und ganzen so mobil und in ihrer Schichtung so durchlässig ist, daß höhere Posten in Staat und Wirtschaft und höhere Einkommen im Prinzip von jedem angestrebt werden können, der sich für geeignet hält. Man könnte meinen, daß der Wirtschaftsfortschritt, wie wir ihn in der Bundesrepublik zwischen 1950 und 1975 in ungebremstem Maß erlebt haben, auch eine ständige Vermehrung von ›Produzentenstellen‹ bewirkt hat. Es war dies in der Tat auch eine populäre Erwartung, die aber merkwürdigerweise gerade unter Bedingungen wachsenden Wohlstands nachdrücklich enttäuscht wird.

›Produzentenstellen‹ sind nämlich – in der Sprache moderner Ökonomen – ›Positionsgüter‹. Was für die gesellschaftliche Verteilung der ›Positionsgüter‹ zutrifft, trifft auch für die Produzentenfreiheiten zu. Bei ›Positionsgütern‹ handelt es sich in erster Linie um ›Güter‹ wie leitende Positionen in Organisationen der Berufswelt, um selbständige Berufe wie die der Ärzte, der Rechtsanwälte und der Steuerberater, aber auch um Hausbesitz in bevorzugten Stadtrandlagen oder um Ferienhäuser. Hinzu kommt der verbreitete Wunsch nach der ›übergeordneten‹ Position, andere Menschen für persönliche Dienstleistungen heranziehen zu können, also in diesem spezifischen Sinn ›Arbeitgeber‹ (etwa für Haushaltshilfen, Babysitter oder gar für Chauffeure und ›Butler‹) zu sein.

Im Unterschied zu *materiellen Gütern* lassen sich die ›Positionsgüter‹ nun nicht durch eine Ausweitung der Produktion entsprechend der Nachfrage vermehren. Beispiele aus dem Bereich leitender Positionen in irgendwelchen Organisationen verdeutlichen, was gemeint ist: Leitungspositionen in der staatlichen Verwaltung – vom Oberregierungsrat über den Ministerialdirigenten bis zum Bundeskanzler – lassen sich so wenig entsprechend steigender Nachfrage vermehren wie leitende Stellen in der Industrie vom Betriebschef eines Stahlkonzerns bis zum Vorstandsvorsitzenden eines Automobilwerks. Im Dienstleistungssektor treten ähnliche Effekte auf. Im

Hinblick auf seinen ›unteren‹ Bereich wird es in einer Gesellschaft wie der unseren mit einer relativ ausgeglichenen Einkommensverteilung immer teurer, persönliche Dienste, wie sie etwa von Hausgehilfinnen, Autochauffeuren oder privaten Krankenpflegern erbracht werden, zu bezahlen. Gerade die Zunahme des Massenwohlstands bewirkt, daß die kleine Gruppe derer ständig abnimmt, die derlei Dienstleistungen über den Markt als private Nachfrager konsumieren können. Einen Butler zu beschäftigen, gilt heutzutage nicht umsonst als die Spitze gesellschaftlicher Exklusivität. Aus der Sicht derer, die an Berufen aus dem ›gehobenen‹ Dienstleistungsbereich interessiert sind, wird es ebenfalls schwerer, weil Stellen dieser Art nur in beschränkter Zahl zur Verfügung stehen.

Ein aktuelles Beispiel ist die ›Lehrerschwemme‹ auf dem Erziehungssektor. Der allgemeine materielle Wohlstand der 60er und 70er Jahre hat in weiten Kreisen der Bevölkerung das Interesse an besserer Schulausbildung für die Kinder geweckt – nach der bekannten Devise: Mein Kind soll es einmal besser haben! Die Parteien haben übereinstimmend den wohlstandsbedingten gesellschaftlichen Druck in ›demokratisierte‹ Schul- und Hochschulpolitik mit dem Ergebnis umgesetzt, daß die Zahlen der Absolventen der Gymnasien und der Universitäten sich vervielfachten. Was aber nicht im Stil ›materieller Güter‹ wie Autos, Fernsehapparate, Waschmaschinen, Kleidung und Lebensmittel entsprechend steigender Nachfrage vermehrt werden konnte, waren die Stellen von Hochschullehrern, Lehrern, Rechtsanwälten, Steuerberatern usw., Stellen des ›höheren‹ Dienstleistungsbereichs also, die die neuen Hochschulabsolventen haben wollten, weil sie sie bei der Studienwahl als Berufsziel im Auge hatten. Der Wirtschaftswissenschaftler Fred Hirsch hat diesen Mechanismus in seinem Buch ›Die sozialen Grenzen des Wachstums‹ plastisch beschrieben: »Denn eine Vermehrung jener materiellen Güter, bei denen eine Ausweitung für alle möglich ist, wird automatisch die Jagd nach jenen Gütern und Dienstleistungen weitertreiben, deren Produktion nicht im selben Maß erweitert werden kann. Die Teilnahme an dieser Jagd ist für jeden einzelnen im Hinblick auf sein eigenes Handeln durchaus sinnvoll, da er bei seiner Tätigkeit nie auf den Unterschied zwischen dem stößt, was man bekommen kann, weil man den anderen voraus ist, und dem, was man dadurch erhält, daß alle an einem allgemeinen Fortschritt teilhaben können. Der einzelne, der besser sehen möchte, muß sich auf die Zehenspitzen stellen.«[6] Man muß mit Hirsch (und Thomas Schelling, auf den er sich in diesem Zusammenhang beruft) den Schlußsatz so fortführen: Wenn *alle* sich auf die Zehenspitzen stellen, sieht *keiner* besser als vorher. Gehoben haben sich allerdings die Leistungsanforderungen vor allem für die, die die knapper gewordenen Führungspositionen erhalten.

Es gibt zwei Möglichkeiten, auf die gegenläufige Entwicklung zwischen den Angeboten an *materiellen* und an *Positionsgütern* zu reagieren. Einmal kann man – wie viele Anhänger der neuen ökologischen Bewegung – für Drosselung des wirtschaftlichen Wachstums oder für individuelles Aussteigen aus der industriellen Wachstumsgesellschaft plädieren. Es ist ein Weg, der für einzelne als Einstieg in die ›Alternativkultur‹ begehbar ist. Aber eine *staatliche* Drosselung des wirtschaftlichen Wachstums ist im Rahmen einer Marktwirtschaft nicht zu erreichen, ohne das Ganze zu gefährden. Darüber hinaus ginge die außenwirtschaftliche Konkurrenzfähigkeit eines Landes wie der Bundesrepublik verloren, welches vom Export seiner Waren abhängig ist. Appelle an freiwillige Selbstbeschränkungen der Bürger aber pflegen in der Regel nur einer Stärkung des Selbstgerechtigkeitsempfindens ihrer Autoren dienlich zu sein.

Die zweite Möglichkeit ist realistischer. Sie setzt die Einsicht voraus, daß eine erhöhte Nachfrage nach ›gesellschaftlich knapper‹ werdenden Positionsgütern zur Verengung der Filter führen muß, die die Aspiranten zu passieren haben. Im Klartext: Es muß dann bei der Besetzung dieser Stellen ›feiner gesiebt‹ werden. Denn – um mit einem Bild aus dem Sport zu sprechen – je mehr Teilnehmer zu einem Rennen antreten, um so geringer ist der zahlenmäßige Anteil der ersten Plätze an der Gesamtzahl der Teilnehmer.

Der volkswirtschaftliche Exkurs bedeutet nun, daß bei der *demokratischen Legitimation* der liberalen Individualfreiheiten (im Sinn der ›starken‹ Produzentenfreiheiten) der Umstand zu berücksichtigen ist, daß es sich um die Rechtfertigung von *Minderheiteninteressen* handelt. Es ist dies insofern ein wichtiger Gesichtspunkt, weil es aus naheliegenden Gründen nicht einfach ist, ›überwältigend‹-mehrheitliche Zustimmung für Minderheiteninteressen zu erreichen, und weil nicht zu übersehen ist, daß die ›starken‹ Freiheiten regelmäßig der Ursprung *sozialer Ungleichheiten* sind.

Wie kommt nun die positive Anerkennung der liberalen Individualfreiheiten im demokratischen Legitimationsrahmen zustande? Zwei gesellschaftliche Tatbestände erleichtern die Aufgabe. Einmal besteht in der Bevölkerung heute eine weitgehende Bereitschaft, sich über *Konsum* für die Knappheit von ›Positionsgütern‹ und ›Produzentenstellen‹ entschädigen zu lassen.[7] Das hat den öffentlichen Eindruck zur Folge – die gegenwärtige Lehrerarbeitslosigkeit ist ein Beispiel dafür –, daß die Verknappung von Positionsgütern als soziales Problem von kleinen Minderheiten empfunden wird.

Der zweite Tatbestand liegt in einer öffentlichkeitswirksamen Interpretation der Funktion von ›Produzentenstellen‹. Positionen in Wirtschaft, Gesellschaft und Politik, die ihren Inhabern Produzentenfreiheiten gewähren, werden bei uns heute als *Dienstleistungsstellen für soziale Aufgaben* gedeutet. (Der Ausdruck ›sozial‹ ist dabei nicht im Sinn von ›Bedürftigkeit‹ zu nehmen.) Ein wichtiger Bereich, in dem sich diese Deutung durchgesetzt hat, ist die Wirtschaft. Seit den 50er Jahren hat sich speziell auf der Ebene der größeren Betriebe und Konzerne der Beschäftigungsaspekt mindestens gleichrangig neben den Profitaspekt geschoben. Die Ansiedlung und Erhaltung von Wirtschaftsunternehmen geschah zunehmend unter zwei gesellschaftlichen Gesichtspunkten: Hebung der Steuerkraft von Gemeinden, Städten und Ländern und Arbeitsplatzbeschaffung. Im inneren Bereich der Betriebsorganisation fand diese ›soziale‹ Funktionalisierung der privatwirtschaftlichen Aufgaben ihren Ausdruck in den Mitbestimmungsgesetzen, die dem Faktor Arbeit eine gleichgewichtige Mitwirkung bei der Unternehmenspolitik sichern. Das klassische Eigentümerinteresse an der Priorität des erwirtschafteten Gewinns wurde zurückgedrängt. Die klassische Auffassung vom Privatunternehmer, der einzig und allein seinen Profit maximiert, vereinigt heute, was die Einschätzung der Verhältnisse auf der Ebene der Großbetriebe angeht, nur noch altliberale und marxistische Theoretiker sowie die den konträren Standorten zugehörigen Anhängerschaften in den Parteien.

Im Laufe dieser modernen Entwicklung vollzog sich auch die Umdeutung der Produzentenfreiheit der Unternehmer (heute in der Regel angestellter Manager) im Sinn der *›sozialen‹* Dienstleistungsfunktion. Die Qualität ihrer Ergebnisse wird zunehmend danach bewertet, ob sie der Schaffung oder Erhaltung der Arbeitsplätze der Arbeitnehmer dienlich sind. Das zeigt sich spätestens, wenn Gesichtspunkte der Rentabilität Entlassungen von Arbeitern oder gar die Schließung von Werken erforderlich machen. Ohne Vorlage von Sozialplänen für die Weiterversorgung der Entlassenen ist so etwas heute nicht mehr möglich. Das ›Dienstleistungsschema‹ wurde unlängst von einem führenden deutschen Politiker in die bildhafte Formulierung gekleidet, daß die Wirtschaft vergleichbar mit einer Milchkuh ist, die pfleglich zu behandeln sei, wenn man sie weiterhin melken wolle.

Es sind in der Hauptsache zwei Ursachen, die zur öffentlichkeitswirksamen Deutung der Produzentenfreiheiten im Sinn ›sozialer‹ Dienstleistung das Entscheidende beigetragen haben. Die eine Ursache liegt in der Durchsetzung des demokratischen Legitimationsrahmens, in dem die Produzentenfreiheiten gleichsam logisch dem Maßstab der ›Sozialpflichtigkeit‹ unterworfen werden. Bezogen auf die private Verfügung über wirtschaftliches Produktivvermögen wurde die moderne Tendenz zur ›Sozialpflichtigkeit‹ auch folgerichtig im ›Grundgesetz‹ festgeschrieben. Die zweite Ursache liegt in der wirtschaftlichen Konzentration, durch die auf der mittleren und höheren Ebene Betriebsgrößen von 5000 bis 200 000 Beschäftigten entstanden sind. Bei Beschäftigtenzahlen dieser Größenordnung kann vor dem gesellschaftspolitischen Hintergrund mächtiger Gewerkschaften keine Unternehmenspolitik betrieben werden, die ausschließlich im Dienst des privatwirtschaftlichen Gewinnkalküls steht. Soziale Gesichtspunkte wie die zunehmende Einbeziehung der Interessen der Beschäftigten drängten sich zwangsläufig als gleichberechtigt auf.

Es gibt nun zwei Arten von *Mitteln*, mit deren Hilfe eine *faktische* Legitimation der staatlichen Garantie der Grundfreiheiten zustande kommen kann: Mittel *ideologiepolitischer* und Mittel *sozialpolitischer* Art. Die Rechtfertigung der Freiheit, die im demokratischen Legitimationsrahmen erfolgt, bezeichne ich – im Unterschied zum klassischen Liberalismus mit seiner individualistischen Legitimation – als *›demokratischen Liberalismus‹*.

Zu den *ideologiepolitischen* Mitteln zählen alle philosophischen, weltanschaulichen und religiösen Rechtfertigungen der individuellen Freiheit, soweit sie mit dem demokratischen Legitimationsrahmen verträglich sind. Auf sie bezieht sich der übliche Begriff der Rechtfertigung, bei dem man an *bewußtseinsprägende Argumente* denkt. Da in diesem Rahmen nur der *Effekt* zählt, nämlich ›überwältigende Mehrheiten‹ für die Anerkennung der Individualfreiheiten zu gewinnen, ist ein möglichst breiter *Pluralismus* von Rechtfertigungen erwünscht. Um den Effekt zu erreichen, kann man die Position des klassischen Naturrechts als werbewirksames Argument anführen. Man kann *utilitaristisch* argumentieren, indem man zeigt, daß die Produktivität der Individualfreiheiten auch dem Nutzen der Allgemeinheit zugute kommt. Man kann auf religiöse Begründungen für Freiheit verweisen, wie sie aus der Geschichte der christlichen Theologie bekannt sind. Man kann aber auch eine philosophische Theorie der Freiheit bevorzugen, wie Kant sie in der ›Kritik der praktischen Vernunft‹ entwickelt hat. Weltanschaulicher Pluralismus ist wünschenswert, weil es bei demokratischer Legitimation nicht um die theoretische, auf die Ermittlung der ›Wahrheit‹ bezogene Diskussion derartiger philosophischer oder religiöser Auffassungen geht, sondern allein um ihre Funktion als *ideologiepolitische Mittel*, durch ihre Verbreitung eine mehrheitsfähige Zustimmung zur staatlichen Garantie der Individualfreiheiten zu bewirken. *Nicht* erwünscht wären öffentlichkeitswirksame Diskussionen dieser unterschiedlichen bis entgegengesetzten weltanschaulichen und ethischen Ansätze, in denen man herauszubringen versuchte, welcher Ansatz ›richtig‹ und welcher ›falsch‹ ist. So etwas sollte der öffentlichkeitsentrückten Auseinandersetzung in philosophischen, pädagogischen oder theologischen Universitätsseminaren vorbehalten bleiben, weil der Pluralismus der Ansätze in der Öffentlichkeit für die Propagierung der Freiheit mehr bewirkt als die wissenschaftlich-rationale Idee eines einheitlichen – womöglich *einzigen* – Rechtfertigungsansatzes, dem man zustimmen soll, weil er vorgeblich der bewiesenermaßen ›wahre‹ ist. Beim politisch-positiven Effekt dieses Pluralismus ist die wissenschaftliche Idee der Wahrheit nur störend – und zwar auf allen Ebenen, auf denen wir den Pluralismus als fruchtbar empfinden.

Man muß sich allerdings darüber im klaren sein, daß ideologiepolitische Mittel philosophischer Art heutzutage nicht allzuviele Menschen erreichen werden, denn das Interesse an Diskussionen philosophischer Auffassungen ist auf kleine Kreise von Gebildeten beschränkt. Mehr Effekt im Sinn der demokratischen Legitimierung der Freiheit haben christliche Auffassungen von der gottgewollten freien Natur des Menschen. Denn die christliche Religion ist in höherem Maß als die Philosophie ein öffentlichkeitswirksamer Faktor der ethischen Bewußtseinsbildung der Menschen. Trotzdem sind ideologiepolitische Mittel wie die philosophischen und religiösen Rechtfertigungen individueller Freiheiten in ihrer Bedeutung nicht gering einzuschätzen, weil sie vor allem das Bewußtsein der Gruppen in unserer Gesellschaft bilden, die über die technischen Medien – Zeitungen, Zeitschriften, Radio und Fernsehen – die öffentliche Meinungsbildung in höherem Ausmaß als andere gesellschaftliche Gruppen beeinflussen.

Ausschlaggebend dafür, daß die Individualfreiheiten eine demokratische Legitimation erhalten und behalten, sind die *sozialpolitischen Mittel*. Es sind dies Rechtfertigungsmittel, die nicht wie die ideologiepolitischen die Gestalt von direkt bewußtseinsprägenden Argumenten haben. Es handelt sich um politische Maßnahmen und um *positive reale Erfahrungen*, die Menschen mit den Freiheiten machen.

In erster Linie ist auf die Konsumentenfreiheit als auf diejenige Freiheit hinzuweisen, die den größten Teil der Bevölkerung vom Wert individueller Entscheidungsfreiheit überzeugen kann. Es bedarf dazu einer Wirtschaftspolitik, die der Masse der Bevölkerung Verdienst- und Einkommensmöglichkeiten bietet, damit die einzelnen als Käufer von Waren auf dem Markt auftreten können. Obwohl die Konsumentenfreiheit die ›schwächere‹ Freiheit ist, verstärkt sie doch bei den meisten Menschen das Gefühl dafür, daß man sie nur so lange haben kann, wie es die ›starken‹ unternehmerischen Produzentenfreiheiten gibt. (Wir können in unserem Zusammenhang die volkswirtschaftliche Frage vernachlässigen, welche wirtschaftspolitischen Maßnahmen im einzelnen notwendig sind, um eine breite Streuung der Konsumentenfreiheit zu erreichen. Für unseren Zweck reicht der Hinweis, daß eine Wirtschaftspolitik in dieser Richtung das beste Mittel ist, um eine demokratische Legitimation der staatlichen Garantie ökonomischer Individualfreiheiten zu erreichen.)[8]

Für die demokratische Legitimation dieser Freiheit ist darüber hinaus der ›öffentliche‹ Eindruck entscheidend, daß eine Gesellschaft, für die der Staat individuelle Freiheiten garantiert, bessere Ergebnisse für die Masse der Menschen vorzeigen kann als eine, in der die wichtigsten wirtschaftlichen und politischen Entscheidungen auf der Ebene zentraler staatlicher Instanzen getroffen werden. Dieser Eindruck muß zu einem demokratischen Habitus werden. Ein weiteres wichtiges sozialpolitisches Mittel liegt in der Erhaltung der Attraktivität der Konsumentenfreiheiten, die die einzelnen als *politische Wähler* haben. Denn von dieser Massenattraktivität hängt es im demokratischen Legitimationsrahmen ab, ob ›starke‹ Produzentenfreiheit für Politik, die bei der Minderheitengruppe der Berufspolitiker und der Parteifunktionäre liegt und von der das parlamentarische System lebt, gerechtfertigtermaßen die staatliche Garantie verdient. Die Attraktivität hängt ab vom Grad der Identifikation mit den politischen Parteien, die um die Regierungsmacht konkurrieren.

Zusammenfassend läßt sich der Status von *Rechtfertigungen* für die staatliche Garantie von Individualfreiheit im demokratischen Legitimationsrahmen wie folgt bestimmen: Es geht um möglichst adäquate *Vermutungen* über diejenigen Mittel, die man braucht, um den angestrebten Zweck zu erreichen. Der Zweck besteht in der Akzeptierung individueller Freiheiten und liberaler Institutionen durch die ›überwältigende Mehrheit der Bürger‹. Die Schwierigkeit, diese Anerkennung zu erreichen und zu erhalten, liegt darin, eine *mehrheitliche* Zustimmung zu *Minderheiteninteressen* zu gewinnen.

Wenn man den demokratischen Legitimationsrahmen in Rechnung stellt, muß man zu der Konsequenz bereit sein, eine wertmäßige Abstufung zwischen dem Prinzip demokratischer Gleichheit und dem des Liberalismus hinzunehmen. Die demokratische Gleichheit ist dem Liberalismus dann nämlich vorgeordnet, denn sie bildet den Kern im Legitimationsrahmen staatlicher Verfassungsnormen und der ›gesellschaftlichen Grundstruktur‹.[9] Die Produzentenfreiheiten des Liberalismus gehören demgegenüber zu denjenigen Gesellschafts- und Verfassungselementen, welche ihre Rechtfertigung nachzuweisen haben. Diese Unterordnung des Liberalismus unter die demokratische Gleichheit zeigt sich unübersehbar in der Grundstruktur liberaler Demokratien. Sie erklärt die Tendenz zur *Sozialstaatlichkeit*, die in allen westlichen Demokratien nachweisbar ist.[10]

Zum Sozialstaat rechnen wir üblicherweise staatliche, auf dem Weg parlamentarischer Gesetzgebung beschlossene Maßnahmen, die sich an der Grundnorm einer sozialen Gleichstellung von Bürgern ausrichten. Diese Grundnorm bezieht sich der Idee nach auf menschliche Bedürfnisse und Lebenserfordernisse, für deren Befriedigung der Staat die Garantie übernimmt, weil der Markt erfahrungsgemäß nicht dafür sorgt, daß jeder Bürger Güter dieser Art zu sozial vertretbaren Preisen bekommen kann. Der Autor des diesbezüglichen Artikels im ›Großen Meyer‹ rechnet folgende Maßnahmen zu den Mitteln einer modernen Sozialstaatspolitik: »1. Gesetzliche (nichtfinanzielle) Maßnahmen, die die gesellschaftliche Stellung sozial schwächerer Gruppen und Schichten (insbesondere Schutz vor wirtschaftlich stärkeren) sichern sollen (z. B. durch Arbeitsrecht, aber auch durch Arbeitsschutzgesetzgebung, Kündigungsschutz); 2. Die Bereitstellung öffentlicher Güter, die sonst aufgrund ihrer Anschaffungs- und / oder Unterhaltungskosten Privileg Weniger wären (Bäder, Verkehrsmittel, Erholungsstätten, Büchereien); 3. Steuererleichterungen oder direkte finanzielle Zuwendungen an nach Einkommenshöhe, Familienstand oder anderen sozialen Kriterien abgrenzbare Personengruppen, z. B. in Form von Sozialhilfe, Kindergeld, Ausbildungsförderung oder von Spar- und Wohnungsbauprämien; 4. Maßnahmen der Sozialversicherung und der Versorgung.«[11]

Der Ausdruck ›Sozialstaat‹ stellt heute allerdings eine irreführende Bezeichnung für das Gemeinte dar. Man verbindet damit Hilfe für Schwache. Was wir heute ›Sozialstaat‹ nennen, verdankt seine Existenz und sein Ausmaß aber nicht moralisch begründeter öffentlicher Caritas, sondern dem demokratischen Gleichheitsideal. Statt von ›Sozialstaat‹ sollte man besser und richtiger vom ›demokratischen Umverteilungsstaat‹ sprechen.[12]

Die demokratische Umverteilungspolitik ist die natürliche Folge der historischen Durchsetzung der demokratischen Legitimation in diesem Jahrhundert.[13] Es ist plausibel, daß eine am demokratischen Gleichheitsbegriff ausgerichtete Gesellschaftspolitik leichter diese Legitimation erhält als eine Politik, die ausschließlich auf dem wirtschaftlichen Liberalismus klassisch-individualistischer Prägung fußt. Erkennt man den demokratischen Legitimationsrahmen auch für die liberalen Individualfreiheiten an, dann muß man die hohe Wahrscheinlichkeit einer durch steuerliche Umverteilung finanzierten Sozialstaatspolitik in Rechnung stellen.[14] Was man damit zusätzlich in Kauf zu nehmen hat, sind die Kosten, die der Umverteilungsstaat macht: teure Bürokratie unter einer schwer kontrollierbaren Herrschaft von Verwaltungsbeamten und diejenigen sozialen Folgen, die daher kommen, daß es keine wissenschaftlich-objektiven Maßstäbe für die Anwendung des Begriffs der sozialen Gleichheit gibt.[15] Mit anderen Worten: Man hat in Grenzen mit Willkür bei der Zuordnung bestimmter gesellschaftlicher Gruppen oder einzelner Bürger zu den Bereichen zu rechnen, in welchen soziale Gleichheit hergestellt werden soll. Gleichwohl existieren erfahrungsgemäß Zumutbarkeitsgrenzen auch im demokratischen Legitimierungsrahmen. Denn ›überwältigende Mehrheiten‹ sind nicht unbeschränkt für eine Politik ständig größerer Umverteilung ansprechbar, vor allem dann nicht mehr, wenn große Bevölkerungsteile in die höheren Stufen der progressiven Steuersätze geraten. Indizien für derartige Zumutbarkeitsgrenzen sind bei Wahlen festzustellen: wenn Mehrheiten sich entweder bei den Parteien sammeln, die ein Mehr an Sozialstaat befürworten, oder bei solchen, die für weniger Sozialstaat und mehr Förderung der Privatinitiative eintreten.

Es ist jedenfalls klar, daß sozialstaatlich-demokratische Umverteilungspolitik nur auf der Grundlage produktiv bleibender liberaler Produzentenfreiheiten möglich ist. Man darf die Idee der sozialen Gleichheit deshalb nicht in die Nähe marxistischer Gleichheitsvorstellungen rücken, die aus einer dem wirtschaftlichen Liberalismus feindlichen Sichtweise entstanden sind. Die marxistische Sichtweise ist als eine frontale Abwehrreaktion auf die adlig-großbürgerliche Klassengesellschaft der absolutistischen Monarchie des 19. Jahrhunderts entstanden. Sie bleibt dieser historischen Fixierung auch heute noch verhaftet, denn sie hat in solchen Ländern die meisten Befürworter im Volk, in denen Teile der monarchischen Klassengesellschaft des 19. Jahrhunderts sich bis in die Gegenwart hinüberretten konnten. Zu Ländern dieser Art gehört zwar nicht mehr die Bundesrepublik, wohl aber Frankreich und in noch höherem Ausmaß Großbritannien.

Zum Abschluß des Kapitels plädiere ich dafür, zwischen dem Begriff der *Rechtsgleichheit*, dem der *demokratischen Gleichheit* und dem Begriff der *sozialen Gleichheit* zu unterscheiden. Der Begriff der Rechtsgleichheit bezeichnet die Gleichbehandlung aller Bürger vor dem Gesetz. Die demokratische Gleichheit ist im allgemeinen Wahlrecht enthalten. Sie prägt die Gleichheitsidee, wie sie im demokratischen Legitimationsrahmen steckt. Beide Gleichheitsbegriffe haben eine genaue Bedeutung, die sich durch objektivierende Merkmale angeben läßt. Ein Verstoß gegen die Rechtsgleichheit liegt vor, wenn eine Behörde oder ein Richter gleichgelagerte Fälle nach unterschiedlichen Gesetzesbestimmungen behandeln. Die demokratische Gleichheit wird verletzt, wenn Staatsbürger Schwierigkeiten haben, sich an Wahlen zu beteiligen. Der Begriff der sozialen Gleichheit hängt mit dem der demokratischen Gleichheit insofern zusammen, als er der leitende Maßstab für eine Politik ist, die bei der politischen Anwendung der Mehrheitsverfahren im demokratischen Legitimationsrahmen am wahrscheinlichsten ist.

Im Unterschied zu den beiden ersten Gleichheitsbegriffen hat der Begriff der sozialen Gleichheit eine *vage* Bedeutung. Es lassen sich zwei Bedeutungsschwerpunkte bezeichnen. Einmal soll eine *gewisse* Gleichheit der Bürger bei der Sicherung eines lebensnotwendigen Grundbedarfs gewährleistet werden (in diesen Zusammenhang gehören sozialpolitische Maßnahmen wie die gesetzlich verfügte Altersversorgung und die Krankenversicherungspflicht). Zum anderen bezieht sich ›soziale Gleichheit‹ – gleichsam als Begriff einer Tendenz – auf eine *Angleichung* der Lebensverhältnisse der Bürger insgesamt. (In diesen Zusammenhang gehört die in den meisten westlichen Staaten mehr oder weniger stark ausgeprägte progressive Besteuerung, die *auch* die Angleichung der Einkommen bezweckt.)

Im Rahmen einer liberalen Demokratie ist es nun wünschenswert, die *Vagheit*, die speziell im zweiten Bedeutungsschwerpunkt der sozialen Gleichheit enthalten ist, *nicht* zu beseitigen, sondern sie zu bewahren, und zwar aus zwei Gründen. Erstens existieren keine wissenschaftlich-präzisen Kriterien dafür, was Gleichheit der Menschen in einem sozialen Sinn heißt, der über die Befriedigung von Grundbedürfnissen hinausgeht. Zweitens führt jeder Versuch, genauere Kriterien für die Anwendung des Begriffs der sozialen Gleichheit durchzusetzen, dazu, die individuellen Freiheiten besonders im wirtschaftlichen Bereich uninteressant zu machen. Denn gerade dort sind die Produzentenfreiheiten für die Menschen nur so lange von Interesse und entfalten nur so lange Produktivitätsanreize, wie sie den Inhabern auch die Möglichkeit geben, *Ungleichheiten* zu anderen Menschen herzustellen. Die Knappheit der Produzentenstellen hat insofern auch ihr Gutes. Sie motiviert Menschen, die den Preis für ihren Erwerb zu zahlen bereit sind, zu individuellen Leistungen, die normale Anforderungen übersteigen. Ein demokratischer Staat, der zugleich die Individualfreiheiten sichert, ist darauf angewiesen, den *vagen Sinn* der sozialen Gleichheit geradezu vor Versuchen zu schützen, präzisierte Maßstäbe dafür durchsetzen zu wollen.

5. *Rechtsstaat und demokratischer Liberalismus*

Nach dem Muster des klassischen Liberalismus verkörpert sich der moderne Rechtsstaat in der staatlichen Garantie der Grundfreiheiten. In diesem Konzept fallen die alte Rechtsgleichheit und die ›materiale‹ Gleichheit des Liberalismus zusammen, d. h. die Gleichheit aller Staatsbürger vor dem Gesetz und das gleiche Recht aller Bürger auf Individualfreiheiten. Im Rahmen des demokratischen Liberalismus stellt sich nun die wichtige Frage, wie der *unparteiische* Charakter des Rechtsstaats gesichert werden kann, wenn die ›Produzentenstellen‹ gesellschaftliche Minderheitspositionen sind und bleiben werden.[1] Denn in der Demokratie besteht die ständige Gefahr, daß Minderheiten benachteiligt werden, eine Gefahr, die in unserem Fall deshalb brisant ist, weil die staatliche Garantie der liberalen Grundfreiheiten als gesellschaftlich-reales Interesse immer nur ein Minderheiteninteresse hervorbringt. In der modernen Sozialphilosophie werden im grundsätzlichen zwei Thesen diskutiert, die Antworten auf das Problem enthalten und dabei aber zu entgegengesetzten Folgerungen gelangen. Die eine These wird von Friedrich A. von Hayek, einem der bedeutendsten Vertreter des Liberalismus im 20. Jahrhundert, vertreten. Die zweite These geht auf Karl Marx zurück und ist charakteristisch für die Folgerung, die marxistische Sozialphilosophen heute hinsichtlich der Möglichkeit des Rechtsstaats in kapitalistischen Verhältnissen ziehen.

Wenden wir uns zuerst Hayeks These zu.[2] Ihm zufolge steht und fällt der liberale Rechtsstaat mit der Bevorzugung einer bestimmten Gesetzesdefinition. ›Echte Gesetze‹ sind nach Hayek Gesetze, die die Rechte der Bürger im Sinn der individuellen Grundfreiheiten *allgemein* regeln. Nur so sei die ›neutrale Formalität‹ der Gesetze herzustellen, eine Formalität, die auf gesellschaftliche Unterschiede zwischen den Staatsbürgern keine Rücksicht nimmt und dadurch erst eine unparteiische Rechtsprechung und Gesetzesanwendung durch die staatliche Gerichtsbarkeit und die Verwaltung ermöglicht.[3] ›Gesetz‹ und ›Freiheit‹ bedingen sich nach Hayek wechselseitig: »Der Begriff der Freiheit unter dem Gesetz ... beruht auf der Ansicht, daß wir mit der Befolgung von Gesetzen im Sinne von allgemeinen abstrakten Regeln, die, unabhängig von ihrer Anwendung auf uns, niedergelegt werden, nicht dem Willen eines anderen unterworfen und daher frei sind; weil der Gesetzgeber die besonderen Fälle nicht kennt, auf die seine Regeln Anwendung finden, und weil der Richter, der sie anwendet, in den Schlüssen, die aus dem bestehenden System von Regeln und aus dem Tatbestand folgen, keine Wahl hat, können wir sagen, daß nicht die Menschen, sondern die Gesetze regieren ... Das gilt aber nur, wenn wir unter ›Recht‹ die für jedermann gleich geltenden allgemeinen Regeln verstehen. Die Allgemeinheit ist wahrscheinlich das wichtigste an der Eigenschaft des Rechts, die wir seine ›Abstraktheit‹ genannt haben. So wie ein echtes Gesetz keine partikulären Umstände anführen soll, so sollte es insbesondere keine bestimmten Personen oder Gruppen herausgreifen.«[4]

In Hayeks Definition ›echter‹ Gesetze kommt unverändert die Grundauffassung des klassischen Liberalismus zum Ausdruck. Sie enthält zugleich das Bewertungsmaß für ›unechte‹ Gesetze. Zu den ›unechten‹ Gesetzen gehören staatliche Regelungen der Verhältnisse einzelner gesellschaftlicher Gruppen. Zwar rechnet Hayek nicht schlechthin jede gruppenbezogene Regelung zu den ›unechten‹ Gesetzen: »Es kann Gesetze geben, die nur auf Frauen oder auf Blinde, oder Personen über einem gewissen Alter anwendbar sind ... Solche Unterscheidungen sind nicht willkürlich, unterwerfen nicht eine Gruppe unter den Willen anderer, wenn sie sowohl von den Leuten innerhalb als auch von denen außerhalb der Gruppe als berechtigt anerkannt werden. Wenn jedoch nur die innerhalb der Gruppe die Unterscheidung wollen, ist es Privileg, und wenn sie nur die außerhalb wollen, Diskriminierung. Was für einige ein Privileg ist, ist immer eine Diskriminierung für die übrigen.«[5]

Die meisten modernen Steuergesetze sind nach Hayeks Meinung hervorstechende Beispiele ›unechter Gesetze‹, denn sie basieren auf dem Maßstab der *progressiven* Besteuerung der Einkommen. ›Progressive Besteuerung‹ bedeutet, daß höhere Einkommen nach höheren und kleine und mittlere Einkommen nach niedrigeren Prozentsätzen besteuert werden. Hayek spricht sich für die *proportionale Besteuerung* aus, nach der alle Einkommen einem einheitlichen Steuersatz unterliegen. Nur so sei eine Diskriminierung der Besserverdienenden und eine Privilegierung der anderen Einkommensklassen zu vermeiden. Nach rechtsstaatlichen Kriterien dürften die Bürger in ihrer Freiheit, über ihr Einkommen zu verfügen, nicht ungleich behandelt werden. Besteuerung der Einkommen nach unterschiedlichen Steuersätzen ist nun in der Tat gegen die Rechtsgleichheit gerichtet, wenn man von Hayeks Gesetzesdefinition ausgeht. Für ihn stellt die in allen westlichen Staaten übliche Art, die Einkommen progressiv zu besteuern, lediglich den auffälligsten Anwendungsfall eines anderen Gesetzesverständnisses als des liberalen dar: des demokratischen, nach dem ›Gesetz‹ alles das heißt, was von demokratischen Gremien wie den Parlamenten mehrheitlich beschlossen wird. Das demokratische Gesetzesverständnis sei zur wichtigsten Triebfeder des modernen ›Wohlfahrtsstaats‹ geworden wie auch schuld daran, daß der Rechtsstaat in den westlichen Demokratien ständig abgebaut werde.

Es stellen sich zwei Fragen: 1. Wie sieht nach Hayek die *Legitimation* für die Garantie der liberalen Freiheiten durch den Staat aus? 2. Ist es unumgänglich, den Rechtsstaat allein mit einem Gesetzesverständnis zu verbinden, das von der Gleichheitsgarantie der Individualfreiheiten abhängt?

Wenden wir uns der ersten Frage zu. Hayek bekennt sich mit Nachdruck als Kritiker des unhistorischen Naturrechts der Klassiker des Liberalismus. Die Hoffnung auf eine Rechtfertigung durch realen Konsens besteht bei ihm auch nicht. Seine eigene Rechtfertigung der liberalen Freiheit ist Ausdruck einer spontanen Präferenz. Die Bevorzugung der Freiheit ist für ihn eine Art moralischer Selbstverständlichkeit. Das ist jedoch ein unbefriedigender Standpunkt, denn in der Staatsphilosophie ist die Frage nicht die, ob man für oder gegen die Freiheit Partei ergreifen soll. Die *staatsphilosophische Frage* liegt in der Rechtfertigung, warum *der Staat allen Bürgern* Individualfreiheiten garantieren soll. Diese Garantie versteht sich auch für diejenigen nicht von selber, die eine spontane Präferenz für Freiheit schlechthin haben. Man hat zunächst also die Frage zu beantworten, wie der Legitimationsrahmen aussieht, den man der Bewertung einer staatlichen Garantie der Freiheiten zugrunde legt.

Hayeks Liberalismus ist unter staatsphilosophischem Gesichtspunkt ein *dogmatischer* Liberalismus. Und merkwürdigerweise sind Vertreter des dogmatischen Liberalismus, die doch in der Regel ökonomischem Denken nahestehen und Präferenzen und Wünsche gegen anfallende Kosten aufzurechnen pflegen, häufig der Meinung, die staatsphilosophische Präferierung der Freiheit müsse zum Nulltarif entgolten werden. Doch auch die staatliche Garantie der Freiheit verursacht ›soziale‹ Kosten und hat dementsprechend wie alles in der Welt ihren Preis. Wenn es denn stimmt, daß der faktisch wirksame Legitimationsrahmen der demokratische ist, dann kann die Absicht derer, die für Liberalismus sind, nur auf Mittel gerichtet sein, die es ermöglichen, die staatliche Garantie der liberalen Freiheit in den Augen ›überwältigender Mehrheiten‹ annehmbar zu machen. Man hat dabei zu beachten, daß die liberalen Freiheiten als Produzentenfreiheiten stets die Interessen von Minderheiten verkörpern. Ein erkleckliches Ausmaß an Sozialstaat und staatlicher Umverteilungspolitik entsprechend der Idee sozialer Gleichheit ist aller Erfahrung nach der Preis für die demokratische Legitimation der liberalen Freiheiten. Fraglich ist allerdings noch, ob im demokratischen Legitimationsrahmen der Rechtsstaat gefährdet ist.

Gehen wir für die Beantwortung der Frage von der Unterscheidung dreier Gesetzesarten aus: 1. der Gesetze zur Regelung der allgemeinen Individualrechte (hierzu rechnen die liberalen Grundfreiheiten), 2. der Gesetze zur Regelung der gruppenbezogenen Individualrechte (hierzu sind gesetzliche Regelungen zu zählen, die sich auf gesellschaftliche Gruppen wie Frauen, Rentner, Sozialversicherungspflichtige, Verkehrsteilnehmer, Bauern oder Beamte usw. beziehen), 3. der Gesetze zur Regelung der Staatsaufgaben (hierzu gehören die Bereiche Verteidigung, Außenpolitik, Schul- und Hochschulwesen, die staatliche Setzung sozial-, wirtschafts- und energiepolitischer Rahmenbedingungen).

Die Bürger werden als Individuen *direkt* durch die beiden ersten Gesetzesarten betroffen. Zwischen beiden macht Hayek den Unterschied zwischen ›echten‹ und ›unechten‹ Gesetzen mit der kritisch-wertenden Folgerung, daß er den modernen Rechtsstaat durch die Zunahme der ›unechten‹ Gesetze, der Gesetze zur Regelung der gruppenbezogenen Individualrechte (und auch der Maßnahmegesetze, die zur dritten Art zählen) gefährdet sieht. Die Befürchtung ist nicht von der Hand zu weisen, denn fraglos pflegen gesellschaftliche Gruppen ihre Interessen, die im politischen Entscheidungsverfahren mehrheitsfähig sind, in der Regel über die zweite Gesetzesart durchzusetzen. Das geschieht in der Tat häufig auf Kosten anderer gesellschaftlicher Gruppen, die politisch nicht so stark sind, oder auf Kosten aller Staatsbürger als *einzelner*. ›Der Staat als Beute gesellschaftlicher Gruppen‹ ist eine realistische Perspektive in der liberalen Demokratie, wie wir wissen. Sie beschreibt ein ernstzunehmendes Potential der Gefährdung unserer Staatsform.

Hayeks Forderung, nur ›echte‹ Gesetze zu beschließen, läßt sich jedoch um ihrer Erhaltung willen nicht erfüllen, denn sie kommt mit der gesellschaftlichen Minderheitenrolle der Produzentenfreiheiten in Konflikt.

Gehen wir nämlich davon aus, daß die Produktivmittel zur Betätigung der ökonomischen Produzentenfreiheiten in unserer Gesellschaft ungleich verteilt sind, und nehmen wir weiter an, daß gerade die Produktionssteigerung im Bereich der materiellen Güter die ›gesellschaftliche Knappheit‹ der Positionsgüter verstärkt, dann zwingt sich im demokratischen Legitimationsrahmen der Schluß auf, einen dogmatischen Liberalismus zugunsten der Theorie eines *staatlich gelenkten Liberalismus* aufzugeben. Die Realität unserer westlichen Staaten hat sich ohnehin längst in diese Richtung entwickelt. Der Staat kann nicht nur Schiedsrichter sein, der die Einhaltung der rechtsstaatlichen Garantie der Freiheiten und der Wettbewerbsregeln überwacht. Er kann seine Tätigkeit auch nicht nur nach liberalistischem Konzept darauf beschränken, ›öffentliche Güter‹ wie Renten-, Sozial- und Arbeitslosenversicherung zur Verfügung zu stellen, deren Notwendigkeit am Maßstab minimaler menschlicher Grundbedürfnisse wie der Vermeidung von Armut und Not gemessen wird. Das soziale Problem moderner Industriegesellschaften ist nicht Armut und Not, selbst wenn es Benachteiligungen von Randgruppen nach wie vor gibt. Es besteht in Interessenkonflikten über die Güter- und Positionenverteilung *oberhalb* der Armutsschwelle. Die faktische Legitimation der liberalen Grundfreiheiten hängt davon ab, ob es Mechanismen der Konfliktlösung gibt, die nach demokratischen Maßstäben plausibel gemacht werden können. Konkreter gesagt: Diejenigen, die als Minderheit die tatsächlichen Vorteile der staatlich garantierten Produzentenfreiheiten haben, müssen als Gruppe(n) mit den anderen gesellschaftlichen Gruppen zu einem *Interessenausgleich* kommen.

Bevor ich diese Folgerung im Hinblick auf den Rechtsstaat vervollständige, will ich eine populär gewordene kritische Auffassung behandeln, nach der es in einem Staat Rechtsgleichheit und Rechtsstaatlichkeit nicht geben kann, in dem Privateigentum an wirtschaftlichen Produktionsmitteln vorherrscht. Die These wurde von Marx aufgestellt. Sie bildet in den meisten marxistischen Richtungen heute den gemeinsamen Kern einer radikalkritischen Einstellung dem bürgerlich-liberalen Rechtsstaat gegenüber. Lenin hat sie – Marx referierend – folgendermaßen zusammengefaßt: »Nach Marx ist der Staat ein Organ der Klassenherrschaft, ein Organ zur Unterdrückung der einen Klasse durch die andere, ist die Errichtung derjenigen ›Ordnung‹, die diese Unterdrückung sanktioniert und festigt, indem sie den Konflikt der Klassen dämpft ... Gleiches Recht, sagt Marx, haben wir hier allerdings, (es) ist aber das ›bürgerliche Recht‹, das, wie alles Recht, Ungleichheit voraussetzt. Jedes Recht besteht in Anwendung von gleichem Maßstab auf ungleiche Individuen, die in Wirlichkeit verschieden, untereinander ungleich sind, das ›gleiche Recht‹ ist daher eine Verletzung der Gleichheit und eine Ungerechtigkeit.«[6]

Nach Lenins Charakterisierung ist der bürgerliche Rechtsstaat durchaus seinem Auftrag und Selbstverständnis gemäß bestrebt, für eine rechtlich gleiche Behandlung der Bürger zu sorgen. Denn er, Marx und die besseren Theoretiker des Marxismus haben keineswegs die ›vulgärmarxistische‹ Meinung vertreten, nach welcher die Rechtsprechung und die Staatsverwaltung in kapitalistischen Verhältnissen in der Hand von Leuten sind, die als ›Agenten des Kapitals‹ dafür bezahlt werden, dessen Interesse parteiisch gegen die Interessen der ausgebeuteten Arbeiterklasse durchzusetzen. Marx will mit seiner Kritik des ›bürgerlichen‹ Rechtsstaats vielmehr den ›frappierenden‹ Tatbestand herausstellen, daß gerade eine strikte Befolgung rechtsstaatlicher Prinzipien in kapitalistischen Verhältnissen ihr Gegenteil, nämlich Unrecht und Ungleichheit, produziert. Da es sich um eine Argumentation handelt, auf die man bei ›Systemkritikern‹ immer wieder stößt, soll der Marxsche Gedanke mit Hilfe eines Beispiels aus dem Sport etwas ausführlicher dargestellt werden.

Nehmen wir einmal an, ein Bundesligaverein trägt gegen einen Kreisklasseverein eine Serie von zehn Spielen aus. Die Spiele finden nach den gültigen Spielregeln des internationalen Fußballverbandes statt, d. h. jede Mannschaft tritt mit elf Spielern an, der Deutsche Fußballbund stellt einen neutralen Schiedsrichter, und die Mannschaften spielen abwechselnd fünfmal jeweils auf ihren eigenen Plätzen vor eigenem Publikum. Wie werden die Resultate der zehn Begegnungen der beiden Mannschaften aller Wahrscheinlichkeit nach ausfallen, wenn wir unterstellen, daß sich der neutrale Schiedsrichter exakt an die Regeln hält und sich mit seiner Regelauslegung auch durchzusetzen weiß? Alles spricht dafür, daß neun Siege für den Bundesligaverein dabei herauskommen werden und vielleicht ein Unentschieden. Der Bundesligaverein wird in der Gesamtbilanz haushoher Sieger sein – und das gerade bei absolut neutraler Regelauslegung und Regeldurchsetzung durch den Schiedsrichter. Man kann nun mit einiger Plausibilität den Schluß ziehen, daß der neutral pfeifende Schiedsrichter beim haushohen Gesamtsieg der einen Seite ›objektiv‹ mitwirkt, denn er hat z. B. zu verhindern, daß die schwächere Mannschaft aus Gründen fairer Ausgangsbedingungen statt mit elf mit fünfzehn Spielern antritt oder zwei Torleute statt nur einen bekommt oder daß die stärkere Mannschaft mit nur sechs Spielern antreten muß (gegen die elf der schwächeren). Die ›abstrakte Formalität‹ der Regeln verbietet bekanntlich, daß Mannschaften unter sich eine ›fairere‹ Ausgangslage vereinbaren. Indem der Schiedsrichter also in pünktlicher Erfüllung seiner neutralen Funktion sicherstellt, daß die Regeln für die beiden Mannschaften in genau der gleichen Weise gelten, wird er in der Tat ›objektiv‹ zum zwölften Mann des Bundesligavereins, d. h. zur zusätzlichen Verstärkung der ohnehin stärkeren Mannschaft.

Natürlich dürfte eine Spielserie von dieser Art auch das Interesse am Fußball zugrunde richten: das der Zuschauer, weil die Spannung wegfällt, denn es ist von vornherein klar, wer gewinnt; das der Spieler, weil die stärkeren Bundesligaspieler nicht herausgefordert und die schwächeren Kreisklassespieler durch die wiederholten Niederlagen deprimiert werden. Man kann vorhersagen, daß am Ende nicht nur das triumphale Ergebnis für den Bundesligaclub steht, sondern auch eine Bankrotterklärung des Fußballspiels überhaupt. Als Fußballkenner wird man fragen, was eine Serie von Spielen zwischen zwei Mannschaften von derartig unterschiedlichen Stärkeverhältnissen und Fähigkeiten soll. Absurd ist das Beispiel aber auch im normalen Fußballgeschehen nicht, denn bei ›Pokalspielen‹ kommt es jedes Jahr zu Paarungen, die der erdachten unseres Beispiels entsprechen; nur eben nicht zehnmal hintereinander.

Wie realistisch das Beispiel auch immer ist: Es stellt eine gute Ausmalung der Verhältnisse dar, die Marx zufolge im bürgerlichen Rechtsstaat zwischen der Klasse der kapitalistischen Produktionsmittelbesitzer und der Klasse der lohnabhängigen Arbeiter bestehen. Nach ihm werden die Arbeiter im liberalistischen Staat in ein ›Spielregelsystem‹ gepreßt, in dem kein normaler Mensch mitspielen würde, weil die Ausgangsbedingungen für die Mannschaften extrem unfair sind. Der Zweck des ›Spiels‹ ›Kapital gegen Arbeit‹ liegt darin, einen möglichst großen Teil des Wirtschaftsprodukts zu gewinnen. Der liberalistische Rechtsstaat paßt als ›Schiedsrichter‹ auf – auch nach Marxscher Annahme völlig neutral –, daß die Kontrahenten sich genau an die Spielregeln halten. Wie der Schiedsrichter in jenem Fußballspielmodell darf er keine Rücksicht auf die unterschiedlichen Ausgangsbedingungen nehmen. Doch das ›Kapital‹ spielt im ›Spiel‹ um den Wirtschaftsertrag mit dem Vorteil des Produktionsmittelbesitzes, einem Vorteil, der das Ergebnis in seinem Sinn vorherbestimmt. Die ›ausgebeuteten‹ Arbeiter werden, weil sie anders nicht überleben können, zum ›Mitspielen‹ gezwungen. Da der Rechtsstaat aus Gründen der bürgerlichen Rechtsgleichheit zwischen ihnen und den kapitalistischen Produktionsmittelbesitzern keinen Unterschied macht, bewirkt er eine Verstärkung der sozialen Ungleichheit, die in den Ausgangsbedingungen angelegt war. Anders gesagt: Gerade der die Rechtsgleichheit beachtende *neutrale* Rechtsstaat verstärkt ›objektiv‹ die ohnehin stärkeren Bataillone. Die Analogie zum Fußballspiel-Modell läßt sich noch auf den wahrscheinlichen Verlauf in der Zukunft ausdehnen. Nach Marxscher Prognose muß auch das Spiel ›Kapital gegen Arbeit‹ irgendwann zusammenbrechen, weil die Antriebskräfte auf der Kapitalseite erlahmen und parallel dazu der Widerstand der Verlierer gegen Spielregeln wächst, die gerade bei neutraler Überwachung die Ungerechtigkeit der Anfangsbedingungen verstärken.

Marxens Kritik trifft fraglos einen wunden Punkt der kapitalistischen Wirtschafts- und Gesellschaftsordnung, einen Punkt, den Hayek nicht in

Rechnung stellt. Denn es stimmt, daß das juristische Gleichheitsmaß des liberalistischen Rechtsstaats als Bestätigung und Verstärkung sozialer Ungleichheiten wirkt. Heute stimmt aber die wichtigste Prämisse der Marxschen These nicht mehr, die da heißt: *Marktbedingungen* für den Kauf und Verkauf der ›Ware Arbeitskraft‹ und ein steigendes Überangebot an Arbeitern. Die im vorigen Jahrhundert als Reaktion auf die Ausbeutung der Arbeitermassen entstandenen Gewerkschaften haben in harten gesellschaftspolitischen Auseinandersetzungen über hundert Jahre hinweg erreicht, daß die Festlegung der Löhne, der Preise der Arbeit, für die Masse der Arbeitnehmer dem Markt *individueller* Anbieter und Käufer nach und nach entzogen wurde. Der Arbeitsmarkt des 19. Jahrhunderts, dessen Gesetzmäßigkeiten nach Marx langfristig sowohl die Verelendung der Arbeitermassen als auch eine ›selbstmörderische‹ Monopolisierung des Kapitals bewirken sollten, ist heute durch jährliche Verhandlungen zweier der gesellschaftlichen Macht nach gleich einflußreicher Verbände ersetzt, bei uns der Arbeitgeberverbände und der im Dachverband des DGB zusammengeschlossenen Einzelgewerkschaften der Metallarbeiter, Bauarbeiter, der öffentlichen Bediensteten usw. Das Machtgleichgewicht dieser gesellschaftlichen Großverbände hat sich sichtbar, soweit es die Gewerkschaftsseite anlangt, in der Betriebsverfassungs- und Mitbestimmungsgesetzgebung der vergangenen dreißig Jahre niedergeschlagen. Insofern ist die Kritik von Marx auf die Verhältnisse eines Staates wie der Bundesrepublik nicht mehr anzuwenden, denn zwischen ›Kapital‹ und ›Arbeit‹ bestehen ›faire‹ Ausgangsbedingungen. Wer heute noch das Marxsche Wort von der ›Ware Arbeitskraft‹ in gesellschaftskritischer Absicht in den Mund nimmt, bekundet bloß noch Unkenntnis der ökonomischen Wirklichkeit. Es hat in der Gegenwart keinen realistischen Gehalt mehr, sondern nur den Wert einer politisch-ideologischen Kampfformel.

Trotzdem kann es auf der Ebene der *einzelnen* Bürger nach wie vor zum ›Marxschen Effekt‹ kommen. Auch heute kann ein reicher Mann sich risikoloser einen Anwalt nehmen, um vor Gericht sein Recht zu erstreiten, als ein armer – trotz Rechtsschutzversicherung und Armenrecht. Denn einmal ist der beste Anwalt häufig nicht derjenige, der einem unter den letztgenannten Absicherungsmöglichkeiten zur Verfügung steht, und zum anderen pflegen sozial schlechter gestellte Menschen aus allgemeiner Kostenangst den Weg zum Gericht weniger häufig zu beschreiten als gutgestellte. Im Kampf um die ›gesellschaftlich‹ knappen Positionsgüter verstärkt das Rechtsstaatsprinzip nach wie vor die Machtstellung derer, die z. B. als Industriemanager, Hochschulprofessoren, Lehrer oder auch als Mieter von

Wohnungen des staatlich subventionierten Bausektors im Besitz derartiger Güter sind, und er mindert die Aussichten derjenigen, die sich um die relativ zur Nachfrage geringer und damit knapper werdenden freien Stellen und Wohnungen bemühen.

Man kann aber sagen, daß der ›Marxsche Effekt‹ im großen und ganzen, d. h. auf große Gruppen der Gesellschaft bezogen, heute nicht mehr auftreten kann.

Mit der Ablehnung der marxistischen Rechtsstaatskritik hat sich jedoch noch nicht Hayeks Befürchtung erledigt, wonach der Rechtsstaat gefährdet ist, weil sich in der Demokratie mehrheitsfähige Interessen von gesellschaftlichen Gruppen auf Kosten der Bürgerfreiheiten durchzusetzen pflegen. Man kommt aber um die Einsicht nicht herum, daß es im demokratischen Rahmen keine mächtige Interessenvertretung für das *materiale* Gleichheitspostulat der bürgerlichen Grundfreiheiten gibt. Der Grund dafür ist mehrfach genannt worden: In unserer gesellschaftlichen Wirklichkeit handelt es sich bei den Freiheiten stets um Minderheitsinteressen. Die philosophische Postulierung des Vorrangs der liberalen Freiheiten – und damit der ›echten‹ Gesetze zwecks Erhaltung des Rechtsstaats – bleibt gesellschaftlich – und damit für ihre demokratische Legitimation – folgenlos.

Wenn man realistisch ist, wird man dennoch konzedieren müssen, daß der neutrale Rechtsstaat der Bundesrepublik im großen und ganzen gut funktioniert, obwohl die ›demokratische‹ Gesetzesart der ›gruppenbezogenen Individualrechte‹ in der parlamentarischen Gesetzgebung vorherrscht. Darin drückt sich das Ergebnis eines funktionierenden *Pluralismus* gesellschaftlicher Verbände und Organisationen aus, zu denen sowohl die Parteien als auch die Gewerkschaften und die Arbeitgeberverbände gehören.

Allein der *Interessenausgleich* derartiger Organisationen kann unter pluralistischen Bedingungen verhindern, daß der Staat zur Beute einer gesellschaftlichen Großgruppierung wird. Geschähe dies, wäre der Rechtsstaat bei uns in der Tat am Ende. Kommt jedoch ein fairer Interessenausgleich zustande, ist jeder gesellschaftlichen Großgruppe an der Erhaltung der *neutralen* rechtsstaatlichen ›Schiedsrichterfunktion‹ gelegen. In dieser Stützung des Rechtsstaats besteht die gesellschaftliche Basis für eine weitgehend *neutrale* Auslegung der gesetzlich fixierten Grundfreiheiten der bürgerlichen Individuen. Und mehr als eine *weitgehend* neutrale Rechtsstaatspraxis wäre, wie wir wissen, auch nach dem Modell des klassischen Liberalismus nicht möglich.

Bei der Erzeugung des öffentlichkeitswirksamen Eindrucks eines Interessenausgleichs wirkt außerdem der Staat über die Gesetzesart der Staatsaufgaben mit. Bildungs- und Berufsausbildungspolitik sind heute wichtige Felder des staatlichen Beitrags zum gesellschaftspolitischen Interessenausgleich.[7]

V. Politische Ethik des demokratischen Liberalismus

1. ›Materiale‹ Zielethik oder ›formale‹ Verhaltensmoral?

Auch unter fairen Ausgangsbedingungen ist der Interessenausgleich zwischen gesellschaftlichen Gruppen nur möglich, wenn eine ausreichende Bereitschaft zum *Kompromiß* vorhanden ist. Diese Bereitschaft muß bei den Mitgliedern der Gruppen selber da sein, in erster Linie aber bei den Führungen ihrer Organisationen (wie der Gewerkschaften, der Arbeitgeberverbände und der politischen Parteien).

Kompromißbereitschaft stellt eine *moralische* Kategorie und eine Einstellung dar, die in unserer politischen Wirklichkeit mit zwei gravierenden Schwierigkeiten zu kämpfen hat. Einmal beschreibt sie eine *Verhaltenseinstellung* und keinen Zielwert einer ›materialen‹ gesellschaftspolitischen Ethik. Bei uns gelten aber leider moralische Normen des *Verhaltens* immer noch weniger als materiale Ziele von der Art ›alternativer‹ Gesellschaftsbilder. Man denunziert sie häufig als ›formal‹. Sie sind jedoch in Wahrheit für die liberale Demokratie wichtiger als ›materiale‹ gesellschaftspolitische Ziele. Denn über moralische Verhaltensnormen wie Kompromißbereitschaft muß unter Demokraten weitgehende Einigkeit bestehen, nicht aber über die ›materialen‹ Werte der Politik.

Die zweite Schwierigkeit liegt für moralische Verhaltensnormen der Politik darin, daß sie hauptsächlich im Bereich des gesellschaftlichen *Wettbewerbspluralismus* entwickelt werden müssen. Bekanntlich handelt es sich dabei um den Bereich, der einer Herausbildung *moralischer* Einstellungen generell nicht günstig ist, denn er ist der gesellschaftliche ›Fernbereich‹, in dem eigenvorteilsorientierte Einstellungen vorherrschen und prämiert werden.

Neben der Kompromißbereitschaft ist eine freiwillige moralische *Selbstbeschränkung* die wichtigste politische Tugend, nämlich die der einzelnen Staatsorgane in einem gewaltenteiligen System. John St. Mill hat diese Art der politischen ›Verfassungsmoral‹ bereits vor über hundert Jahren nachdrücklich herausgestellt: »Fragen der verfassungsmäßigen Moral haben eine nicht minder tiefgreifende praktische Bedeutung als die, welche sich auf die Verfassung selbst beziehen. Sogar die Existenz mancher Regierungen, und bei anderen wieder alles, was sie erträglich macht, beruht auf der praktischen Einhaltung gewisser Lehren der verfassungsmäßigen Moral, gewisser überlieferter Vorstellungen in dem Geiste der verschiedenen bestehenden Staatsgewalten, welche den Gebrauch mäßigen, den diese sonst von ihrer Macht machen würden ... Handelt es sich um Regierungen von einem vollkommenen Gleichgewicht der Gewalten, bei denen die höchste Macht geteilt und jeder Teilhaber gegen die Übergriffe der anderen in der allein möglichen Weise geschützt ist, nämlich dadurch, daß ihm zu seiner Verteidigung ebenso wirksame Waffen zur Verfügung stehen wie den anderen zum Angriff, so ist ein geordneter Gang der Regierung nur möglich, daß man allseitig auf die Anwendung der extremsten Machtmittel verzichtet, solange man nicht durch eine ebenso extreme Handlungsweise von seiten der anderen Teilhaber der Macht dazu herausgefordert wird, und man kann in diesem Fall mit vollem Recht sagen, daß nur die Beachtung, welche man Lehren der Verfassungsmoral zuteil werden läßt, den Bestand der Verfassung zu sichern vermag.«[1]

Mill hat in seinem Beispiel ein zentrales Element der liberalen Demokratie im Auge: die Gewaltenteilung der staatlichen Institutionen zwischen Regierung, Parlament und Gerichtsbarkeit. Das praktisch-politische Problem gewaltenteiliger Systeme besteht darin, daß jede Kontrollinstanz, wenn sie es darauf anlegt, das Ganze blockieren kann. Sie braucht dazu nicht einmal in nachweisbarer Form ihre rechtlichen Befugnisse zu übertreten, denn die Kontrolle wird gerade durch die Eingriffsmöglichkeiten einer Instanz in den Zuständigkeitsbereich einer anderen sichergestellt.

Die Auflösung dieser grundsätzlichen Schwierigkeit einer gewaltenteiligen Staatsstruktur ist verfassungsrechtlich nicht möglich. Entweder die einzelnen ›Gewalten‹ versuchen, ihre Macht voll auszuschöpfen – dann kommt es rasch zur Blockierung durchsetzbarer Politik. Oder der ›Souverän in Friedenszeiten‹ – bei uns das Bundesverfassungsgericht – greift massiv in die konkrete Gestaltung der Politik ein – dann werden Parlament und Regierung tendenziell entmachtet. Die Vertreter dieser staatlichen Institutionen müssen sich mithin zu *freiwilliger* Selbstbeschränkung bestimmen, wenn das gewaltenteilige System funktionieren soll: Parlament und Regierung, indem sie eine häufige Anrufung des Obersten Gerichts durch die Art ihrer konkreten Politik vermeiden; das Bundesverfassungsgericht, indem es sich, wenn es angerufen wird, mit seinen Urteilen auf *allgemeine* verfassungsrechtliche Auslegungen beschränkt und die Verführung meidet, selber Gesetze – und damit konkrete Politik – zu machen (eine Verführung, der die deutsche Gerichtsbarkeit in der Gegenwart zum Schaden des Staates allzuhäufig erliegt).

Es ist das Kreuz der Gegenwart, daß die verhaltensmoralische Einstellung nach wie vor wenig Freunde hat. Der Tatbestand ist ein Reflex auf die Schwierigkeit, im gesellschaftlichen ›Fernbereich‹ moralische Einstellungen zu erzeugen. Er hat in allen westlichen Demokratien ein Mangelbewußtsein erzeugt: das Bewußtsein des Fehlens *objektiver* ethischer Bezugsgrößen in der Politik. Die Demokratie ist selber (als Staatsform, in Form der Mehrheitsverfahren wie als Idee sozialer Gleichheit) offenbar nur so lange ein gesellschaftspolitisches Ziel, das die Gemüter der Menschen zu befeuern vermag, als man sie noch nicht besitzt.

Ist Demokratie aber in jenem mehrfachen Sinn in Staat und Gesellschaft präsent, dann zeigt sich, daß parallel mit ihr ein gesellschaftlicher Bedarf an *objektiven* politischen Zielsetzungen entsteht. Es ist dies ein Bedarf an festen ›unverrückbaren‹ Bezugsgrößen für das gesellschaftliche und nationale Schicksal, Bezugsgrößen, die dem launischen, schwer berechenbaren Wechsel demokratischer Prozeduren nicht ausgesetzt sein sollen. Denn Demokratie und Demokratisierung haben allemal die sozialpsychologische Konsequenz allgemeiner *Werteverunsicherung*.

Es ist ein Bedarf, der einstellungsmäßig auf das Staats- und Gesellschaftsbewußtsein unserer *monarchischen* Vergangenheit zurückgeht. In ihrer emotional verankerten Grundeinstellung lassen sich die Menschen selten von logischer Konsequenz leiten. Zwar wollen die meisten heute eine demokratische Regierungsform und keine Monarchie alten paternalistischen Stils. Gleichwohl empfinden sie es als Nachteil der Demokratie, daß sie ihnen keine festen, unverrückbaren Leitbilder nach Art der autoritären Monarchie mehr setzt.

Beispiele für den Bedarf an objektiv unverrückbaren Werten sind sowohl aus Geschichte und Gegenwart der westeuropäischen Länder wie der USA anzuführen. In den USA ist es die geschichtliche – letzthin wieder stärker gewordene – gesellschaftspolitische Bedeutung religiöser Bekenntnisse und Sekten, in Großbritannien das nach wie vor vorhandene Gewicht tradierter Staatsformelemente der Monarchie, die mit der Logik des demokratischen Parlamentarismus kaum noch in Übereinstimmung zu bringen sind, und in Frankreich der Geist des zentralistischen Absolutismus und Nationalismus. (Überhaupt kann man sagen, daß der Nationalismus des 19. und 20. Jahrhunderts auch eine Reaktion auf die Werteverunsicherung durch die

›demokratische Revolution‹ war – einschließlich der Entstehung der nationalistisch-faschistischen Diktaturen in Italien, Deutschland und Spanien.)

Doch auch die gegenwärtige Bereitschaft, in Politik, Philosophie und Pädagogik auf *intellektuelle* Angebote an ›unverrückbarer‹ und angeblich ›wissenschaftlich objektiver‹ Wertbegründung einzugehen, gehört in den Zusammenhang der Reaktionen auf die Folgen einer sozialethischen Unsicherheit, welche die Demokratisierung begleiten. Diese Art ›sozialphilosophischer Aufklärung‹ füllt eine Bedarfslücke, die durch die Demokratisierung ständig erzeugt und offengehalten wird.

Nach allem Gesagten ist es kein Wunder, daß auch in der Sozialphilosophie der Gegenwart antipluralistische ›materiale‹ Zielethiken mit objektivistischen Ansprüchen den Ton angeben. Aufgrund ihrer Bedeutung für die gesellschaftstheoretische Diskussion unserer Tage stelle ich im folgenden drei wichtige und einflußreiche Positionen aus diesem Bereich vor. Die erste ist die von Karl Marx. Sie stammt bekanntlich zwar aus dem vorigen Jahrhundert, hat aber nach wie vor den stärksten Einfluß auf gesellschaftspolitische Überzeugungen, in denen es um eine staatliche *Alternative* zum ›entfremdeten‹ Wettbewerbspluralismus der parlamentarischen Demokratie geht. Die zweite ist die Position von Karl O. Apel, die als Fall ›materialer‹ Zielethik für die philosophische Diskussion in der Bundesrepublik als repräsentativ gelten darf. In ihr geht es um den Versuch, ›letztbegründete‹ menschheitsumfassende Zielwerte gesellschaftlichen Zusammenlebens aufzuzeigen. Die dritte Position ist die des Amerikaners John Rawls, der in ebenfalls antipluralistischer Absicht Grundsätze ›sozialer Gerechtigkeit‹ begründet hat. Es handelt sich bei Rawls um den westlichen Sozialphilosophen, der in der Fachwelt – auch bei Sozialwissenschaftlern und Ökonomen – im Augenblick wohl das größte Ansehen genießt. Zumindest dürfte er der meistdiskutierte Sozialtheoretiker des letzten Jahrzehnts sein.

Beginnen wir mit *Marx*.[2] Er hat seine Kritik am ›bürgerlichen‹ Wettbewerbspluralismus mit der Propagierung eines *alternativen* Gesellschaftskonzepts verbunden, welches die vollständige Verwirklichung der sozialen Gerechtigkeit verspricht.

Marx will ein gesellschaftliches Modell als ›das beste aller möglichen‹ rechtfertigen, das die Zwecksetzung des klassischen Liberalismus erfüllen soll: den *Konsens* aller Bürger über gesellschaftliche Grundnormen. Im Kommunismus soll diese Bedingung verwirklicht sein, weil dann Freiheit für jeden herrscht und eine Regelung der Produktion und Verteilung der gesellschaftlich notwendigen Güter besteht, der jeder freiwillig zustimmt.[3] Das ausschlaggebende *Mittel*, die Zustimmung der Menschen zum kommunistischen Gesellschaftsmodell zu erreichen, liegt nach Marx in einer *wissenschaftlichen* Theorie aus dem Gebiet der politischen Ökonomie, die zugleich eine Widerlegung des wirtschaftlichen Wettbewerbs enthält.

Ich referiere die Grundzüge dieser Theorie, um im Anschluß daran das antipluralistische Gesellschafts- und Rationalitätsverständnis zu verdeutlichen, das für sie charakteristisch ist.

Marx stützt sich auf die sogenannte ›objektive Wertlehre‹ oder ›Arbeitswertlehre‹ der Klassiker der politischen Ökonomie (in erster Linie Adam Smith und David Ricardo).[4] Er geht von der Annahme aus, daß der Wert der Waren die ›Durchschnittsarbeitszeit‹ verkörpert, die die Produktion dieser Waren kostet. Der Wert der Waren bemißt sich an den Zeiteinheiten ›gesellschaftlich notwendiger‹ (in der Marxschen Terminologie ›abstrakter‹) Arbeit, die in die Produktion dieser Waren gesteckt wurden. Die ›abstrakte‹ Arbeit als Wertbildungsfaktor wird von Marx als die Arbeit des sogenannten ›gesellschaftlichen Gesamtarbeiters‹ bezeichnet. Er will nun zeigen, daß die volkswirtschaftliche Wertbildung unter der Bedingung des kapitalistischen Privateigentums an Produktionsmitteln, der *rechtlichen* Grundlage des wirtschaftlichen Wettbewerbspluralismus, ›widerspruchsvoll‹ ist.

Bei dem bekannten ›Widerspruch von Kapital und Arbeit‹ handelt es sich zwar auch um einen Interessengegensatz zweier gesellschaftlicher Klassen, der Kapitalistenklasse und der Klasse des Proletariats. Der ›Widerspruch‹, den Marx eigentlich im Auge hat, liegt jedoch tiefer. Er bezieht den Begriff auf die Art, wie im Kapitalismus Wert *produziert* und wie dieser Wert *verteilt* wird. Die Produktion des Wertes (der Waren) beruht auf der Arbeit des ›gesellschaftlichen Gesamtarbeiters‹. Die ›Aneignung des Wertes‹ erfolgt im juristischen Rahmen einer Gesellschaft mit staatlich garantiertem Privateigentum an den Produktionsmitteln. Die Masse der Bevölkerung hat als einziges Produktionsmittel ihre ›Arbeitskraft‹ als Ware anzubieten. Diese wird nach dem Wertgesetz auf dem Markt getauscht; also entsprechend der Arbeit, die nötig ist, um ihre Produktion zu ermöglichen. Der Käufer der ›Ware Arbeitskraft‹ entrichtet zu ihrem Kauf den Preis, der den Wert der ›Lebensmittel‹ verkörpert, die die Arbeiter mit ihren Familien zur Existenz brauchen. Der kapitalistische Produktionsmittelbesitzer erwirbt als Käufer der ›Ware Arbeitskraft‹ entsprechend den Marktgesetzen das Eigentumsrecht an den Produktionsergebnissen seiner Arbeiter, denn nur deshalb hat er sie zur Bedienung seiner Produktionsmittel gekauft. Während nun das ›Wertprodukt‹ der Warenmasse ›gesamtgesellschaftlich‹, d. h. durch den ›gesellschaftlichen Gesamtarbeiter‹, erstellt wird, findet seine Verteilung unter Marktbedingungen *nicht* entsprechend der Wertbildung statt. Die Aneignung des Wertprodukts geschieht *allein* durch den privatkapitalistischen Besitzer der ›Ware Arbeitskraft‹.

Dies ist Marx zufolge der *Kernwiderspruch* der kapitalistischen Warentauschgesellschaft.[5] Aufgrund bestimmter ökonomischer Gesetzmäßigkeiten soll sich der ›Widerspruch‹ der Entwicklung des Kapitalismus entsprechend steigern. Die Zahl der lohnabhängigen Proletarier soll ständig zunehmen, die Zahl der kapitalistischen Produktionsmittelbesitzer soll sinken. Am Ende bleiben nur wenige Monopole übrig, die über die Arbeitskraft der Masse der Bevölkerung verfügen.

Der ›Widerspruch von Kapital und Arbeit‹ wird für Marx zur ausschlaggebenden Sprengkraft in der kapitalistischen Gesellschaft. Seine Steigerung ist die Voraussetzung der revolutionären Veränderung des Kapitalismus in Richtung auf eine Gesellschaftsform, in der der ›Widerspruch‹ abgeschafft sein soll. Es ist die des Sozialismus-Kommunismus.[6] Ihre juristische und ökonomische Verfassung besteht darin, daß das Privateigentum an den Produktionsmitteln, welches im Kapitalismus die staatlich garantierte Grundlage des ›Widerspruchs‹ war, abgeschafft wird und an seine Stelle eine Organisation der Wirtschaft tritt, in der die *Verteilung* des ›gesamtgesellschaftlich‹ erarbeiteten Wertprodukts ebenfalls ›gesamtgesellschaftlich‹ erfolgt. Soweit das Referat des Marxschen Grundgedankens.

Unter dem Gesichtspunkt des Marxschen Antipluralismus mache ich zunächst auf einen Punkt aufmerksam, der in den Auseinandersetzungen mit ihm in der Regel zu kurz kommt. Marxens politisch-ökonomische Theorie kann nämlich nicht als normale Theorie behandelt werden, mit der man sich nach wissenschaftlichen Maßstäben auseinanderzusetzen hat. Sie will über die ökonomische Analyse des kapitalistischen ›Grundwiderspruchs‹ hinaus erheblich mehr leisten. Sie enthält den Anspruch, durch ihre erkenntnisstiftende Überzeugungskraft die Zustimmung der Menschen zu einem Gesellschaftsmodell sichern zu können, das den *Konsens* aller Bürger zu verwirklichen verspricht. Das ist ohne Frage ein hoher Rationalitätsanspruch. Marx ist aber gezwungen, die Ansprüche an die *rationale* Überzeugungskraft seiner Theorie so hoch zu stecken, weil die ›Richtigkeit‹ des kommunistischen Gesellschaftsmodells einzig und allein an der Überzeugungskraft der politisch-ökonomischen Rechtfertigungstheorie hängt. Theorien, die die Menschen je individuell von ihrer Wahrheit überzeugen wollen und als Rechtfertigungsargumente für eine kommunistische Gesellschaft darüber hinaus einen *Konsens aller* bewirken sollen, müssen als *widerlegungsimmune* Theorien gedeutet werden. Zwar spricht

Marx diese Bedingung nicht aus. Das ist einer der Gründe, warum sie in den Diskussionen über die Akzeptierbarkeit seiner philosophischen, historischen und ökonomischen Theorien kaum behandelt wird.

Er *muß* aber von ihr ausgehen, wenn seine ökonomische Kapitalismuskritik als rechtfertigende Grundlage des kommunistischen Gesellschaftsbildes dienen soll, denn konsensuale, ausnahmslose Zustimmung könnten nur ›absolut wahre‹ Theorien erzeugen und auf Dauer sichern. Die Marxsche politische Ökonomie wird damit zum historisch folgenreichsten Anwendungsfall des *rationalistischen Legitimationsrahmens*.[7]

Man muß nicht ausführlich begründen, warum die ökonomischen Theorien über den ›Widerspruch von Kapital und Arbeit‹ (einschließlich der Notwendigkeit seiner ›Aufhebung‹) – sowenig wie bereits die geschichtsphilosophische Konstruktion des ›Kommunistischen Manifest‹ – den Charakter widerlegungsimmuner Theorien für sich in Anspruch nehmen können. Ich beschränke die Einwände auf ein inhaltliches und das ausschlaggebende methodologische Gegenargument.[8]

Die Theorie vom ›Widerspruch von Kapital und Arbeit‹ setzt die objektive Wertlehre (Arbeitswertlehre) voraus. Ohne diese Annahme käme es nicht zur These von der wertbildenden Funktion des ›gesellschaftlichen Gesamtarbeiters‹ und nicht zur kritischen Feststellung, daß unter den kapitalistischen Eigentumsverhältnissen ein ›Widerspruch‹ zwischen Wertproduktion und Wertaneignung (bzw. Wertverteilung) besteht. Die ›objektive Wertlehre‹ gilt aber in den modernen Wirtschaftswissenschaften schon seit langem als eine unbrauchbare Grundlage volkswirtschaftlicher Theoriebildung. Sie ist nach herrschender Meinung empirisch nicht erklärungskräftig, weil sie nicht in der Lage ist, das reale Marktgeschehen zu erklären.

Das ausschlaggebende ›formale‹ Gegenargument bezieht sich auf das allgemeine Wissenschaftsverständnis, wie es sich in unserem Jahrhundert verbreitet hat. In allen Wissenschaftsbereichen werden theoretische Aussagen über die Welt durchweg als *Hypothesen* betrachtet, als mehr oder weniger gut bestätigte Vermutungen über die Strukturen der Welt, Vermutungen, die im Prinzip umgestoßen oder geändert werden können. ›Widerlegungsimmunität‹ gilt allgemein als ein wissenschaftliches Ideal, das man einer überwundenen Epoche des philosophischen und wissenschaftlichen Denkens zuordnet, nämlich dem rationalistischen Apriorismus des 17. und 18. Jahrhunderts (Vertreter in der deutschen Philosophie waren Leibniz und Kant).

Auf ein modernes Wissenschaftsverständnis kann man sich also nicht berufen, wenn man mit Marx ›Widerlegungsimmunität‹ für ›wissenschaftliche‹ Rechtfertigungen eines Gesellschaftsverständnisses in Anspruch nehmen muß, weil das Konsens-Ideal der Maßstab ist.

Was ist die Folge für die Praktizierung des Sozialismus (im Marxschen Sinn)? Auch sozialistische Staaten haben *faktisch* keine *wissenschaftlichen* Mittel, um den Konsens ihrer Bürger in Hinsicht auf die grundlegenden sozialistischen Verfassungswerte sicherzustellen. Denn das *rationalistische* Legitimationsideal, dem sie im Bild des ›wissenschaftlichen Sozialismus‹ offiziell nacheifern, läßt sich nicht realisieren, weil es auch im ›realen Sozialismus‹ faktisch keine konsenserzeugende widerlegungsimmune Rechtfertigungstheorie gibt.[9]

Der ›reale Sozialismus‹ der kommunistischen Länder verstärkt darüber hinaus eine Ungereimtheit der Marxschen Konzeption, deren kommunistisches Konsens-Ideal die Freiheit aller ist.[10] Marx war der Meinung, daß diese Idee nur in einer Gesellschaft zu verwirklichen ist, die ihrerseits dem Interesse an einer der gefragtesten Individualfreiheiten, der Eigentumsfreiheit, den Boden entzieht. Die Erfahrungen mit dem ›realen Sozialismus‹ zeigen, daß sich diese Paradoxie über alle wichtigen Individualfreiheiten ausgebreitet hat. Um den Staat aufrechterhalten zu können, der durch freien Konsens legitimiert sein soll, müssen auch Freiheiten wie Meinungsfreiheit, Glaubensfreiheit, Versammlungsfreiheit in der gesellschaftlichen Wirklichkeit unterdrückt werden. Da man im ›realen Sozialismus‹ ideologisch am Konsens-Ideal wie an der Überzeugung festhält, eine ›widerlegungsimmune‹ wissenschaftliche Rechtfertigung des sozialistisch-kommunistischen Staats zu besitzen, ergibt sich für die schlimme Praxis der kommunistischen Machthaber in der Tat die traurige Folgerichtigkeit, ihre inneren Kritiker wie Geisteskranke – und schlimmer – behandeln zu müssen.

Die zweite sozialphilosophische Position ist die von Karl O. Apel, dem es darum geht, den Pluralismus gesellschaftspolitischer Ziele durch die Rechtfertigung eines dem Anspruch nach alternativlos ›richtigen‹ Zieles zu ersetzen. Auch bei ihm spielt das klassische Konsens-Ideal eine ausschlaggebende Rolle.

Nach Apel gibt es ein sogenanntes ›Apriori der Kommunikationsgemeinschaft‹.[11] Er versteht ethische Grundnormen darunter, die alle ›vernunftbegabten‹ Menschen anerkennen müssen, sofern sie sprachlich mit- und gegeneinander argumentieren. Ihm zufolge ergibt sich nun der Zwang zur Anerkennung dieser Grundnormen nicht als Ergebnis besonders überzeugungskräftiger ethischer Argumente. Er glaubt vielmehr zeigen zu können, daß alle Menschen, die zu einer sprachlichen ›Kommunikationsgemeinschaft‹ gehören, einheitliche Grundnormen ›je schon‹ anerkannt haben, auch wenn ihnen dies nicht ausdrücklich bewußt ist. Die ausnahmslose Anerkennung soll durch unsere Teilnahme an der sprachlichen ›Kommunikationsgemeinschaft‹ bzw. am sprachlichen ›Diskurs‹ gewährleistet werden. Die Arbeit der ›Vernunft‹ besteht darin, die Grundnormen samt ihrer Anerkennung durch eine ›Reflexion‹ aufzudecken, die in Anlehnung an Kant ›transzendental‹ genannt wird. Eine derartige ›transzendentale Reflexion‹ fördere die Idee einer ›apriorisch‹ anerkannten *Gleichverteilung individueller Ansprüche* zutage. Es sind Ansprüche der Menschen auf *gleiche* Bedingungen für den ›Diskurs‹, in dem über die politische Verwirklichung ihrer Interessen entschieden wird. Obwohl Apel diese Grundbedingung sprachlicher Kommunikation im Zusammenhang der Analyse von Wissenschaftsbegriffen aufzeigt, stellt er heraus, daß sie nicht bloß für die Ethik der Wissenschaftler, sondern für die Gesellschaft generell verpflichtend sein sollen.

Er bezeichnet seine Grundnorm der ›wechselseitigen Anerkennung der Menschen als Personen‹ als Postulat einer ›*idealen* Kommunikationsgemeinschaft‹, weil in der *realen* Gesellschaft keine Gleichheit hinsichtlich der Möglichkeit und Fähigkeit existiert, individuelle ›Ansprüche‹ und Interessen durchzusetzen.

Die reale gesellschaftliche Situation der Menschen entspricht in der übergroßen Zahl der Fälle in der Tat nicht der Norm, welche ihrer ›sprachlichen Kommunikation‹ als *ideale* ›transzendentale Voraussetzung‹ zugrunde liegen soll. In gesellschaftlichen Verhältnissen wie den unseren bestimmen Abhängigkeiten und Unterordnungen die Beziehungen der Menschen untereinander. In der Familie ist es die Abhängigkeit der Kinder von den Eltern, in den meisten Berufen die Einordnung in vorgegebene Hierarchien, in der demokratischen Politik die Akzeptierung des Mehrheitswillens durch die Minderheit. Apel denkt auch an die vielen sozialen Ungleichheiten zwischen den Menschen, die auf der Ungleichverteilung ökonomischer Mittel beruhen.

Sein Konzept einer ›idealen Kommunikationsgemeinschaft‹ läßt sich auf folgenden Nenner bringen: Es ist das Bild einer ›moralischen‹ Gesellschaft, in welcher die Konflikte zwischen den Individuen unter der ›institutionalisierten‹ Bedingung einer Gleichberechtigung der Ansprüche durch ›rationalen Diskurs‹ gelöst werden. Dazu gehört in erster Linie eine ökonomische und bildungsmäßige Ausstattung der Individuen, die es ihnen ermöglichen soll, gleichberechtigt im ›Diskurs‹ zu bestehen. Apels Grundnorm der Gleichberechtigung soll insofern ›nichthintergehbar‹ sein, weil die Sprache das ›nichthintergehbare‹ Medium ist, mittels dessen die Menschen sich mit der Welt und ihren Mitmenschen auseinandersetzen. ›Letztbegründung‹ wird angestrebt, weil allein sie einen ›Konsens aller Vernünftigen‹ sicherstellen kann.

Der Sache nach sind Apels Grundnormen ›idealer Kommunikation‹ nichts weiter als die Normen, die *analytisch* zum ›idealen‹ Begriff wissenschaftlicher Auseinandersetzung gehören. Allein deshalb kann Apel sie als ›je schon anerkannte‹ Normen ausweisen. Welcher Wissenschaftler wird bestreiten, daß die kritische Auseinandersetzung um Erkenntnis und Wahrheit die besten Ergebnisse bringen wird, wenn möglichst gleiche Ausgangsbedingungen für die ›Diskurspartner‹ existieren.

Die Idee der ›idealen Kommunikationsgemeinschaft‹ mag nun zwar ein Leitbild ›wissenschaftlicher Diskurse‹ sein. Apel irrt aber, wenn er meint, ›Konsense‹ bildeten den Endzweck solcher ›Diskurse‹. Auch in den Wissenschaften gründet der sogenannte ›Stand der Forschung‹ – das, was jeweils ›herrschende Lehre‹ in Natur und Sozialwissenschaften genannt wird – nicht in einem Konsens der Wissenschaftler.

Man kann sich für die Wissenschaften sinnvollerweise das Ideal einer *möglichst großen* Zustimmung als erstrebenswertes Ziel setzen. Ein ›Konsens der Wissenschaftler‹ wäre jedoch, nimmt man den Begriff ernst, kein wünschenswerter Zustand, denn mit ihm würde zugleich die Möglichkeit von *Kritik* abgeschafft.

Zudem bedeutet der Anspruch auf ausnahmslose Anerkennung, der in Apels Normen ›idealer Kommunikation‹ enthalten sein soll, auch nicht *logisch*, daß irgendein Mensch diese Normen *faktisch* anerkennen *muß*.[12] Doch selbst wenn Grundnormen sprachlicher Kommunikation in der Tat ›nichthintergehbar‹ wären, sind sie deshalb noch nicht ›letztbegründet‹. Auch eine ›Letztbegründung‹ läßt sich nur in Gestalt sprachlich formulierter Behauptungen führen, und Behauptungen dieser Art sind immer der Irrtumsmöglichkeit ausgesetzt, was heißt: sie sind im Prinzip ebenfalls nicht mehr als widerlegbare Vermutungen über die ›Nichthintergehbarkeitseigenschaften‹ der sprachlich-kommunikativen Grundnormen.[13]

Auf keinen Fall aber kann die ›ideale Kommunikationsgemeinschaft‹ das politische Leitbild für Ziele abgeben, über die durch Anwendung der demokratischen Mehrheitsverfahren entschieden wird. Das Stimmenzählen hat im Rahmen der Mehrheitsverfahren gerade den Sinn, die argumentative Auseinandersetzung der politischen Gegner *abzubrechen*, weil ›argumentationsvermittelte‹ Konsense unmöglich sind. Politische Entscheidungen in der Demokratie müssen unter Zeitdruck gefällt werden. Nur in ›idealen Welten‹ von Philosophen ist Zeit kein Kostenfaktor und kein knappes Gut. Apel mißversteht deshalb auch den Sinn der Demokratie. Statt ihn richtig als Abbruch der argumentativen Auseinandersetzung zu werten, nimmt er ihn fälschlich als potentielle Bestätigung der ›besseren‹ Argumente. Er gibt sich dadurch als Anhänger der ›Induktionstheorie der Mehrheitsverfahren‹ zu erkennen.

Die Philosophie ›transzendentalphilosophischer Letztbegründung‹ ist protestantische Theologie in säkularisierter Gestalt. Sie geht davon aus, daß allgemein verbindliche Moralmaßstäbe den Menschen ›je schon gegeben‹ sind – darin steckt die Verinnerlichung Gottes als moralischer Autorität. Zugleich sollen die Menschen durch ›Selbstreflexion‹ die gültige Moral in sich ›finden‹ – darin steckt Luthers Grundkonzept, daß Gott nur im *Glauben* des Christenmenschen auffindbar ist. Bei Apel sind die *Funktionen* des protestantischen Gottesverständnisses übriggeblieben, Gott selber ist als Konzession an die wissenschaftliche Aufklärung der letzten hundert Jahre mit Begriff und Name getilgt.[14]

Die dritte und letzte Position, die ich vorstelle, ist diejenige von *John Rawls*.[15] Die Rawlssche ›Theorie sozialer Gerechtigkeit‹ verfolgt ebenfalls den Zweck, grundlegende gesellschaftliche Normen *konsensfähig* zu begründen.[16] Mit ihr soll erklärtermaßen der *Pluralismus* sozialethischer Auffassungen darüber beseitigt werden, wie eine ›gerechte‹ Verteilung von ökonomischen Gütern und gesellschaftlichen Positionen aussehen soll. Im Unterschied zu Marx und Apel denkt Rawls jedoch nicht an Grundnormen einer ›idealen‹, in der Zukunft herzustellenden Verfassung menschlicher Gesellschaft. Er meint vielmehr Gerechtigkeitsmaßstäbe, die sich benutzen lassen, um in liberalen und demokratischen Staaten wie den USA, Großbritannien und der Bundesrepublik *gerechtfertigte* Verteilungen ökonomischer Güter und sozialer Positionen von *ungerechtfertigten* zu unterscheiden.[17] Es ist klar, daß mit der Überzeugungskraft der Rawlsschen Maßstäbe, sollte sie in der politischen Öffentlichkeit unserer Länder vermittelbar sein, auch eine Politik unterstützt würde, die sich in Richtung auf eine Verwirklichung dieser Art ›sozialer Gerechtigkeit‹ bewegte.

Rawls geht von der Tatsache aus, daß wir im täglichen Leben dauernd moralische Urteile über unser eigenes Verhalten und das anderer Menschen fällen. Wir finden es z. B. moralisch gerechtfertigt, andere Menschen nicht zu belügen und Versprechen zu halten. Die Erfahrung, daß wir häufig von moralischen Grundsätzen dieser Art abweichen, bewegt uns normalerweise nicht dazu, sie abzulehnen. Rawls nimmt an, daß bei Grundprinzipien der Moral Übereinstimmung möglich ist, wenn man bestimmte Anforderungen an diejenigen Menschen stellt, die moralische Beurteilungen abgeben. Er will nur moralische Urteile einbeziehen, die von ›kompetenten Moralbeurteilern‹ stammen. Ein ›Moralbeurteiler‹ ist in seinen Augen ›kompetent‹, wenn er auf der Grundlage durchschnittlicher Intelligenz und Bildung darum bemüht ist, in unparteiischer Weise ›Konsistenz in seinem Handeln und Argumentieren anzustreben‹. Das Postulat der Konsistenz im Handeln und Argumentieren verlangt von den einzelnen, daß sie bei der moralischen Bewertung vergleichbarer Situationen und Fälle sich an *dieselben* moralischen Prinzipien halten. Über ein gewisses Maß an durchschnittlicher Intelligenz hinaus soll sich der ›kompetente Moralbeurteiler‹ noch durch allgemeine Lebenserfahrung und Einfühlung in die Lage anderer Menschen auszeichnen. Rawls nimmt weiter an, daß unseren moralischen Einzelurteilen *Prinzipien* zugrunde liegen, die man herausfinden kann und aus denen sich die Einzelurteile logisch ableiten lassen.

Das Interesse von Rawls gilt in erster Linie Prinzipien der Ethik, die es erlauben, das *gesellschaftliche* Leben der Menschen nach Maßstäben der Gerechtigkeit zu beurteilen. Er führt zwei Prinzipien an, von denen er zunächst ›hypothetisch‹ annimmt, daß sie bei ›kompetenten Moralbeurteilern‹ auf allgemeine Zustimmung stoßen werden:

»1. Jedermann soll gleiches Recht auf das umfangreichste System gleicher Grundfreiheiten haben, das mit dem gleichen System für alle anderen verträglich ist.
2. Soziale und wirtschaftliche Ungleichheiten sind so zu gestalten, daß
   a) vernünftigerweise zu erwarten ist, daß sie zu jedermanns Vorteil dienen und
   b) sie mit Positionen und Ämtern verbunden sind, die jedem offenstehen.«[18]

Im *ersten Prinzip* wird von einer ›gerechten‹ Gesellschaft verlangt, daß sie dem Hauptpostulat des klassischen Liberalismus entspricht, wonach Gleichheit aller Bürger im Recht auf die ›Grundfreiheiten‹ bestehen soll. Mit dem *zweiten Prinzip* bezweckt Rawls eine Rechtfertigung von ›sozialen und wirtschaftlichen *Ungleichheiten*‹. Der in diesem Prinzip unterstellte Begriff der Gleichheit (bzw. Ungleichheit) ist nicht derselbe wie der der Rechtsgleichheit aus dem ersten Prinzip. Er bezieht sich auf den bekannten Umstand, daß die ökonomischen Mittel und die gesellschaftlichen Positionen in einer liberalen Gesellschaft nicht gleich verteilt sind, gerade weil die Grundfreiheiten – einschließlich der freien Verfügung über Privateigentum – rechtlich abgesichert sind.

Marx (und in seinem Gefolge der Marxismus insgesamt) hat aus der ›ungerechtfertigten‹ Ungleichverteilung ökonomischer Mittel (besonders im Bereich der industriellen Produktion) den Schluß gezogen, das Privateigentum als Quelle aller sozialen Ungleichheiten zu beseitigen. Er hat damit zweifellos (wie vor ihm Rousseau, auf den die moderne Eigentumskritik zurückgeht) das Kind mit dem Bad ausgeschüttet. Denn so wahr es ist, die Eigentumsfreiheit für ökonomische und soziale Ungleichheiten verantwortlich zu machen, so falsch ist es, ihre Abschaffung zu empfehlen, wenn es einem letztlich um die Gründung eines ›gesellschaftlichen Vereins *freier* Menschen‹ geht. Rawls ist konsequenter als Marx, indem er das erste Prinzip (das gleiche Recht auf ›Grundfreiheiten‹) dem zweiten logisch vorordnet und im zweiten Prinzip die Existenz von Ungleichheiten anerkennt. Die logische Überordnung des ersten über das zweite Prinzip soll ausdrükken, daß solche Maßnahmen zur Veränderung der Verteilungsstruktur *moralisch* nicht gerechtfertigt sein können, die entweder Grundfreiheiten beseitigen oder die Gleichheit des Rechts darauf beschneiden.

Rawls fragt nun, wieweit soziale *Ungleichheiten* moralisch gerechtfertigt werden können.[19] Er gibt als Antwort, daß Ungleichheiten in dem Maß zu rechtfertigen sind, in dem sie auch den *schlechtergestellten* Mitgliedern der Gesellschaft *Vorteile* bringen.

Aus der Ökonomie ist bekannt, daß Ungleichheiten unter Konkurrenzbedingungen gerade auf der Seite der schwächeren Konkurrenten ›Produktivitätsanreize‹ erzeugen. Häufig sind es die schwächeren und kleineren Anbieter, die sich mit neuen Ideen den großen gegenüber auf dem Markt durchsetzen. Man darf vermuten, daß in einem Wirtschaftssystem, in dem über die Rechtsgleichheit hinaus auch *soziale Gleichheit* in einem *präzisen* Sinn durchgesetzt würde, neue Erfindungen und neue Entwicklungen nicht mehr aufkämen, weil die Anreize der Ungleichheit fehlten. Ein solches System erstarrte aller Wahrscheinlichkeit nach in Sterilität und Konservativismus. (Die Länder des ›realen Sozialismus‹, für die die Idee der völligen sozialen Gleichheit nach wie vor ein positives Ideal darstellt, zeigen schwer übersehbare Merkmale einer derartigen Entwicklung.) Sowenig eine *positive* Bewertung sozialer *Ungleichheit* paradox ist, genausowenig ist es die spezielle Rechtfertigung dafür, die Rawls im Auge hat, nämlich eine ethische Rechtfertigung von Ungleichheit, soweit diese auch den relativ Ärmsten in der Gesellschaft noch Vorteile einbringt.

Um ein konkretes Beispiel aus dem volkswirtschaftlichen Bereich zu geben: Wenn es in einer ländlichen Gegend, in der bisher kaum Industrie existierte, zur Neuansiedlung eines großen Industriebetriebes kommt, darf man vermuten, daß das Einkommensniveau der dort lebenden Menschen *insgesamt* gehoben wird. Zwar werden in der Regel die bisherigen Ungleichheiten in der Einkommensverteilung dadurch nicht ausgeglichen, sondern eher verstärkt – was mit anderen Worten bedeutet, daß die Abstände zwischen den Einkommen der einzelnen Menschen und Familien sich sogar vergrößern können. Eine solche Zunahme der Ungleichheit wäre nach dem zweiten Prinzip von Rawls gleichwohl ethisch gerechtfertigt, weil auch derjenige im Vergleich zu früher zugewinnt, der am Ende der Einkommensskala steht.

Für die *konsensfähige* Rechtfertigung seines zweiten Prinzips wählt Rawls eine Konstruktion, die die Lage eines gleichsam ›idealen‹ Moralbeurteilers beschreibt. Es stellt sich die Frage: Für welche sozialen Prinzipien (und damit für welche gesellschaftliche und wirtschaftliche Verteilungsstruktur) würde sich *jeder* einzelne Mensch entscheiden, wenn er *nicht* wüßte, wie seine tatsächliche und konkrete Stellung in der Gesellschaft aussieht? Er greift für diesen Zweck auf die älteren Naturzustandskonzeptionen zurück. Das Natur- bzw. Urzustandsmodell eignet sich in der Tat dazu, sich die Situation von Menschen auszumalen, welche sich für *konsensfähige* Grundnormen entscheiden sollen. Denn die Uneinigkeiten über ›soziale Gerechtigkeit‹ kommen in der Regel erst durch Unterschiede in den Positionen zustande, wie sie in *realen* Gesellschaften da sind. So wird jemand, den man als wohlhabend bezeichnen kann, an einer Vermögensumverteilung zugunsten ärmerer Gruppen der Bevölkerung weniger interessiert sein als jemand, der selber zu den Schlechtergestellten gehört.

In der Situation des ›Urzustands‹ gelten für die einzelnen in *gleicher* Weise nach Rawls folgende Bedingungen: a) Sie sind daran interessiert, ihren individuellen Vorteil zu suchen, d. h. sie wollen in der Gesellschaft, für deren Prinzipien sie votieren sollen, den höchstmöglichen Grad individueller Bedürfnisbefriedigung erreichen. b) Sie haben keine Informationen über die Lebensumstände, die sie *wirklich* antreffen werden, wenn sie in dieser Gesellschaft leben, d. h. sie wissen nicht, ob sie als Kinder reicher oder armer Eltern aufwachsen, und sie wissen auch nicht, welche individuellen Fähigkeiten und Eigenschaften sie dann haben.[20] (Rawls spricht von einem ›Schleier des Nichtwissens‹.) In einer solchen Situation, die durch ›faire‹ Ausgangsbedingungen gekennzeichnet ist, wird sich – so Rawls – jeder einzelne immer für eine ›gesellschaftliche Grundstruktur‹ entscheiden, in der er sich, sollte er selber die *schlechteste* soziale Position erhalten, relativ besser steht als bei anderen denkbaren ›Grundstrukturen‹. Diese Bedingung wäre in einer Gesellschaft erfüllt, in der dafür gesorgt ist, daß eine ständige Vermögensumverteilung zugunsten der wirtschaftlich (oder auch aus gesundheitlichen Gründen) Schlechtergestellten erfolgt. Im bildhaften Beispiel: Ein Rawlssches Individuum im ›Urzustand‹ zieht das Leben in einer Gesellschaft vor, in der ein Straßenkehrer (als Beispiel für eine mögliche untere Position) besser bezahlt wird als in jeder anderen Gesellschaft. Denn da es selber in der Entscheidungssituation seine eigene Position nicht kennt (also nicht weiß, ob es Mehrheitsaktionär eines Konzerns oder Straßenkehrer sein wird), wird es sich für die ›beste‹ aller ›schlechten‹ Möglichkeiten entscheiden. In anderen Gesellschaftsstrukturen könnte es zwar als Mitglied der ›Oberschicht‹ mehr Macht und ökonomische Mittel besitzen, als wenn es zur ›Oberschicht‹ einer Gesellschaft gehörte, in der die ›Unterschicht‹ besser gestellt ist. Die Spekulation auf die Zugehörigkeit zur ›Oberschicht‹ ist jedoch Rawls zufolge nicht *rational* (im Sinn des eigenen Nutzens), denn selbst wenn die Wahrscheinlichkeit, zu der einen oder zu der anderen Schicht gehören, als gleich groß angenommen wird, ist der Nachteil, den man als Angehöriger einer relativ ›schlecht‹ gestellten Unterschicht hätte, stärker zu gewichten als der Vorteil, den es einem brächte, zu einer Gesellschaft mit besonders ›gut‹ gestellter ›Oberschicht‹ zu gehören. Wieder im konkreten Bild: Der Nachteil, möglicherweise in einer Gesellschaft *ohne* gesetzliche Sozial- und Rentenversicherung leben zu müssen (im Vergleich zu einer *mit* sozialen Sicherheiten), sei auf jeden Fall größer als der Vorteil, reicher Aktienbesitzer in einer Gesellschaft ohne Vermögensumverteilung zu sein (im Vergleich zu einer Gesellschaft mit ständiger Vermögensumverteilung). Denn was die grundlegendsten Lebensumstände angeht, scheuen wir nach Rawls aus *rationalem* Eigeninteresse das Risiko.

Man sieht, daß die Rechtfertigung, die Rawls auf der Grundlage des ›Urzustands‹ entwickelt, zum *moralischen* Plädoyer für eine Gesellschaftsordnung führt, die seinen beiden Prinzipien entspricht. Gemäß dem zweiten Prinzip (von Rawls ›Fairnessprinzip‹ genannt) soll nur ein soziales Verteilungsprinzip *rational* gerechtfertigt werden können, welches eine Gesellschaftsstruktur fordert, die den Schwächsten und Schlechtestgestellten – im Vergleich mit anderen wirklichen und möglichen Gesellschaften – am meisten nützt.

Rawls Begründung von Prinzipien der Gerechtigkeit läuft auf die Rechtfertigung einer Ordnung hinaus, in der die liberalen Grundfreiheiten garantiert sind – die in dieser Hinsicht also ein liberaler Rechtsstaat ist – und in der darüber hinaus Einkommensumverteilung in der Art des modernen Sozialstaats westlicher Prägung betrieben wird.

Im Resultat enthält die Rawlssche Theorie nichts Neues, nichts Utopisches oder gar Umstürzlerisches. Von daher kann der faszinierende Einfluß nicht kommen, den sie in der jüngsten Phase der politischen Philosophie ausübt. Utopische Prophetien ›idealer Diskurse‹, ›idealer Kommunikationsgemeinschaften‹ oder heiler Welten, wie sie dem Blochschen ›Prinzip Hoffnung‹ entsprechen, sind ihr, was die Qualität der Verheißungen angeht, haushoch überlegen. Ihre Vorzüge liegen in der scharfsinnigen formalen Argumentation, die sich an wichtigen Stellen auf das Grundmodell der modernen Entscheidungstheorie stützt.

Man muß sagen, daß Rawls wie kaum ein anderer Sozialphilosoph der Gegenwart *ethische Argumente* für eine Theorie der Gesellschaft herausgearbeitet hat, in welcher der soziale Umverteilungsstaat auch die Präferenz derjenigen Menschen ausdrückt, die seine Kosten zu tragen haben, sofern sie Bezieher höherer Einkommen sind.

Geht man vom demokratischen Legitimationsrahmen aus, kommt man zu gesellschaftspolitischen Folgerungen, die den Rawlsschen Gerechtigkeitsprinzipien nahestehen. Läßt man den generellen Einwand einmal unberücksichtigt, daß auch Rawls vom unrealistischen ›individualistischen Ansatz‹ ausgeht, muß man zwei wichtige Elemente seiner Theorie gleichwohl sehr kritisch bewerten: zum einen die *antipluralistische* Rechtfertigungsstrategie, zum zweiten den Begriff *sozialer Gerechtigkeit*.

Was den ersten Punkt anlangt, erweist sich Rawls als ein moderner Exponent der unter Philosophen und Sozialwissenschaftlern verbreiteten Idee einer *Verwissenschaftlichung* der politischen Auseinandersetzung. Leitfaden ist die Vorstellung, man könne die Interessenkonflikte politischer Parteien und gesellschaftlicher Gruppen mit Hilfe *rationaler Methoden* und im Licht *wissenschaftlicher* Maßstäbe besser lösen als über die politischen Entscheidungsverfahren. So ist denn nach Rawls eine ›gerechte‹ Gesellschaftsordnung auch nicht das Ergebnis von Kompromissen zwischen Interessengruppen auf der Grundlage des politischen und gesellschaftlichen *Pluralismus*.[21] Ihr Begriff wird vielmehr als Ergebnis einer ›richtigen‹ Entscheidung (fiktiver Individuen im ›Naturzustand‹) gewonnen.

Den politisch-psychologischen Eindruck, der durch dieses Rechtfertigungsmuster bewirkt wird, kann man nur als fatal bezeichnen, denn er trägt zu einer nichtpluralistischen und insofern nichtliberaldemokratischen Einstellung bei. Er bringt zudem Rawls' eigenes Plädoyer für politische Freiheit in ein schiefes Licht, denn mit Bezug auf die ethische Diskussion von Konzepten ›sozialer Gerechtigkeit‹ will er Pluralismus als konstitutives Element von *Kompromissen* ausschalten.

Der zweite Punkt betrifft die Idee ›sozialer Gerechtigkeit‹ selber. In der politischen Realität liberaler Demokratien ist dies nämlich eine systematisch überflüssige Idee. Sie hat in der Rhetorik von Parteien und Gewerkschaften nur noch die Funktion eines ideologischen Kampfmittels. Unter Bedingungen des politischen und gesellschaftlichen Wettbewerbspluralismus beinhaltet ›soziale Gerechtigkeit‹ einfach einen *fairen Interessenausgleich* zwischen gesellschaftlichen *Gruppen*.[22] Zum Regelsystem des Interessenausgleichs muß ›Waffengleichheit‹ gehören. Man benötigt jedoch keine *einheitlichen* Maßstäbe für die Bewertung der Ergebnisse des Interessenausgleichs, wie der Begriff ›soziale Gerechtigkeit‹ sie suggeriert.[23] Die liberale Demokratie bedarf keiner zielorientierten antipluralistischen Moral, wie Apel und Rawls sie im Auge haben, sondern einer moralischen Haltung, wie die demokratische Kompromißbereitschaft und die ›Verfassungsmoral‹ es sind. Allerdings besteht die andauernde Schwierigkeit, eine derartige moralische Einstellung im gesellschaftlichen ›Fernbereich‹ menschlicher Beziehungen zu erzeugen, eine Schwierigkeit, der nur schwer beizukommen ist.

Das Musterbeispiel, wie der Interessenausgleich praktisch funktioniert, bilden die Tarifauseinandersetzungen zwischen Gewerkschaften und Arbeitgeberverbänden.[24] Es macht deutlich, daß die gesellschaftlich relevanten Interessenkonflikte nicht *individuenbezogen* (wie von der falschen Idee ›sozialer Gerechtigkeit‹ ebenfalls suggeriert), sondern nur *gruppenbezogen* gelöst werden können. In der Bundesrepublik existieren heutzutage für beide Seiten faire Ausgangsbedingungen bei den jährlichen Tarifverhandlungen. In der Zukunft ist allerdings nicht so sehr eine Schwächung der Gewerkschaften zu befürchten, als vielmehr eine Tendenz zur Nachgiebigkeit bei den Funktionären der Arbeitgeberverbände, eine Tendenz, die zu ›Koalitionen der Produzenten‹ führen kann und Einigungen der Tarifparteien durch inflationsverstärkende Tarifabschlüsse zustande bringt, die von der kaum organisierten Masse der Verbraucher zu bezahlen sind. Die Befürchtung ist nicht unbegründet, weil die Arbeitgeberverbände überwiegend die Interessen der Großunternehmen und weniger die der Mittel- und Kleinunternehmen vertreten. Es kommt hinzu, daß der gewerkschaftliche Druck auf Erhaltung der Arbeitsplätze auch dann, wenn ökonomische Gründe dagegensprechen, in den mit großer Marktmacht ausgestatteten Konzernen stärker ist als in Mittel- und Kleinbetrieben. Gleichwohl hat der Interessenausgleich der Tarifpartner bei uns bis heute gut funktioniert, ein Umstand, der auf ausgewogene Ausgangsbedingungen und auf vorhandene Kompromißbereitschaft der Beteiligten zurückzuführen ist.[25]

Zum Interessenausgleich gehören natürlich auch Gewinnerwartungen der Organisationen. Entstünde der Eindruck, beim ›Verhandlungsspiel‹

um Löhne und Arbeitskosten könne keine Seite etwas gewinnen, dann würden die Tarifparteien nicht mehr zusammenkommen. Der Interessenausgleich hängt an drei ›Gewinnerwartungsmöglichkeiten‹: Entweder *jede* Seite kann am Ende Vorteile für sich verbuchen, oder nur *eine* Seite gewinnt, oder die eine Seite gewinnt auf Kosten der anderen. (Die dritte Möglichkeit darf aus evidenten Gründen nur kurzfristig das Bild von Verhandlungsergebnissen bestimmen.)[26]

Ein weiteres Beispiel für die Art und Weise, wie gesellschaftlicher Interessenausgleich funktionieren kann, liegt in einer Besonderheit des *parlamentarischen Parteienwettbewerbs.* In der Bundesrepublik befinden sich die Parteien (bzw. Parteienkoalitionen) stärkemäßig nahe beieinander. Das macht es gerade kleineren Gruppen der Gesellschaft wie etwa den Angehörigen ›mittelständischer Berufe‹, Bewohnern ›grenznaher Gebiete‹, der Gruppe ›leitender Angestellter‹ in der Industrie, der Gruppe der Behinderten und ähnlich kleiner Minderheiten möglich, das Eigeninteresse der Parteien für sich auszunutzen, denn bei Wahlen entscheiden Gewinne oder Verluste von zwei bis vier Prozent der Wähler. Gerade die pluralistische *Inhomogenität* der Gesellschaft bewirkt also, daß *Minderheiten* auf der politischen Entscheidungsebene liberaler Demokratien sich mit ihren Interessen durchsetzen können und beim gesellschaftlichen Interessenausgleich keinesfalls zu kurz zu kommen brauchen.

Ich fasse die Bedingungen zusammen, die im Rahmen des politischen und gesellschaftlichen Wettbewerbspluralismus erfüllt sein müssen, damit der gruppenbezogene Interessenausgleich zustande kommt:

1. Die Führungen von Organisationen gesellschaftlicher Gruppeninteressenvertretung müssen grundsätzliche Kompromißbereitschaft zeigen.

2. Sie müssen die überzeugungskräftige Autorität besitzen, die Ergebnisse der Verhandlungen den Gruppenmitgliedern annehmbar zu machen.

3. Alle Beteiligten müssen sich – von den Führungen bis zu den Mitgliedern – auf die Fähigkeit des Staates verlassen können, jederzeit die *Friedlichkeit* ihrer Auseinandersetzungen zu gewährleisten.

Ich behaupte, daß diese Bedingungen in der Bundesrepublik heute bei den gesellschaftlichen Großorganisationen und den Volksparteien erfüllt sind.

2. *Toleranz und die ›Sinngebungsschwäche‹ der liberalen und demokratischen Grundwerte*

Die *gesellschaftliche* Anerkennung von Grundwerten einer Staatsform bildet die Grundlage eines stabilen Staats. Grundwerte im *gesellschaftlichen* Bereich einer liberalen Demokratie sind die Individualfreiheiten – von der Glaubens- über die Meinungs- bis zur Eigentumsfreiheit. Im *politischen* Bereich geht es um die Zustimmung zu den Werten der demokratischen Verfahren, mit denen auf gewaltfreie Weise die staatlichen Ziele ermittelt werden.

Toleranz ist die wichtigste ethische Grundnorm des *politischen* Bereichs.[1] Sie steht als Haltung der Kompromißbereitschaft nahe. Während Kompromißbereitschaft aber eine moralische Einstellung bezeichnet, die im Bereich des *Wettbewerbspluralismus* gefordert wird, gehört die Toleranz zu Verhaltensformen im Rahmen des *Pluralismus der Eigentümlichkeit.* Man bezeichnet mit ihr eine ›passive‹ Duldung anderer Einstellungen in weltanschaulichen Dingen, in religiösen Glaubensfragen und bei politischen Grundüberzeugungen.[2] Demgegenüber paßt die Kompromißbereitschaft mehr zu einer ›aktiven‹ Haltung, andere Menschen und Gruppen als *Konkurrenten* zu betrachten, mit denen man sich um der eigenen Interessen willen auseinandersetzt.

Toleranz ist als Begriff wie als Haltung nicht einfach zu vermitteln. Das hängt damit zusammen, daß man Vorstellungen wie Unbestimmtheit, Mangel an Konkretheit, Unklarheit und negative Wertungen wie Schwäche und Nachgiebigkeit mit ihr verbindet. Politisch-weltanschaulicher Moralismus hat den Toleranzbegriff darüber hinaus in ein negatives Licht gerückt. Die Kritik Herbert Marcuses an der ›repressiven Toleranz‹ in ›kapitalistischen Gesellschaften‹ – vor allem aber ihre Resonanz bei vielen Intellektuellen und Studenten in den vergangenen zehn Jahren – sind Belege dafür.[3]

Historisch betrachtet, geht die Toleranz als *politischer* Grundwert des Liberalismus auf die schrecklichen Erfahrungen zurück, die die Menschen in Europa während der Religionskriege des 17. Jahrhunderts gemacht haben. In Deutschland war es der Dreißigjährige Krieg, der wegen des Konflikts zwischen Protestanten und Katholiken vom Zaun gebrochen wurde. Dieser Krieg hat durch seinen mörderischen Verlauf und sein unentschiedenes Ende die allgemeine Tendenz zur ›Privatisierung der christlichen Religion‹ entscheidend gefördert. Religion wurde zur Privatangelegenheit der Individuen. Sie hatte immer weniger mit staatlicher Legitimation zu tun. Toleranz begann sich in politisch wirksamer Form Ende des 18. Jahrhunderts auf dem Kontinent in einigen absolutistischen Monarchien wie Preußen und Österreich durchzusetzen. Sie enthält die Konzession an die Mitglieder der anderen christlichen Bekenntnisse, mit annähernd den gleichen bürgerlichen Rechten leben zu können, wie sie die ›Mehrheitskonfession‹ besaß.

Für die christliche Religion selbst – in welcher konfessionellen Gestalt auch immer – und für die religiösen Menschen führte diese Entwicklung zu der bitteren Erfahrung, daß der eigene Glaube nicht der allein verbindliche ist. Sie stellt die Religionsbekenntnisse und die religiösen Menschen noch heute vor ein schweres Problem. Denn Toleranz ist eine Idee, die mit *keiner* Religion in Übereinstimmung zu bringen ist, wenn man beide ernstnimmt. Religiöse Ethiken des ›vorgegebenen Sinns‹ können im Hinblick auf ihren sakralen Kern nicht tolerant sein. Was ein Gott – der jüdische, der christliche, der mohammedanische oder eine andere ›transzendente‹ Instanz – von den Gläubigen an Lebenshaltungen fordert und an ›Weltbildvorstellungen‹ vermittelt, darf von den gläubigen Menschen selber nicht ›tolerant‹ zur Disposition gestellt werden. Die frühere Menschheitsgeschichte berichtet von keiner göttlichen Autorität, die sich mit einem ›Privatverhältnis‹ zu den einzelnen Individuen beschieden hätte, an die sich ihre ›Botschaft‹ richtete. Besonders die göttlichen Autoritäten der europäischen Religionsgeschichte haben stets einen *umfassenden* Anspruch gestellt: der Gott des Judentums ein Volk umfassend und der christliche Gott der Dreieinigkeit im Prinzip die gesamte Menschheit. Und immer dann, wenn politisch-gesellschaftlich die Möglichkeit bestand, den umfassenden Anspruch der Religion auch ›mit Feuer und Schwert‹ durchzusetzen, wurde sie genutzt. Ein aktuelles Beispiel für religiöse Intoleranz bietet das Persien Chomeinis. Man sollte die Exzesse dort nicht vorschnell als eine Entartung des Islam abtun, denn als die christlichen Glaubensbekenntnisse Staatsreligionen europäischer Monarchien waren – also bis ins 19. Jahrhundert hinein –, haben sie sich ebenfalls durch religiöse und weltanschauliche Intoleranz ausgezeichnet.

Aus der Perspektive der Toleranz aber ist die übergreifende *Wahrheit* von religiösen Überzeugungen, der Punkt, um den es den religiösen Menschen einzig und allein geht, eine unerhebliche Frage. Ein religiös überzeugter Mensch kann demgegenüber nicht ›tolerant‹ glauben, daß Anhänger einer anderen religiösen Überzeugung sich möglicherweise auch in der ›Wahrheit‹ befinden. Toleranz gründet *letztlich* immer im Zweifel, Religion *letztlich* immer an der *Gewißheit* des Glaubens.

In der westlichen Kultur der Gegenwart löste die allgemeine Anerkennung der ›protestantischen‹ *Privatisierung* eines jeden Verhältnisses zum Göttlichen das im religiösen Rahmen selber nicht lösbare Problem.

Die religiöse Toleranz, die in den meisten Ländern Westeuropas zu einem Nebeneinander der christlichen Konfessionen geführt hat, wurde zur wichtigsten Voraussetzung der *politischen Toleranz*. Deren Hauptkennzeichen besteht im *Verzicht auf die Anwendung von Gewalt* bei allen Anstrengungen, die einzelne Gruppen der Gesellschaft unternehmen, um ihre politischen Ziele durchzusetzen. ›Gewaltverzicht‹ beinhaltet jedoch keinen Verzicht des *Staates* bzw. seiner Organe auf die Anwendung von Gewalt. Er bezieht sich als Voraussetzung einer jeden Form von politischer Toleranz allein auf das Verhalten der Bürger, der gesellschaftlichen Gruppen und der politischen Parteien *im* staatlichen Rahmen. Der Staat selber kann auf das Recht, gegenüber seinen Bürgern Gewalt anwenden zu können, schon deswegen nicht verzichten, weil eine seiner fundamentalen Aufgaben gerade in der Garantie des gesellschaftlichen Friedens besteht. ›Gewaltverzicht‹ heißt auch nicht, daß ein liberal-demokratischer Staat nach außen eine Politik zu vertreten hätte, die Gewaltanwendung verneint. Eine liberale Demokratie muß wie jeder Staat im Außenverhältnis zu anderen Staaten den Verteidigungsfall in Rechnung stellen.

Gewaltanwendung im Sinn physischer Gewalt ist normalerweise leicht dingfest zu machen. Eindeutige Beispiele dafür sind politische Fanatiker, die für ihre Überzeugungen zu Terroristen werden. Wann aber ist im Bereich der politisch-verbalen Auseinandersetzungen der Schritt zur Gewaltanwendung vollzogen? Ist dies bereits dann der Fall, wenn man, ohne selbst Gewalt anzuwenden, für politische Weltanschauungen wirbt, die *letztlich* nach aller Erfahrung nur durch *Revolution*, also durch gewalttätigen Umsturz, verwirklicht werden können? Von der Position des ›demokratischen Liberalismus‹ aus sollte man dafür sein, die Grenzen der Toleranz möglichst weit zu ziehen. Denn nur, wenn man auch Vertreter solcher Richtungen zu Wort kommen läßt, die eine *revolutionäre* Veränderung des bestehenden Staates anstreben, gibt es die Möglichkeit, den *realen* Legitimationsgrad der liberalen Demokratie festzustellen.

Der allgemeinste Begriff der Toleranz, welcher sich lediglich gegen Gewaltanwendung abgrenzt, deckt zunächst alle *gewaltfreien* Formen politischer Äußerungen ab, also auch eine Aufkündigung der Übereinstimmung mit dem liberal-demokratischen Verfassungsverständnis, die im Bereich verbal formulierter Forderungen verbleibt. Dieses weiteste Toleranzverständnis ermöglicht gefühlsmäßige und intellektuelle Überzeugungen in der Politik bis hin zu dogmatischen, kompromißunfähigen Einstellungen. Es läßt für Gegnerschaften und für die Selbstsicherheit politischer Gesinnungen jeden denkbaren Spielraum. Die Zumutung dieser Form der Toleranz liegt darin, daß auch noch derjenige zu tolerieren ist, der den Gewaltverzicht ablehnt und zur Gewaltanwendung aufruft, solange er es nur *verbal* tut; solange er also nicht selber physische Gewalt anwendet. Das Theoretisieren über Gewaltanwendung für revolutionäre Zwecke ist unmittelbar selber keine *wirkliche* Gewaltanwendung. (Toleranz wird dabei im Licht der ›dezisionistischen Freiheit‹ interpretiert, deren Begriff im folgenden Kapitel behandelt wird.)

Bereits die Abgrenzung gegen die Gewalt macht deutlich, daß die geläufige Meinung falsch ist, Toleranz bedeute die Duldung von allem und jedem und dürfe darum auch nicht als eindeutig abgrenzbarer ethischer Grundwert menschlicher Verhaltensorientierung gefordert, geschweige denn durchgesetzt werden. Man muß allerdings begrifflich zwischen der im Sinn der Toleranz gebotenen *Abwehr intoleranten Verhaltens* und der *Intoleranz* selber unterscheiden. Es gibt einen verbreiteten Sprachgebrauch, nach dem die *Abwehr* von Intoleranz als die Form von *Intoleranz* bezeichnet wird, die zum Toleranzgebot selber gehöre. So ist es ein geflügeltes Wort zu sagen, Toleranz verlange Intoleranz gegen Intolerante. Konzessionen an diese begriffliche Vermengung sind nicht ungefährlich, weil sie dem richtigen Toleranzverständnis schaden. Die Toleranzforderung verlangt nämlich logisch, sich gegen Intoleranz einzusetzen; denn sie ist nur dort zu erfüllen, wo keine Intoleranz herrscht. Die Abwehr von Intoleranz wird also mit dem falschen Wort belegt, wenn man sie selber als ›Intoleranz‹ bezeichnet. Wer intolerantem Verhalten Zugeständnisse macht, bekundet nicht, wie es häufig gesehen wird, ein weites liberales Herz, sondern er spricht sich damit selber für Intoleranz aus. Er wird inkonsequent, wenn er sich zugleich noch zur Toleranz bekennt.

Für den Rechtsstaat ist es von großer Bedeutung, die elementare Toleranz, die Gewaltlosigkeit im bürgerlichen Zusammenleben, zu schützen. Denn der staatliche Schutz des gesellschaftlichen Friedens ist für das Vertrauen der Bevölkerung in die Rechtssicherheit entscheidend. Das Recht zur Gewaltanwendung liegt allein beim Staat, der es den Gesetzen entsprechend ausüben darf. Es ist die einzige Dimension in der Demokratie, in welcher Appelle an die politische Zivilcourage der Bürger – z. B. in Fällen gewalttätiger Selbstverteidigung – nicht statthaft sind.[4]

Ist die Möglichkeit für Minderheiten und Außenseitergruppen gegeben, ihre Interessen an die politische Öffentlichkeit zu bringen, gibt es keine moralische oder politische Rechtfertigung für ihre gewaltsame Durchsetzung. Das gilt sowohl für Leute, die widerrechtlich Häuser besetzen, als auch für solche, die mit Mitteln der Gewalt gegen den Bau von Kernkraftwerken demonstrieren. Die Unterscheidung zwischen ›Gewalt gegen Personen‹ und ›Gewalt gegen Sachen‹ hatte stets etwas Scheinheiliges, denn der Begriff der Gewalt ist, auf leblose Dinge angewandt, sinnlos. Den von Demonstranten zertrümmerten Schaufensterscheiben tut die Zerstörung nicht weh. Gewalt ist immer gegen Menschen gerichtet, ob sie sich nun *unmittelbar* gegen sie richtet, indem man sie handgreiflich schlägt, oder ob man ihr Eigentum in Gestalt von Ladenfensterscheiben und Häusern zerstört. Ohne einen konsequenten staatlichen Schutz vor Gewalt ist darüber hinaus keine offene liberale Diskussion politischer Meinungen und Interessen möglich. Eine Gesellschaft verträgt um so mehr Kontroversen und Konflikte, je strenger der Staat auf die Einhaltung der demokratischen Regeln der gewaltlosen Auseinandersetzung achtet. Politische Rigoristen, denen die eigene Überzeugung über die Regeleinhaltung geht, pflegen zum eigenen Schaden diese Gesetzmäßigkeit zu unterschätzen. In der langfristigen Perspektive könnten sie wahrscheinlich für ihre politischen Ziele mehr erreichen, wenn sie sich gewaltfreier Mittel bedienen. Denn die Toleranzbereitschaft der Bevölkerung für die politischen Forderungen von Randgruppen und von politischen Extremisten nimmt erfahrungsgemäß im selben Maß ab, in dem sich das öffentliche Klima in Richtung auf die Zunahme politischer Gewalttaten verändert.

Im folgenden geht es um einige abgeleitete Arten des Toleranzbegriffs, die für die liberale Demokratie von Bedeutung sind. Es handelt sich erstens um *Toleranz im Sinne eines Verzichts auf politische und politisch-ideologische Gewißheitsansprüche*, zweitens um *›Akzeptierungstoleranz‹*, welche die demokratische Bereitschaft betrifft, Mehrheitsbeschlüsse anzuerkennen, und drittens um *›soziale Toleranz‹*.

Im Zusammenhang mit Toleranz im Sinne eines *Verzichts auf politische und politisch-weltanschauliche Gewißheitsansprüche* zeigt sich, wie schwer es ist, das Ideal praktisch zu verwirklichen. Diese Art der Toleranz stellt nämlich die unerläßliche Bedingung dafür dar, daß *Kompromisse* zustande kommen. Wenn es bei den Politikern der konkurrierenden Lager nicht die Bereitschaft gibt, die eigene Überzeugung bis zu einem gewissen Grad verhandlungsfähig zu halten, um durch Verzichte auf eigene Forderungen und durch Zugeständnisse an den politischen Gegner gemeinsame Entscheidungen zu ermöglichen, kommt es nicht zu handlungsfähigen Regierungen im Staat. Und wenn man in Rechnung stellt, daß Kompromisse sogar zum

Staatszweck liberaler Demokratien gehören, erkennt man darüber hinaus den großen Vorteil der *indirekten* parlamentarischen Demokratie. Im Gegensatz zu Formen direkter Demokratie bestehen im Parlamentarismus für die Parteien Verhandlungsspielräume als Grundlage für Kompromisse. Bei plebiszitären Volksabstimmungen gibt es nur Sieg oder Niederlage.

Erfahrungsgemäß sind z. B. Befürworter marxistischer Gesellschaftsmodelle nicht zum Verzicht auf ideologische Gewißheitsansprüche zu bewegen.[5] Sie geben vor, mit ihren politischen Absichten und Handlungen auf politischen *Theorien* zu fußen, deren Rechtfertigung nicht auf *ethischen* Überzeugungen, sondern auf *wissenschaftlichen* Wahrheitsbeweisen beruht. ›Theorien‹ im Sinn des ›wissenschaftlichen Sozialismus‹ sind darum naturgemäß durch demokratische Willensbildung nicht zu beeinflussen. Denn was durch wissenschaftliche Beweise wahr sein soll, kann in der Tat nicht zum Gegenstand von Verhandlungen gemacht werden, die in Kompromissen münden.

Auch im öffentlichen Bewußtsein existieren Hemmungen gegen die Bereitschaft, Toleranz zu praktizieren. So besteht bei vielen Bürgern der Eindruck, daß Politik in einer liberalen Demokratie häufig das Geschäft charakterloser Leute ist, die sogar bereit sind, für die politische Macht mit ihrer ethischen Standfestigkeit und ihrer politischen Gesinnung zu bezahlen. Man bezeichnet Politik häufig als ›schmutziges Geschäft‹. In diesem Urteil kommt jedoch eine falsche Einschätzung parlamentarischer Politik zum Ausdruck. Toleranz im Sinne des Verzichts auf politische Gewißheitsansprüche beinhaltet nämlich die Bereitschaft, von der eigenen Überzeugung sich einiges abmarkten zu lassen. Es ist nur eine Sache der Wortwahl, ob man am Kompromiß dann mehr das Positive hervorhebt, wonach er demokratische Entscheidungen ermöglicht, oder mehr das Negative, wonach dafür mit Einbußen an Stand- und Charakterfestigkeit zu bezahlen ist.

Eine weitere wichtige Art ist die *›Akzeptierungstoleranz‹*. Der Ausdruck bezieht sich sowohl auf die Bereitschaft von Minderheiten, die Beschlüsse der Mehrheit als für den Staat geltend anzuerkennen, als auch umgekehrt auf die Bereitschaft der regierenden Mehrheit, eine Politik zu betreiben, die aus der Interessensicht der Minderheit bzw. der Minderheiten tolerierbar ist. Die Logik der Mehrheitsverfahren beinhaltet bekanntlich, daß *alle*, die der Anwendung der Verfahren zustimmen, an die Entscheidung der Mehrheit gebunden sind. Auf den Staat übertragen bedeutet dies, daß alle Bürger im parlamentarischen Bereich – alle Abgeordneten und alle Parteien – verpflichtet sind, die Entscheidung der Mehrheit gelten zu lassen. Das fällt nicht schwer, wenn man selber zur Mehrheit gehört. Es fällt schwerer, wenn man zur unterlegenen Minderheit zählt, die vorher mit allen zugelassenen Mitteln bekämpft hat, was sie nach der Niederlage als Entscheidung für das Ganze anzuerkennen hat. Die Bereitschaft zu solcher ›Akzeptierungstoleranz‹ ist verständlicherweise um so geringer, je größer die Gegensätze zwischen den politischen Konkurrenten (im Normalfall: zwischen den Parteien) sind. Es ist klar, daß demokratische Entscheidungen gegen mächtige Gruppen und große Teile der Bevölkerung nicht durchgesetzt werden können, schon gar nicht gegen kaum weniger als die Hälfte der Wähler und deren politische Interessenvertreter, sofern kein Klima der Akzeptierungstoleranz existiert. Auf der anderen Seite müssen Minderheiten ebenfalls bereit sein, die Beschlüsse von Staatsorganen hinzunehmen, die auf der Grundlage von Mehrheitsentscheidungen ihr Amt ausüben. In der Gegenwart herrscht in der Bundesrepublik eine politische Stimmungslage, die nicht durch den politischen Druck von Mehrheitsmeinungen geprägt wird, sondern durch den Mangel an Akzeptierungstoleranz auf der Seite von Minderheiten. Beispiele dafür sind Bürgerinitiativbewegungen, die sich nach dem Grundsatz des heiligen Florian (›Verschon' mein Haus, zünd' andre an‹) zusammenfinden und die Verbindlichkeit regelgemäßer, also *rechtlicher* Beschlüsse auch über die Ausschöpfung verfassungsgemäßer Einspruchsmöglichkeiten hinaus in Frage stellen. Sie repräsentieren häufig kleine Gruppen, die sich, wenn es um den Bau von Kernkraftwerken, neuen Straßen oder Flughafenanlagen geht, deshalb für besonders betroffen erklären, weil sie in der Nähe der ins Auge gefaßten Bauplätze wohnen. Man kann aber diese Art von Betroffenheit nicht zum Maßstab demokratischer Mitbestimmung bei solchen Vorhaben machen, weil Fragen der Energieversorgung und Verkehrsplanung, wenn schon *politische* Entscheidungen darüber zu fällen sind, aus der Sicht eines übergreifenden (regionalen oder nationalen) Interesses beurteilt und entschieden werden müssen.

Bei der dritten Art der Toleranz, der *›sozialen Toleranz‹*, wie ich sie nenne, geht es um die politische Bereitschaft, die Maßstäbe für den Begriff der *sozialen Gleichheit* in einer gewissen Vagheit zu belassen, damit den Produzentenfreiheiten – speziell im wirtschaftlichen Bereich – nicht die gesellschaftliche Grundlage entzogen wird.

Ganz generell sollte man das Maß, in dem politische Toleranz in unserem Staat besteht, eher zum Maßstab funktionierender Demokratie machen als das Maß an *Einigkeit*, das eine bestimmte Politik hervorbringt. Das hat für einen Anhänger der liberalen Demokratie auch zur Folge, daß in der Rangordnung der Werte dieser Staatsform der politische *Wechsel* in der

Macht höher stehen muß als die Verteidigung einer parteipolitischen Grundüberzeugung.

Während Toleranz der Grundwert einer liberalen Demokratie ist, der politisches und bürgerlich-individuelles Verhalten übergreift, ist die Freiheit der spezifisch *liberale* Wert, der hauptsächlich den nichtstaatlich-gesellschaftlichen Bereich betrifft.[6] Als Verfassungsgrundwert enthüllt Freiheit jedoch eine Eigenschaft, die einerseits für alle Werte der liberalen Demokratie typisch ist und andererseits im öffentlichen Bewußtsein als eine Art ständige Mangelerscheinung unserer Staatsform empfunden wird.[7]

Die ethischen Prinzipien der liberalen Demokratie lassen sich nämlich nur schwer als Ersatz für Kollektivwerte von der Art des Nationalgefühls benutzen.[8] Bei uns in der Bundesrepublik besteht aus verständlichen Gründen eine Neigung, in den Grundwerten des demokratischen Staats einen Ersatz für die verlorengegangene Einheit der deutschen Nation zu suchen. Was den Westdeutschen seit dem Zweiten Weltkrieg in der Tat fehlt, sind Werte der *Zusammengehörigkeit.* Die Bürger der Bundesrepublik hat seit deren Gründung in erster Linie der unvorhergesehene wirtschaftliche Wiederaufbau miteinander verbunden. Durch ihn wurde eine gesellschaftliche Ordnung zustandegebracht, die man heute als eine der sozial ausgeglichensten und reichsten Gesellschaften auf der Welt bezeichnen muß. Zwar war den Generationen der Nachkriegszeit immer bewußt, daß der wirtschaftliche Aufstieg das Ergebnis einer Gemeinschaftsleistung gewesen ist. Doch ein Erlebnis der *Gemeinsamkeit* selber hat kaum einer damit verknüpft.

In der Hauptsache lag das daran, daß sich das Arbeiten unter marktwirtschaftlichen Bedingungen nicht *unmittelbar* an einem gemeinsamen gesellschaftlichen Ziel ausrichtet. Man war im Normalfall als Arbeiter, Angestellter oder Selbständiger Mitglied eines Betriebs, der zwar im internen Rahmen eine Abstimmung der einzelnen Arbeitsleistungen erforderte. Darüber hinaus aber stand man im Wettbewerb mit den konkurrierenden Betrieben im selben Wirtschaftszweig. Es ist lediglich die *faktische Folge* des wirtschaftlichen Wettbewerbs, daß in unserem Land ein befriedigender Eindruck über das *volkswirtschaftliche* Resultat entstehen konnte. Das Resultat selber ergibt sich unter Markt- und Wettbewerbsbedingungen immer nur *mittelbar* und nicht als Ergebnis einer *direkt* intendierten Zielsetzung. Das *unmittelbare* Ziel des Wettbewerbs war und bleibt der *partielle* Nutzen, der Nutzen des Betriebs, in dem man tätig ist, der profitorientierte Nutzen, den man als Eigentümer oder Manager verfolgt, oder der eigene Nutzen, den man als Arbeiter oder Angestellter vor Augen hat. Dieser Grundzug der marktwirtschaftlichen Ordnung erklärt, warum der wirtschaftliche Erfolg, den die Menschen in der Bundesrepublik in den Nachkriegsjahrzehnten als Gesamtheit errungen haben, von den einzelnen nicht als ein Erfolg im Zusammenhang mit einem nationalen ›Wir-Erlebnis‹ wahrgenommen wurde. Es kam hinzu, daß nationale Traditionen nach dem Zweiten Weltkrieg nicht mehr aufgenommen werden konnten, sah es doch so aus, als wären sie durch die Gründe, die 1933 und davor zu Hitlers Drittem Reich führten, mit dessen Untergang und der im deutschen Namen betriebenen Ausrottung der deutschen und europäischen Juden endgültig bloßgestellt.

Aber wo hätte man zur Erneuerung eines verbindenden Nationalgefühls der Deutschen auch ansetzen sollen, wenn man sich die Auseinanderentwicklung Deutschlands in die beiden politisch entgegengesetzten Teilstaaten vor Augen führt? Hätten wir beginnen sollen, mit der DDR in der Anknüpfung an die Werte des Preußentums zu konkurrieren, wir, die wir in der Bundesrepublik als Rheinländer, Hessen, Bayern, Schwaben und Niedersachsen mehrheitlich in landesmannschaftlichen Bezügen stehen, die nur entfernt in Verwandtschaft zu Preußen zu bringen sind? Es erscheint also verständlich, wenn man in den Grundwerten der liberalen Demokratie bei uns einen Ersatz für die verlorengegangene nationale Einheit zu finden hofft.

Nichtsdestoweniger ist klar herauszustellen, daß die Grundwerte der liberalen Demokratie keine Werte einer auf *einheitliche* Ziele gerichteten *kollektiven Sinnstiftung und Sinngebung* sind. Es sind auch keine Werte, in welchen die *nationale* Eigenständigkeit eines Volkes – der Deutschen, der Franzosen, der Engländer oder der Bürger der Vereinigten Staaten von Amerika – zum Ausdruck kommt, denn sie sind gegenüber dem nationalen Selbstbewußtsein eines Volkes indifferent. Mit den demokratischen Werten ist es ähnlich bestellt wie mit dem liberalen Grundwert der Freiheit. Weder Toleranz und Kompromißbereitschaft noch die demokratische Gleichheit sind Werte kollektiver *einheitlicher* Sinnstiftung. Sie stellen zwar notwendige Bedingungen einer demokratischen Willensbildung dar. Sie legen den demokratischen Staat jedoch nicht wie die Werte des Nationalismus oder des marxistischen Sozialismus auf gesamtgesellschaftliche *Ziele* fest. Keine demokratische Regierung kann ihnen die Richtung einer konkreten Politik entnehmen. Grundwerte und Ziele konservativer Parteien und Regierungen sind mit ihnen genauso verträglich wie solche sozialistischer.

Die Offenheit der Grundwerte einer liberalen Demokratie bewirkt nun fraglos eine Art ›Singgebungsschwäche‹ dieser Staatsform, denn die Menschen der säkularisierten Moderne erwarten Zielvorgaben aus der politischen Dimension. Im selben Maß, in welchem die Menschen sich über die liberalen und demokratischen Möglichkeiten der individuellen wie kollektiven Selbstbestimmung Klarheit verschafften, bekamen sie auch Angst davor. Das rührt daher, daß unsere durch Jahrhunderte eingeübte Erwartungshaltung nach wie vor auf Leitbilder des Geführtwerdens durch ›göttlich inspirierte‹ Monarchen gerichtet ist. In der politischen Psyche der Menschen ist der *absolutistische Monarchismus* noch längst nicht überwunden.

Es besteht aber kein Grund, diese Schwäche speziell im deutschen Zusammenhang überzubewerten. In der deutschen Geschichte gab es die Einheit von Staat und Nation, die für die neuzeitliche Staatenentwicklung charakteristisch ist, nur für die kurze Zeitspanne von 1870 bis 1945. Die Deutschen haben in Europa die längste geschichtliche Erfahrung mit dem Zustand der Trennung von Nation und Staat. Zwar war das ›Heilige Römische Reich deutscher Nation‹ seit dem Hochmittelalter bis zum Beginn des 19. Jahrhunderts eine Art nationale Klammer, die die Klein- und Mittelstaaten zusammenhielt. Aber die staatliche Zugehörigkeit der Menschen wurde auch in diesem Zeitraum primär durch das politische Gewicht der Fürstentümer und Kleinkönigreiche bestimmt und kaum durch die kaiserliche Zentralgewalt, deren Macht sich seit dem 17. Jahrhundert ohnehin zunehmend auf Österreich beschränkte.

Diese nationale Tradition der Deutschen macht verständlich, daß die Trennung des deutschen Volkes in mehrere Staaten (wenn man Österreich noch hinzunimmt) auch in der Gegenwart keineswegs zum Anlaß innen- und außenpolitischer Konflikte wird. Es ist dies allerdings eine historische Eigenheit, die aus der Sicht des Auslands – etwa derjenigen Frankreichs mit seiner langen zentralistischen Vergangenheit auf der Grundlage einer nationalen *Einheit von Volk und Staat* – nur schwer zu begreifen ist und deshalb häufig zu Fehleinschätzungen der deutschen Außenpolitik führt.

Bei der Beurteilung der kollektiven ›Sinngebungsschwäche‹ der liberalen Demokratie darf man zudem nicht übersehen, daß die wichtigsten westlichen Staaten heute aus dem *übernationalen* Charakter der liberalen und demokratischen Werte einen Vorteil ziehen. Ginge es – wie im 19. Jahrhundert und im ersten Drittel des 20. – den US-Amerikanern, den Engländern, den Franzosen, den Japanern, den Italienern und den Deutschen (in der Bundesrepublik) in erster Linie um ihre *national* definierten Interessen in der Außenpolitik, dann gäbe es die westliche Verteidigungskoalition, die von Kanada über Westeuropa bis Japan reicht, nicht in der vorhandenen Form. Sie wird durch das gemeinsame *staatsformabhängige* Interesse gegenüber der Bedrohung durch den kommunistischen Totalitarismus aufrechterhalten. Dabei wird man zugeben müssen, daß der *übernationale* Charakter der westlichen Grundwerte sich in der Gegenwart besser bewährt als die anspruchsvollere Internationalität des ›realen Sozialismus‹. Mit dem marxistisch-leninistischen Internationalismus ist es nicht mehr weit her, seit die Volksrepublik China sich gegen die traditionelle kommunistische Führungsmacht, die UdSSR, gestellt hat. Trotzdem besteht nach wie vor auch ein Interesse der westlichen Demokratien an einer ›Gegnerschaftspflege‹. Denn der Zusammenhalt der westlichen Staaten, der durch den *übernationalen* Charakter der Grundwerte liberaler Demokratie ermöglicht wird, überdauert aller Wahrscheinlichkeit nicht länger als der *übernationale* Anspruch des Weltkommunismus.[9] So paradox es auf den ersten Blick aussieht: An der künftigen Erhaltung ihrer gegensätzlichen politischen Grundwerte existiert ein gemeinsames Interesse der beiden entgegengesetzten Weltmachtkoalitionen von heute, der westlichen wie der östlichen, denn dieser Gegensatz besitzt eine einheitsstiftende übernationale Funktion für *jedes* der beiden Lager.

3. Dezisionistische Freiheit und Autonomie – oder: Gibt es ein ›Paradoxon der Freiheit‹?

Die deutsche Geschichte unseres Jahrhunderts zeigt im Fall des Untergangs der ›Weimarer Republik‹ und der Entstehung der nationalsozialistischen Diktatur, daß eine liberale Demokratie mit Hilfe ihrer eigenen demokratischen Mittel zerstört werden kann.[1] Das führt auf die häufig diskutierte Frage, ob Freiheit und Demokratie nicht vielleicht ihre Gefährdung in sich selber tragen. Es sind dann womöglich gar nicht die äußeren Feinde am Untergang freiheitlicher Demokratien schuld, sondern eine Art selbstzerstörerischer Bazillus in dieser Staatsform selber, der ihre Feinde lediglich auf den Plan ruft und sie stärkt.

Seit dem Altertum hat es Philosophen gegeben, die die Meinung vertraten, Freiheit und Demokratie seien ›defekte‹ Begriffe und deshalb für die politische Wirklichkeit nicht eindeutig verwendbar. Wenn das stimmt, könnte man das Votum für Freiheit nicht von dem für Unfreiheit klar abgrenzen, und mit der Demokratie verhielte es sich genauso.

In der Gegenwart hat Karl R. Popper die Fragestellung aufgegriffen und jene ›Defekte‹ mit logischen Paradoxien in Verbindung gebracht. Er spricht von einem ›Paradoxon der Freiheit‹ und einem ›Paradoxon der Demokratie‹. In seinem Buch ›Die offene Gesellschaft und ihre Feinde‹ führt er dazu aus: »Anläßlich seiner Kritik der Demokratie und in seiner Darstellung des Aufstiegs des Tyrannen stellt Platon implizit die folgende Frage: Was tun wir, wenn es der Wille des Volkes ist, nicht selbst zu regieren, sondern statt dessen einen Tyrannen regieren zu lassen? Platon legt die Möglichkeit nahe, daß der Mensch, seine Freiheit gebrauchend, zuerst den Gesetzen Widerstand leistet, schließlich die Freiheit selbst mißachtet und einen Tyrannen verlangt. Diese Möglichkeit ist nicht an den Haaren herbeigezogen; Fälle dieser Art sind oft genug eingetreten. Und immer, wenn sie sich ereigneten, kamen alle jene Demokraten in eine hoffnungslose intellektuelle Situation, die das Prinzip der Herrschaft der Mehrheit oder eine ähnliche Form des Prinzips der Souveränität als die Grundlage ihres politischen Glaubensbekenntnisses akzeptieren. Einerseits verlangt das von ihnen akzeptierte Prinzip, sich jeder Herrschaft zu widersetzen außer der Herrschaft der Majorität, also auch der Herrschaft des neuen Tyrannen; andererseits fordert dasselbe Prinzip von ihnen die Anerkennung jeder Entscheidung der Majorität, und damit auch die Anerkennung der Herrschaft des neuen Tyrannen. Es ist natürlich, daß der Widerspruch in ihrer Theorie ihre Handlungen lähmen muß. Wie wir sahen, stand Platon nahe vor der Entdeckung des Paradoxons der Freiheit und des Paradoxons der Demokratie.«[2]

Was Popper meint, ist klar: Mit der Freiheit sei der freiwillige Verzicht auf sie logisch vereinbar und mit der Demokratie die Möglichkeit mehrheitlich gewollter Abschaffung der Demokratie. In einer *unbedingten* Form für Freiheit und Demokratie zu votieren scheint damit unmöglich zu sein, denn man kann mit dem Votum für beide die ›Selbstaufhebung‹ beider nicht ausschließen. Wenn es so wäre, hätte das freilich fatale Folgen für die philosophische Rechtfertigung des Liberalismus wie der Demokratie. Denn indem man die liberalen Freiheiten oder die Demokratie rechtfertigte, lieferte man zugleich Gründe für die Möglichkeit ihrer Abschaffung und Negation.

Prüfen wir zunächst, ob dieser problematische Sachverhalt tatsächlich etwas mit einer Paradoxie zu tun hat. Logische Paradoxien sind dadurch gekennzeichnet, daß sowohl die positive Behauptung eines Sachverhalts widersprüchlich ist als auch die Negation dieser Behauptung.[3] Ein berühmtes, aus der antiken Philosophie überliefertes Beispiel einer Paradoxie ist das ›Lügner-Paradoxon‹. Es ergibt sich aus der Sachlage, daß ein Kreter behauptet, alle Kreter lögen. Unterstellt man die Wahrheit der Behauptung, muß die Behauptung zugleich falsch sein, denn ihrem Sinn nach kann ein Kreter nicht die Wahrheit sagen. Geht man jedoch von der Falschheit der Behauptung aus, weil ›alle Kreter lügen‹, erfüllt das wiederum die Wahrheit der Behauptung, denn die Annahme der Falschheit wird zu einem Fall der Erfüllung der positiven Behauptung. Das ›paradoxe‹ Ergebnis besteht darin, daß eine Behauptung von der Art: ein Kreter sagt, alle Kreter lügen, nicht sinnvoll aufrechterhalten werden kann. Behauptungen dieser Art sind allerdings logisch ›defekte‹ Aussagen.[4]

Drückt sich nun in der Möglichkeit von freiwilligen Freiheitsverzichten so etwas wie eine Paradoxie von der Art des Lügner-Paradoxons aus? Ich behaupte: nein; denn der Umstand, daß wir häufig freiwillig auf die eigene Entscheidung verzichten, ist nach Maßstäben der Logik weder widersprüchlich noch paradox. Es handelt sich sowohl bei der Freiheit als auch bei der Demokratie vielmehr um die Vermengung zweier *unterschiedlicher* Begriffe. Allein die gleichen Worte lassen den Unterschied der Begriffe nicht zum Vorschein kommen.

Diese Behauptung soll im folgenden am Beispiel des Freiheitsbegriffs verdeutlicht und begründet werden. (Für den Begriff der Demokratie soll das Ergebnis in gleicher Weise gelten.)

Der Unterschied der beiden Freiheitsbegriffe läßt sich in Gestalt zweier Formulierungen ausdrücken.

Formulierung A lautet: *Jede* Entscheidung eines Individuums, die einem freien Entschluß entspringt, ist eine gültige Entscheidung.

Formulierung B lautet: *Nur* die Entscheidung eines Individuums, die auf einem freien Entschluß basiert, ist eine gültige Entscheidung.

Auf den ersten Blick ist der Bedeutungsunterschied schwer auszumachen. Formulierung A soll den Sinn haben: Eine jede freie Entscheidung eines Menschen ist eine gültige Entscheidung. Dazu sollen auch diejenigen Entscheidungen zählen, durch die der einzelne für bestimmte Fälle oder für die Zukunft auf seine Entscheidungsfreiheit verzichtet. Man kann sich in vielen Situationen ohne Frage freiwillig dafür entscheiden, die eigene Entscheidung anderen Menschen zu übertragen. Zum Beispiel finden wir es häufig richtig, wichtige Entscheidungen an Fachleute zu delegieren. Und in der Regel meinen wir, daß dem Verzicht, wichtige Entscheidungen selber zu treffen, ein freiwilliger Entschluß unsererseits zugrunde liegt. Im selben Sinn mag es Situationen geben, in denen Menschen auf ihre politische Selbstbestimmung freiwillig verzichten, um sich der Herrschaft anderer unterzuordnen. Wenn wir in unserem Staat die grundlegende Formel von der ›Herrschaft des Volkes‹ ernst nehmen, müssen wir zu der Feststellung kommen, daß wir im parlamentarischen System offenbar die Entscheidung unseres politischen Schicksals weitgehend an die Berufspolitiker delegiert haben. Und wenn wir für dieses System sind, werden wir die Delegation unserer ›Selbstentscheidung‹ als Ergebnis *freiwilliger* Zustimmung deuten.

Wir halten also fest: Formulierung A soll so gelesen werden, daß nach ihr auch Beschlüsse gültig sind, die die Aufgabe der Entscheidungsfreiheit zur Folge haben.

Formulierung B besagt demgegenüber: Gültig sind ausschließlich solche Beschlüsse, die der einzelne selber getroffen hat. Diese Festsetzung beinhaltet, daß das betreffende Individuum Beschlüsse anderer Menschen *nicht* als gültige Beschlüsse akzeptiert. Damit wird die Delegation von Entscheidungen an andere aus dem Bereich der gültigen Beschlüsse ausgeschlossen, denn ›Delegation‹ würde bedeuten, daß man auch Beschlüsse anderer als für sich selber geltend anerkennt.[5]

Ziehen wir das Resümee: Sowohl Formulierung A als auch Formulierung B geben Freiheitsbegriffe wieder, die in beiden Fällen widerspruchsfrei zu bestimmen sind. Die unterschiedlichen Definitionsmerkmale stellen klar, daß es sich der Sache nach um zwei unterschiedliche Freiheitsbegriffe handelt.[6]

Der erste Freiheitsbegriff besagt, daß die Menschen ihr Denken und Handeln in bestimmten Entscheidungssituationen selber zu lenken vermögen – nach der bekannten Devise, daß der einzelne in Grenzen tun und lassen kann, was er will. Mit dieser Annahme ist logisch wie faktisch vereinbar, daß die Menschen auch die Möglichkeit haben, auf die freie Selbstbestimmung zu verzichten. Insofern darf man anmerken, daß die menschliche Freiheit nicht wie eine Naturgesetzlichkeit wirksam wird. Denn der Mensch *muß* nicht immer frei entscheiden, wo er frei entscheiden *kann*. In diesem Umstand liegt nichts Paradoxes und nichts Widersprüchliches. Man kann zwar die Formulierung rechtfertigen, Denk- und Handlungsfreiheiten gehörten zur ›Naturanlage‹ der Menschen. Man darf den Begriff ›Natur‹ nur nicht im Sinne einer Notwendigkeit deuten, der die Menschen folgen *müssen*. Den Begriff der Freiheit, der diese Möglichkeit des menschlichen Denkens und Handelns zum Inhalt hat, bezeichne ich als den Begriff der *dezisionistischen Freiheit*. Es ist – um es zu wiederholen – die Freiheit, die auch mit dem freiwilligen Verzicht auf sie vereinbar ist.

Daneben gibt es einen zweiten Freiheitsbegriff. Es handelt sich um Freiheit im Sinne ihrer *positiven Wertung*. Zum Bedeutungsgehalt dieses Begriffes gehört die *ethische Selbstverpflichtung*, daß man die Freiheit, selber zu entscheiden, ständig bewahren will. Diesen zweiten Freiheitsbegriff bezeichne ich mit einem Ausdruck, der aus der Ethik Kants stammt, als *Autonomie.*[7] Die Wahl des Ausdrucks ist nicht nur terminologisch, sondern auch sachlich gerechtfertigt. Kant nennt ›Autonomie‹ nicht das wertneutrale ›Haben der Freiheit‹, sondern die *positiv wertende* Entscheidung für die dauernde Erhaltung der freien Selbstbestimmung.

Der Unterschied der beiden Freiheitsbegriffe liegt in ihren Bedeutungen. Der Begriff der dezisionistischen Freiheit beinhaltet die Möglichkeit, sich auch für den Verzicht auf Freiheit entscheiden zu können. Der Begriff der Autonomie drückt demgegenüber eine positive Wertung im Sinn der Bereitschaft aus, die individuelle Entscheidungsbasis ›Freiheit‹ aufrechtzuerhalten. Der zweite Begriff der Freiheit, die Autonomie, hat eine *eingeschränkte* Freiheit zum Inhalt, denn er schließt den Verzicht auf Freiheit aus.

Was wie ein Paradoxon aussieht, entpuppt sich als eine Vermengung der beiden Bedeutungsinhalte. Dazu kommt es, wenn man die unbedingte positive Wertschätzung der Freiheit, die die Bedeutung der Autonomie ausmacht, mit der dezisionistischen Freiheit verwechselt, deren Begriff mit dem Verzicht auf Freiheit vereinbar ist. Hält man die Begriffsinhalte auseinander, dann ist im möglichen Freiheitsverzicht, der zur dezisionistischen Freiheit gehört, nichts Widersprüchliches und noch weniger etwas Paradoxes zu finden. Man wird zu dieser Vermengung beziehungsweise Verwechslung verleitet, weil der Begriff der Autonomie eine positive *Wertung* beinhaltet. Es ist dies aber eine Wertung, die zum *Bedeutungsgehalt* des Begriffs ›Autonomie‹ gehört.[8]

Man kann aus dem Unterschied der Begriffe nun selber noch einmal ein Entscheidungsproblem machen. Das heißt: Man kann sich die ethische Frage vorlegen, welchem Begriff der Freiheit man unter welchen Bedingungen und mit welchen Gründen den Vorzug geben will. Diese Frage ist nicht dadurch vorentschieden, daß ›Autonomie‹ bereits die positive Wertung für die Erhaltung der Freiheit zum Inhalt hat. Da die dezisionistische Freiheit ein logisch zulässiger Begriff ist, handelt es sich unter dem Entscheidungsgesichtspunkt um eine sinnvolle Alternative. Wenn man sich zum Beispiel überlegt, die eigene Entscheidungsfreiheit jemand anderem zu übertragen, dann erwägt man ›gute Gründe‹, die für die dezisionistische Freiheit sprechen. Vertritt man hingegen, etwa was die Wahl des Berufs anlangt, die Auffassung, man solle allein und unbeeinflußt durch andere die letzte Entscheidung selber treffen, dann erwägt man Gründe für Freiheit im Sinne der Autonomie.

Beim Votum für Autonomie handelt es sich um eine *zweifache* positive

Wertung.[9] Einmal gehört die unbedingte positive Wertung der Freiheit zum Bedeutungsgehalt dieses Begriffs, zum anderen zeichnet man den Begriff mit diesem Bedeutungsgehalt gegenüber dem Alternativbegriff der dezisionistischen Freiheit ebenfalls positiv aus. Letzteres ist eine sinnvolle Möglichkeit, weil man Autonomie schließlich auch ablehnen kann.

Es ist davor zu warnen, die beiden Freiheitsbegriffe vorschnell gegeneinander auszuspielen, denn sie haben beide eine *hermeneutische* Funktion für eine liberale und demokratische Staatsverfassung.[10] Darin liegt ihre Bedeutung für die Philosophie der liberalen Demokratie.

Der sachliche Unterschied der Begriffe wird in einer solchen Verfassung in der Regel nicht zum Ausdruck gebracht. Wenn im ›Grundgesetz der Bundesrepublik Deutschland‹ von Individualfreiheiten als den liberalen Grundrechten die Rede ist, wird stets der einheitliche Begriff der Freiheit gebraucht. Und dennoch interpretieren wir (die Parlamente, die Verfassungsgerichte, die öffentliche Meinung) diese Freiheiten entweder im Licht der Autonomie oder in dem der dezisionistischen Freiheit. Dabei kann es im Lauf der Zeit durchaus zu Verschiebungen in der Sichtweite kommen, etwa zum Wechsel vom Blickwinkel der dezisionistischen Freiheit zu dem der Autonomie und umgekehrt.

Nach der demokratischen Grundformel unserer Verfassung ist der eigentliche Souverän das Volk in seiner Gesamtheit. Das will sagen, daß die politische Willensbildung in unserem Staat aus der freien Meinungsbildung der Bürger als politischer Individuen hervorgeht. In Wirklichkeit aber haben wir uns – bedingt durch das parlamentarische System – längst daran gewöhnt, unsere politische Entscheidungsfreiheit im Licht der dezisionistischen Freiheit zu interpretieren. Denn die durch die dezisionistische Freiheit gegebene Möglichkeit, auf Freiheit zu verzichten, bestimmt in Staaten wie dem unseren durchweg die politische Willensbildung im engeren Sinn. Wir haben uns damit abgefunden, daß die *Parteien* nicht nur den Willen der Bürger, die sie wählen, als eine Art Transmissionsriemen an die Regierung und die Verwaltung weiterbefördern, damit er dort in die Praxis umgesetzt werden kann. Denn die Initiativen für Politik in unserem Staat – in Großbritannien, Frankreich und den USA liegen die Dinge ähnlich – gehen in viel höherem Ausmaß von den Parteien aus, als es in den Texten der liberalen und demokratischen Verfassungen zum Ausdruck kommt. Wir haben uns als Bürger realistischerweise längst daran gewöhnt, den Parteien das ›Produktionsrecht‹ für Gesetze sowie die innen- und außenpolitischen Entscheidungen zu überlassen. Wir beschränken uns bei den periodischen Parlamentswahlen auf die Beurteilung der ›Grobziele‹, die die Parteien verfolgen. Hinter den Forderungen nach Demokratisierung, die in den letzten Jahren die politische Sprache beherrscht haben, steckt im Grund nichts anderes als das Unbehagen vieler Menschen über die ständige Erfahrung, daß wir auf die verfassungsrechtlich garantierte politische Selbstbestimmung in der Wirklichkeit weitgehend verzichten, ein Unbehagen darüber, daß man in der parlamentarischen Regierungsform mehr oder weniger dazu gezwungen wird, das demokratische Grundrecht auf politische Mitwirkung durch die Brille der dezisionistischen Freiheit (bzw. Demokratie) zu sehen. Wie wir wissen, kann das parlamentarische System anders aber nicht funktionieren. Bekanntlich dient das allgemeine Wahlrecht auch mehr dem Zweck der Staatslegitimation als der Verwirklichung einer direkten Demokratie.

Während für diese hermeneutische Funktion der dezisionistischen Freiheit die Bewertungen durch die Öffentlichkeit gleichwohl unterschiedlich ausfallen – die einen sehen darin den Verlust an ›Basisdemokratie‹, die anderen eine der wichtigsten Voraussetzungen für die parlamentarische Ordnung und das Parteiensystem –, gibt es heute auch markante Beispiele für eine überwiegend positive Wertung dieser Freiheit. Ein Beispiel ist die allgemeine Meinungsfreiheit. In unserem Staat überwiegt die Auffassung, daß Freiheit nicht bloß auf die Äußerung solcher Meinungen und Theorien beschränkt werden dürfte, die mit der Erhaltung der Freiheit im Sinn der Autonomie konform gehen. Im politischen Bereich können bei uns Extremisten sowohl vom linken als auch vom rechten Spektrum ihre Meinung frei sagen, obwohl ziemlich klar ist, daß es in Staaten, die den extremistischen Theorien entsprechen, liberale Meinungsfreiheit nicht mehr geben wird. Ähnlich halten wir es mit der Wissenschaftsfreiheit, denn wir deuten diese Freiheit aus guten Gründen als dezisionistische Freiheit, indem unser Staat die Veröffentlichung und Diskussion politologischer und sozialphilosophischer Auffassungen gestattet, die, in die Praxis umgesetzt, ebenfalls mit großer Wahrscheinlichkeit die Abschaffung der wissenschaftlichen Meinungsfreiheit im Gefolge hätten. Würden wir diese Freiheiten durchgehend im Sinn der Autonomie deuten, dann dürfte man gerade Auffassungen dieser Art nicht so großzügig zulassen.

›Autonomie‹ ist derjenige Begriff der Freiheit, welcher den Charakter der Grundfreiheiten bestimmt, die der liberale Staat mit seinem Machtmonopol jedem einzelnen zu garantieren hat. Es handelt sich um Freiheiten wie die Freiheit jedes einzelnen Bürgers, in geheimer Wahl und unbeeinflußt von außen seine Entscheidung beim Zustandekommen demokratischer Regierungen zu treffen. Es sind die allgemeine Meinungsfreiheit im politischen wie im nichtpolitischen Bereich, die Glaubensfreiheit auf dem religiösen Sektor, die ökonomischen Freiheiten von Produzenten und von Konsumenten der Wirtschaftsgüter und die Freiheit der wissenschaftlichen Forschung und Lehre. Zwar ist es in unserem Staat üblich, einzelne dieser Freiheiten wie die Meinungsfreiheit und die Wissenschaftsfreiheit im Licht der dezisionistischen Freiheit zu interpretieren. Aber das ›Grundgesetz‹ läßt im Hinblick auf das System der Individualfreiheiten als *Ganzes* nur eine Deutung entsprechend der *Autonomie* zu. Darin kommt das Bekenntnis zum *ethischen* Fundament des Liberalismus zum Ausdruck. Das System der Freiheiten soll nämlich durch politische Willensbildungsprozesse im Kern nicht in Frage gestellt werden.[11]

Eine derartige Interpretation der Grundfreiheiten ist keineswegs selbstverständlich. Vergleicht man die Auffassung des ›Grundgesetzes‹ mit der der ›Weimarer Verfassung‹ von 1919, dann zeigt sich, daß der Blickwinkel, unter dem in der ›Weimarer Verfassung‹ die Individualfreiheiten im Verhältnis zu den demokratischen Willensbildungsprozessen interpretiert wurden, derjenige des dezisionistischen Freiheitsverständnisses war. Die Sichtweise des ›Grundgesetzes‹ im Sinn der Autonomie hat sich erst vor dem Hintergrund der Erfahrungen mit der ›Weimarer Verfassung‹ und dem Ende der ›Weimarer Republik‹ entwickelt. Die Entstehung der Diktatur Hitlers wurde von der verfassungsrechtlichen Seite dadurch unterstützt, daß über die Individualfreiheiten in der ›Weimarer Zeit‹ juristisch und politisch leichter zu verfügen war, als es dem Sinn des ›Grundgesetzes‹ nach in der Bundesrepublik möglich sein soll.

Spricht man sich aber für die Interpretation der Freiheit im Sinn der Autonomie aus, dann bevorzugt man ein Freiheitsverständnis, welches die Entscheidungsmöglichkeit des einzelnen einengt. Man mag darin so etwas wie eine Paradoxie sehen. Doch man muß logisch für eine *Einschränkung* der Freiheit sein, wenn es einem darum zu tun ist, die Freiheit zu erhalten. Darin liegt zwar nichts Paradoxes im logischen Sinne. Das Paradoxe liegt allein in den Worten und nicht in der Sache, denn der Sache nach beinhaltet die Rede von der Einschränkung lediglich die Ablehnung der dezisionistischen Freiheit. Wie angekündigt, gilt alles, was für die beiden Freiheitsbegriffe in diesem Zusammenhang gefolgert wurde, auch für das Verständnis der Demokratie. Auch bei der Demokratie muß man in Rechnung stellen, daß man sie nur erhalten kann, wenn man bereit ist, die demokratischen Entscheidungsmöglichkeiten einzuschränken. Sie ist also in ihren Verfahren so auszustatten, daß die ›dezisionistische‹ Möglichkeit ausgeschlossen wird, Demokratie demokratisch abzuschaffen.

Das Interesse an der Erhaltung der Freiheit als Autonomie entspricht keiner ›Naturanlage‹ des Menschen. Es ist das Ergebnis einer jeweils zu rechtfertigenden Entscheidung, ob man sich für die dezisionistische Freiheit oder für die Autonomie ausspricht. Man kann also nicht im Stile Kants davon ausgehen, daß die Autonomie die ›natürliche‹ und ›ursprüngliche‹ Freiheit der Menschen darstellt. Man übersieht dann das Problem der Entscheidung zwischen den beiden Freiheiten.

Die weitergehende und insoweit fundamentalere Freiheit ist die dezisionistische Freiheit, denn sie bildet die Grundlage der Entscheidungssituation selber. Gerade deshalb irrt, wer den Liberalismus, was den Freiheitsbegriff angeht, einer relativistischen Einstellung verdächtigt. Der liberale Standpunkt ist nicht ethisch neutral, denn er beinhaltet die positive *Entscheidung* für Autonomie. ›Autonomie‹ ist für ihn letztlich immer der ›absolute‹ ethische Wert.

4. Ethische Schwierigkeiten mit dem Liberalismus

Von Vertretern des liberalen Standpunkts wird häufig beklagt, daß die ethischen Grundbegriffe des philosophischen und politischen Hauptgegners, des Sozialismus, mehr emotionale Anziehungskraft ausüben als die eigenen. Es stimmt in der Tat, daß der Grundbegriff des Sozialismus, die Gleichheit der Menschen, sowohl im innenpolitischen Rahmen der meisten westlichen Länder als auch im weltpolitischen Zusammenhang die Konkurrenz mit dem ethischen Grundbegriff des Liberalismus, der individuellen Freiheit, gewonnen hat. Im weltpolitischen Rahmen wird das besonders augenfällig. Kaum eine revolutionäre Bewegung in der Welt von heute versäumt es, ihre gesellschaftspolitisch-ethische Rechtfertigung aus dem wirklichen oder vermeintlichen Kampf *für* mehr demokratische und soziale Gleichheit und *gegen* Klassenherrschaft, Gruppenprivilegien und die Unterdrückung der Massen zu beziehen. Das liberale Postulat der individuellen Freiheit spielt keine vergleichbare Rolle. Man kann dafür bestenfalls ins Feld führen, daß es den Kern der *Menschenrechte* bildet und daß dieser Begriff in den letzten Jahren zu einer beachtlichen kritischen Waffe im weltweiten Propagandakrieg der Staaten und besonders der Großmächte geworden ist. Sonst wird ›Freiheit‹ in der Regel gleichbedeutend mit ›staatlicher‹ oder ›nationaler‹ Souveränität verwandt. Die Forderung nach mehr *individueller* Freiheit tritt demgegenüber in den Hintergrund.

Das Gefälle in der Gewichtung von Freiheit und Gleichheit ist auch für die öffentlichkeitswirksame Diskussion in unserem Land kennzeichnend. Die Gründe dafür liegen zum einen in gesellschaftlichen Bedingungen, die nicht zu ändern sind und die man folglich anerkennen sollte. Es handelt sich in erster Linie um den bewußtseinsprägenden demokratischen Legitimationsrahmen, ein Umstand, welcher zur Folge hat, daß die politische Berufung auf Gleichheitsideen eine höhere gesellschaftliche Plausibilität als die Postulierung der Freiheit besitzt. Darüber hinaus spielt die Sozialneid erzeugende Minderheitenposition der liberalen Produzentenfreiheiten eine Rolle. Es gibt aber auch Gründe für die Abwertung der Freiheit gegenüber der Gleichheit, die man nicht im selben Maß zu akzeptieren braucht, denn sie drücken eine unangemessene Einstellung in unserer gesellschaftlichen *Ethik* aus. Wenn man für die liberalen Freiheiten ist, kommt man nämlich nicht umhin, Zugeständnisse an menschliche Verhalteneigenschaften zu machen, die nach Maßstäben der gewohnten Moral als *egoistisch* – und damit negativ – abgewertet werden.

Die mit individueller Eigenvorteilsorientierung verknüpften Individualfreiheiten spielen in der Wirtschaft und im Bereich des demokratischen Parlamentarismus eine wichtige Rolle. In der Wirtschaft sind es die Produzenten- und Konsumentenfreiheiten im Rahmen des Marktmechanismus. Zum Markt gehört die Konkurrenz, der staatlich beaufsichtigte Zustand, in dem der *Verbraucher* nur die freie Auswahl hat, wenn mehrere Güterproduzenten miteinander vergleichbare Angebote machen. Die ›Nutzenmaximierungsabsicht‹ der Verbraucher liegt darin, für ihr Geld möglichst viel und in möglichst guter Qualität von den Dingen zu bekommen, für die sie sich interessieren.[1] Die *Produzenten* von Wirtschaftsgütern streben nach größeren Marktanteilen oder nach Wettbewerbsvorsprüngen, indem sie neue Güter auf den Markt bringen und neue Bedürfnisse wecken. Darin kommt ihre Nutzenmaximierungsabsicht zum Ausdruck.

›Individuelle Nutzenkalküle‹ meist egoistischer Natur spielen auch im demokratischen Parlamentarismus eine wichtige Rolle: bei den Parteien als ›Gewinnerwartungskalkül‹ auf den unterschiedlichen Ebenen – von den Parteiführern bis zu den Mitgliedern mit beruflichen Nebeninteressen; bei den Wählern, die sich von der einen oder der anderen Partei je nach Interessenlage Entlastung ihrer Steuerquote oder staatliche Sozialleistungen versprechen.

Wir kennen aus früheren Zusammenhängen die empirisch gut belegte Annahme, daß die Zielsetzungen der Menschen in der Regel unterschiedlich geartet sind je nach dem, ob sie sich auf den gesellschaftlichen ›Nahbereich‹ oder den ›Fernbereich‹ beziehen. In ›Nahbereichen‹, zu denen die Familie, Verhältnisse wie Nachbarschaft, Verwandtschaft und Freundschaft gehören, sind die Menschen eher bereit, moralisch-altruistische Ziele freiwillig zu befolgen, als in den ›Fernbereichen‹ der Gesellschaft, die durch die Anonymität der zwischenmenschlichen Beziehungen charakterisiert sind. Die politische und die wirtschaftliche Sphäre aber sind die Bereiche zwischenmenschlicher Anonymität. Die beruflich erforderliche Mobilität der Menschen in den modernen durchtechnisierten Massengesellschaften führte zu einer ständigen Zunahme der Bedeutung dieser Bereiche für das menschliche Zusammenleben. Es handelt sich zugleich aber um diejenigen gesellschaftlichen Felder, für die die staatliche Garantie individueller Produzenten- und Konsumentenfreiheiten in erster Linie gilt. Es sollte einen also nicht wundern, daß die Menschen sich in ihnen vorwiegend an *egoistischen* Zielsetzungen orientieren.[2]

So kann man davon ausgehen, daß bei der überwiegenden Zahl der Menschen, die in der Wirtschaft in unternehmerischen Funktionen tätig sind, eine egoistische Handlungsorientierung die ausschlaggebende Motivation darstellt. Neben dem Streben nach hohem Geldeinkommen steht bei den Wirtschaftsmanagern der Wunsch im Vordergrund, zum Kreis derjenigen zu gehören, die die Hebel wirtschaftlicher Macht bedienen oder ›Statusgüter‹ anderer Art ›konsumieren‹ können. Eine altruistische Ausrichtung heutiger Unternehmenspolitik – etwa auf die Sicherung von Arbeitsplätzen – geht in die Motivation von Unternehmern und Managern insofern ein, als die Verwirklichung eigenvorteilsbezogener egoistischer Zielsetzungen heutzutage nur auf dem Weg über die Lösung *sozialer* (das heißt: als *moralisch* zu betrachtender) Probleme der Betriebe zu erreichen ist.

Auch auf der Seite der *Konsumenten* von Wirtschaftsgütern dient die wirtschaftliche Freiheit heute mehr der Befriedigung egoistischer als altruistischer Wünsche. Diese Wünsche erwachsen heute nicht mehr aus tieferen Grundbedürfnissen, bei deren gesellschaftlicher Befriedigung der Egoismus einzelner oder kleiner Gruppen hinter dem altruistischen Gesamtziel zurückzutreten hätte. Die Zeiten sind lange vorbei, in denen behauptet werden konnte, die wirtschaftliche Tätigkeit von Industrie, Handel und Landwirtschaft stehe im Dienst einer Befriedigung elementarer menschlicher Bedürfnisse, die daran gemessen wird, daß die Menschen in lebensnotwendigem Ausmaß Mittel zum Essen, Trinken und Wohnen brauchen. Mit dieser Vorstellung, die aus unserer agrarischen Vergangenheit stammt, haben die meisten Wünsche nichts mehr zu tun, die wir uns unter den Bedingungen der modernen Industrie in einer von Technik und Wissenschaft geprägten Zivilisation erfüllen. Deshalb ist es auch nicht in erster Linie die Fürsorge für andere, zum Beispiel für die Mitglieder der eigenen Familie, die unseren Ehrgeiz anstachelt, es im Berufsleben zu etwas zu bringen. Wir reden zwar so, als ginge es uns vorrangig um altruistische Motive dieser Art. Aber wir machen uns dabei meist etwas vor. Die Motive etwa, die man heute hat, wenn man ein neues Auto kauft, wären falsch interpretiert, wollte man sie in erster Linie durch das altruistische Bedürfnis erklären, durch eine Erhöhung der eigenen Mobilität die beruflichen Chancen und dadurch die Lebensverhältnisse der *Familie* zu verbessern, für die man verantwortlich ist. Den Tatsachen kommt wohl eine Interpretation des Autokaufverhaltens von Menschen näher, die auf egoistische Prestigegesichtspunkte Bezug nimmt und auf ähnlich zu bewertende Gründe äußerer Selbstdarstellung. Anders läßt sich die Gewohnheit der meisten Autobesitzer, sich nach vier oder fünf Jahren ein neues Auto anzuschaffen, kaum angemessen deuten. Man darf ganz allgemein davon ausgehen, daß unsere Gründe beim Kauf von Waren, die nicht zur Befriedigung eines biologisch und zivilisatorisch geforderten Elementarbedarfs dienen, von ähnlicher Art sind. Und in den Bereich solcher Waren gehören die meisten Wirtschaftsgüter, die in unserer Industriegesellschaft hergestellt und gekauft werden.

In den letzten Jahren wurde die ›Selbstverwirklichung des einzelnen‹ – vermutlich als Konsumersatz unter dem Eindruck einer weitgehenden Befriedigung von Grundbedürfnissen – zu einem hohen Ziel auf unterschiedlichen Gebieten: in der modernen Pädagogik als Lernziel der ›Selbstbestimmung‹, im Geschlechterverhältnis als oberstes Ziel der ›Emanzipation der Frau‹. Daß es sich beim Postulat der ›Selbstverwirklichung‹ um einen egoistischen und keinen altruistischen Wert handelt, pflegt man bis heute häufig in der offiziellen Rechtfertigungssprache nicht zuzugestehen.

Im politischen Bereich liegen die Dinge nicht anders. Allein die politische Sprache der *Demokratie* und der Gemeinwohl-Idee ist es, die in der Öffentlichkeit den Eindruck hat entstehen lassen, die Verhaltensorientierung von Politikern sei ausschließlich an Maßstäben altruistischer Moral zu messen, nämlich daran, ob der ›Dienst am Ganzen‹ (›Wohl des Volkes‹) angemessen ausgeübt wird oder nicht. So ›repräsentieren‹ die Parlamentsabgeordneten nach unserer Verfassung zum Beispiel ausschließlich den ›Willen des Volkes‹. Zwar ist man bereit zuzugeben, daß Politiker häufig vom Drang nach Machtausübung und öffentlicher Selbstdarstellung angetrieben werden. Man sieht auch, daß es sich um *egoistische* Motive handelt.

Man bestreitet jedoch egoistischen Motiven die Berechtigung, weil man nach allgemeiner Gewohnheit unter ethischen Gesichtspunkten allein nichtegoistische – und das heißt in diesem engeren Sinn: *moralische* – Beweggründe als glaubwürdig betrachtet. So ist es verständlich, wenn die Politiker bei Äußerungen in den öffentlichkeitswirksamen Massenmedien von egoistischen Gründen ihres Verhaltens abzulenken pflegen. Fragt man sie danach, warum sie die Strapazen von Regierungsämtern auf sich nehmen, dann hört man ausschließlich Rechtfertigungen von der Art, daß man den Verschleiß und die Aufopferung seiner Kräfte am ehesten durch den Dienst am Volk aufgewogen sieht. Man sollte sich als kritisch und nüchtern eingestellter Bürger aber nicht darüber täuschen, daß egoistische Antriebe auch bei Politikern im Vordergrund stehen.

Man braucht sich nur vorzustellen, was einen selber dazu bewegen könnte, den strapaziösen Weg als Politiker zu gehen, um über nervenaufreibende Wahlkämpfe und kränkende Auseinandersetzungen mit Parteifreunden und politischen Gegnern hinweg mit der Gewißheit, ein Regierungsamt zu übernehmen, auf ein Privatleben verzichten zu müssen. Menschen, die sich in unseren Staaten für den Weg des Berufspolitikers entscheiden und die es endlich auch erreichen, Spitzenpositionen bis zum Amt eines Bundeskanzlers oder eines Bundesministers zu erhalten, müssen wie alle, die Karriere machen wollen, von starken egoistischen Motiven angetrieben werden, ob sie sich das selber zugeben oder nicht. Die psychischen Belastungen, der immense Arbeitsaufwand und der Zeitdruck lassen sich in herausgestellten politischen Spitzenämtern nur aushalten, wenn man zumindest durch die Vorstellung bewegt wurde, die ›Süße der Macht‹ einmal genießen zu können. Ob die Realität der Machtausübung dann der Vorstellung entspricht, die man ursprünglich verfolgte, steht auf einem anderen Blatt.

Aber auch die Wähler lassen sich als ›Verbraucher‹ der politischen Angebote der Parteien und Berufspolitiker in den Wahlentscheidungen mehr, als offiziell zugegeben wird, von egoistischen Zielvorstellungen leiten. Parteien werden häufig unter dem Gesichtspunkt gewählt, ob die Politik, die sie versprechen, beruflichen oder gruppenspezifischen Interessen dienlich ist.[3] Die Wähler brauchen sich auch nicht ausschließlich von altruistischen Gesichtspunkten des staatlichen Gesamtinteresses bestimmen zu lassen, denn die Normen der demokratischen Mehrheitsverfahren verlangen dies nicht.

Es kann nicht überraschen, daß der Vorrang egoistischer Handlungs- und Denkorientierungen unter Konkurrenzbedingungen in den ›Fernbereichen‹ Wirtschaft und Politik auch Folgen für die Einstellungen der miteinander konkurrierenden Individuen hat. Das Konkurrenzsystem verteilt Prämien auf individuelle Fähigkeiten, die in seinem Rahmen besonders erfolgversprechend sind. Es sind persönliche Eigenschaften wie Durchsetzungskraft, Ehrgeiz, Machtstreben und das Verlangen nach persönlicher Selbstdarstellung. Sogar der Neid auf andere, die es bereits weitergebracht haben, wird unter Konkurrenzbedingungen zu einem prämienversprechenden Antrieb für viele Menschen, es genauso weit oder weiter zu bringen. Es sind dies Einstellungen, die wir nach unseren üblichen moralischen Maßstäben zumindest als unsympathisch und auf jeden Fall als moralisch nicht hochstehend empfinden.

Die meisten Philosophen, Psychologen und Gesellschaftstheoretiker, die sich mit den ethischen Aspekten des Konkurrenzverhaltens der modernen Menschen beschäftigen, pflegen die moralische Dramatisierung, die schon im Alltagsleben hinter der Abwehr egoistischer Beweggründe steckt, normalerweise noch zu steigern. Sie gehen von hohen moralisch-altruistischen Maßstäben aus und gelangen dann konsequenterweise zu einer ethischen Verurteilung der Konkurrenz und des Marktes. Ich verfolge demgegenüber das umgekehrte Ziel, nämlich eine Kritik des herrschenden Altruismus-Ideals. Ich will einerseits erklären, warum der Liberalismus als Philosophie der Individualfreiheiten es schwer hat und haben wird, im propagandistischen Wettbewerb um die öffentlichkeitswirksame Durchsetzung der Grundwerte gegenüber dem Sozialismus zu bestehen; zum zweiten will ich es rechtfertigen, warum man Zugeständnisse an den Egoismus machen soll, wenn man für die staatliche Garantie liberaler Freiheiten ist.

Zuerst zum *erklärenden Teil*. Die herrschenden positiven Maßstäbe unserer öffentlichen und privaten Ethik sind durchweg altruistisch-moralische Maßstäbe. Im privaten Bereich unseres Verhaltens bemühen wir uns offiziell um die Befolgung von Einstellungen wie Wahrhaftigkeit, Bescheidenheit, Mitleid, Verständnis für andere Menschen, alles altruistische Werte, die den Zweck verfolgen, die Bereitschaft zu sozialem Verhalten zu entwikkeln und zu verstärken. Auch die offiziellen Maßstäbe der politischen Ethik sind von dieser Art. So ist, wie schon erwähnt, die Neigung der Öffentlichkeit unübersehbar, Politiker argwöhnisch zu beurteilen, aus deren Verhalten man Machtstreben und Karrierebewußtsein ablesen kann. Umgekehrt stehen diejenigen Politiker in hohem Ansehen, die es verstehen, ihre Tätigkeit mit allen Kennzeichen eines ausschließlichen ›Dienstes am Volke‹ auszustatten.

Das ethische *Monopol* der altruistischen Moral hat als Bewertungsmaßstab individuellen und politischen Verhaltens eine jahrhundertelange Geschichte zur legitimierenden Grundlage. In der europäischen Zivilisation stützte vor allem das Christentum als Staatsreligion der europäischen Monarchien das offizielle Monopol altruistischer Werte, denn die christliche Ethik ist ausschließlich an solchen Maßstäben ausgerichtet.[4] Sie hat ihr Vorbild im Selbstopfer von Jesus Christus, des Sohnes Gottes, der sich für die Erlösung der Menschen von ihren Sünden kreuzigen läßt. Es ist die äußerste Form einer altruistischen Hingabe des eigenen Lebens für das Wohl anderer Menschen.

Man kann den Einfluß der christlichen Moral bei der Herausbildung eines ethischen Bewußtseins im ausschließlich altruistischen Sinn im Rahmen der europäischen Kultur- und Geschichtsentwicklung schwerlich überschätzen. Die christliche Metaphysik läßt zwar auch erkennen, wie schwer es war und ist, den Menschen ein rein altruistisches Verhalten als ethisches Vorbild zu setzen. Denn sie rechnete nicht mit der autonomen Freiwilligkeit beim Befolgen der christlichen Grundwerte. Von der Norm abweichendes, ›sündiges‹ Verhalten wurde immer mit der Androhung stärkster Sanktionen begleitet. So soll beim ›Jüngsten Gericht‹ Christus über jeden Menschen einzeln urteilen, und jeder Gläubige hat während seines ›irdischen Lebens‹ stets zu bedenken, daß er für große Sünden mit ›ewiger Verdammnis‹ und den furchtbarsten Höllenqualen bestraft werden kann. (Die Säkularisierung der christlichen Ethik, die im Zusammenhang mit der ›Privatisierung der Religion‹ erfolgt ist, hat allerdings bewirkt, daß die christlichen Kirchen, um die Gläubigen zu behalten – das heißt letztlich: aus Gründen der Werbung –, heute mehr die ›freundliche‹ Seite der christlichen Ethik herausstellen. In allen Richtungen des Protestantismus – vor allem in der modernen Theologie – ist die Drohung mit einem möglichen Nachleben in der Hölle praktisch aufgegeben worden. Im selben Maß ist jedoch auch die metaphysische Überzeugung von einem Nachleben nach dem Tod geschwunden, und gegenläufig dazu nahmen Tendenzen in der Theologie und bei engagierten Christen zu, das ›Heil auf Erden‹ – etwa durch eine Parteinahme für sozialistische Gesellschaftsmodelle – zu suchen.)

Die Herrschaft des Altruismusmonopols läßt sich zusätzlich noch durch eine *psychologische* Erklärung verständlich machen. In den meisten Fällen, in denen die Menschen Möglichkeiten für *freie* Entscheidungen haben, streben sie nach einer *allgemeinen* Billigung der Ziele und Handlungen, für die sie sich entscheiden. Das kommt sowohl bei der normalen Rechtfertigung der Entscheidung selber als auch bei der Rechtfertigung der Entscheidungsfolgen zum Ausdruck. Man empfindet altruistisch gerechtfertigte Entscheidungen als akzeptabler, weil sie die Anerkennung vieler Menschen erwarten lassen. Beim Typ der *Produzentenfreiheiten* (der Freiheiten im Wettbewerbsmodell) drängt sich eine solche Denkweise geradezu auf, denn die Maßstäbe ihrer *erfolgreichen* Betätigung bestehen in der positiven ›Produktbewertung‹ durch möglichst viele andere Menschen.

Aus der Sicht des liberalen Freiheitsverständnisses ist man jedoch – so behaupte ich zweitens in postulierender Absicht – zu *Zugeständnissen* an menschliche Verhaltensformen und Einstellungen gezwungen, die man unter ethischem Gesichtspunkt als egoistisch abzuwerten pflegt. Denn die liberalen Freiheiten basieren im gesellschaftlichen ›Fernbereich‹, wo sie hauptsächlich wirksam sind, auf der menschlichen Einstellung der ›Eigenvorteilsorientierung‹. An diesem Umstand hat noch kein Gesellschaftssystem, welches Individualfreiheiten zuläßt, etwas ändern können (und die, die die Freiheit verbieten, auch nicht). Man wird den Liberalismus in der propagandistischen Auseinandersetzung um politische Grundwerte dem ausschließlich altruistisch argumentierenden Sozialismus gegenüber deshalb nur stärken können, wenn dem *europäischen Altruismusmonopol* Konzessionen an egoistische Einstellungen abzuringen sind.[5] Denn nur dann lassen sich die verhaltensmäßigen Voraussetzungen der Betätigung von Freiheiten im wirtschaftlichen und im politischen Bereich der ethischen Diskriminierung entziehen. Zeichen solcher Diskriminierung sind die nach wie vor weithin geteilte Meinung, daß der von Wirtschaftssubjekten angestrebte ›Profit‹ als ›private‹ Bereicherung per se etwas Negatives sei, während die Tätigkeiten der ›öffentlichen Hand‹ sich gemeinhin im Licht einer moralischen Gemeinwohlrechtfertigung sonnen können.

Es gibt einen weiteren Punkt, in dem man einer *liberalen* Staatsauffassung Schwierigkeiten mit dem offiziellen Altruismusmonopol bescheinigen muß. Zur Kritik anarchistischer Gesellschaftsmodelle der Herrschaftsfreiheit wird man nach wie vor die auf Hobbes und Locke zurückgehende Rechtfertigung des Staates als ›neutralen Schiedsrichters‹ heranziehen, wenn man die Position des *staatlichen Liberalismus* für vernünftig hält. Mit ihr verbindet sich jedoch eine Rechtfertigung, für die ein *rationales* Mißtrauen in die freiwillige Befolgung moralischer Normen durch die Individuen leitend ist. Dasselbe grundsätzliche Mißtrauen steht hinter der ethischen Begründung der liberalen Idee der Gewaltenteilung. Allein das Altruismusmonopol erklärt ausreichend, warum bei uns die politische Utopie bestimmter Versionen des ›anarchistischen Liberalismus‹ nach wie vor bedeutende Anziehungskraft ausübt. Es ist die Idee einer Zukunftsgesellschaft, in der der menschliche Egoismus keine Rolle mehr spielen soll, weil alle einzelnen freiwillig die gesellschaftlichen Grundnormen befolgen werden. Sie steht gleichsam als Bild der Versöhnung von Liberalismus und Demokratie hinter den ›basisdemokratischen‹ Ideologien der ›emanzipatorischen‹ Neomarxisten wie der ›grünen‹ Ökologie-Bewegungen. Die Anfälligkeit gerade ernsthafter Glaubenschristen – Gruppen einfacher, aber aktiver Kirchenmitglieder, Pfarrer und Theologieprofessoren beider Konfessionen – für die politische Ideologie des ›anarchistischen Liberalismus‹ stellt ebenfalls einen Beleg für die These dar. ›Mißtrauen‹ ist aber *auch* eine Kategorie, die im Widerspruch zur offiziellen Moralbeurteilung steht.

In der Sprache der politischen Propaganda hat der Hauptgegner des Liberalismus, der marxistische Sozialismus, Schwierigkeiten dieser Art nicht, denn die sozialistischen Zielwerte sind ausnahmslos altruistisch. Nach ihnen gelten gesellschaftliche Verhältnisse nur dann als gerechtfertigt, wenn soziale Ideen wie Gemeinnützigkeit, menschliche Solidarität und Verteilungsgerechtigkeit von altruistisch handelnden Individuen aus sich heraus verwirklicht werden.

Zur Kritik am europäischen Altruismusmonopol sollte einen aber gerade die Erfahrung ermuntern, die man mit der Praktizierung sozialistischer Gesellschaftsmodelle in der Welt bisher hat machen können. Wer sich in Ländern des ›realen Sozialismus‹ wie der DDR, der Volksrepublik Polen oder der CSSR hat umsehen können, dem konnte auffallen, daß viele Menschen dort – wahrscheinlich schon eine Mehrheit – nicht so sehr an den bekannten unzureichenden wirtschaftlichen Ergebnissen der allumfassenden Staatsplanung leiden, sondern mehr noch unter dem ins öffentliche Bewußtsein eindringenden moralischen Bankrott, nämlich dem Mißverhältnis zwischen der offiziellen sozialistischen Staatsmoral und dem ›real existierenden‹ Egoismus, der trotz scheinheiliger Unterdrückung viel mehr als in den ›kapitalistischen‹ Ländern das wirkliche Verhalten der Menschen prägt. Das kommunistische Gesellschaftsideal verkörpert de facto nämlich einen gigantischen Anachronismus, denn es strebt nach einer unter den zivilisatorischen Bedingungen der Moderne nicht mehr zu realisierenden Erneuerung der frühgeschichtlichen Familien- und Sippenethik des ›Nahbereichs‹. In Deutschland sollte einem darüber hinaus noch zu denken geben, daß der Spruch ›Gemeinnutz geht vor Eigennutz‹ eine der meistbenutzten legitimatorischen Formeln in Hitlers ›Drittem Reich‹ gewesen ist.

5. *Moralische Verantwortung in Wirtschaft, Wissenschaft und Politik*

Unter ethischen Gesichtspunkten gehören Freiheit und Verantwortung bekanntlich zusammen. ›Verantwortung‹ heißt, daß Individuen als Urheber von Handlungen verpflichtet sind, die Kosten schädlicher Handlungsfolgen zu tragen. Schädlich können Handlungsfolgen sowohl für andere Individuen als auch für die Gesellschaft insgesamt sein. Für die ethische Verantwortung sind zwei Bedingungen ausschlaggebend. Zum ersten kann man Menschen nur für solche Folgen im ethischen Sinn verantwortlich machen, die in der Entscheidungssituation absehbar sind. Das schließt aus, Individuen für *alle* Folgen von Handlungen *ethisch* verantwortlich zu machen, die sie verursacht haben.

Zum zweiten wird man den Verursacher eines Schadens nur dann als wiedergutmachungspflichtig erklären, wenn man unterstellt, daß ihm in der Entscheidungssituation ›bessere‹ (= nichtschädliche) Alternativen zur Verfügung standen, die er hätte vorziehen können. Beides setzt voraus, daß dem Handelnden bei der Entscheidung die ethischen oder rechtlichen Normen bekannt waren, nach denen die Schädlichkeit von Handlungsfolgen nach Maßstäben akzeptierter Moral oder gesetzlicher Bestimmungen im nachhinein festgestellt wird. Die beiden Bedingungen, die den Begriff moralischer Verantwortung charakterisieren, gehören zum Minimalverständnis jeder neuzeitlichen Moralauffassung, und zwar unabhängig davon, wie die moralischen Inhalte aussehen, deren Befolgung man als geboten erachtet.

Entsprechend einer verbreiteten Gepflogenheit benutzen wir den Begriff der Verantwortung auch bei der ethischen Bewertung des Verhaltens von Politikern. Man spricht von einer *politischen Verantwortung* demokratisch gewählter Abgeordneter gegenüber ihren Wählern, von der Verantwortlichkeit von Ministern für Entscheidungen, die in ihren Ressorts getroffen werden.[1] Man macht einen Regierungschef für die Folgen politischer Entscheidungen verantwortlich, die das Außenverhältnis zu anderen Staaten betreffen. Man sagt, Regierungsparteien seien für die Folgen innenpolitischer Maßnahmen verantwortlich zu machen. In den Diskussionen über Ausbau oder Einschränkung der Kerntechnologie ist die Rede von einer ›gesamtgesellschaftlichen‹ Verantwortung gegenüber den kommenden Generationen.

In ähnlicher Weise appelliert man an die ethische Verantwortung von Wirtschaftsunternehmern für gesellschaftsschädliche Folgen von Produktionsentscheidungen, und man versucht, Wissenschaftler für Folgen der Anwendung wissenschaftlicher Theorien und Techniken verantwortlich zu machen.

Für die Bereiche des wirtschaftlichen, wissenschaftlichen und politischen Handelns unter den staatlichen Bedingungen entsprechender liberaler Handlungsfreiheiten ist die ethisch-moralische Sichtweise jedoch nur in einem eingeschränkten Sinn angebracht – dies ist die These, die im folgenden erläutert und begründet wird.

Sie richtet sich zum einen gegen Ansätze der modernen Sozialphilosophie, nach denen politisches, wissenschaftliches und wirtschaftliches Handeln allein an moralischen Maßstäben gemessen wird (zum Beispiel bei Hans Jonas).[2] Zum anderen sollen praktisch-politische Tendenzen der Gegenwart kritisiert werden, in denen sich Versuche widerspiegeln, das Politische zu moralisieren (Beispiele finden sich in der Umweltschutz- und der Antikernkraft-Bewegung.)[3]

Die ethische Verantwortung hat ihre Entsprechung in der rechtlichen. Man sagt: Wer gegen Recht und Gesetz verstößt, wird dafür vom Staat zur Verantwortung gezogen. Sinnvollerweise werden dabei die gleichen Bedingungen wie bei der ethischen Verantwortung unterstellt. Jemand, der geltendes Recht verletzt hat, muß im Prinzip im Bewußtsein des Unrechts gehandelt haben. Das heißt: Die Regelungen, die das gesetzeskonforme Verhalten festlegen, müssen ihm bekannt gewesen sein. Darüber hinaus geht man davon aus, daß der, der das Gesetz verletzt, in der Entscheidungssituation *auch* eine gesetzeskonforme Entscheidungsmöglichkeit hatte.

Wir wissen jedoch, daß die Bedingungen der ethischen wie der rechtlichen Verantwortung in der gesellschaftlichen Wirklichkeit häufig nicht erfüllt sind, wenn Menschen nach moralischen oder rechtlichen Normen zur Rechenschaft gezogen werden.[4] Wie häufig hatten wir keine böse Handlungsabsicht, wenn man uns im nachhinein darauf hinwies, daß wir andere durch Worte oder Taten gekränkt und in ihrem Ansehen verletzt haben. Genauso häufig kann es geschehen, daß wir gegen gesetzliche Regelungen verstoßen, die wir im Zeitpunkt der strafbaren Handlung tatsächlich nicht gekannt haben. Auch sind viele Entscheidungssituationen – z. B. im Straßenverkehr – so gelagert, daß wir gegen gesetzliche Vorschriften verstoßen ohne das Gefühl, eine bewußte, Alternativen abwägende Entscheidung getroffen zu haben – obwohl wir uns zugleich auch nicht als unzurechnungsfähig vorgekommen sind. Vieles von dem, wofür wir rechtlich haftbar gemacht werden, ›passiert‹ uns; es stößt uns zu. Trotzdem hat moralisches und rechtliches Argumentieren und Urteilen nur einen Sinn, wenn man *grundsätzlich* davon ausgeht, daß jene Bedingungen für Verantwortlichkeit erfüllt sind.

Ethische Verantwortlichkeit trifft für Handlungen zu, die wir als *Privatpersonen* begehen. Lügen gilt im zwischenmenschlichen Umgang allgemein als ein Verhalten, das vom moralischen Standpunkt aus verurteilt wird. Belügt jemand einen anderen, und es ergeben sich für den Getäuschten schädliche Folgen, dann halten wir den Lügner für wiedergutmachungspflichtig, und zwar unabhängig von der Form, in der der Schaden behoben werden kann. In der Rechtsprechung liegen die Dinge vergleichbar. Man geht z. B. von der Annahme aus, daß dem Bürger, der als Autofahrer die Straßenverkehrsordnung übertritt und andere Verkehrsteilnehmer schädigt, im Prinzip sowohl die gesetzlichen Bestimmungen bekannt sind als auch die gesellschaftsschädlichen Folgen seines Verhaltens. Die Logik der Strafe, zu der er zur Entschädigung Verletzter und aus Gründen allgemeiner Rechtssicherheit verurteilt wird, setzt beides voraus.

Nun gibt es in unserer Gesellschaft große Bereiche von Handlungen, für die man die Maßstäbe moralischer und rechtlicher Verantwortlichkeit nur eingeschränkt benutzen kann. Trotzdem wird diese Einschränkung insbesondere der moralischen Bewertung dieser Handlungen nicht genügend berücksichtigt. Es geht dabei um Handlungen, welche Menschen in einem ›politischen Auftrag‹ tätigen.

Nach einer verbreiteten Sprachregelung grenzt man den *politischen* Bereich vom *privaten* ab, indem man zwischen dem *staatlichen* und dem *nichtstaatlichen* Handeln unterscheidet. Zum staatlichen Handeln zählt man die Tätigkeit der Regierungen, die Gesetzgebungspraxis der Parlamente und im weiteren Sinn auch die gerichtliche Rechtsprechung. Die Wirtschaft gehört nach dieser Abgrenzung eindeutig zum *privaten* Bereich, ein Umstand, der im Begriff ›privatwirtschaftlich‹ auch festgehalten wird. Die Tätigkeiten aktiver Parteimitglieder oder die von Parteiführern werden demgegenüber wieder mehr dem politischen Bereich zugerechnet, weil man den Parteien eine Art ›halbstaatliche‹ Funktion zubilligt.

Diese gängige Abgrenzung ist jedoch irreführend, denn sie berücksichtigt nicht den für unsere Staats- und Gesellschaftsordnung charakteristischen Fall der *›politischen Freiheiten‹*. Sie ist schuld an der verbreiteten Auffassung, wirtschaftliches (und wie wir noch sehen werden: auch wissenschaftliches) Handeln sei allein Handeln von Privatpersonen, für die dementsprechend die Bedingungen der ethischen Verantwortung uneingeschränkt geltend zu machen seien.

Der Begriff ›politische Freiheiten‹ bezieht sich auf die liberalen ›Produzentenfreiheiten‹. Sie sind die Grundlage von Handlungen, die im Rahmen von Markt- und Wettbewerbsregeln ausgeführt werden. Ich belege sie mit dem Prädikat ›politisch‹, weil die Regeln des Markt- und Wettbewerbsverhaltens auf eine *staatliche* Einrichtung zurückgehen.[5] Anders gesagt: Die Markt- und Wettbewerbsregeln werden bei uns in der Wirtschaft, in der ›freien‹ Wissenschaft und auch in der parlamentarischen Parteienpolitik angewandt, weil eine *gesamtgesellschaftliche* Zielsetzung mit ihnen verbunden wird. Diese Zielsetzung besteht in der Erwartung, daß Markt und Wettbewerb Systeme der Handlungsregulierung sind, deren Produktivität einen gesamtgesellschaftlichen Nutzen bewirkt.

Es erscheint darum sinnvoller, zwischen *politischen* und *privaten* Freiheiten zu unterscheiden. Private Freiheiten betätigen wir zum Beispiel als Konsumenten (›Konsumentenfreiheiten‹), und zwar als *Endverbraucher* von Gütern aller Art, von ökonomischen wie von Kleidern, Lebensmitteln und Autos, von geistigen wie von wissenschaftlichen und belletristischen Büchern. Sofern wir ›politische Freiheiten‹ nutzen, bewegen wir uns jedoch im Rahmen eines staatlich verfügten Systems der gesamtgesellschaftlichen Bedarfsdeckung mit dem Auftrag, für eine gesellschaftlich akzeptierbare ›Geltung‹ unserer Produkte zu sorgen.

In einer solchen ›politischen‹ Funktion befindet sich jeder, der als ›freier‹ Produzent von Wirtschaftsgütern, von geistigen Ideen, von wissenschaftlichen Theorien, von Kunstwerken oder von parteipolitischen Konzeptionen (im Rahmen der parlamentarisch geordneten Parteienkonkurrenz) tätig ist. Diese grundsätzliche Zuordnung von Wirtschaftsunternehmern, Literaten, Wissenschaftlern und Berufspolitikern zur Position ›politischer Freiheiten‹ wird auch nicht dadurch überflüssig oder gar falsch, daß man auf die riesigen Unterschiede an Macht und Bedeutung hinweist, die für die ›Märkte‹ der Wirtschaftsunternehmen einerseits und der Produzenten von Kultur und Wissenschaft andererseits ohne Zweifel gelten.

Die Güterversorgung einer Gesellschaft, ihre Versorgung mit Ergebnissen wissenschaftlicher und technischer Forschung und ihre ›Versorgung‹ mit mehrheitsfähigen politischen Zielsetzungen stellen – so besehen – politische (= gesamtgesellschaftliche) Aufgabenfelder dar. Es ist deshalb falsch, wenn man die wichtigen Bereiche etwa des wirtschaftlichen und des wissenschaftlichen Wettbewerbs aus dem politischen Bereich ausklammert.

Auf die Inhaber von Stellen ›freier Produzenten‹ treffen unter Wettbewerbsbedingungen nun zwei entscheidende Merkmale der *ethischen Verant-*

wortlichkeit nicht zu. Zum einen kann man nicht davon ausgehen, sie könnten bei Produktionsentscheidungen die wichtigsten Handlungsfolgen übersehen. Zum zweiten kennen sie zum Zeitpunkt ihrer Entscheidungen nicht die normativen Maßstäbe, nach denen ihre Produkte als ›schädlich‹ oder ›unschädlich‹ bewertet werden. Um aus der Wirtschaft ein Beispiel zu geben: Wenn ein Unternehmen der metallverarbeitenden Industrie ein neues Produkt, sagen wir: einen neuen Fahrradtyp, auf den Markt bringt, dann hat es keinen Sinn, eine Übersicht über die wichtigsten Handlungsfolgen dieser Entscheidung zu unterstellen. Der Produzent hat in der Regel nur vage Vermutungen über den Erfolg seines Produkts. Über den Verkaufserfolg sind nur Spekulationen möglich, und die Art der Verwendung der Güter durch die Käufer läßt sich vom Produzenten nicht beeinflussen. Der Produzent weiß nur eines mit Gewißheit: daß die Konsumenten weitgehend über den Markterfolg seiner Produkte bestimmen. Zur Logik des Marktes gehört darüber hinaus, daß die Bewertung der Produkte nach Maßstäben ›gesellschaftlicher‹ Nützlichkeit oder Schädlichkeit *nachträglich* geschieht: *Wertvoll* ist, was sich auf dem Markt durchsetzt, *wertlos*, was im Wettbewerb auf der Strecke bleibt.

Nun gibt es in diesem System gleichwohl auch eine Produzentenverantwortlichkeit im *ethischen* wie im *rechtlichen* Sinn. Denn die Produzenten von Gütern sind verpflichtet, die staatlich gesetzten Wettbewerbsregeln zu beachten, die Verbraucher nicht durch den Verkauf minderwertiger Waren zu übervorteilen, Lieferverträge einzuhalten, Garantieleistungen zu erbringen usw. Die Sanktionen, die der Staat auf die Einhaltung der Wettbewerbsregeln gelegt hat, sollen dafür sorgen, daß diese Art einer ethischen Produzentenverantwortung wahrgenommen wird.

Das Wettbewerbsprinzip spielt auch in den *Wissenschaften* überall dort eine wichtige Rolle, wo die einzelnen Wissenschaftler ›Produzentenfreiheiten‹ als ein Individualrecht haben, in dessen Schutz sie über ihre Aufgabenstellung und ihre Forschungsergebnisse selber entscheiden können. Das trifft bei uns im Grundsatz für alle Wissenschaften zu, die an den Universitäten in Gestalt von Forschung und Lehre und im Rahmen von Wissenschaftsförderungsorganisationen wie der Max Planck-Gesellschaft und der Deutschen Forschungsgemeinschaft, aber auch der Stiftung Volkswagenwerk und der Thyssen-Stiftung betrieben werden.

Verwendet man das Wettbewerbsmodell für die Beschreibung der Wissenschaftlertätigkeit, muß man allerdings so konsequent sein zuzugeben, daß das psychologische Hauptmotiv von Wissenschaftlern nicht in der traditionsreichen ›Liebe zur Wahrheit‹ liegt, sondern im individuellen Streben nach Anerkennung durch kompetente und bereits angesehene Kollegen und durch die Öffentlichkeit. In Abwandlung einer bekannten Formel des Ökonomen Joseph A. Schumpeter kann man sagen, daß ›gute‹ Wissenschaft in Gestalt möglichst realitätsgerechter und erklärungskräftiger Erkenntnisse unter Wettbewerbsbedingungen auf die gleiche Art und Weise zustande kommt wie die ›soziale Funktion des Marktes‹. Wie diese Schumpeter zufolge sich als eine ›Nebenerscheinung beim Erzielen von Profiten‹ ergibt, entsteht wissenschaftliche Erkenntnis als Nebenfolge konkurrierender Ansprüche auf fachliche Anerkennung.

Auch bei den Wissenschaften handelt es sich dann um *politische* Produzentenfreiheiten, die im Wettbewerbsrahmen in der Erwartung von ›gesellschaftlichem Nutzen‹ ausgeübt werden. Es wäre wiederum falsch, sie dem Privatbereich der Bürger zuzuordnen. Denn das Wettbewerbssystem ist generell ein *gesamtgesellschaftliches* Produktionssystem, das allein deswegen bei uns die staatliche Garantie verdient. Und genau wie für die Produzentenfreiheiten des wirtschaftlichen Bereichs gilt auch für die wissenschaftliche Produzentenfreiheit der Tatbestand der *nachträglichen* Bewertung. Das will sagen, daß die Ergebnisse der freien Wissenschaft und Technik erst *nachträglich* nach Maßstäben der gesellschaftlichen Nützlichkeit (oder Schädlichkeit) bewertet werden. Deshalb kann auch für Produkte des wissenschaftlichen Wettbewerbs ethische Verantwortung nur im beschränkten Maß eingeklagt werden. Sie besteht in keiner Weise für die gesellschaftliche oder staatliche Verwendung wissenschaftlicher Ergebnisse. Wenn Regierungen, wie es bekanntlich geschehen ist, die von Otto Hahn und Fritz Straßmann entdeckte Atomkernspaltung zum Bau der Atombombe ausgenutzt haben, dann läßt sich *keine* ethische Verantwortlichkeit dieser Atomphysiker konstruieren. Daran ändert auch der Umstand nichts, daß Wissenschaftler selber dazu neigen, sich Verantwortlichkeiten dieser Art im nachhinein aufzuhalsen.

Was für die Entdecker der Atomkernspaltung zutrifft, gilt heutzutage in gleicher Weise für die Erfinder der biologisch-medizinischen Techniken, planmäßig in die Genstruktur von Menschen und Tieren eingreifen zu können. Die Biologen, die diese Erkenntnisse gewinnen, veranlassen zwar kausal die Folgen von deren Anwendung.[6] Sie sind dafür jedoch nicht im ethischen Sinn verantwortlich, denn man kann ihnen nicht die Kenntnis der Maßstäbe unterstellen, die von der Gesellschaft oder dem Staat bei der wertenden Einschätzung ihrer Ergebnisse im nachhinein angelegt werden. Doch selbst wenn es für Wissenschaftler häufig nicht schwer zu erkennen ist, welche gesellschaftlich – im Normalfall technisch oder medizinisch –

nutzbaren Möglichkeiten durch die Anwendung ihrer Forschungsergebnisse bestehen, fällt es nach der Idee des Wettbewerbsprinzips nicht in ihren Aufgabenbereich, die *gesellschaftliche* Wertung vorherzubestimmen. Beteiligen sie sich an der öffentlichen Diskussion darüber – z. B. ob die Resultate der modernen Genbiologie oder der Computertechnik nützlich oder schädlich sind –, reden sie nicht mehr als Wissenschaftler, sondern als politisch interessierte Bürger. Wissenschaftler haben dabei keinerlei Privileg gegenüber den anderen Mitgliedern der Gesellschaft. Daß sie faktisch in der Öffentlichkeit manchmal höheres Ansehen genießen als andere Bürger, bedeutet für sie zwar eine Verführung und macht die Neigung vieler – gerade bedeutender – Wissenschaftler erklärlich, ihre wissenschaftliche Kompetenz mit ihrer politisch-bürgerlichen Kompetenz zu verwechseln. Dieser soziale Sachverhalt verleiht ihnen aber kein höheres Mitspracherecht.[7]

Dennoch existieren auch für Wissenschaftler *ethische Verantwortlichkeiten*. Im ethischen Sinn sind sie mit allen Konsequenzen, die im Begriff der Verantwortung liegen, für eine saubere, selbstkritische Anwendung der erfolgversprechendsten Methoden verantwortlich, die es auf ihrem Forschungsgebiet gibt. Soweit sie Universitätsprofessoren sind, sind sie für die ordentliche Ausbildung der Studenten und des wissenschaftlichen Nachwuchses verantwortlich. Sie sind darüber hinaus verpflichtet, möglichst neuartige und nach wissenschaftsimmanenten Kriterien interessante Forschungsergebnisse zu veröffentlichen.

Die öffentliche Meinung besteht heute bei uns hauptsächlich in den Fällen auf einer Produzentenverantwortlichkeit, in denen der Staat als direkter Auftraggeber oder Kontrolleur der Wirtschaft oder als Geldgeber der Wissenschaft auftritt. Dabei kommt es allerdings häufig zur Verwechslung der *kausalen Veranlassung* mit *ethischer Verantwortung*. Wenn zum Beispiel in der Gegenwart die gesellschaftlichen Probleme der Versorgung mit Energie aus Kernkraft und die künftigen Möglichkeiten medizinisch-biologischer Wissenschaften wie der Gentechnologie unter ethischem Gesichtspunkt betrachtet werden, dann geht häufig der entscheidende Unterschied zwischen der Gestaltung des rechtlichen Rahmens durch die staatlichen Instanzen und der Ausfüllung dieses Rahmens durch ›freie‹ Inhaber von Produzentenstellen verloren. Gelten in einem Staat wie der Bundesrepublik in Bereichen wie der Wirtschaft und der Wissenschaft Markt- und Wettbewerbsregeln, dann ist der Staat als der Gestalter der Regeln – im Gegensatz zu den Inhabern der Produzentenstellen – durchaus der angemessene Adressat moralischer Forderungen. Aufgrund jener falschen Unterscheidung des politischen vom privaten Bereich werden aber gerade sie in der öffentlichen Diskussion für Produktentscheidungen moralisch haftbar gemacht, die sie durchaus regelgemäß getroffen haben.

In der Bundesrepublik wird zum Beispiel mit nach wie vor bestehender politischer Zustimmung die Energieversorgung der Bevölkerung und der Industrie von beschränkt marktwirtschaftlich arbeitenden Großunternehmen wie dem RWE geleistet. Man erwartet also gerade von einer weitgehend nichtstaatlich-dezentralisierten Produktionsform eine optimale Versorgung der Gesellschaft mit Energie. Bekanntlich haben sich die großen Energieproduzenten bei uns aus Kostengründen auch für die Kernkraft entschieden und den Bau von Atomreaktoren mit staatlicher Unterstützung vorangetrieben. Nun gibt es in der Öffentlichkeit unübersehbar die Neigung, die mit den Atomreaktoren verbundenen Risiken moralisch den marktwirtschaftlich kalkulierenden Energieversorgungsunternehmen anzulasten. Es ist aber scheinheilig, von Wirtschaftsunternehmen zu verlangen, sie sollten sich entgegen den Marktsignalen in Form von Kosten- und Gewinnerwartungen verhalten.

Es ergibt sich folgende Alternative im Hinblick auf ›gesamtgesellschaftliche‹ Grundsatzentscheidungen. Entweder überläßt eine Gesellschaft einen großen Teil ihrer Bedarfsdeckung – in unserem Fall die Energieversorgung – beschränkt marktwirtschaftlich arbeitenden Unternehmen. Dann tut man das in der Erwartung, daß nach kurz- und mittelfristigen Maßstäben die kostengünstigsten Mittel mit möglichst viel ›innovatorischer Phantasie‹ zur Bewältigung der Aufgabe gefunden und eingesetzt werden. Wenn die Kernenergie sich als ein Mittel dieser Art herausstellt, hat man keinen Grund, sich über eine derartige Entscheidung moralisch zu entrüsten. (Nichtsdestoweniger gilt auch für die kernkraftwerksbetreibenden Unternehmen die *ethische* Verpflichtung, Kraftwerke nach den höchsten Sicherheitsanforderungen zu bauen und zu unterhalten, denen die heutige Ingenieurtechnik auf diesem Gebiet genügen kann.) Oder aber man untersagt per Gesetz den Bau von Atomkraftwerken, weil man ›Energieträger‹ wie die Kernkraft vor dem ›Gewissen der Nation und dem Schicksal zukünftiger Generationen‹ nicht glaubt verantworten zu können. Befürwortet man diese zweite Seite der Alternative, dann muß man sich über die politischen Parteien für eine entsprechende Willensbildung im Parlament einsetzen. Andere Möglichkeiten wie etwa ein folgenloses Moralisieren von philosophischer oder theologischer Warte aus sind unernst und darum gerade unter dem moralischen Gesichtspunkt eine nicht zu verantwortende Flucht vor der Wirklichkeit.

Man stellt sich Grundsatzentscheidungen dieser Art sowohl in der Öffentlichkeit als auch parteipolitisch ungern, denn wie im Fall der Atomkraftwerke fürchtet man ebenso auch die Kostennachteile, die mit großer Wahrscheinlichkeit entstehen werden, wenn man die Kernkraft rechtlich verbietet. Das politisch nichtverantwortliche Moralisieren fällt deshalb selbst vielen Politikern allemal leichter. Wir haben deshalb in der Gegenwart in den meisten westlichen Ländern den hinreichend bekannten Zustand uneffektiver ›Ersatzhandlungen‹. Eine dieser ›Ersatzhandlungen‹ besteht darin, daß man moralische Verantwortlichkeit auf die Energieproduzenten überträgt. Man verlangt von ihnen Garantien gegen mögliche Unglücksfälle, die in glaubwürdiger Weise niemand abgeben kann. Der Begriff der Verantwortlichkeit wird dabei in einer ethisch unverantwortlichen Art strapaziert. Gerade die Geschichte des Kernkraftwerkbaus seit den 60er Jahren macht deutlich, wie sinnlos die unbeschränkte Übertragung ethischer Verantwortlichkeit auf ›politische Produzentenfreiheiten‹ ist. Denn die Energieversorgungsunternehmen, die als erste in der Bundesrepublik mit dem Bau von Kernkraftwerken begannen, konnten sich auf eine positive Einschätzung der Kernkraft als Energiequelle durch die Gesellschaft verlassen. Erst die spätere *nachträgliche* Bewertung ihrer Risiken hat einen Meinungswandel erzeugt. Doch nachträgliche Produktbewertung gehört zu den Markt- und Wettbewerbsmechanismen, denen die ›politischen Freiheiten‹ ausgesetzt sind – weshalb es eben nicht angeht, sie uneingeschränkt an Maßstäben moralischer Verantwortung zu messen.

Nun kann man schwerlich bestreiten, daß in der Öffentlichkeit berechtigte Ängste über die volkswirtschaftliche Verwendung der Kernkraft und über problematische Ergebnisse von Wissenschaft und Technik vorhanden sind. Die Ängste werden nicht dadurch grundlos, daß man die Wissenschaftler von der ethischen Verantwortung für die Folgen ihrer ›Produktionen‹ freispricht. Die Atomkernspaltung hat schließlich zum Bau der Atombombe und zur Kernkraft geführt, und die moderne Gentechnologie bringt ohne Frage Probleme für unsere Gesellschaft, deren Tragweite im öffentlichen Bewußtsein bis heute noch nicht bekannt ist. Man braucht sich nur auszumalen, was es für die Familienplanung junger Leute und für die Zusammensetzung und das Moralgefühl der Gesellschaft einmal bedeutet, wenn in der Zukunft die biologische Möglichkeit bestehen sollte, das Geschlecht von Kindern gezielt bestimmen zu können. Die moderne Gesellschaft hätte Probleme dieser Art nicht, gäbe es keine biologischen Wissenschaften und keine Wissenschaftler, die sich nach selbstgestellten Themen und Forschungsaufgaben mit jenen neuen Techniken befassen. Diese Biologen *veranlassen* in der Tat *kausal* die gesellschaftlichen Folgen, die aus ihren Erfindungen entstehen. Die *nachträgliche* Produktbewertung liegt aber beim ›Auftraggeber‹ der Wissenschaft. Das ist die Gesellschaft als ganze, die bei uns heute Wissenschaft im Rahmen des Wettbewerbs als einer liberalen Organisationsform nach wie vor bevorzugt.

Ethische und rechtliche Verantwortlichkeiten sind dabei – wie analog im Fall des marktwirtschaftlichen Wettbewerbs – klar abzugrenzen. Sie bestehen auf Seiten der ›freien Produzenten‹ im Hinblick auf die Regeleinhaltung und auf Seiten des Staates (und der Gerichte) im Hinblick auf eine neutrale Regelanwendung und Regelüberwachung. Wenn der Eindruck entsteht, die Herstellung bestimmter ›Güter‹ wie Energie aus Kernkraft oder von wissenschaftlichen Forschungsergebnissen sei ›schädlich‹ für die Gesellschaft, muß der politische Wille zum gesetzlichen Verbot mobilisiert werden. So sind für die bereits absehbaren Diskussionen über die biologische Genforschung Folgerungen dieser Art zu ziehen. Wenn der ›gesellschaftliche Auftraggeber‹ auf der im engeren Sinn politischen Ebene – nämlich über die Mehrheitsbildung der parlamentarischen Parteien – zur Auffassung kommen sollte, eine biologisch-medizinische Technik der Erbgutveränderung sei nicht tolerierbar, müssen Gesetze gemacht werden, die die Forschung auf diesen Gebieten entweder einschränken oder verbieten. Selbstverständlich bedeutete dies einen Eingriff in die Wissenschaftsfreiheit und den Verzicht, auf den entsprechenden Gebieten im Rahmen der internationalen Wissenschaftlerkonkurrenz in Zukunft mitzuhalten. Diese Konsequenzen müssen einem stets gegenwärtig sein, wenn man derartige Forschungen in der politischen Diskussion als schädlich bewertet. Von ethischen Selbstverpflichtungen der Wissenschaftler oder der wissenschaftlichen Organisationen sollte man sich demgegenüber nicht viel erwarten. Sie werden aller Erfahrung nach bald durchbrochen, und zwar auch in dem unwahrscheinlichen Fall, daß sich alle Wissenschaftler, die auf der Welt an Forschungen mit ›gefährlichen‹ Anwendungsmöglichkeiten arbeiten, auf eine derartige freiwillige Selbstverpflichtung einigen würden.

Jedenfalls gibt es keine Möglichkeit, die Risiken der Produktionen von Wirtschaft und Wissenschaft, die im nachhinein auftreten und ins Bewußtsein der Öffentlichkeit dringen, den ›freien Produzenten‹ moralisch anzulasten. Man kann die technischen Erfinder des Automobils und die Automobilfabrikanten im nachhinein nicht moralisch dafür verantwortlich machen, daß sie uns ein Fortbewegungsmittel beschert haben, mit dem sich zum Beispiel die westdeutsche Gesellschaft jährlich zwischen 12000 und 16 000 Tote im Straßenverkehr schafft. Sollte trotz aller rechtlich geforderten und eingehaltenen Sicherheitsvorkehrungen doch einmal ein Atomkraftwerk explodieren, eine Gefahr, die kein Atomphysiker und kein Fachmann des Kernkraftwerkbaus letztlich ausschließen kann, dann gibt es keine sinnvolle Möglichkeit, die Kernkraftindustrie mit der moralischen Verantwortung dafür zu belasten. ›Verantwortlich‹ in einem uneigentlich-übertragenen Sinn wäre allein die Gesellschaft als Kollektivsubjekt, das durch die Zulassung des marktwirtschaftlichen Wettbewerbs den rechtlichen Rahmen für die wirtschaftliche Verwendung der Kernkraft errichtet hat. Das gesellschaftliche Kollektivsubjekt ist aber über die staatlichen Instanzen hinaus, die für die Erhaltung der Wettbewerbsregeln zu sorgen haben, kein sinnvoller Adressat moralischer Forderungen.

Diese Überlegung macht allerdings den ›Preis‹ deutlich, den wir als Bürger für die Anwendung von ›Rechtsrahmenmodellen‹ von der Art des Wettbewerbsprinzips zu entrichten haben. Im Fall dieses Prinzips besteht der ›Preis‹ in *Risiken* von ›Produkten‹, die erst in der nachträglichen Beurteilung zum Vorschein kommen.[8] Wenn man die Produktivitätsfolgen des Wettbewerbs in Wirtschaft und Wissenschaft auch weiterhin befürwortet, muß man bereit sein, mit den Risiken als unabwendbaren ›Kosten‹ zu leben. Man kann sich weitgehend damit trösten, daß andere ›Rechtsrahmenmodelle‹ wie die staatliche Zentralplanung (wie sie in den sozialistischen Staaten angewandt wird) erstens weniger Produktivität bewirken und zweitens die modernen Risiken der Kernkraft und der Umweltbelastung auch nicht vermeiden konnten.[9]

Es verwundert nun nicht, wenn ich behaupte, daß die Kategorie ethischer Verantwortung im politischen Wettbewerb der parlamentarischen Parteien in gleicher Weise zu verwenden ist wie im Rahmen der Wirtschaft und der Wissenschaft.

Alles, was Politiker als Parteipolitiker und in Staatsämtern unter Beachtung der Regeln des parlamentarischen Systemrahmens tun, kann sinnvollerweise nicht nach moralischen Maßstäben beurteilt werden. Eben deshalb sind sie gleichwohl moralisch verpflichtet, sich nach diesen Regeln zu richten. Politiker handeln nicht als Privatleute, sondern im Rahmen des Parteienwettbewerbs wiederum im ›gesellschaftlichen Auftrag‹. Es kommt zu einer der ärgerlichsten Vermischungen von Moral und Politik, wenn dieser Punkt übersehen wird. Beim Wettbewerb der politischen Parteien um die Stimmenmehrheit, die für die Regierungsübernahme nötig ist, wird besonders deutlich, daß es sich um ein System der *nachträglichen* Bewertung der Entscheidungsfolgen handelt.[10] Die nachträgliche Bewertung der

Handlungen von Politikern findet bei den periodischen demokratischen Wahlen statt, unter anderem auch mit einer öffentlichen Meinungsbildung darüber, ob eine bestimmte Regierungspolitik – innenpolitisch zum Beispiel das Ausmaß der Sozialgesetzgebung, außenpolitisch Verträge mit auswärtigen Staaten betreffend – als ›nützlich‹ oder als ›schädlich‹ gelten soll. Zwar kommen Wahlen nicht Bewertungen *konkreter* Regierungsmaßnahmen gleich. Aber mehr als diese Form einer indirekten Bewertung gibt es im parlamentarisch-demokratischen Rahmen nicht.

Es hat mithin keinen Sinn, etwa die politische Grundlinie einer Partei als in besonderer Weise moralisch einer anderen gegenüber auszeichnen zu wollen. Zwar kann man im privaten bürgerlichen Bereich einen Menschen moralisch nennen, der sich für die Anwendung ausschließlich friedlicher Mittel im Umgang zwischen Menschen einsetzt, und unmoralisch denjenigen, der für Gewalt plädiert. Wenn Parteipolitiker aber für die Notwendigkeit einer starken Armee zur Verteidigung des Staates argumentieren, kann man ihnen keinen Verstoß gegen die Moral zum Vorwurf machen, denn sie werben damit um Mehrheiten für einen *politischen* Zweck, nämlich für die Selbsterhaltung des Staates. Sie werden nicht moralisch disqualifiziert, wenn die Ergebnisse demokratischer Wahlen ihre Argumente nicht prämiieren. Werden sie aber als Regierungspolitiker durch die Wählermehrheit in ihrer militärpolitischen Auffassung bestätigt, dann sind sie umgekehrt auch nicht für die Risiken im moralischen Sinn verantwortlich zu machen, die mit der Existenz von Streitkräften verbunden sind. Man kann als einzelner Bürger im moralischen Sinn Pazifist sein. Pazifismus beschreibt aber als politische Grundlinie einer Partei im Systemrahmen einer parlamentarischen Demokratie nicht mehr eine Position moralischer Bewertung. Für sie gilt als *politische* Position die *nachträgliche* Bewertung in demokratischen Wahlen in der gleichen Weise wie für nichtpazifistische Auffassungen in der Parteienpolitik.

Das parlamentarische Wettbewerbssystem führt noch ein weiteres Risiko ständig mit sich, das in charakteristischer Weise zu ihm gehört und wogegen es ebenfalls keine moralische ›Rückversicherung‹ gibt. Wie wir wissen, läßt sich wegen des Verhältnisses von Parteienpluralismus und Pluralismus der gesellschaftlichen Verbände die reale Möglichkeit nicht ausschalten, daß der Staat zur ›Beute‹ mächtiger gesellschaftlicher Gruppen wird. Mit diesem Risiko muß man in der parlamentarischen Demokratie leben. Es ist auf der Seite der ›Kosten‹ abzubuchen, welche eine Gesellschaft tragen muß, die sich ›überwältigend mehrheitlich‹ zu diesem staatlichen System bekennt.

Die speziell in der Politik demokratischer Staaten ausgeprägte Neigung, sich auf Instanzen der Moral zu berufen, wenn es um eine Stärkung *politischer* Argumente geht, läßt sich leicht erklären. Sie liegt in der verständlichen Absicht von Politikern und politisch engagierten Menschen, ›überpolitische‹, dem Meinungsstreit angeblich enthobene ›objektive‹ Instanzen schon zu dem Zeitpunkt für die ›Richtigkeit‹ der eigenen Auffassung ins Feld führen zu können, zu dem noch nicht demokratisch über ihre politische Verbindlichkeit entschieden ist. Im Grunde ist es für die meisten demokratischen Politiker schwer erträglich, bis zum Wahlentscheid immer nur subjektive, nichtbestätigte Meinungen propagieren zu können. Bei der Berufung auf unterschiedliche Begriffe der ›Vernunft‹ liegt das gleiche Muster zugrunde wie bei der Berufung auf Moral. Man kommt gleichwohl nicht um die Einsicht herum, daß es sich in beiden Fällen lediglich um *politische* Mittel handelt, um auf geschickte und häufig durchaus effektive Art und Weise zu Wettbewerbsvorsprüngen dem politischen Gegner gegenüber zu gelangen. Es ist auch leicht zu sehen, warum es nicht anders sein kann. Gäbe es eine allgemein akzeptierte Moral oder eine wissenschaftsähnliche, entscheidungsfähige ›Vernunft‹ zur Bewertung politischer Ziele, dann hätte man logischerweise auf demokratische Abstimmungen zu verzichten. Denn wir stimmen in der Demokratie ab, weil uns andere – durchaus mögliche und denkbare – Entscheidungsweisen aus guten Gründen nicht akzeptabel erscheinen.

Die ungerechtfertigte Übertragung von Kategorien der moralischen Sichtweise auf Handlungen im wirtschaftlichen, wissenschaftlichen und politischen Rahmen gründet ganz allgemein in einer Tendenz, das soziale Gruppenverhalten von Menschen im Licht unseres Individualverhaltens zu beurteilen. So reden wir von ›politischer Willensbildung‹ bei demokratischen Wahlen und in Parlamenten, vergessen jedoch bei dieser Wortwahl häufig, daß die *Summe* der wahlberechtigten Bürger und das *Parlament* als politische Institution keine *Subjekte* darstellen, denen man im gleichen Sinn wie Individuen einen Willen und Entscheidungsfreiheiten beilegen kann.

Es ist bestenfalls als metaphorische Redeweise zulässig, Politik nach dem Modell rationalen politischen *Handelns* zu beurteilen, zu dessen politischer Anwendungsform die Vorstellung von einem Gestalten der Wirklichkeit nach einem zielorientierten Willen gehört.[11] Dieses Bild vermittelt insbesondere von den Entscheidungsprozeduren in einer liberalen Demokratie einen unangemessenen Eindruck. Denn die ausschlaggebenden Bedingungen der Politik im liberalen und demokratischen System liegen nicht im ›gestalterischen Willen politischer Subjekte‹ von der Art der Parteien, Parlamente und Regierungen, sondern im Zwang zu Kompromissen und im Rechtfertigungsdruck, dem Politiker und Parteien in den periodischen Wahlen ausgesetzt sind.

6. Grundkategorien zwischenstaatlicher Verhältnisse – Zur Beantwortung der Frage: Was ist Friede?

Das Grundproblem *außenpolitischer* Ethik besteht fraglos in der Erhaltung des Friedens. Der Friede ist seinerseits von der Art des Verhältnisses abhängig, welches Staaten miteinander pflegen. Mittlere und größere Mächte wie die westeuropäischen Länder, vor allem aber die Weltmächte USA und UdSSR, sind aufgrund wirtschaftlicher und außenpolitischer Verflechtungen gehalten, mit fast allen Staaten der Welt offizielle Beziehungen zu haben.[1]

Die zwischenstaatlichen Verhältnisse können von freundlichen bis zu feindlichen Beziehungen reichen. Es bezeichnet eines der schwierigsten Probleme staatlicher Außenpolitik, mit anderen Staaten Übereinkunft über die Art des Verhältnisses zu erreichen, das man mit ihm herstellen oder aufrechterhalten will. Mißverständnisse zwischen Regierungen über die Art ihrer Verhältnisse beziehungsweise über ihre Absichten, Verhältnisse einer bestimmten Art herzustellen, pflegen fatale Folgen nach sich zu ziehen, weil sie zu Mißverständnissen in der Interpretation der wechselseitigen außenpolitischen Handlungen führen. Die zwischenstaatlichen Verhältnisse beinhalten, wenn sie einmal definiert worden sind, eine eigenständige Logik, zu der bestimmte außenpolitische Sichtweisen und zulässige außenpolitische Handlungsweisen gehören. Dabei ist jeweils zwischen der *propagandistischen* Verwendung der Begriffe zur Charakterisierung dieser Verhältnisse und ihrer Verwendung zum Zweck einer *objektiven Lagebeschreibung* zu trennen. Die propagandistische Verwendung ist ein bewährtes Mittel der Außenpolitik, ein Mittel allerdings, das nur wirksam ist, wenn es im Stil objektiver Beschreibung gebraucht wird. In der politischen Realität ist deshalb die Trennung zwischen politischer Propaganda und sachlicher Beschreibung nur schwer zu vollziehen.

Es gibt eine Anzahl von Modellvorstellungen für zwischenstaatliche Beziehungen. Nach einer globalen Unterscheidung kann man von zwei Verhältniskategorien sprechen, zu denen mehrere Modellbegriffe derartiger Beziehungen gehören. Die eine Kategorie ist die der *einsinnigen Verhältnisse*, die andere die der *gegensinnigen Verhältnisse*.

Beginnen wir mit der Kategorie der *einsinnigen Verhältnisse*, die ich deshalb so nenne, weil die zwischenstaatliche Beziehung lediglich durch *einen* Richtungspfeil gekennzeichnet ist. Das wichtigste Verhältnis, das zu dieser Kategorie rechnet, bezeichne ich als Modell *›Böser Nachbar‹*. Der Name kommt von der Spruchweisheit: Es kann der Frömmste nicht in Frieden leben, wenn es dem bösen Nachbarn nicht gefällt. Es ist ein Modell, das sich in der außenpolitischen Selbstdeklarierung von Staaten großer Beliebtheit erfreut. Man benutzt es, um auszudrücken, daß der eigene Staat ausschließlich an Ruhe und Friedfertigkeit interessiert ist, um sich den Problemen im eigenen Haus widmen zu können, einer selbstgenügsamen Beschäftigung, zu der andere Staaten ihn im Stil ›böser Nachbar‹ nicht kommen lassen. Mächtige Staaten ziehen sich auf das Modell häufig aus propagandistischen Gründen zurück, um eigene aggressive Absichten zu verschleiern. Heute praktizieren zum Beispiel die UdSSR und die Volksrepublik China das ›Böser-Nachbar‹-Modell in ihrem Verhältnis zueinander ausschließlich in dieser Form.[2] Es ist in der Regel die Vorstufe zur Feindschaft, einem der Modelle aus der Reihe der ›gegensinnigen Verhältnisse‹.

Weitere einsinnige Verhältnisse sind das *Märtyrer-Modell* und das *Satelliten-Modell.*

Der Entschluß von Staaten zur Annahme der ›Märtyrer‹-Rolle wird in der historischen Wirklichkeit nicht freiwillig getroffen. Wenn er erfolgt, steht dahinter normalerweise der Zwang eines übermächtigen ›bösen Nachbarn‹. Ein Beispiel aus unserem Jahrhundert dafür, wie man auf diese Weise als Staat in die ›Märtyrer‹-Rolle gelangt, ist die Behandlung, die das Deutsche Reich in den Jahren vor dem Zweiten Weltkrieg seinen Nachbarstaaten Österreich, Tschechoslowakei und Polen angedeihen ließ. Wenn es einem übermächtigen Staat gelingt, die einsinnige Abhängigkeit anderer Staaten von ihm als Zustand von Dauer zu stabilisieren, ergibt sich ein *Satellitenverhältnis.* Das Satellitenverhältnis ist dadurch charakterisiert, daß die abhängigen Staaten in ihren außenpolitischen Beziehungen keine eigene Souveränität besitzen.[3] Das Verhältnis der meisten Staaten des Warschauer Pakts zur Sowjetunion ist heute – objektiv – von dieser Art.

Das erste Modell der *gegensinnigen Verhältnisse* ist *›Freundschaft‹* (oder ›Partnerschaft‹). Es ist durch die erklärte Absicht zweier oder mehrerer Staaten gekennzeichnet, in ihren außenpolitischen Beziehungen ständig die gegenseitigen Interessen aufeinander abzustimmen. Die Zielsetzung des zwischenstaatlichen Verhaltens liegt in durchgehender *Einigkeit.* Sie muß sich nicht auf alle zwischenstaatlich interessanten Bereiche beziehen. Zum Beispiel können wirtschaftliche Interessen durchaus gegeneinander verfolgt werden. Zur politischen Verwirklichung des Modells ›Freundschaft‹ gehört jedoch, daß die Staaten, die ihr Verhältnis durch dieses Modell definieren, in wichtigen Existenzfragen eine einheitliche Außenpolitik betreiben, so in der Frage, wen man außenpolitisch als Gegner oder als Feind betrachtet. Der Maßstab eines ›freundschaftlichen‹ Verhältnisses ist in dem Sinn als moralisch zu qualifizieren, als Eigeninteressen nur zugelassen sind, sofern sie mit den Interessen des Partners übereinstimmen. Der normale Ausdruck für die Praktizierung des ›Freundschafts‹-Modells besteht in Bündnisverträgen, die deshalb häufig diesen Namen tragen. Im westlichen Bereich faßt die NATO die Staaten zusammen, die sich als ›befreundet‹ ansehen und diesen Umstand an einheitlichen Interessen bemessen. In der Sphäre der kommunistischen Diktaturen erfüllt der ›Warschauer Pakt‹ die gleiche Funktion. Dieses Beispiel zeigt, daß das Modell ›Freundschaft‹ in der politischen Propagandasprache häufig benutzt wird, um ein real bestehendes Satellitenverhältnis zu verdecken. Es ist dies ein Punkt, wo die Propagandaversion von der Beschreibung der objektiven Lage häufig schwer zu trennen ist. Im ›Warschauer-Pakt‹-Bereich handelt es sich eindeutig um Propaganda, wenn von ›Freundschaft‹ gesprochen wird. Aber die Administration des gegenwärtigen Präsidenten der USA, Ronald Reagan, vermittelt in ihren offiziell nach wie vor als ›freundschaftlich‹ deklarierten Beziehungen zu anderen Nato-Staaten manchmal den Eindruck, als hätte sie es bei einigen von ihnen auch nur mit *Satelliten* zu tun. Das Modell ›Freundschaft‹ ermöglicht mehr oder weniger intensive partnerschaftliche Beziehungen. So betrachten die Bundesrepublik Deutschland und Frankreich in der Gegenwart ihr Außenverhältnis in Ablösung der jahrhundertealten ›Erbfeindschaft‹ als freundschaftlich in einem besonders intensiven Sinn.

Das zweite Modell aus der Kategorie der gegensinnigen Verhältnisse ist das der *›Gegnerschaft‹*. Bei ihm ist die zwischenstaatliche Beziehung teils durch Interessenübereinstimmung und teils durch Interessengegensatz bestimmt. Die Übereinstimmung liegt in der beiderseitigen Anerkennung bestimmter Handlungsnormen, vergleichbar mit der Anerkennung von Spielregeln bei sportlichen Wettkämpfen im Fußball, Handball und Eishockey. Die Zielsetzung zwischenstaatlicher ›Gegnerschaft‹ liegt entweder in der Erhaltung eines weltpolitischen Zustandes, mit dem beide Gegner zufrieden sind, oder im weltpolitischen Machtzugewinn. Im ersten Fall verteidigen beide die errungenen Positionen gegeneinander, im zweiten Fall sind sie auf diplomatisch zu führenden ›Angriff‹ eingestellt. Beide Möglichkeiten unterstellen als grundlegende Bedingung, daß die Gegner sich gemeinsam an die erklärten Handlungsnormen halten. Als Maßstab der ›gegnerschaftlichen‹

Zielsetzung kann man einen durch gemeinsame Interessen eingeschränkten Egoismus angeben. Man wird in der Regel von ›Gegnerschaft‹ dann sprechen, wenn Staaten sich auf ideologischem und außenwirtschaftlichem Gebiet bekämpfen, zugleich aber Einigkeit darüber hergestellt haben, daß die Auseinandersetzungen ohne Waffengewalt ausgetragen werden.

Das dritte gegensinnige Verhältnis ist *›Feindschaft‹*. Es ist durch den ausschließlichen *Interessengegensatz* zwischen Staaten *ohne* die Anerkennung von Gemeinsamkeiten gekennzeichnet. Die Zielsetzung der ›Feindschaft‹ besteht in der Vernichtung des anderen. Als Maßstab gilt ›uneingeschränkter Egoismus‹. Feindschaft mündet immer in Krieg.

Das außenpolitisch interessanteste und wichtigste Modell ist für die Gegenwart zweifellos die ›Gegnerschaft‹. Wir können davon ausgehen, daß die Weltmächte USA und UdSSR ihre zwischenstaatliche Beziehung im Licht dieses Modells interpretieren. Das Modell ›Feindschaft‹ ist auf der Ebene von Groß- und Mittelmächten wegen der furchtbaren Waffensysteme, über die man seit der Konstruktion der Atombombe verfügt, ohne das Risiko der Selbstvernichtung nicht mehr anzuwenden. Nur noch Staaten von geringem weltpolitischem Gewicht wie Burma und Thailand, Syrien und Israel, Irak und Iran, Indien und Pakistan können auch heute noch von Fall zu Fall ihr wechselseitiges Außenverhältnis mit Hilfe des ›Feindschafts‹-Modells definieren.

Die innere Logik des ›Gegnerschafts‹-Modells beinhaltet nun eine große Schwierigkeit, die den Umgang mit ihm zu einem ständigen außenpolitischen Kunststück geraten läßt. Drei grundlegende Probleme sind mit ihm verbunden. Es setzt erstens voraus, daß die Staaten sich einig über seine Anwendung sind. Im aktuellen Beispiel heißt dies: Die USA und die UdSSR müssen in einer für den anderen jeweils glaubwürdigen Weise davon ausgehen können, daß sie gemeinsam das ›Gegnerschafts‹-Modell auf ihr Außenverhältnis anwenden. Keine der beiden Regierungen darf der anderen den Eindruck vermitteln, sie interpretiere das wechselseitige Verhältnis im Sinn des ›Feindschafts‹-Modells. Beide müssen sich zweitens einig sein sowohl über die außenpolitischen Handlungsnormen, die die Gemeinsamkeit der Interessen zum Ausdruck bringen, als auch über den Bereich, in dem das ›Spiel‹ um die Erhaltung der Machtbalance oder um Machtgewinn, die Austragung des Interessengegensatzes also, stattfindet. Drittens müssen die ›gegnerischen‹ Staaten das Problem lösen, wie die Einhaltung der Handlungsnormen gewährleistet werden kann, die die *Interessenübereinstimmung* zum Ausdruck bringen.

Gehen wir die drei Probleme der Reihe nach durch, indem wir das weltpolitisch aktuelle Gegnerschaftsverhältnis zwischen den USA und der UdSSR als Beispielsfall vor Augen behalten.

Was das erste Problem betrifft, so kann man davon ausgehen, daß beide Weltmächte in unserem Jahrzehnt sich hinsichtlich der wechselseitigen Anwendung des ›Gegnerschafts‹-Modells für glaubwürdig halten.

Die Antwort auf die Frage nach dem zweiten Problem fällt generell wie im konkreten Fall erheblich schwerer. Was gehört im zwischenstaatlichen Verhältnis der Großmächte zum Bereich der übereinstimmenden Interessen, und wo fängt der Bereich an, in dem sie als Gegner miteinander konkurrieren? Man wird sagen können, daß die wechselseitige Respektierung der jeweiligen Einflußspären, wie sie in Europa als Ergebnis des Zweiten Weltkriegs entstanden sind, zum Kern des gemeinsamen Interessenbestandes der Großmächte gehört. Das heißt, die Sowjetunion akzeptiert die Tatsache, daß westeuropäische Staaten wie Großbritannien, Frankreich, Italien, Spanien und die Bundesrepublik zur Einflußsphäre der USA gehören, wohingegen die USA den Umstand anzuerkennen haben, daß Länder des Ostblocks wie Polen, DDR, Rumänien, Bulgarien, CSSR zum Einflußbereich der UdSSR rechnen. Die Situation in Europa ist in der Tat im weltpolitischen Vergleich stabil, weil die Verhältnisse der Staatenordnung in den Bereich der *Interessenübereinstimmung* zwischen den Großmächten fallen. Das hat zur Folge, daß in dieser Weltregion im großen und ganzen eine Weltmächte-Konkurrenz um Machtzugewinn nicht stattfindet. Das heißt im aktuellen Fall jedoch auch, daß der Westen, wenn er weiterhin an der Stabilität des Gegnerschaftsverhältnisses zur Sowjetunion interessiert ist, dieser zugestehen muß, daß Polen im Verband des Ostblocks verbleibt. Denn eine Veränderung der politischen Verhältnisse in einem Ostblockstaat im Sinne westlicher Ideen wäre mit der Verletzung der ›Spielregeln‹ identisch, auf deren gemeinsamer Anerkennung die west-östliche Gegnerschaft in Europa bis auf den heutigen Tag beruht. Derartige ›Spielregeln‹ können nicht einseitig umdefiniert werden. Wenn man – wie im Fall Polen – für eine Veränderung plädiert, muß man sich dieses Postulat vor Augen halten, denn es geht dabei nicht bloß um den – von uns aus gesehen: wünschenswerten – Wandel in einem Land, sondern um eine Veränderung des Status der gegnerischen Großmächte.

Die Bereiche, in denen die Konkurrenz der Weltmächte stattfindet und die ihre Interessengegnerschaft deutlicher zeigen, liegen heute in Afrika und Asien (Ferner und Naher Osten).

Interessenübereinstimmungen zwischen gegnerischen Staaten sind einer dauernden Gefährdung ausgesetzt. Denn entweder sind es *innenpoliti-*

sche Veränderungen in zu Einflußsphären von Großmächten gehörenden Staaten – Polen ist das aktuelle Beispiel –, die dazu führen, daß die globale Interessenübereinstimmung ins Wanken kommt. Oder es gibt – wie im Fall der sowjetrussischen Besetzung von Afghanistan – Unklarheiten über die Abgrenzung der Bereiche der Interessenübereinstimmung und des Interessengegensatzes.

Geht man aber einmal davon aus, daß zwischen zwei oder mehreren Staaten – im Beispiel: zwischen den USA und der UdSSR – ein ausreichendes Maß von Einigkeit über diese Grenzziehung besteht – wie beantwortet sich dann die Frage nach dem dritten Problem, nach den *Garantien* für die Einhaltung der Einigkeit?

Erinnern wir uns in diesem Zusammenhang an die Analogie der ›Gegnerschaft‹ zu sportlichen Wettkampfspielen. Dann lautet die dritte Frage: Wie sorgt man im Gegnerschaftsverhältnis für die Einhaltung der Spielregeln? Es ist im Grunde dieselbe Entscheidung, die bereits im ›individualistischen‹ Modell des Liberalismus anstand: Bedarf es eines neutralen ›Schiedsrichters‹, der mit Sanktionsrecht über die gemeinsame Einhaltung der Interessenübereinstimmung an Grundfreiheiten wacht, oder besteht die begründete Aussicht eines jeden ›Mitspielers‹ auf die ›moralische Selbstbindung‹ eines jeden anderen? Auf das zwischenstaatliche Gegnerschaftsmodell übertragen läßt sich die Entscheidungssituation in die Frage kleiden: Sollen sich die außenpolitischen Gegner wechselseitig den *moralischen* Vorschuß einräumen, daß jeder sich freiwillig an Abmachungen über die Grenzziehung zwischen der Interessenübereinstimmung und dem Interessengegensatz hält, oder ist Mißtrauen geboten?

Nun ist der Sport in aller Welt der beste Beweis dafür, daß im Gegnerschaftsverhältnis die Frage nur im Sinn des *Mißtrauens* beantwortet werden kann. (Es kommen all die Gründe zum Zug, die aus dem Modell des ›Gefangenendilemmas‹ bekannt sind.)[4] In keiner Sportart verläßt man sich auf die moralische Freiwilligkeit der Gegner, die Spielregeln einzuhalten, obwohl diese natürlich jedem Mitspieler ausreichend bekannt sind. So würde die deutsche Fußballnationalmannschaft selbstverständlich in keinem Land gegen eine gegnerische Mannschaft antreten, wenn der Internationale Fußballverband nicht für einen neutralen Schiedsrichter sorgen würde.

Jene Frage nun im Sinn des Mißtrauens zu beantworten heißt aber, daß die Argumente, die *rationalerweise* für die Einsetzung eines neutralen ›Schiedsrichters‹ sprechen, genauso auch für den zwischenstaatlichen Zusammenhang gelten. Dort bedeuten sie, daß keiner der Gegner einen *ratio-*

nalen Grund zu der Annahme hat, der andere hielte die gemeinsam akzeptierten Regeln, nämlich die Abmachungen über übereinstimmende Interessen, immer und stets *freiwillig* ein. Im Gegenteil: Im außenpolitischen Verhältnis gegnerischer Staaten steht erheblich mehr auf dem Spiel als bei sportlichen Wettkämpfen wie Fußball, Tennis und Eishockey. Um so begründeter ist das Mißtrauen in die moralische Freiwilligkeit des Gegners und um so rationaler ist es, die Gegnerschaft nur aufrechtzuerhalten, wenn Garantien für die Einhaltung der ›Spielregeln‹ existieren. Es gehört vergleichsweise zur *Logik* der Gegnerschaft, daß jede Seite jeden Vorteil ausnutzen wird, der sich ihr bietet. Deshalb wird sich jeder Gegner auch auf Kosten des anderen durchzusetzen versuchen, wenn er kein Risiko für die Stabilität des Verhältnisses zu befürchten braucht. Das ist das durchaus *rationale* Kalkül eines jeden.[5]

Nun besteht die Crux in der Staatengeschichte und in der Staatenwelt bis auf den heutigen Tag darin, daß die Lösung des Problems durch einvernehmliche Einsetzung eines ›Schiedsrichters‹ nicht zustande gekommen ist. Es gab und gibt auf der Welt keinen akzeptierten ›Schiedsrichter‹ für Großmächte, die ihre Beziehung im Licht des Gegnerschaftsmodells interpretieren.

Ein solcher Schiedsrichter müßte nämlich eine politische Instanz sein, die in einer für die Gegner glaubwürdigen Weise Sanktionsmöglichkeiten besitzt, um ›Regelverstöße‹ zu strafen. Es gibt in der Welt keine Instanz, die das vermöchte, wenn es um Gegner-Staaten von der Macht- und Größenordnung der USA und der UdSSR geht. Die Vereinten Nationen können diese Rolle nicht spielen. Bei ihrer Gründung nach dem Zweiten Weltkrieg haben die Siegermächte – an erster Stelle die USA und die UdSSR – mit Absicht dafür gesorgt, daß die Weltorganisation in Konflikten zwischen ihnen ohnmächtig bleiben muß, denn sie haben sich im wichtigsten Beschlußgremium, dem Weltsicherheitsrat, neben der Dauermitgliedschaft ein Veto-Recht in allen Beschlüssen vorbehalten. Der Internationale Gerichtshof im Haag kann die ›Schiedsrichter‹-Rolle zwischen gegnerischen Staaten ebenfalls nicht konsequent ausüben, da er keinerlei Sanktionsrechte besitzt, die von den Gegnern ernstgenommen werden müßten. So bliebe für eine derartige Funktion eventuell noch der Papst übrig, das geistliche Oberhaupt der katholischen Christenheit, doch ihm fehlen – nach dem zynisch gemeinten, wiewohl zutreffenden Ausspruch Stalins – die Divisionen, die weltpolitische Großmächte im Sanktionsfall beeindrucken könnten. Ebensowenig existiert eine Weltstaatsinstanz, die das Dilemma lösen könnte.[6]

Es bleibt einzig und allein die Möglichkeit übrig, daß die Gegner *selber* für glaubwürdige ›Schiedsrichter–Ersatzfunktionen‹ sorgen. Die sich anbietende ›Ersatzfunktion‹ liegt in der Androhung eines jeden der beiden Gegner, das Gegnerschaftsverhältnis aufzukündigen, wenn der andere die Grenzziehung zwischen der Interessenübereinstimmung und dem Interessengegensatz um des eigenen Vorteils willen nicht beachtet. In jedem zwischenstaatlichen Gegnerschaftsverhältnis war und ist dies nach wie vor die Drohung, in Fällen der ›Spielregelverletzung‹ auf Feindschaft umzuschalten.

Es fällt seit je schwer, die doppelte Rolle des Modells ›Feindschaft‹ zu erkennen: zum einen seine politische Anwendung in Gestalt des Krieges, den Staaten mit der Absicht gegenseitiger Vernichtung führen; zum andern die Drohung mit der Feindschaft als ›Schiedsrichter-Ersatzfunktion‹ zur *Aufrechterhaltung* des Gegnerschaftsverhältnisses, d. h. zur Sicherung seiner Stabilität.

Auch die militärische Rüstung der Großmächte von heute erfüllt diese ›Schiedsrichter-Ersatzfunktion‹, solange und weil sie sich als *Gegner* und *nicht* als *Feinde* betrachten. Dadurch stehen sie unter dem Druck einer zweifachen Einigungsproblematik. Sie müssen ständig versuchen, Einigung über die Grenzziehung zwischen gemeinsamen und gegensätzlichen Interessen herzustellen, und sie müssen Waffengleichheit bei der gegenseitigen Drohung mit Krieg anstreben.[7] Die Kriegsdrohung muß darüber hinaus für jeden der Gegner auf jeder Entwicklungsstufe ihres Verhältnisses glaubwürdig sein. Mit anderen Worten: Jeder der beiden muß glaubhaft in der Lage sein, den anderen im Kriegsfall vernichten zu können.

Es ist gegenwärtig zum ersten Mal in der Geschichte der Menschheit der Fall, daß in einem Gegnerschaftsverhältnis zwischen Großmächten eine die Gegner überzeugende Glaubwürdigkeit hinsichtlich der Kriegsdrohung als ›Schiedsrichter-Ersatzfunktion‹ existiert. Die Weltmächte USA und UdSSR können mit Gewißheit davon ausgehen, daß jeder den anderen auch aus der Verteidigung heraus vernichten kann. Keiner kann als Angreifer den anderen mit einem Schlag atomar besiegen *und* selber überleben, was bedeutet, daß jeder im Fall eines feindlichen Angriffs den Angreifer mit an Gewißheit grenzender Wahrscheinlichkeit noch tödlich treffen kann.

Vor dem Atom- und Wasserstoffbombenzeitalter, also bis zur Zeit des Zweiten Weltkriegs – diesen eingeschlossen –, war die Rechnung gegnerischer Staaten mit der Kriegsandrohung als ›Schiedsrichter-Ersatzfunktion‹ mit Unsicherheiten durchsetzt. Denn bis in die erste Hälfte unseres

Jahrhunderts konnten Gegnerstaaten schneller ins Feindschaftsverhältnis überwechseln, weil es von Fall zu Fall für den einen oder den anderen Gründe gab anzunehmen, die Verteidigungsfähigkeit gegnerischer Staaten sei ohne letzte Glaubwürdigkeit. Anders gesagt: Man konnte für den Fall von Uneinigkeiten unter Gegnerschaftsbedingungen einen Krieg mit realistischer Gewinnerwartung riskieren. Seit den Wasserstoffbomben und den modernen Raketenwaffen ist das Gewinnkalkül im Kriegsfall zwischen den Großmächten nicht mehr gerechtfertigt und die Glaubwürdigkeit der wechselseitigen Vernichtungsfähigkeit evident. Dieser Zustand gibt dem Gegnerschaftsverhältnis zwischen den USA und der UdSSR die bestehende Stabilität; denn jeder der Kontrahenten hat bei Spielregelverletzungen totale Sanktionsmöglichkeiten. Er ist allerdings durch eine erhöhte Gefahr von ›Stellvertreterkriegen‹ gekennzeichnet, die von kleineren Staaten in Weltregionen bestritten werden, in denen die Weltmächte ihre Interessengegensätze – die Auseinandersetzung um Vergrößerung ihrer Einflußbereiche – austragen.

Größere Schwierigkeiten bereitet aber nach wie vor das zweite Erfordernis für die Aufrechterhaltung der Großmächtegegnerschaft: der Zwang zur Einigung auf annähernde Waffengleichheit. Denn es gibt keine vorgegebenen objektiven Maßstäbe für das, was ›Waffengleichheit‹ oder ›Gleichgewicht der Kräfte‹ heißt. Da Schiedsgerichte übernationaler Art auch hierfür nicht existieren, kommt es zu dem bekannten weltöffentlich geführten Schlagworteaustausch der Weltmächte, bei dem die eigene Stärke stets geringer beziffert wird als die angebliche Übermacht des Gegners. Die Abrüstungsverhandlungen der Supermächte USA und UdSSR sind die besten Beispiele für das taktische Spiel um die Einigkeit über Maßstäbe der Waffengleichheit. Der rationale Zweck solcher Verhandlungen liegt in der Verringerung der immensen Kosten, die die Großmächte heute in ihre Rüstungen stecken. Er besteht nicht in der Abschaffung der Rüstung. Es handelt sich um einen ausschließlich ökonomischen, keinen militärpolitischen Zweck.

Wenn beide Forderungen erfüllt werden, nämlich die glaubwürdige Drohung mit der Feindschaft für den Fall der Regelverletzung und die Einigkeit über Maßstäbe der Waffengleichheit, dann ist der Zustand erreicht, der im ›Gegnerschafts‹-Modell *Friede* heißt: eine *Stabilität des Gegnerschaftsverhältnisses*, die durch die militärischen ›Schiedsrichter-Ersatzfunktionen‹ gewährleistet wird.[8]

Die Auffassung des *Pazifismus* kennt demgegenüber einen anderen Friedensbegriff.[9] Die jeweilige Stellungnahme zu den zwischenstaatlichen Modellbegriffen entscheidet über den Friedensbegriff, den man als Maßstab außenpolitischer Beziehungen zwischen den Staaten anlegt.

Für eine pazifistische Einstellung fällt ›Gegnerschaft‹ als akzeptierbares Modell zur Beschreibung zwischenstaatlicher Verhältnisse aus. Als Modelle existieren nur ›Freundschaft‹ oder ›Feindschaft‹. Die Wertung des Pazifismus ist klar. Freundschaft wird als das allein erstrebenswerte Verhältnis zwischen Staaten bejaht, Feindschaft als größtes Übel bekämpft.

Der Friedensbegriff des Pazifismus enthält als Ziel die Waffenlosigkeit im Sinn eines völlig entmilitarisierten Umgangs der Staaten miteinander. Er zielt auf einen Zustand, in dem Waffen nicht mehr notwendig sind, um außenpolitische Verhältnisse zwischen Staaten zu regeln – weder im Sinn der Gegnerschaft noch gar im Sinn der Feindschaft. Der pazifistische Friedensbegriff ist eindeutig der Friedensbegriff des Modells ›Freundschaft‹.

Die Entscheidung zwischen den beiden Friedensbegriffen ist abhängig davon, welches Modell man zur *Beschreibung* außenpolitischer Verhältnisse anlegt. Benutzt man das Modell ›Gegnerschaft‹, dann ergibt sich der logische Zwang, Frieden im Sinn einer Stabilität des Gegnerschaftsverhältnisses zu definieren. Benutzt man das Modell ›Freundschaft‹, dann ergibt sich ebenso logisch die pazifistische Friedensauffassung im Sinn der Waffenlosigkeit. Dieser Logik kann man sich nicht entziehen. So kann man nicht, weil einem das realistisch zu sein scheint, das Verhältnis der heutigen Weltmächte im Gegnerschaftsmodell interpretieren und zugleich einen Frieden im Sinn der pazifistischen Waffenlosigkeit erwarten.

Wer heute für den pazifistischen Zustand der Waffenlosigkeit – nicht bloß einer Abrüstung im taktischen Spiel der Einigung auf Waffengleichheit unter dem ökonomischen Kostengesichtspunkt – auch im Verhältnis der Großmächte eintritt, muß sagen, wie man aus Gegnern, die sie ja wohl unbestreitbar heute sind, in absehbarer Zeit Freunde machen kann.[10]

Es ist falsch, wenn die Entscheidung über die Stellung zu den beiden Friedensbegriffen, nämlich dem des Pazifismus und dem des Gegnerschaftsmodells, in der Regel als eine *ethische* Grundsatzentscheidung dargestellt wird. In Wahrheit handelt es sich um eine Entscheidung darüber, welches *deskriptive* Modell man bei der Kennzeichnung zwischenstaatlicher Beziehungen bevorzugt: ›Freundschaft‹ oder ›Gegnerschaft‹. Diese Frage ist keine ethische, sondern eine Frage der Realitätseinschätzung. Der jeweilige Friedensbegriff, der zugegebenermaßen mit bestimmten ethischen Wertungen besetzt ist, folgt dann *logisch* aus der realitätsbezogenen Entscheidung über die Anwendung eines jener Modellbegriffe.[11]

Das erste ist also die Festlegung auf eine Kategorie eines außenpolitischen Verhältnisses von Staaten, und je nach dem Begriff, den man sich von einem derartigen Verhältnis macht, ergibt sich *logisch* ein bestimmter Begriff des Friedens zwischen ihnen. Der Streit um den Frieden, der in der Gegenwart in einigen westlichen Ländern ausgetragen wird, hätte der Sache nach ein Streit um unterschiedliche Kategorien zwischenstaatlicher Verhältnisse zu sein und nicht die moralisch gefärbte Auseinandersetzung über eine Parteinahme für den pazifistischen Friedensbegriff oder den der Gegnerschaft, wie sie faktisch stattfindet.

Dabei wird deutlich, wo die Schwächen und die Stärken der beiden unterschiedlichen Einstellungen zum Außenverhältnis von Staaten liegen. Die pazifistische Position läßt sich, bezogen auf die Weltmächte, allein als *ideale* Vorstellung einer zukünftigen weltumspannenden Menschheitsgesellschaft vertreten, denn sie schließt die Gegnerschaft von der Betrachtung darüber aus, welches der Modelle die *reale* Lage der weltpolitisch wichtigsten Mächte angemessen erfaßt. Die Logik der Anwendung des Gegnerschaftsmodells erfordert demgegenüber die Konzession an die dauernde Drohung mit Krieg.

Doch auch ein Anhänger des Pazifismus, der sich über die Logik seiner Grundsatzentscheidung Klarheit verschafft hat, wird zugeben müssen, daß die zwischenstaatliche *Wirklichkeit* unserer Welt die Entscheidung von sich aus bereits vorprogrammiert, denn die ausschlaggebenden zwischenstaatlichen Beziehungen zwischen den USA und der UdSSR sind von diesen Staaten selber im Sinn der *Gegnerschaft* definiert. Die Entscheidung für die Anerkennung dieser politischen *Realität* ist heute gleichbedeutend mit der Entscheidung für die Anerkennung des Gegnerschaftsmodells und seiner Logik. Was nutzt die allein von der Sehnsucht nach einer idealen Welt getragene Parteinahme für den Pazifismus, wenn dessen Modell zwischenstaatlicher Beziehungen, die weltumspannende Völkerfreundschaft, nur als ein Postulat zu vertreten ist, dessen Erfüllung unter den gegenwärtigen geschichtlichen Ausgangsbedingungen nicht möglich ist?

Denn welche realistisch begründbare Erwartung spricht dafür, daß in dieser und der nächsten Generation Kants Idee vom ›ewigen Frieden‹, der den Erdball überziehenden reinen Freundschaftsverhältnisse zwischen Staaten und Völkern, in unserer Welt verwirklicht wird? Für den Pazifismus spricht nicht mehr als für die Hoffnung, daß die Menschen ihren sehnlichsten Wunsch, den nach Unsterblichkeit, einmal erfüllt bekommen. Doch im Prinzip bleibt es der Wahrscheinlichkeitseinschätzung eines jeden denkenden Menschen selber überlassen, ob er ›zukünftige Welten‹ dieser Art für möglich hält oder nicht.[12]

Kommen wir zur Schlußfolgerung:
Geht man realistischerweise davon aus , daß sich die Weltmächte auch in absehbarer Zukunft noch selber als außenpolitische *Gegner* definieren, und gehen wir weiter davon aus, daß auch der bestgemeinte Pazifismus, so massenhaft er sich in den westlichen Ländern auch geben mag, die Großmächte nicht zur Akzeptierung des Modells ›Freundschaft‹ wird überreden können, dann zwingt sich die Parteinahme für den Friedensbegriff im Sinn des Gegnerschaftsmodells auf. Dieser Friedensbegriff besagt: Sicherung der Stabilität des Gegnerschaftsverhältnisses. Und die Bedingungen für diese Sicherung sind: 1. gegenseitige Glaubwürdigkeit der Drohung mit Krieg für den Fall der Regelverletzung und 2. Einigung über Maßstäbe der Waffengleichheit.

Man sollte sich darüber klar werden, daß es gerade die von den heutigen Großmächten entwickelten schrecklichen Massenvernichtungswaffen – von den Atom- bis zu den Wasserstoffbomben – sind, die gegenwärtig das erste Erfordernis, nämlich die Glaubwürdigkeit der Abschreckung, in einem Ausmaß erfüllen, wie es nie zuvor in der Geschichte der Menschheit der Fall war. Deshalb gilt auch der Umkehrschluß: Wären die modernen Waffen weniger schrecklich, gäbe es weniger Sicherheit für die Stabilität der Weltmächtegegnerschaft. Und das heißt: weniger Sicherheit für Frieden.

Alle Vertreter der pazifistischen Idee des waffenlosen Weltfriedens bis zum Papst, dem Respekt heischenden Oberhaupt der katholischen Christenheit, ziehen demgegenüber einen andersgearteten Schluß. Sie folgern aus der Schrecklichkeit der modernen Waffen deren Untauglichkeit für eine sinnvolle außenpolitische Friedenssicherung.[13] In Wirklichkeit aber sind die pazifistischen Maßstäbe nutzlos und friedensgefährdend, wenn man sie ernst nimmt. Zwar wollen die Befürworter des Pazifismus die Menschheit von der bedrückenden Angst vor dem atomaren ›Weltenbrand‹ erlösen. Darin liegt ein verständliches moralisches Motiv, das jeden Menschen anspricht. Für die Anhänger des gegnerschaftlichen Friedens jedoch bietet gerade diese Angst die einzige Sicherheitsgarantie für die Vermeidung des wirklichen Kriegs. Es wäre danach geradezu friedensbedrohend, ginge die Angst vor dem möglichen kollektiven ›Selbstmord‹ einmal verloren.[14]

Die Angst des Atombombenzeitalters ist in Wirklichkeit nicht so neu, wie sie uns scheint. Der ›selbstgemachte‹ *absolute Schrecken* von heute knüpft nämlich im modernen Gewand des Subjektivismus an die uralte Tradition der ›schrecklichen Götter‹ wieder an. Unsere christliche Tradition hat uns weitgehend den Zugang zu dieser Vergangenheit der ›schrecklichen Götter‹ verschlossen. Die meisten Göttervorstellungen der Menschheit bezogen sich aber auf ›böse Götter‹, vor denen die Menschen nur bestehen konnten, wenn sie sie durch Opfer – bis hin zu Menschenopfern – gnädig stimmten. Auch das Alte Testament enthält weithin noch dieses Bild eines ›schrecklichen‹ und ›rächenden‹ Gottes. Daß Gott die Menschen liebt, ist erst die Erfindung des Christentums, das in seiner Blütezeit aber auch seinerseits nie von den ›Schrecken des Jenseits‹ (Teufel, Hölle, ewige Verdammnis) abgekommen ist. Der ›liebende‹ Gott des Christentums konnte erst im Zuge der zunehmenden Naturbeherrschung im Rahmen der europäischen Zivilisation die Oberhand gewinnen. In Wirklichkeit hat aber der Glaube an ihn der Welt den Frieden auch nicht gebracht.

Im Gegenteil hat gerade der christliche Gott der Liebe zu den Menschen in der europäischen Geschichte mehrfach in schlimmster Weise dazu gedient, die fanatische Unbedenklichkeit der Gläubigen beim Massenmord an ›Sündern‹, vornehmlich Andersgläubigen, zu steigern – von den Ketzervernichtungen des Mittelalters über die Greuel des Dreißigjährigen Kriegs bis zu den Wellen der massenhaften Hexenverbrennungen.

Größere Schwierigkeiten haben die Großmächte nach wie vor mit der Einigung auf Maßstäbe der Waffengleichheit. Die langwierigen Abrüstungsverhandlungen der vergangenen Jahre bekunden dies. Gleichwohl sieht es – trotz Afghanistan und Polen – keineswegs so aus, als müsse man die Hoffnung auf Einigungen dieser Art begraben.

Die Entscheidung für liberale Demokratie ist heute auch die Entscheidung für die eine Seite des Weltmächtegegensatzes. Da *›Friede‹* dann nur ein anderes Wort für dessen Stabilität sein kann, ist es eine Entscheidung, die durch die bewußte Bereitschaft zu entgelten ist, die Selbstvernichtung der Menschheit zu riskieren. Es ist ein Risiko, das man eingehen muß, um den Krieg zu vermeiden, entsprechend dem alten lateinischen Spruch: Si vis pacem, para bellum! (Wenn du Frieden willst, bereite dich auf den Krieg vor!) Es klingt paradox, ist es aber nicht: Friede und die außenpolitische Absicherung der liberalen Demokratie sind in der *wirklichen* Welt nur um diesen Preis zu haben.

VI. Schlußbemerkung

Die Menschen selber produzieren die Geltung der moralischen und politischen Normen, nach denen sie sich zu richten haben. Das ist die kühne und zugleich schwer erträgliche Botschaft des europäischen ethischen Subjektivismus der Neuzeit. Die Kurzformel dafür lautet: Gültig ist, was die Menschen wollen – jeder einzelne für sich oder viele durch Zusammenfassung ihrer Willensäußerungen. Liberalismus und Demokratie sind dementsprechend die folgenreichsten Verkörperungen der modernen subjektivistischen Ethik im gesellschaftlichen und politischen Bereich. Der Entwurf ist kühn, weil er die Bereitschaft der Menschen erfordert, die Schicksale von Staat und Gesellschaft durch freie und demokratische Selbstbestimmung auch selber zu verantworten. Er ist gleichwohl nicht ohne Schwierigkeiten in die Tat umzusetzen, weil das mit dem Verlust der religiösen Sicherheitsversprechen erkauft wird, die in der Geschichte Europas in Gestalt des Christentums das individuelle und politische Wertgefüge der Menschen regulierten. Die Hemmungen, der ›subjektivistischen‹ Wahrheit voll und ganz ins Auge zu blicken, werden durch die nicht abreißenden Versuche in Philosophie und Politik beleuchtet, ›objektivistische‹ Maßstäbe der ›Vernunft‹ und der Moral zu rechtfertigen und zu benutzen. Der gesamte Marxismus und prominente Ansätze der modernen philosophischen Ethik bilden sprechende Beispiele dafür.

Die Demokratie verwirklicht den neuzeitlichen Geist, indem sie zur Entscheidung des politischen Willens Verfahren zur Verfügung stellt, die sowohl den friedlichen Machtwechsel als auch die Befriedigung mehrheitsfähiger Gruppeninteressen möglich machen.

Die Individualfreiheiten des Liberalismus lassen sich allein noch unter Anerkennung der historisch gewachsenen Dominanz der demokratischen Gleichheit rechtfertigen. Wir sollten ihre nichtaufhebbare Spannung zur Gleichheitsidee als die ständige Herausforderung betrachten, den Liberalismus durch individuelle Leistungen in Politik, Wirtschaft, Wissenschaft und Kultur unter Beweis zu stellen.

Die Ethik des Liberalismus gründet in einer skeptischen Anthropologie:

Staatliche Macht ist notwendig, weil die eigennutzorientierte Freiheit ohne sie ihrer eigenen gesellschaftlichen Stabilisierung im Weg steht; staatliche Macht ist aus dem gleichen Grund ›böse‹, weil auch demokratisch legitimierte Machtinhaber den eigenen Vorteil dem Gemeinwohl vorordnen werden, wenn sie nicht durch Institutionen des Machtwechsels und durch den staatlichen und gesellschaftlichen Pluralismus einer ständigen kritischen Kontrolle ausgesetzt sind. Der Pluralismus stellt seinerseits die Grundlage für die Ermittlung des Gemeinwohls dar. Das Gemeinwohl bildet sich in der liberalen Demokratie weder durch den Konsens der Bürger noch durch die individuenbezogene Ausfüllung eines Ideals ›sozialer Gerechtigkeit‹, sondern nur als Ergebnis eines Interessenausgleichs gesellschaftlicher Gruppierungen, Verbände und Parteien unter den Bedingungen gegnerischer Machtgleichheit und der Fähigkeit zum Kompromiß.

Das Votum für liberale Demokratie enthält auch ein ›Ja‹ zu ihren ›Kosten‹. Diese bestehen in der mühselig zu erwerbenden Bereitschaft, die Wahrheit der Ungewißheit unseres gesellschaftlichen Schicksals zu akzeptieren. Nur politische Scharlatane geben vor, den richtigen Weg für die Zukunft genau zu kennen. Ungewißheiten zu ertragen fällt dennoch den einzelnen wie der Gesellschaft insgesamt schwer. Das Lamento über die angebliche Unregierbarkeit unserer Staaten hat ständig in ihr einen guten Nährboden. Doch der Vorteil der demokratischen Staatsform, die wir haben, besteht gerade darin, sich nichtvorhersehbaren Entwicklungen korrigierend anpassen zu können. Heute handelt es sich meist um Entwicklungen, die die Menschen selber verursacht haben. Ob es sich um die Gefährdung der Rohstoffquellen für die Wirtschaft handelt, ob um die zunehmende Belastung der natürlichen Umwelt durch die industrielle Produktion, ob um innergesellschaftliche Probleme wie Arbeitslosigkeit und mißlingende Wirtschaftsplanung: allemal sind es selbstbewirkte Schwierigkeiten. Es entspringt jedoch einer unreifen Vorstellungswelt, die Leistungsfähigkeit eines Staats am utopischen Bild einer problemfreien Gesellschaft zu messen. Staaten und Staatsformen sind realistischerweise an der Qualität der Problemlösungsverfahren zu messen, die sie zur Verfügung stellen. Wenn es dabei um die Erhaltung von möglichst viel individueller Freiheit und der staatlichen Demokratie geht, muß man zugeben, daß die liberalen Demokratien in Europa und Nordamerika im Vergleich mit den diktatorischen Konkurrenten kommunistischer und militaristischer Prägung eindeutig die besseren Ergebnisse bei der gewaltfreien Problembewältigung vorzuzeigen haben. Diktaturen haben aufgrund ihres staatlich gelenkten Propagandaapparats lediglich die besseren Möglichkeiten für eine außenpolitische Selbstdarstellung im Sinn der Herrschenden.

Man sollte sich bei uns umgekehrt mehr als bisher daran gewöhnen, in ›selbstfabrizierten‹ Problemen wie denen der wissenschaftlich-technischen Zivilisation nicht Indizien des Scheiterns, sondern eine überlebenswichtige Herausforderung unserer gesellschaftspolitischen Phantasie zu erblicken. Denn nichts wäre weniger erstrebenswert als die Welt, die insgeheim und unterbewußt gleichwohl unser aller Wunschbild ist: ein Weltzustand, in dem alles ohne die uns plagenden nichtbeabsichtigten Nebenfolgen des Handelns so funktionierte, wie die Menschen es wollen. Vor allem den Bürgern der Bundesrepublik steht ein realistisch eingeschränkter Optimismus, was die Problemlösungsfähigkeiten unserer Demokratie auch für die Zukunft anlangt, als gesellschaftliche Grundeinstellung gut an.

Anmerkungen

II. Legitimation

1. Die Bedeutung staatlicher Legitimationsrahmen

1 Eine allgemeine Definition von ›Legitimität‹ findet sich bei M. Kriele, Einführung in die Staatslehre, Hamburg 1975, S. 37. Kriele hebt insonderheit auf den ›Adressatenbezug‹ ab.

2 Es ist ohne Frage schwierig, eine Definition des Staatsbegriffs zu versuchen, die allen deskriptiven und normativen Verwendungsweisen des Begriffs genügen könnte. Im Sinn einer ›Gebrauchsdefinition‹ schlage ich folgende vor: Ein Staat ist ein regelgeleiteter Verband einer großen Zahl von Menschen mit einer zentralen Instanz, welche die Regelbefolgung der einzelnen im großen und ganzen sicherstellt; zu ihm gehört ein geographisch-räumlich abgegrenztes Staatsgebiet, durch das zugleich die Grenzen der Geltung der sozialen Regeln (Rechtsordnung) festgelegt sind. Das Merkmal ›regelgeleiteter Verband von Menschen‹ stellt heraus, daß die Menschen in einem Staat bestimmten Regeln unterworfen sind, die für alle gelten. Das jeweils geltende Recht ist der Inbegriff dieser Regeln. Ein zahlenmäßiger Gesichtspunkt steckt im ›Verband von Menschen‹, der sich auf eine große Anzahl beziehen soll. Ein Staat ist des weiteren durch eine zentrale Instanz charakterisiert, die die Machtmittel besitzen sollte, grundsätzlich die Befolgung der sozialen Regeln durch jeden einzelnen Bürger erzwingen zu können. (Ähnlich auch H. Nawiasky, Allgemeine Staatslehre, Köln 1945, Bd. I, S. 30) M. Weber definiert den Staat kürzer als einen Herrschaftsverband, der von Menschen geleitet wird, die dafür das Monopol für Gewaltanwendung legitim für sich in Anspruch nehmen können (vgl. M. Weber, Wirtschaft und Gesellschaft, Tübingen 1947, S. 29).

3 Zur klassischen Regierungsformeneinteilung und ihrem Einfluß auf die neuzeitliche politische Philosophie vgl. W. Sauer, System der Rechts- und Sozialphilosophie, Basel 1949, S. 153ff.

4 Die rechtliche Grundordnung eines Staates bezeichnet man als ›Verfassung‹. Der Begriff ›Regierungsform‹ (bzw. Staatsform) hebt gegenüber dem rechtlichen Gesichtspunkt mehr den der Institutionen heraus, welche die Machtausübung in einem Staat bestimmen. Hierzu K. Stern, Das Staatsrecht der Bundesrepublik Deutschland, München 1977, Bd. I, S. 51ff.

5 Vgl. die Erörterung über den Staatsbegriff bei E. Stein, Lehrbuch des Staatsrechts, Tübingen 1968, S. 3ff.

6 Auf die Legitimation eines Staates bezieht sich die ›Integrationslehre‹ von R. Smend (Vgl. den Artikel von Smend ›Integrationslehre‹ in: HDSW Band 5 [1956], S. 299ff.). Gegenüber Smend, der die Zustimmung der Staatsbürger zum Staat in der Art eines ›geistigen Zusammenhangs‹ darstellt, betont H. Heller auch die Bedeutung der realen Staatsstruktur und ihrer Institutionen für das Zustandekommen einer positiven Legitimation des Staates (vgl. H. Heller, Staatslehre, 1934, S. 228ff.).

7 Zur soziologischen Bedeutung des Legitimationsbegriffs vgl. T. Parsons, Zur Theorie sozialer Systeme, Opladen 1976, S. 128.

8 Über unterschiedliche Typen von Staatsbegriffen vgl. M. Kriele, Einführung in die Staatslehre, Hamburg 1976.

9 K. Stern sagt zur Unterscheidung des ›Gegenstandes der Legitimation‹ von konkreteren Verfassungsnormen folgendes: »Der ... Legitimitätsgrund darf nicht mißverstanden werden im Sinne einer Übereinstimmung mit jeder einzelnen Verfassungsnorm. Es geht um die *Übereinstimmung in den Grundprinzipien*, im Grundgesetz also mit der freiheitlichen demokratischen Grundordnung und mit den anderen Unantastbarkeiten des Art. 79 Abs. 3 GG« (K. Stern, Das Staatsrecht der Bundesrepublik Deutschland, München 1977, Bd. I, S. 123).

10 Das augenfälligste Unterscheidungsmerkmal zwischen den einzelnen Typen von Staaten liegt in ihrer Organisationsform, nämlich in der Art und Weise, wie in einem staatlichen System die zentrale Instanz organisiert ist. Die staatliche Organisationsform drückt sich in erster Linie in den verschiedenen Regierungsformen (bzw. Staatsformen) aus. Eine berühmte Aufzählung der Regierungs- bzw. Staatsformen geht auf Aristoteles zurück, der zwischen zwei Grundkategorien unterschieden hat: zwischen ›guten‹ (d. h. am Gemeinwohl orientierten) und ›schlechten‹ (d. h. an partikularen Interessen orientierten) Staatsformen. Monarchie, Aristokratie und Politie (auch Timokratie genannt) bezeichnet er als ›gute‹ Regierungsformen; Tyrannis (Diktatur), Oligarchie und Demokratie als ›schlechte‹. Unter den wichtigsten Staaten der Gegenwart gibt es heute im Grunde nur den Unterschied zweier Staatsformen: demokratisch-pluralistische Republik und Diktatur.

11 Was hier mit dem Begriff ›Legitimationsrahmen‹ bezeichnet wird, nennt D. Sternberger ›Legitimationsform‹. Er ist ausführlich auf die historisch gewordenen wechselnden ›Legitimationsformen‹ eingegangen, vgl. D. Sternberger, Grund und Abgrund der Macht, Frankfurt 1962, S. 11 ff.

12 K. Stern macht deutlich, daß alle unterschiedlichen Legitimationsrahmen letztlich auf der ›Zustimmung des Volkes‹ basieren: »Die Legitimität einer Verfassung kann sich nicht darauf beziehen, daß die verfassunggebende Gewalt verfassungsmäßig im Sinn einer früheren Verfassung gehandhabt wird. Das Problem der Legitimität der Verfassung ist die Frage nach einer anderen Kategorie der Rechtmäßigkeit. ... Die verfassunggebende Gewalt und die von ihr geschaffene Verfassung haben ihre Legitimität weder allein durch sich selbst, durch ihren ›Willen‹, wie es Sieyès und C. Schmitt meinten, noch in einer politischen Idee, sondern in dem *Konsens des Volkes* mit der in der Verfassung verbürgten Grundordnung. Volks›wille‹ und verfassungsgebender ›Wille‹ müssen von gemeinsamen politischen und rechtlichen Grundüberzeugungen getragen sein. Fallen sie auseinander, dann ist auch der legitimierende Geltungsgrund der Verfassung entfallen. Dieser Konsens wird wesentlich hergestellt durch jenen Vorgang, den Smend *Integration* nennt.« (K. Stern, Das Staatsrecht der Bundesrepublik Deutschland, München 1977, Bd. I, S. 122).

13 Zur Entstehungsgeschichte des religiösen Legitimationsrahmens vgl. die ›weltanschauungsanalytischen‹ Untersuchungen von E. Topitsch, insbesondere die Bücher ›Gottwerdung und Revolution‹ (München 1973) und ›Erkenntnis und Illusion‹ (Hamburg 1979). Vgl. auch F. A. v. Hayek, Die Verfassung der Freiheit, Tübingen 1971, S. 65; K. R. Popper, Objektive Erkenntnis, Hamburg 1979, S. 283 ff.; H. Albert, Traktat über rationale Praxis, Tübingen 1978, S. 176.

2. *Das moderne Konzept der autonomen Subjektivität. Zur geschichtlichen Umprägung des europäischen Geistes in Ethik und Politik*

1 Wir haben uns heute unter dem Einfluß der Sozialwissenschaften angewöhnt, historische Bezüge andersherum herzustellen. Besonders der Marxismus hat die Überzeugung verbreitet, daß die ökonomischen Verhältnisse und ihre speziellen institutionellen Regelungen die ›Erklärungsbasis‹ für geistige ›Überbauphänomene‹ wie Religion, Recht und Weltanschauungen darstellten. Diese Auffassung spiegelt aber nur den ›Geist der Moderne‹. Die Bedeutung der Wirtschaft und des Denkens in *wirtschaftlichen* Kategorien ist selbst erst ein Produkt der Neuzeit, nämlich ein Produkt der Entwicklung der kapitalistischen Tauschwirtschaft seit dem 17. Jahrhundert bis in die Gegenwart. Die heute verbreitete Neigung, die ökonomischen Verhältnisse zu einer immer gültigen Erklärungsbasis historischer Ereignisse und speziell zum Fundament der ›Ableitung‹ der geistig-ideologischen Einstellungen der Menschen aller Zeiten zu machen, bezeichnet einen Mangel an historischer Phantasie und Einfühlung.

2 Aller Wahrscheinlichkeit kann man die Freiheit, zwischen mehreren Handlungsmöglichkeiten zu entscheiden, nicht allein für die menschliche Gattung bzw. ihre individuellen Exemplare reservieren. Höhere Tierarten haben – mehr oder weniger abgestuft – ebenfalls die Möglichkeit, zwischen einer Mehrzahl äußerer Reize auszuwählen und nach Präferenzen zu entscheiden, die nicht durch den Instinkt festgelegt sind. Solche Entscheidungsmöglichkeiten setzen Bewußtsein voraus, und Grade von Bewußtsein sind auch Tierarten auf den höheren Entwicklungsstufen des Lebens eigen. Die ersten geschichtlichen Zeugnisse für die Wirksamkeit der Freiheit in der menschlichen Gattung sind die Religionen und Kulte, die die Stämme und Völker der Frühzeit entwickelt haben. Sie sind Beweise für die von den Menschen empfundene Notwendigkeit, Maßstäbe und Richtlinien für ihr kollektives und individuelles Verhalten und Handeln zu finden. Denn auf moralische und ethische Richtlinien sind nur solche Lebewesen angewiesen, die nicht ausschließlich durch ihre biologischen Instinkte verhaltensfixiert sind.

3 Im Unterschied zu persischen und zu jüdisch-christlichen Gottesvorstellungen waren die griechischen Götter nicht nach ›gut‹ und ›böse‹ klassifiziert.

4 R. Payne, Die Griechen, München 1976, S. 87.

5 G. Schwab, Die schönsten Sagen des klassischen Altertums, Wien-Heidelberg 1953, S. 221.

6 In der griechischen Religion war die Tradition das wichtigste handlungsorientierende Element. Eine Ethik im neuzeitlichen (und im jüdisch-christlichen Sinn) war mit der griechischen Götterverehrung nicht verbunden. Dieser Umstand erklärt ebenfalls, warum die menschliche Entscheidungsfreiheit im religiös motivierten Verhalten der altgriechischen Menschen keine Rolle gespielt hat. Vgl. Artemis-Lexikon der alten Welt, Zürich 1965, S. 2582.
Der Anstoß zu ethisch-moralischer Reflexion kam erst aus den religionskritischen Bereichen der Dichtung und der Philosophie.

7 Zur Entstehung des jüdischen Monotheismus vgl. Paulys Realencyclopädie der classischen Altertumswissenschaft, Stuttgart 1916, 18. Halbband, S. 2402ff.

8 Die Autorität Jahwes beruhte beim ›Volk Israel‹ nach Moses auf der Überzeugung, daß dieser Stammesgott sich stärker als die Götter Ägyptens erwiesen habe. Der Beweis dafür lag im gelungenen Auszug aus Ägypten nach der dort erduldeten Knechtschaft (vgl. hierzu: Paulys Realencyclopädie der classischen Altertumswissenschaft, Stuttgart 1916, 18. Halbband, S. 2403).

9 Die Bibel, Stuttgart 1965, 1. Mose Kap. 22, S. 30.
10 Die Bibel, Stuttgart 1965, 2. Mose Kap. 3, S. 72.
11 Daß man auch in der römischen Zeit genauso ›aufgeklärte‹ subjektivistische Auffassungen vertreten konnte wie heute, beweisen z. B. folgende Äußerungen des bedeutenden Geographen Strabon (63 v. Chr.–28 nach Chr.): »Denn den Haufen der Weiber und der ganzen gemeinen Menge durch Vernunft zu leiten und zur Frömmigkeit, Heiligkeit und Redlichkeit hinzuführen ist dem Philosophen unmöglich; es bedarf dazu auch der Götterfurcht, die nicht ohne Fabeldichtung und Wundersage zu erregen ist. Denn Donnerkeil, Ägis, Feuerfackeln, Drachen, Thyroslanzen der Götter und die ganze alte Götterlehre sind Fabeln. Diese aber nahmen die Gründer der Staaten als Schreckbilder für die Einfältigen auf. Weil nun die Fabeldichtung eine derartige ist und erst in der gesellschaftlichen und bürgerlichen Form des Lebens und in der Kenntnis der Wirklichkeit ihren Endpunkt findet, so behielten die Alten jenen kindlichen Unterricht bis zum mannbaren Alter bei und glaubten, daß durch die Dichtkunst jedes Alter hinlänglich witzig werde. In der späteren Zeit aber trat die Geschichtsschreibung und die heutige Philosophie auf. Diese nun ist nur für wenige, die Dichtkunst aber dem Volke nützlicher und selbst Theater zu füllen imstande, vorzüglich aber die des Homer.« (Strabon, Erdbeschreibung, Bd. II, S. 8. Zit. nach W. Durant, Kulturgeschichte der Menschheit, Frankfurt 1981, Bd. 1, S. 65).
12 Zur Seelenauffassung des historischen Sokrates vgl. Artemis-Lexikon der alten Welt, Zürich 1965, S. 2824.
13 Zu Platons Auffassung vgl. H. M. Baumgartner, Die Unzerstörbarkeit der Seele, Platons Argumente wider den endgültigen Tod der Menschen im Dialog ›Phaidon‹, in: Grenzfragen, Bd. 10: Tod – Ende oder Vollendung? Freiburg/München 1979.
14 Bei Augustin spielt die Entscheidungsfreiheit auch deshalb eine untergeordnete Rolle, weil es keine Möglichkeit für die Gläubigen gibt zu wissen, ob sie Mitglieder des ›irdischen‹ oder des ›göttlichen Reiches‹ sind. Vgl. H. J. Marrou, St. Augustin et la fin de la culture antique (1958).
15 Zur rationalen Erklärung des scholastischen Weltbilds vgl. E. Topitsch, Erkenntnis und Illusion, Hamburg 1979, S. 119f.
16 Th. v. Aquin, De regime principum I, 14, in: F. Schreyvogel, Ausgewählte Schriften zur Staats- und Wirtschaftslehre des Thomas von Aquino, 1923.
17 E. v. Hippel, Geschichte der Staatsphilosophie, Meisenheim 1955, Bd. I, S. 327.
18 G. Tellenbach, Libertas. Kirche und Weltordnung im Zeitalter des Investiturstreits, Stuttgart 1936, S. 231.
19 Erst aus der historischen Rückschau wird deutlich, wie sehr die beiden sich befeindenden Großmächte des Hochmittelalters, der deutsch-römische Kaiser und der ›allgemein-christliche‹ Papst, aufeinander angewiesen waren: der Kaiser, weil sein Legitimationsanspruch, der übernational war, auf der gesamteuropäischen Anerkennung der christlichen Religion beruhte; der Papst, weil die Internationalität der Kirche durch das übernationale Kaisertum gestützt wurde. Als im Umbruch vom Spätmittelalter zur Neuzeit das Kaisertum dem deutschen Partikularismus und dem Nationalismus in Europa weichen mußte, ging auch die Einheit der christlichen Kirche verloren.
20 Zur Darstellung der Luther-Zeit vgl. H. Lutz, Der politische und religiöse Aufbruch Europas im 16. Jahrhundert, in: G. Mann, A. Heuß (Hrsg.), Propyläen-Weltgeschichte, Frankfurt 1976, Bd. 7, 1, S. 25ff.
21 G. May, Artikel ›Freiheit‹ in: O. Brunner, W. Conze, R. Koselleck (Hrsg.), Geschichtliche Grundbegriffe, Stuttgart 1975, Bd. 2, S. 444.

22 Zur Abhängigkeit des ›deutschen Volkscharakters‹ von der Entwicklung der ›protestantischen Individualität‹ vgl. E. Rosenstock-Huessy, Die europäischen Revolutionen und der Charakter der Nationen, Stuttgart 1951, S. 213f.

23 Vgl. hierzu H. E. Richter, Der Gotteskomplex, Hamburg 1979, S. 19ff.

24 Zu Luthers Glaubensbegriff vgl. R. Swinburne, Faith and Reason, Oxford 1981 (S. 110ff.).

25 Zur Geschichte des europäischen Mittelalters speziell des Zeitalters der Reformation vgl. K. Brandi, Deutsche Geschichte im Zeitalter der Reformation und Gegenreformation, Leipzig 1941; P. Jochimsen, Die Reformation als Epoche deutscher Geschichte, München 1951; G. Ritter, Die Neugestaltung Europas im 16. Jahrhundert, Berlin 1950; P. Rassow, Deutsche Geschichte im Überblick, Bd. 7: Übergang zur Moderne (1450–1750) München 1956.

26 E. v. Hippel, Geschichte der Staatsphilosophie, Meisenheim 1958, Bd. II, S. 21.

27 G. Ritter, Das deutsche Problem, Grundfragen deutschen Staatslebens gestern und heute, München 1962, S. 13.

28 Zur Entwicklung des Platonismus in der antiken und mittelalterlichen Philosophie vgl. J. Ritter u. a. (Hrsg.), Historisches Wörterbuch der Philosophie, Basel 1971, Bd. 1, S. 163ff.

29 Am sogenannten ›Universalienstreit‹ in der hochmittelalterlichen Philosophie sind in erster Linie J. Eriugena, Th. v. Aquin, W. v. Champeaux, J. v. Salisbury und Abaelard beteiligt. »Der Universalienstreit des Mittelalters endete weder durch den wissenschaftlichen noch durch den hochschulpolitischen Sieg einer der streitenden Parteien (K. Flasch) ... In der Schulphilosophie des 16. und 17. Jh. blieb das Universalienproblem unterschwellig kontrovers. Nach und nach setzte sich eine nominalistische, besser gesagt konzeptualistische Auffassung durch (H. Schepers).« (Histor. Wörterbuch der Philosophie, hrsg. v. J. Ritter, Bd. 1, S. 178).

30 Die Diskussion über die ›realistische‹ oder die ›nominalistische‹ Interpretation des ›Allgemeinen‹ begann der Sache nach schon in der frühmittelalterlichen Philosophie bei Boëthius. Vgl. Historisches Wörterbuch der Philosophie (hrsg. v. J. Ritter), Basel 1971, S. 170.

31 Vgl. hierzu F. Überwegs Grundriß der Geschichte der Philosophie, Darmstadt 1958 (Die Philosophie der Neuzeit bis zum Ende des 18. Jahrhunderts), 3. Teil.

32 Eine moderne Behandlung der Sein-Sollen-Differenz und der philosophischen Diskussion darüber findet sich bei J. L. Mackie, Ethik, Stuttgart 1981, S. 79.

33 An diesem grundsätzlichen und für die Möglichkeit christlicher Religion entscheidenden Problem laboriert die Theologie bis heute. Welche Schwierigkeiten sie damit hat, erkennt man, wenn man sich die vielen künstlichen Versuche moderner Theologen, speziell protestantischer, vor Augen hält, die Transzendenz Gottes, die nach der alten ›platonischen‹ Wirklichkeitsdefinition der menschlichen Vorstellungskraft keine Schwierigkeiten bereitet, in immanente (= innerweltliche) und in der Regel zwischenmenschliche Beziehungen zu übersetzen, d. h. Gott zu ›sozialisieren‹. Manche Theologen scheuen heute, um mit jener grundsätzlichen Schwierigkeit des nach wie vor geltenden nominalistischen Wirklichkeitsverständnisses fertigzuwerden, nicht einmal vor dem Pakt mit dem von Haus aus ›gottlosen‹ und radikal religionskritischen Marxismus zurück.

34 Über die Schwierigkeiten der christlichen Religion unter den Bedingungen der modernen Säkularität vgl. P. L. Berger, Der Zwang zur Häresie, 1981.

35 Über die ›Auflösung weltanschaulicher Orientierungsgewißheit‹ vgl. R. Zippelius, Gesellschaft und Recht, München 1980, S. 57ff.

36 O. Marquard, Abschied vom Prinzipiellen, Stuttgart 1981, S. 74. Marquards skeptische Folgerung lautet: »Die Machensallmacht der Menschen wiederermächtigt das Unverfügbare, das Verhängnis; ihr autonomer Kontrafatalismus entpuppt sich als kontraautonomer Fatalismus; indem sie – machtselig – das Fatum vertreiben, rufen sie es gerade herbei; und just dort, wo die Menschen – offiziell – zu Erben seines absoluten Endes werden, ist dann – offiziell – das Schicksal unabweislich wieder da.« (S. 85). Doch warum soll es für ausgemacht gelten, daß der moderne Subjektivismus in Ethik und Politik sein Schicksal nicht meistert?

III. Demokratie

1. Die ›demokratische Revolution‹ und die Bedeutung der Demokratie heute

1 Für einen Überblick über die akademische Diskussion über Demokratie als Staatsform vgl. J. Plamenatz, Democracy and Illusion, London 1973.

2 Vgl. C. J. Friedrich, Demokratie als Herrschafts- und Lebensform, Heidelberg 1959; A. Görlitz, Demokratie im Wandel, Opladen 1969; H. Kelsen, Vom Wert und Wesen der Demokratie, Tübingen 1929.

3 Philosophisches Wörterbuch (hrsg. v. G. Klaus und M. Buhr), Leipzig 1974, Bd. 2, S. 1323.

4 Zur Unterscheidung der klassischen von der neuzeitlichen Demokratieauffassung vgl. M. J. Finlay, Antike und moderne Demokratie, Stuttgart 1980.

5 Über den geschichtlichen Wandel der Einstellungen zur Demokratie vgl. K. Hartmann, Demokratie – das aufgelöste Rätsel aller Verfassungen? In: K. Hartmann (Hrsg.), Die Demokratie im Spektrum der Wissenschaften, Freiburg 1980, S. 13ff.

6 Vgl. R. Stanka, Die politische Philosophie des Altertums, Wien 1951.

7 A. Heuß, in: Propyläen-Weltgeschichte, (hrsg. v. G. Mann und A. Heuß), Berlin 1976, Bd. 3, 1. Halbband, S. 269f.

8 Vgl. E. Sterling, Der unvollkommene Staat, Frankfurt 1956, S. 30ff.

9 Was die negativen Wertungen der athenischen Demokratie durch J. Burckhardt angeht, vgl. Griechische Kulturgeschichte, Gesamtausgabe I, S. 80, und II, S. 256.

10 Vgl. Platon, Staat VIII; Gorgias 482d, 502c–e; Gesetze III, 689b.

11 Vgl. Aristoteles, Politik VI.

12 Zum Verhältnis der antiken Philosophen zur Demokratie vgl. R. Maurer, Platons ›Staat‹ und die Demokratie, Berlin 1960.

13 Zu einer modernen (nichtaristotelischen) Aufteilung der demokratischen Regierungsformen vgl. R. A. Dahl, Vorstufen zur Demokratietheorie, Tübingen 1976.

14 Zur Geschichte der europäischen Monarchie vgl. H. Boldt, Monarchie, in: O. Brunner, W. Conze und R. Koselleck (Hrsg.), Geschichtliche Grundbegriffe, Stuttgart 1972, Bd. 4, S. 13ff.

15 Der Unterschied zwischen unmittelbarer und mittelbarer Demokratie wird im ›Staatslexikon‹ (2. Bd., Freiburg 1958) wie folgt definiert: »Unmittelbare Demokratie liegt dort vor, wo mindestens die wichtigsten Äußerungen des Staatswillens (z. B. Verfassungsänderung, formelle Gesetze, Wahlen der höchsten Beamten und Richter) unmittelbar durch das Volk geschehen (Volkswahlen, Volksentscheid, Referendum, Volksbegehren, Initiative) ... Bei der mittelbaren Demokratie bedient sich das Volk außerhalb der Wahlen eines ›Mittlers‹ für die Staatswillensbildung. Als solche Mitt-

ler kommen in Betracht in erster Linie eine demokratisch gewählte Volksvertretung als Repräsentation des Volkes, aber auch sonstige, wie das Staatsoberhaupt, die Regierung oder bestimmte Beamte. Von einer Vertretung im juristischen Sinn unterscheidet sich die Repräsentation dadurch, daß das Repräsentationsorgan, nachdem es bestellt ist, vom Volk insoweit losgelöst wird, als das Volk bis zur nächsten Wahl zur Volksvertretung keinerlei rechtlichen Einfluß mehr auf seine Repräsentation ausüben kann.« (S. 570).

16 Über die ›Leveller‹ vgl. W. Theimer, Geschichte der politischen Ideen, München 1955, S. 116f.

17 Vgl. H. Maier, Zur neueren Geschichte des Demokratiebegriffs, in: Theorie und Politik, Festschrift für C. J. Friedrich, Den Haag 1971.

18 Den Begriff des ›geschichtlichen Apriori‹ habe ich von K. Hübner übernommen, der in seinem Buch ›Kritik der wissenschaftlichen Vernunft‹ (Freiburg 1978) eine ausgeführte Theorie ›geschichtlicher Rahmenbegriffe‹ vorgelegt hat. Hübner nennt derartige Begriffe ›Fundamentalstrukturen‹. Im politischen Bereich gehören in meiner Perspektive die Legitimationsrahmen dazu.

19 Über die ›Errungenschaften der westlichen Zivilisation‹ vgl. R. Löwenthal, Gesellschaftswandel und Kulturkrise, Hamburg 1979, S. 16f.

20 A. de Tocqueville, Über die Demokratie in Amerika, in: Klassiker der Politik (hrsg. v. O. H. v. Gablentz u. a.), Köln u. Opladen 1967, Bd. 4, S. 3.

21 Tocqueville, a. a. O., S. 5f.

22 Zur Abhängigkeit der Demokratisierung von der ›kapitalistischen‹ Industrialisierung vgl. R. Löwenthal, Gesellschaftswandel und Kulturkrise, Hamburg 1979, S. 136.

23 Die Bedeutung der modernen Technik für die Demokratisierung, die auch eine weitgehende Gleichheit der Geschlechter – jedenfalls im gesellschaftlichen Ansehen – hervorbrachte, hat B. de Jouvenel betont: »Die Proklamation der Gleichheit der Geschlechter hätte kaum Wirklichkeit werden können, wenn die Frau in demselben Maß wie früher an bestimmte physische Tätigkeiten gekettet geblieben wäre; das Volk, das die verschiedenen Arbeiten nach einer bestimmten Stufenleiter klassifiziert, auf der ganz unten die zur Befriedigung der elementarsten materiellen Bedürfnisse notwendigen Tätigkeiten stehen, hätte niemals die Frau als gleichberechtigt anerkannt … Man hätte sie weiterhin als eine Art Hilfsarbeiter angesehen; nur das ihr zur Verfügung gestellte Haushaltsgerät befreite sie von dieser Rolle. Die Tatsache, daß sich manche Frauen andere zu Gehilfen machen konnten, hätte dem alten Zustand nicht abhelfen können.« (B. de Jouvenel, Jenseits der Leistungsgesellschaft, Freiburg 1971, S. 37).

24 Zur Geschichte des Demokratiebegriffs speziell in Deutschland vgl. W. Conze, Demokratie, in: O. Brunner, W. Conze, u. R. Koselleck (Hrsg.), Geschichtliche Grundbegriffe, Stuttgart 1972, Bd. 1, S. 873ff.

25 Über die demokratische Nivellierung der Gesellschaft und den Prozeß der Umschichtung nach dem Zweiten Weltkrieg in Deutschland vgl. K. D. Bracher, Deutschland zwischen Demokratie und Diktatur, Bern 1964, S. 382ff.

2. Demokratische und nationalistische Staatslegitimation: die politischen Rechtfertigungsmuster der Moderne

1 Zum Vergleich der Bundesrepublik mit der ›Weimarer Republik‹ vgl. R. Löwenthal, Bonn und Weimar – Zwei deutsche Demokratien, in: R. Löwenthal, Gesellschaftswandel und Kulturkrise, Hamburg 1979, S. 257ff.

2 Über Begriff und Geschichte der Diktatur vgl. E. Nolte, Diktatur, in: O. Brunner, W. Conze u. R. Koselleck (Hrsg.), Geschichtliche Grundbegriffe, Stuttgart 1972, Bd. 1, S. 900ff.

3 Man sollte sich gleichwohl nicht darüber betrügen, daß die Totalität der Herrschaftsausübung in den kommunistischen Diktaturen noch erheblich umfassender und durchgreifender ist als in den faschistischen Diktaturen (Mussolini, Hitler, Franco) oder den ›rechten‹ Militärdiktaturen. Die ›rechten‹ Diktaturen belassen immerhin einige gesellschaftlich wichtige Bereiche wie die Wirtschaft in einer ziemlich großen Selbständigkeit, weil sie marktwirtschaftliche Strukturen akzeptieren. In den heutigen kommunistischen Diktaturen gibt es selbst diese Nischen nicht. In ihnen ist die Herrschaftsausübung wahrhaft total. Sie wird nur dadurch gemildert, daß der totale Herrschaftsanspruch selbst mit der besten Geheimpolizei in der Realität nicht konsequent durchzusetzen ist. Es liegt an einem weitverbreiteten ideologischen Vorurteil, den kommunistischen Diktaturen ein ansehensmäßiges ›Prä‹ gegenüber den rechten Diktaturen einzuräumen.

4 Über das Problem der Erzeugung der gesellschaftlichen Geltung von Normen vgl. E. Garzón Valdés, Modelle normativer Geltung, in: Rechtstheorie, 8. Band, 1977, Heft 1, S. 41ff.

5 Zur Geschichte der repräsentativen Demokratie in Deutschland nach dem Krieg vgl. K. H. Niclaus, Demokratiegründung in Westdeutschland, München 1974.

6 Nach einer Spiegel-Umfrage des Emnid-Instituts aus dem Jahre 1980 erklärten sich 72 % der Deutschen mit dem politischen System der Bundesrepublik als ›sehr zufrieden‹ und ›zufrieden‹, während 27 % angaben, sie seien ›weniger zufrieden‹ oder ›unzufrieden‹. (Vgl. Der Spiegel Nr. 23/1980). Weitere Untersuchungsergebnisse zum Legitimationsgrad der Bundesrepublik finden sich in: Gegenwartskunde, (SH ›80‹), Leverkusen 1980.

7 Über die Gesellschaftsordnung der Bundesrepublik vgl. K. M. Bolte, Bundesrepublik – wohin? Bad Harzburg 1974, S. 31ff.

8 Zur direkten Demokratie vgl. U. Bermbach (Hrsg.), Theorie und Praxis der direkten Demokratie, Opladen 1973.

9 Zur kulturellen Begrenztheit ›institutionenabhängiger‹ ethischer und sozialer Normen vgl. J. L. Mackie, Ethik, Stuttgart 1981, S. 101ff.

3. Der Sinn der Mehrheitsverfahren

1 A. Downs, Ökonomische Theorie der Demokratie, Tübingen 1968, S. 23.

2 Vgl. W. J. Stankiewicz, Tolerance and Democracy, in: Contemporary Review (September 1977).

3 Vgl. F. Vilmar, Strategien der Demokratisierung, Darmstadt/Neuwied 1973.

4 Vgl. M. Greiffenhagen (Hrsg.), Demokratisierung in Staat und Gesellschaft, München 1973.

5 Zur Kritik des Emanzipationsbegriffs vgl. H. Herwig, Die unbestimmte Freiheit, München 1980.

6 Vgl. die Darstellung der verschiedenen Theorien der ›selbstbestimmenden Partizipation‹ bei G. Zimpel, Selbstbestimmung oder Akklamation? Stuttgart 1972, S. 201 ff.

7 Die Rationalität des Mehrheitsverfahrens ist ganz generell spätestens seit Condorcet nicht mehr unumstritten. Man betrachte etwa folgende Paradoxie (Condorcetsches Pararadox): Eine Familie (Vater, Mutter, Kind) will unter drei Fernsehprogrammen (a, b, c) durch Mehrheitsentscheid auswählen. Der Vater bevorzugt die Programme in folgender Reihenfolge (a, b, c), die Mutter in der Reihenfolge (b, c, a), das Kind in der Reihenfolge (c, a, b). Man sieht, daß bei der Alternativentscheidung a, b die Alternative durch Vater und Kind, also mehrheitlich, gewählt wurde. Das gleiche gilt für b, c; aber auch für c, a. Das bedeutet, daß keine eindeutige Mehrheitsentscheidung zustande kommt oder eine Sache reinen Zufalls ist, mit welcher Alternativentscheidung begonnen wird und welche Alternative dadurch am Ende gewählt wird. Das ließ und läßt Zweifel an der Rationalität der Mehrheitsverfahren aufkommen. Man sollte andererseits die Bedeutung solcher paradoxer Majoritätsverhältnisse nicht überbewerten. Zum einen stehen bei politischen Entscheidungen in Parlamenten in der Regel nur zwei Alternativen zur Wahl (wobei allerdings zu berücksichtigen ist, daß normalerweise eine Filterung der Alternativen vorausgegangen ist). Zum anderen setzt das Entstehen des geschilderten Abstimmungsparadoxons Präferenzen strikt unterschiedlicher Art voraus. Falls die individuellen Präferenzen nicht in diesem starken Maß voneinander unterschieden sind, kann das Paradox vermieden werden. Vgl. dazu D. Black, The Theorie of Committees and Elections, Cambridge 1958, und B. Schauenberg, Zur Logik kollektiver Entscheidungen, Wiesbaden 1978. – Einen Überblick über die auf K. J. Arrow zurückgehende neuere Diskussion von Abstimmungsparadoxien im weiteren Sinn gibt A. K. Sen, Collective Choice and Social Welfare, San Francisco 1970. Vom philosophischen Standpunkt vgl. A. F. Mac Kay, Arrow's Theorem, New Haven 1980. In einem größeren entscheidungstheoretischen Zusammenhang stellt H. Laux das Problem der ›rationalen Gruppenentscheidungen‹ und die möglicherweise auftretenden Paradoxien dar. Vgl. H. Laux, Grundfragen der Organisation, Berlin 1979.

8 Vgl. hierzu in erster Linie M. Olson, Die Logik des kollektiven Handelns, Tübingen 1968.

9 Über Kosten und Nutzen des Wählens vgl. Ph. Herder-Dorneich, M. Groser, Ökonomische Theorie des politischen Wettbewerbs, Göttingen 1977, S. 110 ff.

10 Man muß bei den Menschen auch des westlichen Kulturkreises von einer Bereitschaft ausgehen, sich durch massenwirksame Meinungen und Einstellungen vorprägen zu lassen. Eine derartige Einstellungsbereitschaft würde auch erklären, warum Demokratie als Legitimierungsrahmen in unserem Jahrhundert eine faktische soziale Geltung entwickelt hat. Dadurch würde auch die Tatsache eher erklärt, daß in den westlichen Staaten in der Regel zwischen 60 und 90 % der wahlberechtigten Bevölkerung für politische Wahlen motiviert werden können, ein Umstand, den der ›individualistische Ansatz‹ der modernen ökonomischen Theorie der Politik wegen der bekannten geringen Einflußmöglichkeiten des einzelnen Wählers auf das Resultat nicht erklären kann.

11 Zur Geschichte des Begriffs ›Emanzipation‹ vgl. R. Koselleck, ›Emanzipation‹, in: O. Brunner, W. Conze, R. Koselleck (Hrsg.), Geschichtliche Grundbegriffe, Stuttgart 1971, Bd. 2, S. 153 ff.

12 Über unterschiedliche Vorstellungen demokratischer Partizipation vgl. U. v. Aleman (Hrsg.), Partizipation, Demokratisierung, Mitbestimmung, Opladen 1975.

13 J. Locke, Zwei Abhandlungen über Regierung, Halle 1906, II § 96.

14 Zur Bedeutung des Verfahrensbegriffs für die moderne Gesellschaft allgemein vgl. N. Luhmann, Legitimation durch Verfahren, Darmstadt 1978, S. 137ff.

15 Kritisch zur Demokratisierungsdiskussion in der Bundesrepublik vgl. Th. Eschenburg, Demokratisierung und politische Praxis, in: Aus Politik und Zeitgeschehen, Beilage des ›Parlament‹ B 38/70, S. 6ff.

16 Über den Zusammenhang zwischen Militärtechnologie und politischen Institutionen vgl. S. de Grazia, Political Equality and Military Participation, in: Armed Forces and Society, Vol. 7, Nr. 2, 1981, S. 181ff.

17 Über die Gefahren für die demokratische Gleichheit, die aus der Entwicklung der modernen Technik resultieren, vgl. H. Schelsky, Auf der Suche nach Wirklichkeit, Düsseldorf 1965, S. 459f.

4. Pluralistische Demokratie contra Konsensdemokratie

1 Über Arbeitsteilung in der prähistorischen Familien- und Sippengesellschaft vgl. W. Durant, Kulturgeschichte der Menschheit, München 1981, Bd. 1, S. 45f. Vgl. auch die Konzeption der Jäger-Sammler-Anpassung bei P. Farb, Human Kind, London 1977, S. 89ff.

2 Für einen informativen Überblick über die erkenntnistheoretische Problematik, die mit der pluralistischen Position allgemein verbunden ist, vgl. A. Schwan, Pluralismus und Wahrheit, in: Christlicher Glaube in moderner Gesellschaft, Freiburg 1981, S. 144ff.

3 Über den Aufbau der bundesstaatlichen Ordnung in der Bundesrepublik Deutschland vgl. H. Laufer, Das föderative System der Bundesrepublik Deutschland, München 1981, besonders S. 55ff.

4 Die Theorie der Parteienkonkurrenz unter pluralistischen Bedingungen geht auf J. A. Schumpeter zurück. Er ist auch derjenige Theoretiker, der das ökonomische Konkurrenzmodell auf den Parteienwettbewerb übertragen hat. Die demokratische Methode wird von ihm im Rahmen des Parlamentarismus folgendermaßen definiert: »Die demokratische Methode ist diejenige Ordnung der Institutionen zur Erreichung politischer Entscheidungen, bei welcher einzelne die Entscheidungsbefugnisse vermittels eines Konkurrenzkampfs um die Stimmen des Volkes erwerben.« (Kapitalismus, Sozialismus und Demokratie, München 1950, S. 428).

5 Die Entdeckung des gesellschaftlichen Pluralismus geht auf O. v. Gierke zurück, der in seinem 1886 erschienenen Werk ›Das deutsche Genossenschaftsrecht‹ auf die realpolitische Bedeutung der ›menschlichen Verbände‹ hingewiesen hat. Sein Hinweis wurde zu Beginn unseres Jahrhunderts von den Engländern E. Barker und H. Laski mit entgegengesetzten Intentionen aufgenommen. Barker setzt sich für die Neuformulierung eines liberalen Staatsverständnisses ein, welches die staatliche und politische Bedeutung der Verbände in Rechnung stellt, Laski hingegen folgerte, daß der Staat unter pluralistischen Bedingungen seinen Souveränitätsanspruch aufzugeben habe, weil er selber nur eine ›Gruppenpersönlichkeit‹ sei. In den 20er Jahren übernahm der Staatsrechtler C. Schmitt in Deutschland die Kritik Laskis an der pluralistischen Gesellschaftsstruktur repräsentativer Demokratien. In seinem Gefolge haben sich in der Nachkriegsgeschichte der Bundesrepublik Deutschland R. Smend, W. Weber, G. Briefs und R. Altmann als erneute Warner vor dem ›antagonistischen Gruppenegoismus‹ zu Wort gemeldet. Der bedeutendste Befürworter des gesellschaftlichen Pluralismus (er gilt als Begründer des sogenannten ›Neopluralismus‹) in

Westdeutschland nach dem Kriege ist E. Fraenkel. Schüler von ihm (u. a. H. Kremendahl) setzen in der Gegenwart die Tradition des Neopluralismus in der deutschen Politologie fort. Die stärkste Kritik an der pluralistischen Position in Politologie und politischer Philosophie kommt in der Gegenwart nach wie vor von der Seite des Neomarxismus (H. Marcuse, R. P. Wolff, W. Euchner, J. Agnoli, u. a.).

6 Die Definition des demokratischen Repräsentationsprinzips läßt noch erkennen, wie stark seine Abhängigkeit vom Delegationsgedanken des germanischen Führerwahlprinzips ist. Nach E. Fraenkel lautet diese Definition wie folgt: »Repräsentation ist die rechtlich autorisierte Ausübung von Herrschaftsfunktionen durch verfassungsmäßig bestellte, im Namen des Volkes, jedoch ohne dessen bindenden Auftrag handelnde Organe eines Staates oder sonstigen Trägers öffentlicher Gewalt, die ihre Autorität mittelbar oder unmittelbar vom Volk ableiten und mit dem Anspruch legitimieren, dem Gesamtinteresse des Volkes zu dienen und dergestalt dessen wahren Willen zu vollziehen.« (E. Fraenkel, Die repräsentative und plebiszitäre Komponente im demokratischen Verfassungsstaat, Tübingen 1958, S. 5).

7 Über Einzelheiten des germanischen Wahlkönigtums vgl. H. Boldt, Monarchie, in: O. Brunner, W. Conze, R. Koselleck (Hrsg.), Geschichtliche Grundbegriffe, Stuttgart 1971, Bd. 4, S. 156ff.

8 Bis auf den heutigen Tag haben die Abgeordneten der verschiedenen Parlamente allerdings speziell in Deutschland noch nicht das nötige Selbstbewußtsein entwickelt, um die *selbständige* politische Funktion der Parlamente als Repräsentationsorgane des Volkes gegenüber der Ideologie von der direkt-demokratischen Willensbildung herauszustellen. Man braucht sich nur die immer wieder feststellbare Schwäche ganzer Parlamentsfraktionen angesichts von basisdemokratischem Druck (bei Gelegenheit des Baus von Kernkraftwerken usw.) vor Augen zu führen. »In Deutschland haben sich die Volksvertreter seit jeher um ein ›Mandat‹ beworben; sie haben sich von ihren Wählern abhängig gefühlt, weil ihnen – unter der Monarchie de jure, unter der Republik de facto – bestenfalls ein ›Mitbestimmungsrecht‹ zugestanden war. Sie haben traditionsgemäß eine Mittelstellung zwischen der ›Obrigkeit‹ und dem ›Volk‹ eingenommen. Die für die Weimarer Republik kennzeichnende, in der Gegenwart zumindest fortwirkende Vorstellung, daß es primär Aufgabe der Volksvertretung sei, dem empirischen Volkswillen Ausdruck zu verleihen, geht auf die subalterne Stellung zurück, die dem Parlament im Obrigkeitsstaat zugewiesen war. Nur ein Parlament, das nicht Volksvertretung, sondern Volksrepräsentation zu sein beansprucht, ist nach oben und unten souverän. Der Umstand, daß im deutschen politischen Denken der Gedanke der Repräsentation nicht tiefere Wurzeln geschlagen hat, ist eine Erscheinungsform der Tragödie des deutschen Liberalismus.« (E. Fraenkel, Die repräsentative und die plebiszitäre Komponente im demokratischen Verfassungsstaat, Tübingen, 1958, S. 42).

9 Zur Geschichte der Parteien und des Parteibegriffs vgl. K. v. Beyme, Partei, Faktion, in: O. Brunner, W. Conze, R. Koselleck (Hrsg.), Geschichtliche Grundbegriffe, Stuttgart 1971, Bd. 4, S. 677ff. Für die Epoche des Dritten Reichs vgl. P. Diehl-Thiele, Partei und Staat im Dritten Reich, München 1969.

10 Über das Verhältnis, das heute in der Bundesrepublik Deutschland zwischen Parlamenten, Regierungen und den gesellschaftlichen Verbänden besteht, vgl. Th. Ellwein, Das Regierungssystem der Bundesrepublik Deutschland, Opladen 1977, S. 261ff.

11 E. Fraenkel beschreibt die herrschende Aversion gegen den Gruppeneinfluß wie folgt: »Man denke nur an die nie abreißende Kritik an den Interessengruppen, die unabläs-

sig als Fremdkörper, wenn nicht gar als Pestbeulen im demokratischen Regierungsprozeß verdammt werden – als ob es eine moderne freiheitliche Demokratie ohne Gewerkschaften, Arbeitgeberverbände, Beamten-, Handwerker-, Bauern- und Studentenorganisationen geben könne. Man denke an die Klage, daß die öffentliche Meinung von den Managern der Massenkommunikationsmittel und den Funktionären der Parteien und Verbände ›gemacht‹ werde – als ob es möglich sei, daß sie so wie Minerva aus dem Volksgeist entspringen könne. Man denke an das Unbehagen darüber, daß im Parlament die Reden zum Fenster hinaus gehalten werden – als ob es nicht die Aufgabe der Parlamentsdebatten sei, der breiten Öffentlichkeit Alternativen aufzuzeigen, um dergestalt dem Volk die Gelegenheit zu geben, nicht nur abzustimmen, sondern im echten Sinn des Wortes zu ›wählen‹. Man denke an den Vorwurf, daß die Mitglieder des Parlaments blind der Parteiparole Folge leisten, anstatt der Stimme ihres Gewissens zu folgen (von der stillschweigend unterstellt wird, daß sie darüber Auskunft zu erteilen vermag, welche der denkbaren Lösungsmöglichkeiten eines detaillierten politischen Problems am besten dem Gemeinwohl entspricht) – als ob ohne Fraktionsdisziplin parlamentarisch regiert werden könne.« (E. Fraenkel, Reformismus und Pluralismus, Hamburg 1973, S. 393).

12 K. Loewenstein definiert den Begriff der gesellschaftlichen Gruppe so: »Eine pluralistische Gruppe im weitesten Sinne ist jede Vereinigung von Menschen, die im Bewußtsein ihrer gemeinsamen Interessen sich organisatorisch verbunden haben. Diese Interessen können der verschiedensten Art sein: politisch – die politische Partei ist die wichtigste aller pluralistischen Gruppen; religiös – die Kirchen; wirtschaftlich – die Unternehmerverbände und Gewerkschaften; gewerblich und beruflich – die Innungen und die Verbände der freien Berufe; oder kulturell – von den Anhängern des Volkstanzes bis zu denen der Nacktkultur.« (K. Loewenstein, Gruppenpluralismus und Machtdynamik, in: F. Nuscheler, W. Steffani (Hrsg.), Pluralismus, München 1972, S. 185.

13 In der deutschen Geschichte speist sich ein antipluralistischer Affekt auch aus einem Verständnis der Trennung von Staat und Gesellschaft, welches seine Wurzeln noch im Absolutismus des 19. Jahrhunderts hat. Darauf macht K. Sontheimer aufmerksam: »Die Abhebung des Staates vom Bereich der Gesellschaft entsprach einer historischen Entwicklungsstufe der deutschen Geschichte des 19. Jahrhunderts, die für unsere Gegenwart kaum mehr Bedeutung besitzt. Sie hat in der Weimarer Republik zweifellos dazu gedient, das Verfassungssystem der demokratischen Republik von falschen Prämissen her zu begreifen, und jene Übersteigerung des Staatsgedankens ermöglicht, die schließlich den totalitären Staat als kraftvollen Zuchtmeister der Gesellschaft feierte, einer Gesellschaft, die durch ihren zerstörerischen Pluralismus die Substanz des Staates unterminiert und ihn zur Beute der Partikularinteressen erniedrigt habe.« (K. Sontheimer, Staatsidee und staatliche Wirklichkeit heute, in: F. Nuscheler, W. Steffani [Hrsg.], Pluralismus, München 1972, S. 205).

14 Zur Geschichte des Parlamentarismus in Westeuropa vgl. Th. Ellwein und A. Görlitz, Parlament und Verwaltung, Stuttgart 1967, S. 13ff.

15 E. Fraenkel, Um die Verfassung, in: F. Nuscheler und W. Steffani (Hrsg.), Pluralismus, München 1972, S. 148.

16 Im Unterschied zur ›Weimarer Republik‹ spielt heute in der Bundesrepublik die Klassenzugehörigkeit der Wähler keine ausschlaggebende Rolle bei ihrem Wahlverhalten, vgl. W. Hennis, Politik als praktische Wissenschaft, München 1968, S. 127.

17 K. D. Bracher hat in ›Deutschland zwischen Demokratie und Diktatur‹ (Bern 1964) die Situation der ›Weimarer Republik‹ knapp und plastisch dargestellt (S. 11–109).

18 C. Schmitt, Die konkrete Verfassungslage der Gegenwart, 1931, in: Nuscheler und Steffani (Hrsg.), Pluralismus, S. 103.

19 Zur Diskussion der Kontroverse um die Staatstheorie von C. Schmitt vgl. W. Schluchter, Entscheidung für den sozialen Rechtsstaat, Köln 1968, S. 216ff.

20 J.-J. Rousseau, Der Gesellschaftsvertrag, Buch II, Kap. 3.

21 C. Schmitt, Die geistesgeschichtliche Lage des Parlamentarismus, Leipzig 1926, S. 14.

22 Kritisch dazu E. Fraenkel: »Keine Theorie der Demokratie kommt über die Tatsache hinweg, daß das deutsche demokratische Denken nach wie vor von der dem Vulgärdemokratismus zugrunde liegenden Hypothese eines einheitlichen Volkswillens und dem hieraus abgeleiteten Postulat beherrscht wird, diesen hypostasierten einheitlichen Volkswillen zur Grundlage des gesamten demokratischen Regierungssystems und Regierungsprozesses zu machen. Unter der Zwangsvorstellung leidend, daß ›Volksherrschaft‹ und positive Einstellung zu dem differenzierten Charakter der Gesellschaft unvereinbar miteinander sind, neigt der Vulgärdemokratismus dazu, *entweder* die Augen vor der Diskrepanz zu verschließen, die zwischen der Idee des Vulgärdemokratismus und der ihm korrespondierenden Soziologie besteht, notfalls das Vorliegen einer solchen Divergenz totzuschweigen; *oder* er verzweifelt an der Möglichkeit der Realisierung einer autonomen genuinen demokratischen Ordnung und verschreibt sich der Lehre, nur ein zwar demokratisch gewählter, aber mit autokratischen Bedürfnissen ausgestatteter Führer sei imstande, diese vor dem Verfall zu retten; *oder* er glaubt dem Dilemma dadurch entgehen zu können, daß er seine ganze Energie daran setzt, die Faktoren zu beseitigen, die (seiner Überzeugung nach) in erster Linie für den heterogenen Charakter der Gesellschaft verantwortlich sind.« (E. Fraenkel, Reformismus und Pluralismus, Hamburg 1973, S. 413) Die erste Folgerung ziehen heute bei uns die ›Grünen‹. Die zweite Konsequenz liegt nahe, wenn man denkt wie C. Schmitt, die dritte beschreibt die neomarxistische Folgerung.

23 Dem Postulat der *Demokratisierung*, das in den 70er Jahren mit viel politischer und gesellschaftlicher Resonanz vertreten wurde, lag in der Regel die Verwechslung der pluralistischen Demokratie mit der Konsensdemokratie zugrunde. So sieht es auch K. Hartmann: »Verständlich wird die These (der Demokratisierung, W. B.) von einem Sozialismus her, der in der sogenannten liberalen (politischen) Demokratie nicht das zureichende Mittel sieht, eine freie Gesellschaft zu verwirklichen; gefordert wird eine ›Entwicklung der formellen zur materialen, der liberalen zur sozialen Demokratie‹ (Habermas). Hintergrund für die These ist die Idee einer Kommunikationsgemeinschaft, die ... ein nicht-institutionelles Freiheitskonzept mit als demokratisch empfundenen Spielregeln zur Konfliktregelung und Wahrheitsfindung beinhaltet.« (K. Hartmann, Politische Philosophie, Freiburg, München 1981, S. 257).
Zur Kritik der Demokratisierungsthese vgl. auch W. Hennis, Demokratisierung. Zur Problematik eines Begriffs, Köln/Opladen 1970.

24 J. Habermas, Über den Begriff der politischen Beteiligung, in: J. Habermas u. a., Student und Politik, Neuwied 1969, S. 14.

25 Das konsensdemokratische Konzept entstammt historisch dem in Frankreich während des 18. Jahrhunderts aufgekommenen Leitbild ›der einen unteilbaren Nation‹. »Eine an dem Leitbild der ›nation une et indivisible‹ ausgerichtete Verfassungsordnung, die dieser unteilbaren Nation als Kollektiveinheit nicht nur kraft Verfassungsrecht die Souveränität, sondern in der Verfassungswirklichkeit auch die Ausübung der höchsten Regierungsgewalt zuweist, muß in der Forderung, den Trägern der Regierung die Ausübung einer eigenständigen Gewalt zuzuerkennen, eine Anzweif-

lung der moralisch-philosophischen Prämissen erblicken, auf der Demokratie beruht ... Darüber hinaus muß eine an dem Leitbild der ›nation une et indivisible‹ ausgerichtete Demokratie in der Aufdeckung des pluralistischen Charakters der Gesellschaft eine Herausforderung und in der kollektiven Geltendmachung von Partikularinteressen ein Attentat auf ihren Bestand erblicken.« (E. Fraenkel, Strukturdefekte der Demokratie und deren Überwindung, in: E. Fraenkel, K. Sontheimer, B. Crick, Beiträge zur Theorie und Kritik der pluralistischen Demokratie, Bonn 1969, S. 10).

26 Zum Gemeinwohlbegriff aus der Sicht der ökonomischen Theorie der Politik vgl. Ph. Herder-Dorneich, M. Groser, Ökonomische Theorie des politischen Wettbewerbs, Göttingen 1977, S. 71 ff.

27 Daß Konflikte und kritische Auseinandersetzungen zwischen politischen Parteien und gesellschaftlichen Gruppen in der pluralistischen Demokratie – im Unterschied zum Modell der Konsensdemokratie – positiv zu bewerten sind, weil man die Ergebnisse derartiger Konkurrenzen positiv gewichtet, hat R. Dahrendorf häufig betont. Vgl. R. Dahrendorf, Gesellschaft und Demokratie in Deutschland, München 1968, S. 151 ff.

28 Es gehört zu den Merkwürdigkeiten der repräsentativen Demokratie, daß sie den ›Masseneindruck‹ protestierender *Minderheiten* selber erzeugt. Und zwar dadurch, daß die *wirkliche* Masse der Bürger nie *massenhaft* in Erscheinung tritt, sondern allein in der bekannten routinemäßigen Form des ›individualisierten‹ Gangs zur Wahlurne.

29 K. Sontheimer weist darauf hin, daß die bereits etablierten und in juristischer Verbandsform organisierten gesellschaftlichen Interessenvertretungen selber auch antipluralistische Wirkungen erzeugen: »Der Pluralismus, der als die soziale Ausdrucksform einer freien und offenen Gesellschaft anzusehen ist, institutionalisiert und bürokratisiert sich im einzelnen wie im Ganzen. Die Verfestigung der pluralistischen Machtstruktur bewirkt, daß neu sich bildende gesellschaftliche Interessengruppen es schwerer haben, in den Kreis der vom pluralistischen Konsensus akzeptierten Partner einzutreten und an der pluralistischen Machtverteilung zu partizipieren ... Ein pluralistisches System steht also immer wieder in der Gefahr, zu einem ›Establishment‹ zu werden, das wesentliche Machtverschiebungen und den Wechsel von an der Macht partizipierenden Gruppen verhindern will.« (K. Sontheimer, Zur Kritik an der Theorie der pluralistischen Demokratie, in: E. Fraenkel, K. Sontheimer, B. Crick, Beiträge zur Theorie und Kritik der pluralistischen Demokratie, Bonn 1969, S. 29).

30 Von der geschichtlichen Erfahrung her bestehen in Deutschland durchaus günstige Voraussetzungen für die Praktizierung der pluralistischen Demokratie. In Deutschland hat der monarchische Absolutismus des 18. und 19. Jahrhunderts nämlich nicht das Zustandekommen eines Zentralstaates auf der Grundlage der Einheit der Nation bewirkt. Die Geschichte der deutschen Staaten war während dieser historischen Epoche die Geschichte eines in Kleinstaaten zerfallenden Partikularismus. Die kaiserliche Zentralgewalt des alten ›Heiligen Römischen Reiches Deutscher Nation‹ war nie sehr stark. Auch das Deutsche Reich, welches 1870/71 unter der Führung Preußens entstand, hat nie zu einer staatlichen und nationalen Geschlossenheit finden können, die man mit derjenigen Frankreichs oder Großbritanniens hätte vergleichen können. Der von den meisten deutschen Geschichtswissenschaftlern stets beklagte Partikularismus der deutschen Stämme und Staaten kann sich in der Gegenwart als eine positive Grundlage für eine Staatsform wie die pluralistische Demokratie auswirken, für die antizentrale, partikularistische Züge charakteristisch sind.

1 Programme der deutschen Sozialdemokratie, Stuttgart 1963, S. 76.

2 Programme der deutschen Sozialdemokratie, a. a. O. S. 191.

3 Programme der deutschen Sozialdemokratie, a. a. O. S. 193.

4 Das grundsätzliche Mißverständnis des Lorenzen-Schwemmerschen ›Programms‹ der Rationalisierung der politischen Sprache besteht darin, daß allein die Präzisionskriterien der Wissenschaften und der Logik zugrunde gelegt werden. Vgl. P. Lorenzen, Das Begründungsproblem politischen Wissens, in: Theorie der technischen und politischen Vernunft, Stuttgart 1978, S. 119ff., und O. Schwemmer, Philosophie der Praxis, Frankfurt 1971.

5 Besonders H. Kelsen hat in seiner Theorie der Demokratie mit Nachdruck die Nichtobjektivierbarkeit politischer Entscheidungen (›nichtobjektivierbar‹ am Maßstab wissenschaftlicher Objektivitätsideale) als Hauptgrund für die Anwendung der demokratischen Verfahren angeführt. Vgl. H. Kelsen, Vom Wert und Wesen der Demokratie, Tübingen 1929; ders.: Foundations of Democracy, in: Ethics, LXVI, Nr. 1, II.

6 Vgl. K. Lompe, Wissenschaftliche Beratung der Politik, Göttingen 1966, und kritisch H. Lübbe, Theorie und Entscheidung, Freiburg 1971.

7 Zu Fragen der Politikberatung vgl. den Sammelband ›Probleme der normativen Ökonomik‹ (hier besonders die Einleitung der Herausgeber H. Giersch und E. v. Beckerath), Berlin 1963.

8 Über ungerechtfertigte Ansprüche z. B. des ›soziologischen Orientierungswissens‹ in der Gegenwart vgl. H. Schelsky, Die Arbeit tun die anderen, Opladen 1975, S. 39ff.

9 Zum Verhältnis ›Planung und Politik‹ im demokratischen Rahmen vgl. F. W. Scharpf, Planung als politischer Prozeß, Frankfurt 1973, S. 114ff.

10 Ein konkreter, weitreichender Vorschlag zur Verbesserung sowohl der Rationalität politischer Entscheidungen (in erster Linie der Gesetzgebung) als auch der Verbesserung der sozialwissenschaftlichen Forschung stammt von K. Eckel, Das Sozialexperiment, in: Zeitschrift für Soziologie, Jhg. 7, (1978), Heft 1.

11 Über die Problematik, wie eine ›praktische Wissenschaft von der Politik‹ und politisches Handeln in eine positive Beziehung miteinander gebracht werden können, vgl. D. Oberndörfer, Wissenschaftliche Politik, eine Einführung in Grundfragen ihrer Tradition und Theorie, Freiburg 1962, S. 49ff.

12 Selbst K. R. Poppers Forderung einer politischen ›Stückwerk‹-Technik, die die Maßstäbe für die Bewertung sinnvoller politischer Zielsetzungen und Handlungen aus dem Rationalitätsbegriff der empirischen Wissenschaften bezieht, weckt, wie ich fürchte, falsche Hoffnungen. Denn es bleibt unklar, wie das Verhältnis zwischen den wissenschaftlich zur Verfügung gestellten Beratungselementen und den *politischen* Entscheidungsverfahren der Demokratie aussieht. Die Skepsis wird fraglos noch gesteigert durch den wissenschaftlich ›unzuverlässigen‹ Zustand der heutigen empirischen Sozialwissenschaften, ein nach wie vor unbefriedigender Zustand, auf den gerade Wissenschaftstheoretiker wie Popper (und in Deutschland etwa K. Eckel) hinweisen, die gleichwohl eine Erhöhung der politischen Rationalität durch wissenschaftliche Politikberatung erwarten.

IV. Liberalismus

1. Der Begriff der Freiheit in ethischer und politischer Beleuchtung

1 Für einen Minimalgehalt von Freiheit hat J. Berlin die Unterscheidung zwischen ›negativer‹ und ›positiver‹ Freiheit entwickelt. Vgl. Berlin, Two Concepts of Liberty, Oxford 1958, und ders., Four Essays on Liberty, Oxford 1969. Die Unterscheidung wurde auch von N. P. Barry aufgenommen in: An Introduction to Modern Political Theory, London 1981, S. 164ff. Für eine grundsätzlich kritische Analyse des Verhältnisses von negativer und positiver Freiheit vgl. G. C. MacCallum, Negative and Positive Freedom, in: Philosophy, Politics and Society IV (ed. by P. Laslett, W. G. Runciman and Q. Skinner), Oxford 1972, S. 174ff.

2 Zur Geschichte des Freiheitsbegriffs vgl. die Artikel ›Freiheit‹ von W. Conze, J. Bleicken, G. May, C. Dipper, H. Günther, D. Klippel, in: O. Brunner, W. Conze, R. Koselleck (Hrsg.), Geschichtliche Grundbegriffe, Stuttgart 1971, Bd. 2, S. 425ff.

3 Über das ›Verhältnis von Determination und Freiheit‹ vgl. K. Acham, Vernunft und Engagement, Wien 1972, S. 143ff.

4 Über soziale Normen und ihr Zustandekommen vgl. K. Scheuch/Th. Kutsch, Grundbegriffe der Soziologie, Stuttgart 1975, S. 241ff.

5 Zur Bedeutungsanalyse der Begriffe ›Egoismus‹ und ›Altruismus‹ vgl. J. L. Mackie, Ethik, Stuttgart 1981, S. 216ff. Zum Gegensatz ›Altruismus – Egoismus‹ vgl. R. D. Milo (Hrsg.), Egoism and Altruism, Belmont 1973; T. Nagel, The Possibility of Altruism, Oxford 1970.

6 Zur Vereinbarkeit von Determinismus und Freiheit vgl. K. R. Popper, Objektive Erkenntnis, Hamburg 1973, S. 230ff.

7 Zur Struktur des Handlungsbegriffs vgl. G. Gäfgen, Formale Theorie des strategischen Handelns, in: H. Lenk (Hrsg.), Handlungstheorien – interdisziplinär, München 1980, Bd. 1, S. 249ff. Zur Handlungslogik im engeren Sinne im gleichen Band G. H. von Wright, Elemente der Handlungslogik, S. 21ff. Zu unterschiedlichen Interpretationen des Handlungsbegriffs in der analytischen Philosophie vgl. H. Lenk, Handlung als Interpretationskonstrukt, in H. Lenk (Hrsg.), Handlungstheorien – interdisziplinär, München 1978, Bd. 2, S. 279ff. Über die Frage anthropologischer Voraussetzungen des Handlungsbegriffs vgl. M. Riedel, Handlungstheorie als ethische Grunddisziplin, in: H. Lenk (Hrsg.), Handlungstheorien – interdisziplinär, München 1978, Bd. 2 (2), S. 139ff.

8 Für einen vollständigen Überblick über die in der modernen Philosophie diskutierten Freiheitskonzepte vgl. M. Pothast, Die Unzulänglichkeit der Freiheitsbeweise, Frankfurt 1980.

9 Zum Problem der Willensfreiheit vgl. D. J. O'Connor, Free Will, London 1972. Das Problem behandelt in metaphysischer Hinsicht mit dem Instrumentarium der modernen Logik A. Plantinga, The Nature of Necessity, Oxford 1974. Einige Originalbeiträge zum Willensfreiheitsproblem finden sich bei D. Birnbacher und N. Hoerster (Hrsg.), Texte zur Ethik, München 1976, S. 305ff. Aus christlicher Sicht behandelt das Freiheitsproblem R. Ginters, Freiheit und Verantwortlichkeit, Düsseldorf 1977. Vgl. auch E. Oldemeyer, Handeln und Bewußtsein, in: H. Lenk (Hrsg.), Handlungstheorien – interdisziplinär, München 1978, Bd. 2 (2), S. 729ff. Zur Theorie des Bewußtseins vgl. J. Eccles, Die menschliche Persönlichkeit: ein wissenschaftliches und ein philosophisches Problem, in: Naturwissenschaftliche Rundschau, 34. Jhg. Heft 6, S. 227ff.

10 Zum ›Mittel-Zweck‹-Verhältnis, speziell unter nationalökonomischen Aspekten, vgl. K. Hohmann, Die Interdependenz von Zielen und Mitteln, Tübingen 1980. Zur ›Logik der Ziele‹ (bzw. Zwecke) des Handelns vgl. W. K. Essler, Wissenschaftstheorie IV, Freiburg 1979, S. 193ff.

11 Vgl. ›Die logische Struktur des Begriffs Freiheit‹ von B. Baron v. Freytag-Löringhoff, in: J. Simon (Hrsg.), Freiheit, Freiburg 1977.

12 Zu ethischen Problemen aus heutiger christlicher Sicht vgl. W. Kluxen, Ethik des Ethos, Freiburg 1974.

13 Zur Geschichte des Handlungsbegriffs vgl. W. Oelmüller, Zur Rekonstruktion unserer vorgegebenen Handlungsbedingungen, München 1979, Bd. 2 (2), S. 685ff.

14 Zur ethischen Bedeutung des Freiheitsbegriffs vgl. R. M. Hare, Freiheit und Vernunft, Düsseldorf 1973.

15 Zur Frage der Bewertung von Handlungen und der Wertorientierung von Handlungen generell vgl. H. Lenk, Pragmatische Philosophie, Hamburg 1975, S. 145ff.

2. Die liberalen Grundfreiheiten im Wandel von der christlich-religiösen zur demokratischen Legitimation

1 Vgl. H. Maier, Die Grundrechte der Menschen im modernen Staat, Osnabrück 1973.

2 Zur Geschichte der Grundrechte vgl. W. Fikentscher, Methoden des Rechts, Tübingen 1977, Bd. IV.

3 Zur Geschichte des Naturrechts vom Altertum bis zur Neuzeit vgl. K. H. Ilting, Naturrecht, in: O. Brunner, W. Conze, R. Koselleck (Hrsg.), Geschichtliche Grundbegriffe, Stuttgart 1971, Bd. 4, S. 245ff.

4 Zur Geschichte der amerikanischen Demokratie vgl. Readings in American Democracy (ed. by G. Stourzh u. a.), Oxford 1966.

5 Über die politische Philosophie von J. Locke vgl. R. Polin, La Politique de John Locke, Paris 1960; zur Biographie von Locke vgl. M. Cranston, John Locke, A Biography, London 1957.

6 Vgl. D. Sternberger, Der alte Streit um den Ursprung der Herrschaft (Vortrag bei der Jahresversammlung der Bayer. Akademie der Schönen Künste 1977).

7 J. Locke, Zwei Abhandlungen über Regierung, Halle 1906, II § 4.

8 J. Locke, a. a. O., II § 22.

9 J. Locke, a. a. O., II § 6.

10 Zur Geschichte des Freiheitsverständnisses: »›Frei‹ war ein Rechtsbegriff, durch den die Glieder einer Bluts- und Stammesgemeinschaft von Fremden = Nichtfreien abgehoben waren. Daraus ergaben sich die beiden Hauptbedeutungen, die abgewandelt bis zur Gegenwart nachwirken: 1. Freisein (Freiheit) bedeutet ledig sein von fremder Gewalt innerhalb der Gruppe oder des Bereichs, in denen ›Freiheit‹ gewahrt ist; 2. Freisein (Freiheit) kann nur bestehen, wenn sie durch eine eigene bzw. anerkannte, durchsetzbare Gewalt gegen Verletzung oder Unterdrückung durch fremde Gewalt geschützt ist (›Friede‹). Ehe der moderne Staat das ausschließliche Recht legitimer Gewaltanwendung für sich durchsetzte, in seinen Grenzen Frieden und damit Freiheit für seine Bürger sicherte, hing verwirklichte Freiheit stets von der Reichweite der konkurrierenden Machtinhaber ab, sowohl in vertikaler wie in horizontaler Richtung. Daraus ergab sich die Vielzahl der ›Freiheiten‹, die stets personell und räumlich so weit galten, wie sie wirksam Schutz genossen. Schon im Mittelalter wurden neben dem solcherart begründeten Rechtsbegriff der ›Freiheit(en)‹ sowohl der in der Spät-

antike entwickelte philosophische wie der christliche Freiheitsbegriff (beide auf den Menschen als Person bezogen) auch für die politische Ordnung und Denkweise mitbestimmend. Diese Tendenz steigerte sich in der Ausbildung des modernen Naturrechts und wurde seit der Amerikanischen und Französischen Revolution im Staats- und Völkerrecht wirksam.« (W. Conze, Freiheit, in: O. Brunner, W. Conze, R. Koselleck [Hrsg.], Geschichtliche Grundbegriffe, Stuttgart 1971, Bd. 2, S. 425f.).

11 J. Locke, a. a. O., II § 6.

12 Über unterschiedliche Gleichheitsbegriffe vgl. die systematische Untersuchung von C. E. Bärsch, Die Gleichheit der Ungleichen, München 1979.

13 Über biologische Ungleichheiten zwischen Menschen vgl. H. Mohr, Erbgut und Umwelt, in: D. Oberndörfer, W. Jäger (Hrsg.), Die neue Elite, Freiburg 1975, S. 87ff.

14 Für die Einordnung der heutigen christlichen Konfessionen in den liberalen Meinungspluralismus vgl. A. Bellebaum, Soziologie der modernen Gesellschaft, Hamburg 1977, S. 101f.

15 Zum ›Menschenbild des Grundgesetzes‹ vgl. A. Baruzzi, Europäisches ›Menschenbild‹ und das Grundgesetz für die Bundesrepublik Deutschland, Freiburg 1979, S. 76ff.

16 Gleichwohl wurde die christliche These der Gleichheit in der römischen Spätantike durchaus mit einer irdischen Existenz als Sklave als vereinbar gehalten.

17 In den Zusammenhang der ›Privatisierung der Religion‹ gehören die Diskussionen über die Funktionen einer ›Zivilreligion‹ unter den neuzeitlichen Aufklärungsbedingungen. Vgl. hierzu M. Kriele, Befreiung und politische Aufklärung, Freiburg 1980; N. Luhmann, Grundwerte als Zivilreligion, in: Archivio di Filosofia, Roma 1978, S. 51ff.; H. Lübbe, Staat und Zivilreligion, in: Lübbe u. a., Legitimation des modernen Staates, Wiesbaden 1981, S. 40–64.

18 Bei Kant heißt es zum Konsens: »Die gesetzgebende Gewalt kann nur dem vereinigten Willen des Volkes zukommen. Denn, da von ihr alles Recht ausgehen soll, so muß sie durch ihr Gesetz schlechterdings niemand unrecht tun können. Nun ist es, wenn jemand etwas gegen einen anderen verfügt, immer möglich, daß er ihm unrecht tue, nie aber in dem, was er über sich selbst beschließt ... Also kann nur der übereinstimmende und vereinigte Wille aller, sofern ein jeder über alle und alle über einen jeden ebendasselbe beschließen, mithin nur der allgemein vereinigte Volkswille gesetzgebend sein.« (I. Kant, Grundlegung zur Metaphysik der Sitten, in: Werke, hrsg. von W. Weischedel, Frankfurt 1964, Bd. IV, S. 432).

19 Vgl. H. Lübbe, Religion nach der Aufklärung, in: Th. Rendtorff (Hrsg.), Religion als Problem der Aufklärung, Göttingen 1980, S. 165ff.

20 Locke selber hat sein Modell in erster Linie nicht als eine bestimmte, d. h. unter den Prämissen des liberalen Individualismus stehende Möglichkeit verstanden, eine Staatsform zu *rechtfertigen*. Er wollte mit dem Modell hauptsächlich die Art und Weise *erklären*, wie man sich unter ›Naturzustands‹-Bedingungen die Entstehung eines Staates klar machen kann. (Vgl. L. Kern, Neue Vertragstheorien, Hain-Verlag 1980, S. 9.) Die Grundfreiheiten des politischen Liberalismus und der damit verbundene Staatsbegriff sind jedoch in den gesellschaftlichen und historischen Realitäten, in denen sie aufgegriffen wurden, von Anfang an als *Postulate* politischer *Ethik* verstanden worden.

21 Auf die enge Verknüpfung zwischen Eigentum und individueller Freiheit weist H. Albert hin: »Die Sicherung eines autonomen Bereichs für jede Person, innerhalb dessen sie ungestört eigene Entscheidungen treffen kann und gegen willkürliche Eingriffe durch andere Personen und durch die Staatsgewalt geschützt ist, ist, welthistorisch gesehen, nicht die Regel, sondern die Ausnahme. In Despotien pflegen die Unterta-

nen kein Eigentum in dem für Westeuropa charakteristischen Sinne zu besitzen. Insofern hängen Eigentum und Freiheit eng miteinander zusammen.« (H. Albert, Traktat über rationale Praxis, Tübingen 1978, S. 138).

22 J. Locke, a. a. O., §§ 123–26.

23 Das ›Trittbrettfahrerproblem‹ war bereits den Klassikern D. Hume und J. St. Mill bekannt. Für eine moderne Darstellung dieser Positionen der Klassiker vgl. R. E. Sartorius, Individual Conduct and Social Norms, Encino 1975, und M. Taylor, Anarchy and Cooperation, London 1976, (Kap. 6).

24 Die für das Verständnis unserer faktischen moralischen Institutionen äußerst fruchtbare Unterscheidung zwischen gesellschaftlichen ›Nah-‹ und ›Fernbereichen‹ geht auf David Hume zurück. Seine Unterscheidung zwischen ›natürlichen Tugenden‹, die im Nahbereich einer Person wirksam werden, und sogenannten ›künstlichen Tugenden‹ ist nur vor diesem Hintergrund verständlich. Mit Bezug auf das Recht ist vor allen Dingen der dem Ursprung der Staatsgewalt gewidmete Abschnitt des ›Traktat über die menschliche Natur‹ eindrucksvoll. Dort heißt es: »Die einzige Schwierigkeit besteht nun in der Auffindung dieses Mittels, durch das die Menschen ihrer natürlichen Schwäche abhelfen und sich die Nötigung auferlegen, die Normen des Rechtes und der Billigkeit einzuhalten, trotz ihrer heftigen Neigung, das Nähere dem Entfernten vorzuziehen. Offenbar nun kann ein solches Mittel keinen Erfolg haben, wenn es nicht diese Neigung ändert. Und da es unmöglich ist, etwas wesentliches in unserer Natur zu ändern oder abzustellen, so können wir nichts anderes tun, als unsere Lage und Umstände so zu verändern, daß die Einhaltung der Rechtsnormen unser nächstes und ihre Übertretung unser entferntestes Interesse wird.« (D. Hume, Ein Traktat über die menschliche Natur, Hamburg 1978, Bd. 2, S. 286) Die Bedeutung dieser Humeschen Erkenntnis wird in neuerer Zeit immer mehr anerkannt. So etwa bei D. Miller, Philosophy and Ideology in Hume's Political Thought, Oxford 1981, Kap. IV.
Die Unterscheidung zwischen Nah- und Fernbereich von Personen steht aber vor allem im Mittelpunkt des Buches von J. L. Mackie, Hume's Moral Theory, London 1980. Allgemeine Erkenntnisse der Soziobiologie stützen die Auffassung von einer natürlichen Tendenz des Menschen, altruistisches Handeln vor allen Dingen gegenüber Personen seiner näheren Umgebung an den Tag zu legen. Soziobiologische Erklärungsmodelle für altruistisches Verhalten enthalten entweder die Voraussetzung naher verwandtschaftlicher Beziehungen oder die separierter Kleingruppen, in denen eine Tendenz zur Gegenseitigkeit des altruistischen Verhaltens besteht. Vgl. für einen kurzen Überblick über das Verhältnis von Soziobiologie und Moral, der gleichzeitig eine kritisch wertende Übersicht der wichtigsten Literatur enthält: P. Singer, Ethics and Sociobiology, in: Philosophy and Public Affairs, 1982, Vol. XI.
Einen gewaltsamen Abbau naturwüchsiger Zusammenhänge und gegenseitiger Hilfe im ›Nahbereich‹ von Personen sieht der berühmte Theoretiker des Anarchismus P. Kropotkin in der geschichtlichen Entwicklung zum neuzeitlichen Flächenstaat. Plastisch tritt seine Art der Geschichtsinterpretation hervor, wenn er die Zerschlagung mittelalterlicher Zünfte und Innungen und informeller Produktionsverbände als Unterdrückung einer auf gegenseitiger Hilfe beruhenden Gesellschaftsform schildert (vgl. P. Kropotkin, Gegenseitige Hilfe in der Tier- und Menschenwelt, Berlin 1977).

25 Zur Interpretation des Hobbesschen ›Krieges aller gegen alle‹ als ›Kampf der Meinungen‹ vgl. H. Flieger, Die öffentliche Meinung in der Staatsphilosophie von Thomas Hobbes, Düsseldorf 1975.

26 Zum Staatsbegriff von Hobbes vgl. W. Röd, Thomas Hobbes, in: Klassiker der Philosophie (hrsg. v. O. Höffe), München 1981, Bd. 1, S. 280ff.

27 Zum Problem der ›rechtlichen Ausgestaltung, Begrenzung und Schutz der Grundrechte‹ vgl. K. Hesse, Grundzüge des Verfassungsrechts der Bundesrepublik Deutschland, Heidelberg / Karlsruhe 1980, S. 129ff. Die Grundrechte sind durch einen ›Doppelcharakter‹ gekennzeichnet: »In den Grundrechten des Grundgesetzes verbinden sich, unterschiedlich akzentuiert und in fließenden Übergängen, mehrere Bedeutungsschichten. Einerseits sind sie subjektive Rechte, Rechte des einzelnen, und zwar nicht nur in den Menschen- und Bürgerrechten im engeren Sinne, sondern auch dort, wo sie zugleich ein Rechtsinstitut oder die Freiheit eines Lebensbereichs gewährleisten. Andererseits sind sie Grundelemente objektiver Ordnung des Gemeinwesens. ... Wegen dieses Doppelcharakters wirken die Grundrechte statusbegründend: als subjektive Rechte bestimmen und sichern sie den Rechtszustand des einzelnen in seinen Fundamenten; als (objektive) Grundelemente der demokratischen und rechtsstaatlichen Ordnung fügen sie ihn in diese Ordnung ein, die ihrerseits erst durch die Aktualisierung jener subjektiven Rechte Wirklichkeit gewinnen kann.« (K. Hesse, Grundzüge des Verfassungsrechts der Bundesrepublik Deutschland, Heidelberg / Karlsruhe 1980, S. 118f.).

28 J. Locke, a. a. O., II § 87.

29 Aus der reichen Literatur zu dem auf den Spieltheoretiker A. W. Tucker zurückgehenden ›Gefangenendilemma‹, welches der Sache nach aber insbesondere bereits Hobbes, Hume und J. St. Mill bekannt gewesen ist, sei zunächst auf die Standarddarstellung von R. D. Luce und H. Raiffa, Games and Decisions, New York 1957, (Kap. 5.4), verwiesen. Spieltheoretisch gesehen entsteht das ›Dilemma‹ dadurch, daß Individuen, indem sie gerade das tun, was für sie bei isoliertem Handeln je das beste ist, zu einer kollektiven Lösung gelangen, zu der es eine Alternative gibt, bei der sich jeder besser stehen würde. Etwas konkreter: Das Individuum A hat zwei Handlungen C, D zur Auswahl, von denen eine (D), gleichgültig, was das Individuum B tut, zu besseren Ergebnissen führt als die andere (C). Für das andere Individuum B gilt das gleiche. Auch für B ist die Handlung D besser als die Handlung C, gleichgültig, ob A nach D oder nach C verfährt. Wählen beide die unter allen Umständen bessere Alternative D, so erhalten sie ein Ergebnis (D,D), das für jeden einzelnen schlechter als (C,C) ist. Sie können also allein vom isolierten Eigeninteresse geleitet nicht zu dem für sie besseren Ergebnis (C,C) kommen. Das ›Dilemma‹ besteht darin, daß Dominanz- und Pareto-Prinzip miteinander in Konflikt geraten. Hinter dem Dominanzprinzip steckt, daß eine unter allen Umständen bessere Handlungsalternative auch zu wählen ist; hinter dem Pareto-Prinzip verbirgt sich, daß Alternativen, die für *jeden* einzelnen verbesserungsfähig sind, nicht realisiert werden sollten. Das namengebende Modell sieht wie folgt aus: Zwei Gefangene werden zum Staatsanwalt geführt; nur einer von ihnen kann (nach US-Recht) durch ein eigenes Geständnis (D), während der andere nicht gesteht (C), das Privileg des ›Kronzeugen der Anklage‹ erlangen. Er ginge dann straffrei aus, während der andere 10 Jahre Haft (im Beispielsfall) erhielte. Sind beide geständig, so wird ihnen das zwar als Strafmilderungsgrund angerechnet, sie müssen jedoch beide dann mit 9 Jahren Haft rechnen. Dem könnten sie entgehen, wenn sie beide nicht gestehen würden. Dann müßten beide nur jeder für 1 Jahr ins Gefängnis. In einer Tabelle läßt sich die Entscheidungssituation wie folgt zusammenfassen:

Die Werte der ersten Ziffer in jedem Kästchen geben an, wieviel Jahre A in Haft verbringen muß, die zweiten bilden die entsprechenden Angaben für B. Das Minuszeichen drückt die ›Negativität‹ der Bewertung von ›mehr Gefängnisjahren‹ gegenüber

		Alternativen von B	
		C	D
Alternativen	C	− 1, − 1	− 10, 0
von A	D	0, − 10	− 9, − 9

›weniger Gefängnisjahren‹ aus. Die Gefangenen versuchen natürlich, die für sie negativsten Ergebnisse zu vermeiden. In diesem Bestreben landen sie aber gerade – unter Beachtung des Dominanzprinzips – bei einer Haft von 9 Jahren für jeden. Das schätzen sie negativer ein als die Haftstrafe von je einem Jahr, die sie durch gemeinsames Schweigen gegenüber dem gemeinsamen vergeblichen Versuch, den anderen durch einseitiges Aussagen hereinzulegen, hätten erreichen können. Vgl. hierzu H. Kliemt und B. Schauenberg, Zu M. Taylors Analysen des ›Gefangenendilemmas‹, in: Analyse und Kritik, 1982. Für eine klare Darstellung in Beziehung zur Hobbesschen Staatstheorie und zu utilitaristischen Fairness-Problemen vgl. N. Hoerster, Utilitaristische Ethik und Verallgemeinerung, Freiburg 1977, und M. Taylor, Anarchy and Cooperation, London 1976. Zu empirischen Untersuchungen über das ›Gefangenendilemma‹ vgl. das Standardwerk: A. Rapoport, A. C. Chammah, Prisoner's Dilemma, Ann Arbor 1965.

30 Kritisch zum Gesellschaftsbild des ›anarchistischen Liberalismus‹ vgl. R. Spaemann, Die Utopie der Herrschaftsfreiheit, in: Merkur, 26. Jhg. Heft 9, S. 735–752.

31 Zum Neomarxismus der ›Frankfurter Schule‹ und E. Blochs vgl. A. Schmidt, Kritische Theorie, Humanismus, Aufklärung, Stuttgart 1981.

32 Kritisch zum Utopie-Begriff vgl. K. D. Opp, Social Evolution: Learning Theory Applied to Group Action, in: Theory and Decision 10 (1979), S. 231 ff.

33 Zur Theorie Montesquieus und allgemein zur Gewaltenteilung vgl. L. Desgraves, Montesquieu et l'Esprit des Loix, Bordeaux 1950; E. v. Hippel, Gewaltenteilung im modernen Staat, Koblenz 1948; V. Klemperer, Montesquieu, Heidelberg 1914; H. Peters, Gewaltenteilung in moderner Sicht, Heft 25 der Veröff. d. Arbeitsgem. f. Forschung des Landes Nordrhein-Westfalen, geisteswiss. Reihe (hrsg. v. L. Brandt).

3. Faszination und Unmöglichkeit des Konsenses

1 Vgl. R. B. Nye, J. E. Mopurgo, Geschichte der USA, München 1964, S. 187 ff.

2 Vgl. I. Kant, Zum ewigen Frieden. Ein philosophischer Entwurf, in: Kant, Werke (hrsg. v. W. Weischedel) Darmstadt 1968, Bd. 9, S. 191 ff.

3 Eine besonders herausragende Bedeutung hat das Konsens-Ideal in der deutschen neomarxistischen Sozialphilosophie der Gegenwart. Es ist der positive Maßstab des gesellschafts*kritischen* Dramatisierens von Konflikten und sozialen Gegensätzen. Die Nähe zu historischen Realisierungsbedingungen einer ›konsensualen Gesellschaft‹ wird dort durch die Wahl von Kategorien eschatologischer Geschichtsphilosophie zum Ausdruck gebracht, Kategorien, die die Geschichte der letzten dreihundert Jahre in ›negative‹ Stadien als notwendige Vorbedingungen des konsensualen ›Reiches der Freiheit‹ aufteilen. Die ›eschatologische‹ Aufteilung der Entwicklung des neuzeitlichen Kapitalismus in Früh-, Hoch- und Spätkapitalismus (letzterer die Phase, in der wir angeblich leben) erfreut sich besonderer Beliebtheit.

4 Nebenbei gesagt, hat es den Diskussionen um die Einführung neuer Hochschulgesetze und -strukturen sehr geschadet, daß die verantwortlichen Politiker einschließlich der sie beratenden Wissenschaftler keine klare Vorstellung vom Unterschied zwischen liberalen Individualfreiheiten – und ihrer Funktion beim Zustandekommen kollektiver Ergebnisse wie der Anerkennung von wissenschaftlichen Theorien – und *kollektiven* Entscheidungsverfahren wie den Mehrheitsverfahren gehabt haben. Dieser Umstand erklärt viel von dem konzeptlosen Durcheinander der Hochschulpolitik der vergangenen Jahre.

5 Unbeschadet aller sonstigen Unterschiede ist deutlich, daß die Vertreter des Konsens-Modells sich auf eine ›allgemeine Zustimmung zu einer Staatsverfassung‹ im Sinn der Einstimmigkeitsbedingung festgelegt haben. (Vgl. hierzu bezogen auf F. A. von Hayek und J. M. Buchanan: V. Vanberg, Liberaler Evolutionismus oder vertragstheoretischer Konstitutionalismus? Tübingen 1961.) Es bleibt in der Regel unklar, ob Konsens in diesem Sinne die Einstimmigkeitsbedingung der Mehrheitsverfahren meint oder ›Zustimmung‹ im Sinn des individualistischen Ansatzes des klassischen Liberalismus. Wird Konsens im letzteren Sinn verstanden, wie dies bei v. Hayek und Buchanan der Fall sein müßte, dann verträgt er sich nicht mit einer bewußt geäußerten Zustimmung aller zur Verfassung. Dann müßten nämlich diejenigen, die der Verfassung indifferent gegenüberstehen, weil sie an einer solchen gar nicht interessiert sind, genauso unter diejenigen gefaßt werden, die ihr zustimmen, wie diejenigen, die dies ausdrücklich aus individuellem Kalkül heraus tun. Man sieht aber, daß mit diesem Konzept eine für alle Bürger geltende Verfassung nicht herbeizuführen ist, weil auf diese Weise nur Abmachungen zwischen einzelnen Personen sich ergeben können. Wie nämlich sollen die anderen, die einen Konsens ermöglichen, weil sie indifferent bleiben, durch private Abmachungen anderer zur Anerkennung von deren Resultaten verpflichtet werden? Die Anerkennung eines allgemeinen Regelsystems, wie es eine staatliche Verfassung ist, kann man sich auf dem Weg über private Abmachungen (ähnlich wie bei marktmäßigen Tauschakten) nicht vorstellen.

6 Weil ihm der unrealistische Charakter des Konsenses deutlich war, führt ihn z. B. R. Nozick auch unter einem ›framework for utopia‹ ein. Vgl. R. Nozick, Anarchie, Staat, Utopia, München 1976.

7 Der Umstand, daß aus der ›individualistischen Perspektive‹ die Akzeptierung gesellschaftlicher Entscheidungsverfahren (wie der Mehrheitsverfahren) erst das Ergebnis einer anderen Entscheidungsmodalität, nämlich eines Vertragsschlusses zwischen den Individuen sein muß, macht B. S. Frey deutlich: »Es muß ... der Prozeß analysiert werden, wie sich die Individuen untereinander über die Verwendung der verschiedenen zur Verfügung stehenden gesellschaftlichen Organisationsprinzipien einigen. Erst dann kann gemeinsam (gesellschaftlich) gehandelt werden ... Dieser Vertrag, der die grundsätzlichen Elemente der gesellschaftlichen Entscheidungen regelt und deshalb als Verfassung bezeichnet werden kann, beruht auf freiwilliger Basis. Er kommt somit nur bei Einstimmigkeit zustande.« (B. S. Frey, Moderne politische Ökonomie, München 1977, S. 31f.).

8 J. M. Buchanan, G. Tullock, The Calculus of Consent, Ann Arbor 1971, (S. 77), zit. nach G. Kirsch, Ökonomische Theorie der Politik, Tübingen/Düsseldorf 1974, S. 56. Die bedeutendsten Versionen einer auf Lockeschen Voraussetzungen basierenden Vertragstheorie gehen neben J. Rawls auf J. M. Buchanan (Limits of Liberty: Between Anarchy and Leviathan, Chicago 1975) und R. Nozick (Anarchie, Staat, Utopia, München 1976) zurück. Für einen kurzen Allgemeinüberblick vgl. S. Gordon, The

New Contractarians, in: The Journal of Political Economy, 1976, Bd. 84, Nr. 3, S. 573ff. Die Theorie der Staatslegitimation (einschließlich der Staatsformen), die am konsequentesten vom paradigmatischen Fall des Konsenses, nämlich der freien Übereinkunft auf einem Markt ausgeht, liegt in der Vertragslehre von R. Nozick vor. Diese bildet die wohl überzeugendste Version einer auf Konsens gegründeten Gesellschaftsvertragslehre. Vgl. zur Einführung und Kritik H. Kliemt, Zustimmungstheorien der Staatsrechtfertigung, Freiburg / München 1980, insbesondere S. 31 ff. Einzelbeiträge zur Nozickschen Theorie findet man in: Arizona Law Review, Bd. 19, 1 (1977).

9 Zum Konsensproblem unter Bedingungen des gesellschaftlichen Pluralismus vgl. P. Atteslander, Der Mensch in der unvollkommenen Gesellschaft, Wien 1980.

4. Die demokratische Rechtfertigung der Freiheit: demokratischer Liberalismus

1 Vgl. K. Marx, Das Kapital, Berlin 1959, Bd. 1 (insbesondere Kap. IV, 13 ›Maschinerie und große Industrie‹).

2 Die Schwäche des klassischen Liberalismus hat E. Fraenkel so beschrieben: »Wie hoch man auch immer das Verdienst einschätzen mag, das der liberale Rechtsstaat des 19. Jahrhunderts sich im Kampf gegen fürstliche Willkür und bürokratischen Absolutismus erworben hat, sollte man doch nicht verkennen, daß er, weil er sich einer individualistischen Gesellschaftsphilosophie verschrieben hatte, an der ›sozialen Frage‹ scheitern mußte und auch tatsächlich weitgehend gescheitert ist.« (E. Fraenkel, Reformismus und Pluralismus, Hamburg 1973, S. 432).

3 Über die unterschiedlichen Kriterien für staatliche Legitimation, die in der gegenwärtigen Diskussion etwa von J. Habermas und C. Offe, von N. Luhmann, W. Hennis und K. Sontheimer angelegt werden, vgl. K. Schubert, Legitimität, in: K. Sontheimer und H. H. Röhring, Handbuch des politischen Systems der Bundesrepublik Deutschland, München 1977, S. 368ff.

4 Vgl. Zahlenbilder aus Politik, Wirtschaft, Kultur, Heft 12/80, Berlin 1980; K. M. Bolte, D. Kappe, J. Schmidt, Bevölkerung – Statistik, Theorie, Geschichte und Politik des Bevölkerungsprozesses, Opladen 1980; Presse- und Informationsamt der Bundesregierung (Hrsg.), Gesellschaftliche Daten 1979, Bonn 1979.

5 Darauf bezieht sich R. Aron: »Die Freiheiten der Liberalen sind für die breite Masse keineswegs bedeutungslos geworden, sofern das Recht auf Leben und körperliche Unversehrtheit, die Freiheit des geschriebenen und gesprochenen Wortes, freie Wahl der Volksvertretung sowie das Recht eines Volkes auf staatliche Unabhängigkeit darin inbegriffen ist. Dagegen wird sich so lange nur eine Minderheit mit dem gesellschaftlichen Programm der whigs solidarisch erklären, als diese einen Aspekt mit dem Ganzen der Freiheit verwechseln und die Kraft der egalitären Forderungen verkennen. Die Freiheit des Konsumenten geht alle an, die Freiheit des Unternehmers lediglich einige.« (R. Aron, Über die Freiheiten, Frankfurt 1968, S. 87).

6 F. Hirsch, Die sozialen Grenzen des Wachstums, Reinbek bei Hamburg 1980, S. 27.

7 Zur philosophischen Problematik des Bedürfnisbegriffs vgl. S. Moser, G. Ropohl, W. Ch. Zimmerli (Hrsg.), Die ›wahren‹ Bedürfnisse oder: Wissen wir, was wir brauchen? Basel / Stuttgart 1978.

8 Über den Problemkomplex der ›sozialen Sicherheit‹ informiert A. Bellebaum, Soziologie der modernen Gesellschaft, Hamburg 1977, S. 245ff.

9 Zur Frage der Vereinbarkeit von Freiheit und Gleichheit vgl. Ch. v. Krockow, Frei-

heit oder Gleichheit? Überlegungen zu einer falschen Alternative, in: Vorgänge, Zeitschrift f. Gesellschaftspolitik, Jhg. 1976, Heft 2, S. 45ff.

10 Zwar ist das, was wir ›Sozialstaat‹ nennen, die Folge der modernen Demokratisierungstendenz, zugleich aber hat sich dadurch die Entwicklung zu einer zunehmenden Bürokratisierung der staatlichen Tätigkeit verstärkt, mit der eine Abnahme demokratischer Kontrolle einhergeht: »Es ist eine alte, aber unverändert gültige Einsicht, daß die fortschreitende Erweiterung des Bereichs staatlicher Aktivitäten zur Vermehrung solcher administrativer Entscheidungen und Maßnahmen führen muß, die der demokratischen Kontrolle durch die parlamentarischen Körperschaften nur bedingt unterliegen. Der moderne Staat hat die Tendenz, immer bürokratischer und immer weniger demokratisch zu werden, womit zum Ausdruck gebracht werden soll, daß die Bedeutung des Beamten im selben Maße wächst, in dem die Bedeutung des Gesetzgebers schwindet.« (R. Aron, Über die Freiheiten, Frankfurt 1968, S. 88).

11 Meyers Enzyklopädisches Lexikon, Mannheim/Wien/Zürich 1978, Bd. 22, S. 176.

12 Über unterschiedliche Arten ›sozialer Steuerung‹ vgl. K. O. Hondrich, Menschliche Bedürfnisse und soziale Steuerung, Hamburg 1975, bes. S. 53ff.

13 Bei der ›demokratischen Umverteilungspolitik‹ ist allerdings in Rechnung zu stellen, daß sie sich auch immer auf die wirtschaftliche Produktivität auswirkt: Werden die besonders produktiven Bereiche in der Wirtschaft (einschließlich der entsprechenden Positionen) nicht auch proportional belohnt, dann wird ihre Produktivität geschwächt. F. A. von Hayek hat immer wieder darauf aufmerksam gemacht, daß die Vorstellung von der gerechten Verteilung eines ›gebackenen Kuchens‹ eine abstrakte und gefährliche Konstruktion von Sozialphilosophen ist, die in der Regel übersehen, daß die Art der Verteilung eines Wirtschaftsprodukts die Zusammensetzung des ›nächsten‹ Produkts wesentlich beeinflußt.

14 Über das Problem der konkreten Ausfüllung des Sozialstaates soll hier nichts gesagt werden, auch nicht über seine die Individualfreiheiten erdrückenden Grenzen. Daß es aber auch vom individualistischen Ansatz der modernen Ökonomie aus für den Sozialstaat gute Gründe gibt, zeigt W. Engels in: Eine konstruktive Kritik des Wohlfahrtsstaats (Vorträge und Aufsätze des W. Eucken-Instituts Bd. 69), Tübingen 1979.

15 Die Gleichheitsidee der demokratischen Legitimation bewirkt, daß sich sozialpolitische Rechtfertigungen meist an der *Benachteiligung* von Minderheiten ausrichten. Das ist unter demokratischen Bedingungen auf den ersten Blick merkwürdig, weil das staatliche Entscheidungsprinzip schließlich das der *Mehrheit* ist.

5. Rechtsstaat und demokratischer Liberalismus

1 Über die Spannung zwischen dem gesellschaftlichen Pluralismus und der Rechtsstaatsidee des klassischen Liberalismus vgl. R. Dahrendorf, Gesellschaft und Demokratie in Deutschland, München 1968, S. 74ff.

2 Eine umfassende Darstellung der Hayekschen Sozialphilosophie findet man bei N. P. Barry, Hayek's Social and Economic Philosophy, London 1979.

3 Zum Gesetzesbegriff unter philosophischem Aspekt vgl. E. Vollrath, Die Rekonstruktion der politischen Urteilskraft, Stuttgart 1977, S. 198ff.

4 F. A. von Hayek, Die Verfassung der Freiheit, Tübingen 1971, S. 185.

5 F. A. von Hayek, a. a. O., S. 186.

6 W. I. Lenin, Staat und Revolution, Berlin 1970, S. 97f.

7 Es ist darüber hinaus wichtig, daß der Pluralismus der gesellschaftlichen Organisationen eine gewisse Breite hat. Z. B. ist es für den öffentlichen Eindruck eines sozialen Interessenausgleichs nicht ausreichend, wenn man sich im wirtschaftlichen Bereich allein auf das Machtgleichgewicht zwischen Arbeitgeber- und Arbeitnehmerverbänden verlassen würde. Zwar tun wir das in der Bundesrepublik nach wie vor in der Hauptsache, und wir sind mit dieser Einstellung auch noch nicht schlecht gefahren. Wir sehen nämlich unser Verhältnis zum Geld, das wir ausgeben können, allein von der Einkommensseite her, und diese wird für die meisten von uns am stärksten durch Verhandlungsergebnisse der Tarifparteien beeinflußt. Wir haben dennoch zu wenig unsere Verbraucherfunktion entdeckt, d. h. den Umstand, daß die Preise, die wir für Wirtschaftsgüter zahlen, nicht bloß in ein Verhältnis zu unserem Verdiensteinkommen zu setzen sind, sondern auch in ein Verhältnis zu ihrer eigenen relativen Höhe. Konkret gesagt: Wenn Autos vom Preis her billiger angeboten werden, habe ich den gleichen Vorteil bei gleichbleibendem Einkommen, wie wenn sie teurer werden und die Verteuerung aus steigendem Einkommen ausgeglichen werden muß. Die Verteuerung von Waren wie Autos, Ferienreisen, Kleidern und Lebensmitteln muß keineswegs allein den marktmäßigen Ausgleich zwischen Angebot und Nachfrage widerspiegeln. Sie kann auch darauf beruhen, daß die Tarifparteien ihren jährlichen Kampf um Lohn und Arbeitskosten auf dem Rücken der Verbraucher austragen, indem sie Tarifabschlüsse machen, für die wir alle als Verbraucher zu zahlen haben. Das ist bei allen Lohnabschlüssen der Fall, deren Ergebnis wir dann als inflationäre Preisschübe erleben. Preisschübe dieser Art sind ein Indiz dafür, daß Arbeitgeber und Arbeitnehmer Gewinne und Löhne zugleich erhöht haben, um der wirtschaftlich gebotenen Auseinandersetzung aus dem Weg zu gehen. Um Koalitionen von derart mächtigen Interessenorganisationen der Produktionsseite in Grenzen zu halten, sind starke Interessenvertretungen der Verbraucher genauso wichtig für den sozialen Ausgleich wie die Einheitsgewerkschaft und der Arbeitgeberverband. An dieser Stelle ist in der Bundesrepublik noch viel zu tun.

V. Politische Ethik des demokratischen Liberalismus

1. ›Materiale‹ Zielethik oder ›formale‹ Verhaltensmoral?

1 J. St. Mill, Betrachtungen über Repräsentativregierung, Ges. Werke (hrsg. v. Th. Gomperz), Aalen 1968, Bd. 8, S. 168.

2 Für einen Überblick über die Marxschen Theorien vgl. L. Kolakowski, Die Hauptströmungen des Marxismus, Bd. 1–3, München 1977–1979; G. Schwan, Die Gesellschaftskritik von Karl Marx, Stuttgart 1974; C. D. Kernig, Sozialismus, Bd. 1, Stuttgart 1979; I. Fetscher, Der Marxismus, Darmstadt 1967; W. Röd, Dialektische Philosophie der Neuzeit, Bd. 2, München 1974; W. Becker, Kritik der Marxschen Wertlehre, Hamburg 1972.

3 B. de Jouvenel weist darauf hin, daß die Idee eines ›Reichtums für alle‹ eine weltgeschichtlich moderne Idee ist: »Die umwälzende Vorstellung, die die Neuzeit charakterisiert, besteht darin, daß eine kollektive und individuelle Bereicherung aller Mitglieder der Gesellschaft möglich ist, und zwar vermittels der Organisation der Arbeit, ihrer Methoden und ihres Instrumentariums. Doch nicht nur das: man hat auch erkannt, daß diese Bereicherung neue Mittel zur Steigerung des Fortschritts bereit-

stellt und dieser Prozeß unendlich vorwärts getrieben werden kann.« (Jenseits der Leistungsgesellschaft, Freiburg 1971, S. 113).

4 Über ›marxistische Ökonomie‹ vgl. M. Blaugg, Systematische Theoriegeschichte der Ökonomie, München 1972, Bd. 2.

5 Zur dialektischen Methode allgemein vgl. H. Radermacher, Dialektik, in: H. Krings, H. M. Baumgartner, Ch. Wild (Hrsg.), Handbuch philosophischer Grundbegriffe, München 1973.

6 Marx beschreibt die sozialistische Organisationsform mit folgenden Worten: »Stellen wir uns ... einen Verein freier Menschen vor, die mit gemeinschaftlichen Produktionsmitteln arbeiten und ihre vielen individuellen Arbeitskräfte selbstbewußt als *eine* gesellschaftliche Arbeitskraft verausgaben ... Das Gesamtprodukt des Vereins ist ein *gesellschaftliches* Produkt. Ein Teil dieses Produkts dient wieder als Produktionsmittel. Er bleibt gesellschaftlich. Aber ein anderer Teil wird als Lebensmittel von den Vereinsmitgliedern verzehrt. Er muß daher unter sie *verteilt* werden. Die Art dieser Verteilung wird wechseln mit der besondren Art des gesellschaftlichen Produktionsorganismus selbst und der entsprechenden geschichtlichen Entwicklungshöhe der Produzenten. Nur zur Parallele mit der Warenproduktion setzen wir voraus, der Anteil jedes Produzenten an den Lebensmitteln sei bestimmt durch seine *Arbeitszeit.* Die Arbeitszeit würde also eine doppelte Rolle spielen. Ihre gesellschaftlich planmäßige Verteilung regelt die richtige Proportion der verschiednen Arbeitsfunktionen zu den verschiednen Bedürfnissen. Andrerseits dient die Arbeitszeit zugleich als Maß des individuellen Anteils des Produzenten an der Gemeinarbeit und daher auch an dem individuell verzehrbaren Teil des Gemeinprodukts. Die gesellschaftlichen Beziehungen der Menschen zu ihren Arbeiten und ihren Arbeitsprodukten bleiben hier durchsichtig einfach in der Produktion als in der Distribution.« (K. Marx, Das Kapital, Kritik der politischen Ökonomie, I. Bd., Berlin 1959, S. 84).

7 Vgl. die Kritik von W. Hochkeppel an der marxistischen ›Verwirklichung der Philosophie‹ in seinem Buch ›Mythos Philosophie‹, Hamburg 1976.

8 Zur Kritik der Verwendung Marxscher Theorien in der Gegenwart vgl. N. Lobkowicz, Marxismus und Gesellschaft, in: Zeitschrift für Politik, Köln 1976, S. 272ff.

9 Über die Wurzeln der totalitären Demokratien linker wie rechter Prägung vgl. J. L. Talmon, Die Ursprünge der totalitären Demokratie, Köln 1961 (soweit es sich um die Ursprünge in der Staatsphilosophie von Rousseau handelt, vgl. S. 34ff.).

10 Vgl. H.J. Lieber, Totalitarismus – Aspekte eines Begriffs, in: H.J. Lieber, Philosophie, Soziologie, Gesellschaft, Berlin 1965, S. 213ff.

11 Vgl. K. O. Apel, Transformation der Philosophie, Frankfurt 1973, Bd. 2 (insbesondere S. 400ff.).

12 Im Grundsatz verwechselt Apel das empirische Erfordernis ›lebenspraktischer Gewißheit‹ mit wissenschaftlichem und philosophischem Absolutismus. In Wissenschaft und Philosophie wird man stets mit Versuchen scheitern, ›letzte Wahrheiten‹ festhalten zu wollen. Im privaten Leben, in der Gesellschaft und im Staat kommen wir ohne Formen und Institutionen ›lebenspraktischer Gewißheit‹ nicht aus. Ein religiöser Mensch, der sich zum Glauben an die Offenbarung Gottes in Christus entschlossen hat, wird seine Entscheidung als für sein Leben gültig ansehen. Jeder, der sich häufig im Ausland aufhält, wird gewahr, daß er vom Habitus her ein Deutscher mit allen Vor- und Nachteilen ist, die einer derartigen nationalen, sprachlichen und kulturellen Prägung anhaften. Und er wird, je öfter er die Gelegenheit dazu hat, bemerken, daß man über diesen Schatten nicht springen kann. In allen Wissenschaftsbereichen sind es – unbeschadet des ›hypothetischen‹ Theorieverständnisses –

sogenannte ›herrschende Lehren‹, die auf Zeit wie ›letzte Wahrheiten‹ behandelt werden und so dort die notwendige Funktion ›lebenspraktischer Gewißheit‹ ausfüllen. Kein vernünftiger Anhänger einer ›herrschenden Theorie‹ in welchem Wissenschaftsbereich auch immer käme aber wohl auf die Idee, die von ihm geteilten wissenschaftlichen Auffassungen für ›ewige Wahrheiten‹ zu halten. Auch als Gesellschaft können wir nicht ›hypothetisch‹ leben, indem wir – wissenschaftsähnlich – alles mit uns ausprobieren lassen, was denkbar und möglich wäre: etwa Anarchismus als gesamtgesellschaftliches Experiment oder ›alternative‹ Lebensformen oder Proben aufs Exempel marxistischer Gesellschaftsideen. Auch der Staat ist mit ›lebenspraktischen Gewißheiten‹ durchsetzt: In der Demokratie ist es der Abbruch der argumentativen Auseinandersetzung durch Stimmenzählen; in der politischen Auseinandersetzung ist es die ›letztinstanzliche‹ Rechtsprechung durch das Bundesverfassungsgericht. In ähnlicher Weise ist die ›letztinstanzliche‹ Geltung des demokratischen Legitimationsrahmens für uns eine historisch gewachsene Tatsache, an der wir bei der Rechtfertigung von Verfassungsnormen und gesellschaftlichen Grundtatbeständen wie dem modernen Sozialstaat nicht vorbeikommen. Es hat aber keinen Sinn, von einem ›Letztbegründungsbeweis‹ für die Bevorzugung der demokratischen Legitimation zu sprechen. Weder ist der *individualistische* Legitimationsrahmen des klassischen Liberalismus *bewiesenermaßen* ›falsch‹, noch sind die bekannten Versionen der religiösen Legitimation als für alle Zeit ›widerlegt‹ zu betrachten.

13 Apels ›Letztbegründungsprogramm‹ führt auf die Kontroverse zwischen *ethischem Absolutismus* und *ethischem Relativismus*. Apels eigene Position läßt sich dabei als diejenige eines ›ethischen Absolutismus‹ charakterisieren. Zum ›ethischen Relativismus‹ sind demgegenüber ethische Einstellungen zu zählen, die nur eine Gültigkeit von geschichtlich, national etc. begrenzten ethischen Normen zugestehen. Für welche Position soll man sinnvollerweise votieren, wenn man sich vor einen Gegensatz zwischen ethischem Absolutismus und Relativismus gestellt sieht? Der Absolutist (A) erzwingt dabei mit seiner Position eine Entscheidung, zu der es nach relativistischer Auffassung (R) nicht zu kommen brauchte. Es gibt zwei *minimale* Verfahren, die Entscheidung zu treffen: Erstens können beide (A und R) versuchen, sich gegenseitig mit Gewalt (d. h. ›kriegerisch‹) von der Richtigkeit der jeweiligen Position zu überzeugen. *Philosophische* Vertreter der infragestehenden Positionen werden einen *gewaltfreien* Weg der Problemlösung in aller Regel bevorzugen. Solche werden sich also zweitens einigen auf ein Entscheidungsverfahren, welches – als ethischer Minimalkonsens – das *Überleben* beider garantiert. Setzt man eine derartige plausible Einigung voraus, dann bietet sich klar an, die Position des Relativismus der Position des Absolutismus vorzuziehen. Denn der Relativismus ist vereinbar mit dem Zugeständnis an das *Überleben* der Vertreter des Absolutismus, während der Absolutist immer auf dem Sprung ist, den Relativisten – erst geistig, dann auch physisch – umzubringen. Das Zugeständnis von R an das Überleben von A ist nun keineswegs – wie Apel und seine Schüler es zu interpretieren pflegen – als Übernahme der Position von A zu nehmen. Es ist lediglich das Zugeständnis, den Gegensatz *theoretisch* nicht entschieden haben zu wollen. Das ist mit der Position von R ohne Frage vereinbar, nicht aber mit der von A. Denn A muß, um konsistent zu bleiben, auf eine Entscheidung drängen, nicht aber R. Dieses Ergebnis sagt, daß der Relativismus dem Absolutismus vorzuziehen ist. Die Sache ist also längst für den Relativismus entschieden, und zwar lange bevor sprachimmanente Vernunftkriterien zum Zug kommen, Kriterien, wie sie bekanntlich von Apel bevorzugt werden.

14 Für die Darstellung und Verteidigung der Apelschen Position vgl. W. Kuhlmann, Reflexion und kommunikative Erfahrung, Frankfurt 1975.

15 Aus der Fülle der Literatur über die Rawlssche Theorie folgende Titel: R. P. Wolff, Understanding Rawls, Princeton 1977; Reading Rawls (ed. by N. Daniels), Oxford 1975; B. Barry, The Liberal Theory of Justice, Oxford 1973; Über John Rawls' Theorie der Gerechtigkeit (hrsg. v. O. Höffe), Frankfurt 1977.

16 Allgemein über Maßstäbe der Gerechtigkeit vgl. Ch. Perelman, Über die Gerechtigkeit, München 1967; D. Miller, Social Justice, Oxford 1967; Recht und Moral (hrsg. v. N. Hoerster), München 1977. Zu Methodenfragen der Rawlsschen Theorie vgl. A. Kulenkampff, Methodenfragen der Gerechtigkeitstheorie, in: Analyse und Kritik, 1. Jhg. 1979, Heft 1, S. 90ff.

17 Zum Problem der ›ökonomischen Gerechtigkeit‹ vgl. Economic Justice (ed. by E. S. Phelps), Harmondsworth 1973; L. O. Ericson, Justice in the Distribution of Economic Resources, Stockholm 1976.

18 J. Rawls, Eine Theorie der Gerechtigkeit, Frankfurt 1975, S. 81.

19 Eine dem allgemeinen Konzept des Liberalismus – auch demjenigen von J. Rawls – entgegengesetzte Rechtfertigung für ökonomische Produktivität, die auf Anreize aus der Ungleichheit nicht angewiesen sein soll, entwickelt J. H. Carens, Equality, Moral Incentives and the Market, Chicago 1981.

20 Über die Grundlagen der modernen Entscheidungstheorie vgl. H. Laux, Grundfragen der Organisation, Berlin 1979 (bes. S. 9–24); D. Lindlay, Einführung in die Entscheidungstheorie, Frankfurt 1974.

21 Vgl. K. Bose, Pluralismus und pluralistische Gesellschaft, München/Salzburg 1967; R. Eisfeld, Pluralismus zwischen Liberalismus und Sozialismus, Stuttgart 1972.

22 Für den *gruppenbezogenen* Interessenausgleich plädiert auch der bekannte Ökonom L. C. Thurow in: A Theory of Groups and Economic Redistribution, in: Philosophy and Public Affairs, 1979, Vol. 9, S. 25ff.

23 Auf die Schwierigkeit, die Idee sozialer Gerechtigkeit in der realen Gesellschaftspolitik zu verwenden, macht nachdrücklich H. Albert aufmerksam: »Tatsächlich ist die Regierung, in je stärkerem Maße sie die Möglichkeit hat, die Einkommensverteilung zu beeinflussen, in desto größerem Umfang auch dem Druck der Interessengruppen ausgesetzt, das zu ihren Gunsten zu tun. Das Resultat ist eine Frage der Machtverteilung, so daß es ziemlich abwegig wäre, überhaupt nach einer einheitlichen Norm zu suchen, deren tatsächlicher Anerkennung man die resultierende Verteilung zuschreiben könnte. Von der Staatsgewalt kann man zwar bis zu einem gewissen Grade Gerechtigkeit im Sinne des Schutzes der Rechtsordnung, aber kaum die Herstellung der Verteilungsgerechtigkeit in irgendeinem Sinne erwarten.« (H. Albert, Traktat über rationale Praxis, Tübingen 1978, S. 148).

24 Das Verhältnis der Tarifparteien unter den Bedingungen pluralistischer Demokratie behandelt O. Stammer, Politische Soziologie und Demokratieforschung, Berlin 1965, S. 91ff.

25 Ich halte einen gesellschaftlichen ›Zwischenbereich‹ bei uns für bedeutsam im Hinblick auf die Erzeugung und Erhaltung moralischen Bewußtseins, das sowohl öffentlichkeitswirksam wird als auch auf die Politik einzuwirken vermag. Es ist der Bereich der *Vereine* der unterschiedlichsten gesellschaftlichen Interessen. Ich denke an Sportvereine, Musik- und Chorvereinigungen, an Gemeinden der christlichen Konfessionen und an die unteren Organisationen der Parteien wie Ortsvereine. (1981 waren von den 61 Millionen Einwohnern der Bundesrepublik 55 % in Verbänden mit sportlicher und kultureller Zielsetzung organisiert.) Es ist der gesellschaftliche ›Zwischenbereich‹, in dem moralische Einstellungen mit einer *politischen* Blickrichtung geschaffen werden. In solchen Vereinen wird von ungezählten Menschen – meist unentgelt-

lich – uneigennützige Arbeit geleistet. Ein ›Transfer‹ derartiger Einstellungen in den politischen Bereich kommt häufig dadurch zustande, daß Menschen, die in Vereinen tätig waren, auch in politischen Parteien aktiv werden. Auch in der Parteiarbeit selber ist auf der Gemeinde- und Kreisebene uneigennütziger Einsatz von Funktionsträgern und Mitgliedern nötig, der diesen dann durch kollektiven Rückhalt (in einer überschaubaren Gruppe) entgolten wird. Normalerweise können sich in unseren sogenannten ›Volksparteien‹ mit ihren großen Mitgliederzahlen und den verschiedenen Parteifraktionen auch nur Politiker bis in Führungspositionen durchsetzen, die in einer kompromißfähigen Grundhaltung eingeübt sind, ohne die persönliche Glaubwürdigkeit verloren zu haben.

26 Im Zusammenhang mit den Verhandlungen der Tarifpartner ist auf die reiche Literatur über das ›bargaining‹ in der Ökonomischen Theorie der Politik zu verweisen.

2. Toleranz und die ›Sinngebungsschwäche‹ der liberalen und demokratischen Grundwerte

1 Die klassische Verteidigung der Toleranz in der Geistessphäre im allgemeinsten Sinn hat J. St. Mill in seinem Essay ›Über die Freiheit‹ (Stuttgart 1974) gegeben. Hierzu vgl. C. L. Fen, Mill on Liberty, Oxford 1980; über die Grenzen und Probleme einer realen Umsetzung Millscher Positionen vgl. J. Tussman, Government and the Mind, Oxford 1977.

2 Vgl. J. Vuillemin, Sur la Tolérance, in: Revue internationale de Philosophie (25e année, Nr. 95–96, 1971), S. 198ff.

3 Vgl. H. Marcuse, Der eindimensionale Mensch, Darmstadt 1980 (besonders die Anfangskapitel, in denen Marcuse stark im Sinn einer solchen ›repressiven Toleranz‹ argumentiert). Zur Kritik an H. Marcuse vgl. K. Salamun, Ideologie, Wissenschaft, Politik, Graz 1975, S. 115ff.

4 Zur Problematik des ›Zivilen Ungehorsams‹ vgl. P. Singer, Democracy and Disobedience, Oxford 1972.

5 Zur Kritik neomarxistischer Demokratieauffassungen vgl. D. Oberndörfer, W. Jäger (Hrsg.), Die neue Elite, Freiburg 1975.

6 Zur Diskussion über Grundwerte vgl. A. Schwan, Grundwerte der Demokratie, München 1978; O. Kimminich (Hrsg.), Was sind Grundwerte? Zum Problem ihrer Inhalte und ihrer Begründung, Düsseldorf 1977; K. Löw, Die Grundrechte, München 1977; H. Schmidt, Ethos und Recht in Staat und Gesellschaft, in: G. Gorschenek (Hrsg.), Katholiken und ihre Kirche in der Bundesrepublik Deutschland, München 1976, S. 13ff.; vgl. auch die Beiträge von A. von Campenhausen und H. Maier im selben Band; ebenso E. W. Böckenförde, Staat, Gesellschaft, Freiheit; Frankfurt 1976.

7 Über das Mißverständnis zwischen Propaganda und Realität im Hinblick auf die Freiheitspostulate vgl. H. Lübbe, Theorie und Entscheidung, Freiburg 1971, S. 136.

8 Über die geistesgeschichtliche Herkunft der liberalen und demokratischen Grundwerte vgl. A. Schwan, Grundwerte der Demokratie, München 1978, S. 61ff.

9 Es ist leider nach wie vor eine unheilvolle ›imperialistische‹ Illusion der Politiker der USA zu glauben, die ganze Welt brauche nur das Staatssystem der liberalen Demokratie anzunehmen, und der Weltfriede wäre da. Mit Sicherheit aber entstünden auch in einer Welt von nur liberalen Demokratien außenpolitische Konflikte zwischen den Staaten, Konflikte, die mit dem gegenwärtigen Großmächtekonflikt durchaus vergleichbar wären.

1 Zum Untergang der ›Weimarer Republik‹ vgl. K. J. Newman, Zerstörung und Selbstzerstörung der Demokratie, Köln 1965.

2 K. R. Popper, Die offene Gesellschaft und ihre Feinde, München 1977, Bd. 1, S. 173.

3 Demgegenüber beinhaltet ein normaler logischer Widerspruch im Unterschied zur Paradoxie, daß eine Behauptung eines Sachverhalts falsch sein muß, wenn die gegenteilige Behauptung über denselben Sachverhalt wahr ist.

4 Zur logischen Struktur von Paradoxien bzw. Antinomien vgl. W. K. Essler, Analytische Philosophie I, Stuttgart 1972, S. 128ff.

5 Zur Theorie der Delegation vgl. H. Laux, Grundfragen der Organisation, Berlin 1979, S. 21ff.

6 Eine ganz andere Form von Paradoxie bildet das Paradox des Liberalismus, welches, grob formuliert, folgendes besagt: Zwischen der Freiheit, selbst zu entscheiden, und der Norm, daß Entscheidungen, die jeden einzelnen besser stellen, zu akzeptieren sind, kann es zu Widersprüchen kommen. Hierzu vgl. A. K. Sen, Collective Choice and Social Welfare, San Francisco 1970, S. 87ff. Aus der Literatur über diese Thematik vgl. aus dem deutschen Sprachraum P. Bernholz, Is a Paretian Liberal Really Impossible?, Public Choice, 1974c, S. 99–107; F. Breyer, Das liberale Paradox, Königstein 1978.

7 Über Kants Autonomiebegriff vgl. M. Forschner, Gesetz und Freiheit, München/Salzburg 1974.

8 Zur Wortbedeutung und Geschichte des Begriffs ›Autonomie‹ vgl. Historisches Wörterbuch der Philosophie (hrsg. v. J. Ritter), Basel 1971, Bd. 1, S. 702.

9 Autonomie wird in ihrem Verhältnis zur Rechtsgleichheit von J. von Kempski in ›Recht und Politik‹ (Stuttgart 1965) wie folgt definiert: »Autonomie bedeutet die Fähigkeit des freien Willens, sich in seinen Entscheidungen nicht nur nach Gesetzen zu richten, sondern sich diese Gesetze selber zu geben. Die Gesetzgebung, die sich der Wille selber auferlegt, muß dahin führen, daß die Handlungen, die unter ihr in konkreten Situationen als zulässig gelten, miteinander verträglich sind.«

10 Die Warnung liegt nahe, weil in unserer Zeit, in der dem Begriff der Freiheit insbesondere in der politischen Weltanschauung ein hoher Wert zugemessen wird, die Autonomie gleichsam instinktiv der dezisionistischen Freiheit vorgezogen wird. Das ist verständlich, sofern die dezisionistische Freiheit eine Freiheit ist, mit der ein durchaus riskantes Spiel getrieben werden kann, wenn man für sie ist. Außerdem ist das dezisionistische Freiheitsverständnis in der deutschen politischen Philosophie nach dem Zweiten Weltkrieg ziemlich diskreditiert worden, da man geglaubt hat, es als das Freiheitsverständnis der staatsphilosophischen Schule des Rechtspositivismus enthüllt zu haben, einer Schule, deren wichtigster Vertreter der Rechtsphilosoph H. Kelsen gewesen ist und die völlig zu Unrecht zu einer Wegbereiterin des nationalsozialistischen Rechtsdenkens gestempelt wurde.

11 Die Verfassung der Bundesrepublik Deutschland ist mehr auf die Erhaltung der Grundfreiheiten im Sinn der Autonomie angelegt, als dies in der Weimarer Verfassung der Fall war: »War die Weimarer Verfassung so freiheitlich, daß sie selbst den erklärten Feinden der Freiheit noch die Freiheit gewährte, gegen die Freiheit vorzugehen und sie zu unterdrücken, so ist die Bonner Verfassung eine ›wehrhafte Verfassung‹ (Jahrreiß) oder eine ›mißtrauische Verfassung‹ (Altmann), die erkannt hat, daß die Freiheit des Schutzes bedarf und daß der Staatsschutz als Verfassungsaufgabe zu begreifen ist, d. h. daß die Schutzmaßnahmen am besten im System der Verfas-

sung bereits verankert sind.« (Th. Stammen, Regierungssysteme der Gegenwart, Stuttgart 1967, S. 76).

4. Ethische Schwierigkeiten mit dem Liberalismus

1 In der ökonomischen Wissenschaft wird der Nutzenbegriff ohne Bezugnahme auf eine moralische Bewertung des individualmenschlichen Verhaltens gebraucht. Ich verbinde ihn jedoch aus Gründen einer anthropologischen Theorie des menschlichen Verhaltens, deren Grundzüge im Kapitel über die Grundfreiheiten des Liberalismus entwickelt wurden, mit der gut bestätigten Hypothese, daß seine gesellschaftliche Funktion mehr mit der Prämiierung von egoistischem als von altruistischem Verhalten in Zusammenhang steht.

2 Zur egoistischen und altruistischen Motivation menschlichen Verhaltens existiert eine nahezu unüberschaubare Fülle an Literatur. Zur philosophischen Diskussion sei exemplarisch auf die Texte der ›britischen Moralisten‹ verwiesen, die D. D. Raphael im Sammelband ›British Moralists (1650–1800)‹ I und II, Oxford 1969, zusammengestellt hat. Zur biologischen Verankerung des Altruismus bzw. seiner ›egoistischen‹ (individuell-rationalen) Erklärung vgl. R. Dawkins, Das egoistische Gen, Berlin 1978; E. O. Wilson, Biologie als Schicksal, Berlin 1979; W. Wickler und U. Seibt, Das Prinzip Eigennutz, Hamburg 1977; The Sociobiology Debate (ed. by A. L. Caplan), New York 1978; I. von Eibl-Eibesfeldt, Gegenseitige Hilfe in der Tier- und Menschenwelt, Berlin 1977; Vom ökonomischen Standpunkt zur Altruismus-Egoismus-Problematik vgl. Altruism, Morality and Economic Theory (ed. by E. S. Phelps), New York 1975; D. Collard, Altruism and Economy, Oxford 1978; Eine nützliche Klassifikation unterschiedlicher Formen der Partnerbezogenheit gibt Y. K. Mg, Welfare Economics (Kap. 1), London 1979. Zur anthropologischen Bestandsaufnahme ›vorteilsorientierten‹ Verhaltens vgl. Economic Anthropology (ed. by E. E. Le Clair), New York 1968.

3 Es ist ein Vorzug der ›Ökonomischen Theorie der Politik‹, daß ihr auf die parlamentarische Parteienpolitik übertragenes Marktmodell einer derartig nüchternen Betrachtung entgegenkommt. Das wird schon bei einem der Väter dieser theoretischen Richtung, bei J. A. Schumpeter, deutlich, der zur Analogie des Marktverhaltens mit dem von Parteipolitikern folgendes ausgeführt hat: »Zum Beispiel ist der Grund, warum es so etwas wie eine ökonomische Tätigkeit gibt, natürlich der, daß die Menschen sich nähren und kleiden usw. wollen. Die Mittel zur Befriedigung dieser Wünsche zu liefern ist das soziale Ziel oder der soziale Sinn der Produktion. Trotzdem sind wir uns alle einig, daß diese These ein sehr wirklichkeitsfremder Ausgangspunkt für eine Theorie der wirtschaftlichen Tätigkeit in der kommerziellen Gesellschaft wäre und daß wir besser vorwärtskommen, wenn wir von Thesen über Profite ausgehen. In ähnlicher Weise ist der soziale Sinn oder die soziale Funktion der parlamentarischen Tätigkeit ohne Zweifel die, Gesetze und teilweise auch Verwaltungsmaßnahmen hervorzubringen. Aber um zu verstehen, wie die demokratische Politik diesem sozialen Ziel dient, müssen wir vom Konkurrenzkampf um Macht und Amt ausgehen und uns klar werden, daß die soziale Funktion, so wie die Dinge nun einmal liegen, nur nebenher erfüllt wird – im gleichen Sinn wie die Produktion eine Nebenerscheinung beim Erzielen von Profiten ist.« (J. A. Schumpeter, Kapitalismus, Sozialismus und Demokratie, München 1950, S. 448).

4 Auf ingeniöse Weise hat Kant den europäischen Grundkonflikt zwischen der Bevor-

zugung der Freiheit und dem Festhalten an der rein altruistischen Moral-Tradition bewältigt. Sein ethisches Konzept ist durch die Verknüpfung beider Aspekte, der Autonomie und der Moralität, im wesentlichen gekennzeichnet.

5 Einer der wenigen modernen Sozialphilosophen, der ebenfalls im Sinn von Konzessionen an einen rechtlich beschränkten Egoismus argumentiert, ist J. L. Mackie in: Ethik, Stuttgart 1981, S. 218ff.

5. Moralische Verantwortung in Wirtschaft, Wissenschaft und Politik

1 Vgl. Th. Ellwein, Über politische Verantwortung, in: G. Hess (Hrsg.), Konstanzer Universitätsreden, Konstanz 1978.

2 Vgl. H. Jonas, Das Prinzip Verantwortung, Frankfurt 1979.

3 Vgl. H. Ottmann, Praktische Philosophie und technische Welt, in: Zeitschrift für philosophische Forschung, Bd. 34, Heft 2, S. 157ff.

4 Über den Unterschied zwischen Recht und Moral vgl. H. L. A. Hart, Recht und Moral, Göttingen 1971 (insbesondere S. 14ff.).

5 Über Marktmechanismen allgemein vgl. J. A. Schumpeter, Sozialismus, Kapitalismus und Demokratie, München 1975, sowie J. M. Kirzner, Competition and Entrepeneurship, Chicago 1973.

6 Zur politisch und philosophisch wertenden Auseinandersetzung über den technischen Fortschritt vgl. K. Hübner, Kritik der wissenschaftlichen Vernunft, Freiburg 1978, S. 372ff.

7 Aus der marxistischen Sicht der DDR-Philosophie vgl. H. Ley, Wissenschaftlich-technischer Fortschritt, Praxis und Ideologie, in: Wissenschaftliche Zeitschrift der Humboldt-Universität zu Berlin (1978, 3).

8 Das grundsätzlich nicht zu ›versichernde‹ *Risiko*, das in der gesellschaftlichen Anwendung des Wettbewerbsmodells enthalten ist, hat auch sein Gutes. Es ist nämlich der entscheidende Anreiz, die Sicherheitsanstrengungen beim Bau gefährlicher Energieerzeugungsfabriken wie der Kernkraftwerke so zu verstärken, daß die Gefahr großer Unfälle soweit wie möglich minimiert wird. Gäbe es die Angst vor diesem Risiko nicht, wären die Sicherheitsanstrengungen garantiert geringer.

9 Der Wettbewerb ist ein Produktions- und Verteilungsprinzip, in dem in der Tat *langfristige* Ziele von Produzenten und Konsumenten kaum berücksichtigt werden. Die Produktions- und Kaufentscheidungen orientieren sich vorrangig an kurz- und mittelfristigen Zielsetzungen. Im parlamentarisch-politischen Rahmen zeigt sich das – häufig beklagt – darin, daß es unmöglich ist, die langfristig entstehenden Risiken im Zusammenhang etwa mit der Energieversorgung und dem Umweltschutz zu berücksichtigen. Man muß zunächst zugeben, daß das so ist. Da man auf der anderen Seite aber meines Wissens keine politischen oder wissenschaftlichen Methoden kennt, langfristige Ziele einer Gesellschaft a) befriedigend zu ermitteln (es müßten andere Methoden als die demokratischen sein) und b) entsprechend der Zielabsicht zu verwirklichen, wird man es bei dem mehr oder weniger unbefriedigendem Zustand belassen müssen, den wir faktisch haben.

10 Trotzdem gibt es auch in der Politik demokratischer Staaten Verpflichtungen, die man schwer anders als moralisch nennen kann, obwohl ihnen ebenfalls die Kennzeichen der moralischen Verantwortung im genauen Sinn fehlen. Ich denke an Verpflichtungen, die aus der Geschichte eines Volkes oder eines Staates stammen. In diesem Sinn ist zum Beispiel die Bundesrepublik Deutschland den USA gegenüber

für deren Wirtschaftshilfe (Marshall-Plan) nach dem Zweiten Weltkrieg auf moralische Art und Weise nach wie vor verpflichtet. In noch höherem Ausmaß existiert eine moralische Verpflichtung der Deutschen gegenüber den Juden – insbesondere gegenüber dem Staat Israel – nach dem ›Holocaust‹ des ›Dritten Reichs‹.

11 Zur Frage der Rationalität von Gruppenentscheidungen vgl. H. Stachowiak, Über Gruppenrationalität, in: H. Lenk (Hrsg.), Handlungstheorien – interdisziplinär, München 1977, Bd. IV, S. 251 ff.

6. Grundkategorien zwischenstaatlicher Verhältnisse – Zur Beantwortung der Frage: Was ist Friede?

1 Zur außenpolitischen Problemstellung in einem grundsätzlichen und umfassenden Sinn vgl. K. W. Deutsch, The Analysis of International Relations, 1969.

2 Im ›Böser-Nachbar‹-Modell steht die Möglichkeit von Staaten, es *wechselseitig* aufeinander zu beziehen, nicht im Widerspruch zur Einsinnigkeit, die das Modell charakterisiert. Denn Staaten wie die UdSSR und China konzedieren sich in ihrer Propaganda keineswegs wechselseitig das Recht, sich so zu empfinden. Man schiebt den ›Schwarzen Peter‹, der im ›Böser-Nachbar‹-Modell liegt, stets dem anderen zu.

3 Man kann mit dem Satellitenmodell auch einen Friedensbegriff in Verbindung bringen. ›Friede‹ hieße in unserer Zeit im Weltmaßstab dann der Zustand, der durch die globale Herrschaft einer einzigen Weltmacht bestimmt würde. Im Prinzip war die ›Pax romana‹ des Altertums ein Friede entsprechend dem Satellitenmodell.

4 Schon nach Hobbes finden sich souveräne Staaten in ihren außenpolitischen Beziehungen Entscheidungssituationen ausgesetzt, die die Struktur des ›Gefangenendilemmas‹ des ›Naturzustandes‹ aufweisen. Es besteht Unsicherheit und gegenseitiges Mißtrauen. Beides wäre nur aufhebbar durch Unterordnung unter Verlust der Souveränität aller Staaten unter einen Staat oder durch Einrichtung eines ›Weltstaats‹. Zur klassischen Position von Hobbes vgl. hierzu D. P. Gauthier, The Logic of Leviathan, Oxford 1969.

5 Verschiedene entscheidungs- und spieltheoretische Modelle außenpolitischer Konfliktsituationen stellt S. J. Brams, Game Theory and Politics, New York 1975 (Kap. 1) dar.

6 »Daß aber ein Weltstaat, dessen Gewaltmonopol keiner territorialen Einschränkung mehr unterliegt, den Krieg unmöglich machen würde, ist nicht mehr als eine logische Wahrheit, denn alle gewaltsamen Auseinandersetzungen innerhalb eines solchen Gemeinwesens wären ja ex definitione nur Bürgerkriege. Die Möglichkeit solcher Weltbürgerkriege ist aber nach bisheriger Erfahrung keineswegs eine Gefahr, die man auf die leichte Schulter nehmen könnte. Die Polizeiaktionen einer despotischen Weltregierung könnten eine existierende Weltfriedensordnung weit unangenehmer gestalten als einen Zustand, in dem souveräne Staaten in der Lage sind, begrenzte Kriege miteinander zu führen.« (H. Albert, Traktat über rationale Praxis, Tübingen 1978, S. 104).

7 Die gegnerische Auseinandersetzung ist in der Außenpolitik allerdings noch komplizierter als im Sport. Während man im Sport normalerweise zwischen der Interessenübereinstimmung, der Einhaltung der Spielregeln und dem Interessengegensatz, dem Willen zum Gewinnen, klar unterscheiden kann, sind die Grenzen in der Außenpolitik gegnerischer Staaten fließend. Fest steht allein, daß man die Grenze zur Feindschaft genau zu beachten hat. Über alle anderen Punkte möglicher Übereinstimmung, z. B. darüber, wieweit die gemeinsam akzeptierten Einflußsphären der

Großmächte reichen, befindet man sich in einem ständigen Einigungsprozeß. Die außenpolitische Realität sieht im Vergleich zum Sport so aus, als müsse man im Sport sich ständig neu auf Spielregeln zu einigen versuchen, wenn einer der Gegner das verlangt. Der politische Einigungsprozeß bleibt aber nur in Gang, wenn auch ein ständiger *Zwang* zur Einigung da ist. Ohne diesen Zwang würde die Gegnerschaft rasch zerfallen. Und wir wissen, daß die einzige Alternative zu ihr die Feindschaft ist. Staaten können nicht wie Kinder, wenn sie sich übervorteilt vorkommen, das Spiel kaputtmachen, indem sie einfach auseinanderlaufen. Macht man aber heute auf Punkte der Interessengemeinsamkeit aufmerksam, die konstitutiv für die außenpolitische Gegnerschaft – auch die zwischen den Großmächten – ist, wird einem häufig der Vorwurf des Verzichts auf die eigenen Interessen und des ideologischen Paktierens mit dem Gegner gemacht. Die gegenwärtigen Diskussionen über das ›richtige‹ Verhalten des Westens gegenüber Polen (indirekt damit gegenüber der Sowjetunion) zeigen das. Wer darauf hinweist, daß die Gegnerschaft der Weltmächte nach wie vor auf der wechselseitigen Anerkennung der Einflußsphären in Europa beruht (unabhängig davon, ob deren Abgrenzung schon durch die Abkommen von Jalta begründet wurde oder erst durch die Nachkriegspolitik), der wird nach der Unterdrückung der demokratischen Bewegung in Polen häufig des ›westlichen‹ Verrats an deren Idealen verdächtigt. Diese Argumentation beruht auf einem fundamentalen Mißverständnis. Der Westen braucht nicht auf sein Interesse an Veränderungen in den europäischen Ostblockländern im Licht der gesamteuropäischen Ideale der Demokratie und des Liberalismus zu verzichten. Die Anerkennung der Sowjetunion als ›gegnerischer‹ Weltmacht beinhaltet jedoch, daß man auf eine *gewaltsame* Durchsetzung der eigenen politischen Ideale zu verzichten hat, der Westen genauso wie die kommunistische Sowjetunion, wenn man an der Definition des wechselseitigen Verhältnisses im Sinn der Gegnerschaft festhält. Man kann aus westlicher Sicht deshalb mit Aussicht auf Erfolg nur solche Veränderungsbemühungen in den kommunistischen Diktaturen unterstützen, die nicht auf einen *direkten* revolutionären Umsturz dieser Herrschaftsform hinauslaufen, denn dies berührt das Selbsterhaltungsinteresse der sowjetischen Herrschaft. Daß indirekte Wege auch faktisch begehbare Wege sind, zeigt die Entwicklung in Ungarn. Wer dagegen für die direkte Konfrontation mit der Sowjetmacht plädiert, muß so konsequent sein, Feindschaft – und damit Krieg – zwischen den gegenwärtigen weltpolitischen Gegnern als Preis für seine Argumentation zu benennen. Alles andere läuft auf scheinheiliges ›Sowohl-als-auch‹ hinaus: Votum für Gegnerschaft, weil man Feindschaft nicht befürworten will, aber Weigerung vor der Konsequenz, die Anerkennung der notwendigen ›gegnerischen‹ Interessengemeinsamkeit auszusprechen. Wer für eine ›demokratische Revolution‹ in den Ostblockländern *mit allen Mitteln* eintritt (wie etwa der emigrierte russische Dichter Solschenizyn), muß sich auch klar zum Risiko des Atomkriegs bekennen, das er dafür einzugehen hat.

8 Die unterschiedlichen Begriffe des Friedens in der europäischen Geschichte vgl. bei W. Janssen, Friede, in: O. Brunner, W. Conze, R. Koselleck (Hrsg.), Geschichtliche Grundbegriffe, Stuttgart 1971, Bd. 2, S. 543ff.

9 Zur Geschichte des Pazifismus vgl. K. Holl, Pazifismus, in: O. Brunner, W. Conze, R. Koselleck (Hrsg.), Geschichtliche Grundbegriffe, Stuttgart 1971, Bd. 4, S. 767ff.

10 Es empfiehlt sich allerdings, zwischen einem *moralischen* und einem *politischen* Pazifismus zu unterscheiden. Der moralische Pazifismus ist durch die grundsätzliche Parteinahme für die Moralität auf Kosten der Realität gekennzeichnet. Im politischen Pazifismus drückt sich demgegenüber die außenpolitische Situation eines Staates

aus: Pazifistische Richtungen entstehen als politisch einflußreiche Strömungen heute vorzugsweise in Länden, die aufgrund ihres geringen außenpolitischen Gewichts für die Stabilität des Gegnerschaftsverhältnisses der weltpolitischen Großmächte bedeutungslos sind.

11 Zur Diskussion über den Friedensbegriff – auch unter historischem Aspekt – vgl. E. Biser, Der Sinn des Friedens, München 1960; M. Wielers, Zwischenstaatliche Beziehungsformen im frühen Mittelalter, Münster 1959; O. Brunner, Land und Herrschaft, Wien 1959; W. Nestle, Der Friedensgedanke in der antiken Welt, Leipzig 1938; H. J. Schlochauer, Die Idee des ewigen Friedens, Bonn 1953; C. J. Friedrich, Inevitable Peace, Cambridge 1948; C. v. Clausewitz, Vom Kriege, Bonn 1952. Zur gegenwärtigen Auseinandersetzung im Rahmen der Friedensforschung vgl. D. Senghaas, Abschreckung und Friede, Frankfurt 1972; C. F. v. Weizsäcker (Hrsg.), Kriegsfolgen und Kriegsverhütung, München 1971; G. Picht, W. Huber, Was heißt Friede? Stuttgart 1971; A. Mitscherlich, Die Idee des Friedens und die menschliche Aggressivität, Frankfurt 1970; C. F. v. Weizsäcker, Bedingungen des Friedens, Berlin 1965.

12 Die öffentliche Diskussion um den Frieden geht in einem entscheidenden Punkt am wichtigsten außenpolitischen Problem des heutigen Weltmächtegegensatzes vorbei. Man starrt meist wie das Kaninchen auf die Schlange auf die gewaltigen Atombomben- und Raketenarsenale in der niederdrückenden Befürchtung, daß die Erde in der absehbaren Zukunft damit in die Luft gesprengt wird. Ein Horrorszenarium knüpft sich dabei an das andere. Bleibt man aber mit den Füßen auf dem Boden, muß man zugeben, daß diese Waffen gerade wegen ihrer Furcht und Schrecken verbreitenden Wirkung die Abschreckungsfunktion in der gegnerschaftlichen Friedenssicherung sehr gut ausgeübt haben. Es sieht auch nicht so aus, als zöge eine der Weltmächte in feindlich-aggressiver Absicht in der nahen Zukunft einen Atomkrieg in Erwägung. Das wirkliche Problem der Großmächte, über das in der Öffentlichkeit zu wenig diskutiert wird, liegt in der Frage, wie diese Mächte mittel- und langfristige außenpolitische Strategien entwickeln können, die den *Bedingungen der Gegnerschaft* Rechnung tragen. Es ist erstaunlich, wie wenig Phantasie die außenpolitischen Vordenker der Staatsmänner auf diese zentrale Frage verwenden. Es müssen dies Strategien sein, die das Überlebensinteresse des Gegners im Kern berücksichtigen, ohne daß auf die eigene Zielsetzung verzichtet wird. Eines jedenfalls steht fest: Wer heutzutage für den Frieden – und damit gegen Feindschaft und Krieg – votiert, muß unter den herrschenden Gegnerschaftsbedingungen auch mit demjenigen paktieren, den er für den Teufel hält. Das mag für viele im Westen aus gutem Grund die Sowjetunion sein. Man muß aber auch das Überlebensinteresse des ›Teufels‹ berücksichtigen, wenn man gezwungen ist, mit ihm Frieden zu halten. Andernfalls muß man zu dem offenen Bekenntnis bereit sein, mit ihm gemeinsam unterzugehen, weil man mit dem ›Teufel‹ aus Gründen politischer Moral nicht paktieren will.

13 Heute scheint man sich in beiden Lagern darauf geeinigt zu haben, die Rüstungspotentiale beider Seiten als Beweis schlimmster Irrationalität in der Außenpolitik anzusehen. Die einen nehmen den Umstand als unumgänglich hin, die anderen (die Anhänger des Pazifismus) versuchen dagegen anzukämpfen. Hinter der Rüstung steht in Wirklichkeit aber das gleiche *Rationalitätskalkül* wie hinter dem Rechtsstaat oder hinter der sportlichen Gepflogenheit, gegen Gegner nur bei Anwesenheit eines unparteiischen Schiedsrichters anzutreten. Wenn man die Kalküle, die hinter diesen Einstellungen stehen, *rational* nennt, muß man die, die hinter der Rüstung stehen, ebenso nennen. Das Ziel der Rüstungsbegrenzung kann dann nicht Abrüstung heißen. ›Abrüstung‹ machte das Freundschaftsmodell zum Maßstab der Gegnerschaft.

In der Gegnerschaft ist *rational* nur eine Rüstungsbeschränkung, zu der man durch *ökonomische Kostengründe* im Rahmen der bestehenden atomaren Abschreckung motiviert wird.

14 Heute und in der näheren Zukunft besteht meines Erachtens weniger die Gefahr des atomaren ›Weltenbrands‹, sondern die Gefahr erhöhter Konfliktbereitschaft der Großmächte, die bis zu wechselseitigen Erpressungsversuchen gehen kann, gerade weil sie von einer relativen Sicherheit der nach wie vor funktionierenden *Atomdrohung* ausgehen. Weil also jeder der beiden Großen weiß, daß der andere den Atomkrieg *nicht* beginnen wird, wird man versuchen, den anderen mit konventionellen Mitteln der Diplomatie, der Außen- und vor allem der Wirtschaftspolitik, zu Zugeständnissen zu pressen.

Personenregister